杨雪冬　谈火生　孟天广——主编

探索

清华政治学系的

中国政治学自主知识体系的建构

中央编译出版社
Central Compilation & Translation Press

图书在版编目(CIP)数据

中国政治学自主知识体系的建构：清华政治学系的探索/杨雪冬,谈火生,孟天广主编.——北京：中央编译出版社,2024.6
ISBN 978-7-5117-4732-7

Ⅰ.①中… Ⅱ.①杨…②谈…③孟… Ⅲ.①政治学—中国—文集 Ⅳ.① D6-53

中国国家版本馆 CIP 数据核字(2024)第 076529 号

中国政治学自主知识体系的建构：清华政治学系的探索

责任编辑	张　科
责任印制	李　颖
出版发行	中央编译出版社
地　　址	北京市海淀区北四环西路69号（100080）
电　　话	（010）55627391（总编室）　（010）55627362（编辑室）
	（010）55627320（发行部）　（010）55627377（新技术部）
经　　销	全国新华书店
印　　刷	北京文昌阁彩色印刷有限责任公司
开　　本	710毫米×1000毫米 1/16
字　　数	332千字
印　　张	21
版　　次	2024年6月第1版
印　　次	2024年6月第1次印刷
定　　价	98.00元

新浪微博：@中央编译出版社　　微　信：中央编译出版社（ID：cctphome）
淘宝店铺：中央编译出版社直销店（http://shop108367160.taobao.com）（010）55627331

本社常年法律顾问：北京市吴栾赵阎律师事务所律师　闫军　梁勤
凡有印装质量问题，本社负责调换，电话：（010）55626985

新时代中国政治学的学科气质
（代序）

杨雪冬

随着中国特色社会主义进入新时代，中国政治学也进入了新的发展阶段，学科发展的内外部环境发生着巨大的变化。与社会科学的其他门类相比，政治学更直接、更深刻地感受到巨变产生的冲击、形成的约束、提出的挑战，更需要自觉自省、自立自强。只有通过学科自觉、自新的方式，才能在时代的快速变化中，巩固自己不可或缺的地位，体现自身不可替代的价值。

"时代性"和"实践性"是当代中国政治学的精神气质。所谓"时代性"，就是因应时代的发展，自觉在研究方法、学术话语、研究范式等方面进行自我更新，以保持学科活力和吸引力；所谓"实践性"，就是始终面对实践中产生的问题，善于将实践议题转化为学术问题，回应实践的需求，以彰显学科价值和不可替代性。

这种精神气质是在改革开放的历史进程中，经过几代政治学人的共同努力，接续传承，凝聚升华而成的。二十世纪八十年代初，在邓小平同志的号召下，政治学与社会科学的其他学科得以恢复。在通过"取经""效仿"等方式快速"补课"的同时，几代政治学人积极回应党和国家中心任务，主动面向丰富多彩的中国改革开放，走出了一条"使命—实践"双轮驱动的学科发展道路。正如林尚立在评价该时期中国政治学的状态时所说："崇高的价值目标和

中国政治学自主知识体系的建构：清华政治学系的探索

紧迫的国家使命，全面刺激着刚刚诞生的中国政治学成长。"到二十世纪九十年代中后期，政治学已经成为一门具有鲜明问题意识和学术自觉的独立学科，从一门阐释经典论述和政治理由的学科发展为一门研究政治实践、揭示政治运行规律的学科；从一门谈论历史、畅想未来的学科，转变为立足当下、回应时代、剖析现实的学科。

一方面，中国政治学的学科建设、学术发展，以及话语建构直接反映着中国政治实践的展开和深入。中国政治实践探索到哪里，发展到哪个水平，中国政治学就呈现出相应的姿态和样子。中国丰富生动的政治实践为政治学设定了根本的研究议程，提出了明确的研究议题，供给了学术话语构建的基本资源。比如民主、选举、权力约束、放权、参与、制度化等决策者用来推动改革的理念，不仅成了当代中国政治学的核心价值理念，也成为中国政治学话语体系构建的基础性概念。再比如十八届三中全会提出的国家治理现代化，激发了当代中国政治研究的想象力，为许多探索性研究提供了有力的支撑，拓宽了中国政治学的研究议题，为与其他学科的对话交叉创造了条件。中国政治学研究，必然是以中国为中心、以中国为方法、以中国为归宿，富有中国特色的。因此，脱离了中国政治实践和丰富资源，中国政治学必然会失去根基和源泉。

另一方面，中国政治学不仅仅是政治实践的学术反映，还以自觉而能动的方式，参与到政治实践之中，以研究方法创新验证实践探索创新，以学术话语更新为中国故事提供学理表达，以研究发现促进实践深化，从而揭示了中国特色政治实践背后的一般逻辑，中国政治文明探索的世界意义。比如改革开放初期，中国政治学界对于马克思主义的国家学说，尤其是国家职能理论的深入挖掘和讨论，为政府职能转变，国家中心工作从阶级斗争向经济发展转变提供了理论支撑和知识供给。再比如1980年后期，对发展政治学中"政治秩序"议题的关注、1990年后期对"国家能力"议题的讨论，二十一世纪以来对"治理"议题的引介讨论，都为中国的政治发展供给了理论资源和知识支持。这些都是中国政治学以自身时代化，适应国家政治发展实践需要，从而提升自身实践性的生动案例。要成为一个政治大国，是绝不能没有政治学等学科的。随着中国日益走入世界舞台的中央，中国发展经验受到各种形式的广泛关注，中国政治学人更加深刻地领悟到邓小平提出要在政治学、法学、社会学，以及世界政治的研究上"赶史补课"的意味深长。

带着这种精神气质，中国政治学进入了新时代，面对诸多新变化和新挑战。就学科发展而言，有三个变化正在得到整个学科的普遍关注。

首先，随着各种不确定性的增多，政治的弥散性和重要性日益突出，政治学的学科价值进一步彰显。在不确定的时代，任何一个判断、选择、行动都可能产生意想不到的后果，具有高度的政治性。要有效应对这些不确定性，不能靠明哲保身、封闭求全、假设敌人的"低级政治权谋"，而应该崇尚"大政治智慧"，寻求共同价值，达成共识，以及协调合作。政治学作为一门关注维护和增强公共利益的学问，因应时代需要，应该有更大的发展，为应对不确定性提供更为丰富而有力的价值资源、方法手段，以及行动选择。

其次，尽管政治现象是政治学的研究对象，但不是其专属的、垄断的对象。除政治学外，社会科学的其他学科都越来越关注政治现象，将其纳入研究视野，并发挥比较优势，为观察、分析和解释政治问题提供了新的研究路径、研究方法，以及学术话语，在学术市场和舆论场上与政治学形成竞争。这一方面暴露了政治学作为一门学科存在的短板和不足，另一方面也显示了政治学相对于其他学科对复杂政治现象的天然敏感性和敏锐洞察力。进而言之，在政治现象研究不断开放的条件下，只有加快学科之间的对话、交流和交叉，加强研究方法和话语创新，政治学才能保持这门古老学科的活力和吸引力。

第三，在国家对学科目录的调整中，政治学从"大政治学"瘦身为"小政治学"，那些价值性强或者应用性强的学科，从政治学中分离出去，成为独立的一级学科。政治学作为基础学科的地位进一步明确，研究对象更加集中在国家本身。这种学科调整虽然缩小了政治学的覆盖范围，但是对其专业性、学术性，尤其是如何为分离出去的相关学科提供基础性支撑提出了更高要求。在学科分化中，中国政治学必须紧紧围绕自己的研究对象，通过创新研究方式，走出一条内涵式学科高质量发展道路。

这些变化不是顺次发生，而是交织而生、相互促进的，既蕴含着潜在的机遇和广阔的发展空间，也造成了与以往迥异、更富有挑战性的复杂局面。面对社会政治剧烈变动、各类问题不断迭出，学科间竞争和融合持续加剧，政治学虽然取得了学科的建制地位，但是相对于中国作为政治大国的成长成熟，学科

中国政治学自主知识体系的建构：清华政治学系的探索

的知识生产能力不足、学科吸引力有限、人才储备更新缓慢，学术影响力和话语传播力远远不能满足中国政治实践发展的要求，政治生活变革的期待。

学术研究是学科发展的基础，学科不过是学术研究的制度化、组织化形态。归根结底，一个学科的生命力和影响力，是由其研究水平决定的。中国政治学在新时代的发展，依然要继续坚持以学术为本，弘扬经几代学人共同缔造、接续传承的"时代性""实践性"精神气质，找准时代的问题，发挥学科所长，提升研究水平，回应实践中的难点和痛点，推进以学术体系建设为基础和引领的学科体系、话语体系建设。

首先，明确中国政治学的时代方位。中国政治学是当代政治学，回答的是当代之问、当下之问。在当代，政治学必须回答的核心问题是，在世界进入百年未有之大变局中，中国式现代化成功的政治逻辑究竟是什么？进而言之，这个政治逻辑是各国现代化成功必须普遍遵循的，还是中国独有的？如果是普遍遵循的，为什么会有不同的制度形态、不同的运行机制？如果是中国独有的，当代的政治逻辑与传统政治的逻辑有何异同？中国的逻辑与其他国家的逻辑有何不同？为什么近代一百多年后才被发现和把握？为什么无法被模仿、学习？中国式政治现代化与其他领域的现代化是什么关系？如何验证经典理论判断，又在哪些方面推翻了经典理论判断？等等。只有围绕这个核心问题展开研究，才能掌握研究议程设置的主动性，避免研究对象的易手、研究焦点的散光泛化，防止研究中出现过度的"玄学化""隐身化""故纸堆化""琐碎化"等倾向。

其次，系统研究当代中国政治及其运行。当代中国政治是在"时空压缩"情境下展开的，历史悠久、规模超大、层级丰富、主体多元、变革复式、治理资源丰富等诸多因素，通过各种方式，以不同组合的形式，在中国政治运行中发挥作用，中国政治运行注定是动态的、开放的、多维度的，充满想象的。在这个意义上，当代中国政治是世界范围内政治研究最富饶的学术"宝山"。中国政治学人身在"宝山"之中，既要珍惜识宝，也能跳出此山，识其面目。研究当代中国政治，应该自觉避免价值"二元论""体制论""循环论"等简约化、决定论式的认识，善于在由党政关系、"国家—社会关系"、"国家—市场关系"、民族关系、央地关系、政企关系、"制度—技术关系"、"组织—能动者关系"、"传统—现代关系"、"内—外关系"等多种关系共同作用形成的当代复杂政治关系中，通过分层研究、截面分析、单元判断等，拼接出当代中国政治运行的整体图景，进而揭示出其运行的主要机制和动力，认清其力量所在、内在不足，判断其演进路向、遭遇的挑战。

第三，重点研究中国各项制度的成熟稳定及其绩效。制度化是中国式现代化的主要形式，各项制度的成熟稳定、效能释放是衡量国家治理现代化的主要标尺。中国政治学不仅要系统梳理、深入研究各个领域、不同层次各类制度的建设完善过程、基本结构内容，更要研究这些制度之间的关系，当代制度与传统制度的关系、制度文本与制度运行的关系、正式制度与非正式制度的关系，本土制度与外来制度的关系，以及制度与观念的关系、制度与能动者的关系等。制度研究应该成为中国政治学的学科硬核，各个研究方向延展深化的基础。要从当代制度及其运行出发，展开思想研究、历史研究、实证研究、比较研究，从而提升制度研究的整体性和贯通性。

第四，坚持比较视野和方法更新。要将中国政治置于古今中外的时空坐标中考察，在中外对比中发现其特点，在古今比较中认识其变化。只有坚持比较视野，才能保持学科的开放胸怀，提升吸纳融通能力，将不断涌现的问题纳入政治学的研究范围。只有坚持比较视野，才能在学术"无影灯"下全面清晰地认识中国政治，避免陷入自说自话、自我论证、自以为是的"中国中心主义"泥沼中，将中国政治研究从现象描绘、经验归纳、政策诠释的层次推进到本质分析、理论总结、问题预判的层次。研究问题的拓展，倒逼着研究方法的更新，要自觉丰富研究的工具箱，提升学术共同体的方法论意识，不断提高中国政治研究的科学性、专业性和学术魅力，吸引更多优秀人才投身其中，使中国政治研究成长为一门讲求研究方法、重视理论生产、坚守现代价值、人才不断涌现的学问。

目录

一 时代关照 ·· 1
清华法政教育一百年：发展历程与经验启示 ·············· 张小劲 3
中国政治发展的历史维度 ································ 景跃进 25
现代知识体系的中国议题设置 ···························· 任剑涛 30
政治学的学科传统之争与中国政治学的未来 ·············· 谈火生 53

二 中国关照 ·· 71
中国政治学的转型：分化与定位 ························· 景跃进 73
寻找中国的位置：70年中国政治学国家主题的显隐 ······ 任剑涛 83
国家治理现代化的"新叙事"：转型中国的党建与国家建设 ··· 孟天广 105
中国政治学理论建构的田野基础、历史脉络与创新维度 ····· 景跃进 128
建构、互通与自主：当代中国政治学的话语体系建设 ······ 杨雪冬 143
政治学研究中的中国经验如何凝练为一般理论 ············ 任剑涛 155

三 路径选择 ·· 163
重思中国社会科学的本土化理想 ························· 任剑涛 165
中国政治学的方法论反思 ································ 景跃进 190
当代中国政治研究：生活逻辑、理论逻辑与实践逻辑 ······ 杨雪冬 203

中国政治学自主知识体系的建构：清华政治学系的探索

历史政治学：老传统与新议程 ………………………… 谈火生 211
信息政治学：理解数字时代国家治理的新视角 ……… 孟天广 218
大数据政治学：新信息时代的政治现象及其探析路径 … 孟天广　郭凤林 223
大数据时代计算法学兴起及其深层问题阐释……… 于晓虹　王　翔 239
计算法学：展开维度、发展趋向与视域前瞻 ………………… 于晓虹 256

附录………………………………………………………………… 289
"中国政治学自主知识体系建构"笔谈 ………… 张开平　胡　悦等 291
中国式现代化的学理阐释与自主知识体系建构的路径探索
　　………………………………… 许　超　赵家坤　梁渊栎 321

一 时代关照

清华法政教育一百年：发展历程与经验启示

张小劲

一、引言

清华学堂 1911 年设立，次年更名清华学校，1925 年设立大学部，1928 年更名国立清华大学，实现了从中等教育机关向高等教育机关的转变。1952 年之后，清华大学的文、理、法学科被调出，变为多科性工业大学。二十世纪八十年代之后，清华大学开始复建文科，二十世纪九十年代之后恢复法政教育，至今已成为具有理学、工学、文学、艺术学、历史学、哲学、经济学、管理学、法学、教育学和医学等 11 个学科门类的综合性、研究型大学。

2017 年 9 月 21 日，教育部、财政部、国家发展改革委共同发布了《关于公布世界一流大学和一流学科建设高校及建设学科名单的通知》，清华大学入选"双一流"建设高校名单，清华大学的法学和政治学双双入选"双一流"建设学科名单，法政教育开启新的征程。

此次"双一流"建设学科的获得，意味着清华法政学科在此前 20 年左右的复建时光里取得巨大成功，这份成功伴随着很多经验与教训。需要从清华历史中去找寻影响因素，结合中国现代教育的大背景和世界法政教育的影响因子，探寻利弊得失。

二、清华法政教育的发展历程

（一）1925年~1937年

在清华历史上，无论是早期的庚款留学，还是留美预备学校时期的留学，都有不少学生出国学习法政相关学科，这些可以算作清华法政教育的史前期。在历经游美学务处、清华学堂、清华学校之后，清华于1925年改制，分为留美预备部和大学部。

1. 政治学系

1926年4月28日，清华学校评议会议决大学部设立17学系，其中之一便是政治学系，是之为清华法政教育的正式发端。政治学系建立后的首任系主任是余日宣。1926年，完成大学第一年通识教育进入政治学系的学生有29人之多，使得政治学系成为全校人数最多的学系。此时，政治学系的具体学程包括：

第一年：国文、英文、现代史、政治学、自然科学；

第二年：国文、英文、中国外交、比较政府、远东政府、市政、世界政治、现代帝国主义、自然科学；

第三年：中国外交、世界政治、现代帝国主义、法律原理、国际公法、政治理论、政党；

第四年：中国外交、世界政治、现代帝国主义、法学原理、国际公法、政治理论、政党、英国宪政史。①

可以看出，这个学程基本是依照美国模式制定的。清华留美同学会组织"清华文科课程委员讨论会"，成员包括吴景超、王化成、雷海宗、何运暄、胡毅、仝启，研究后认为，清华文科课程"对于中国的政治历史、组织、问题及

---

① 清华学校教务处. 大学部各系课程[J]. 清华周刊, 1926, (382): 867-869.

现状，太未注意"，①提议在政治学系学程中增加中国宪法、公民学、议院法、中国政府、欧战前中国外交史、欧战后中国外交史、现代中国外交问题、满蒙藏问题、中国政治思想史、中国政治组织史；取消现代帝国主义、远东政府等课程。②

1928年，国民政府北伐成功后接管清华学校，8月更名为国立清华大学，次年5月，清华大学由外交部转隶教育部，进入较为稳定的发展时期。1928年度学校聘请吴之椿做政治学系主任，无论是教授、学生、课程、图书各方面，都有陡然激进，为以后发展打下了良好基础。政治学系师资阵容渐次扩充，教授人数较之1927年增加1倍，胡道维、胡元义、浦薛凤、王化成、张奚若、钱端升（从南京回清华）等人先后来校任教。普林斯顿大学教授恪温（Corwin）来校讲授政治问题一科，选修者甚多；美国学者莱特（Quincey Wright）1929年借休假机会，来清华政治学系开课，讲授条约论、国际关系专题研究、国际法案研究3门课程，也使政治学系生辉不少。1929年，第一级毕业生共82人，其中政治学系毕业生22人，为全校第一大系，其他各系毕业生人数很少有超过10人的。③

政治学系改进后课程增加不少，且新设置课程半属法学方面，包括宪法、行政法、民法、商法、国际私法等，"盖当时清华未设法律学系，而本系学子，则又不能不予以选修法律学科之机会，是以只可附于本系之内"④。这一时期，政治学系的学程分为几个方面：（甲）政治制度，（乙）政治思想，（丙）法律，（丁）国际法。⑤

1931年，浦薛凤继任政治学系主任，除陈布新，改革多有。他积极谋划政治学系的长远发展，调整课程使之更加合理，广揽人才充实教师阵容，政治学系进入了一个稳定的发展时期。先后来政治学系任教的学者有燕树棠、萧公权、沈乃正、赵凤喈、陈之迈等，加之已有的张奚若、王化成、浦薛凤，出

---

① 吴景超等.关于清华大学文科课程的商榷[J].清华周刊，1927，(416)：187.
② 吴景超等.关于清华大学文科课程的商榷[J].清华周刊，1927，(416)：186–187.
③ 清华大学校史研究室.清华大学史料选编第二卷（下）[Z].北京：清华大学出版社，1991：782–785.
④ 王化成.政治学系概况[A].清华大学校史研究室.清华大学史料选编第二卷（上）[C].北京：清华大学出版社，1991：363.
⑤ 吴之椿.法学院概况政治学系[J].消夏周刊，1930，(6)：69.

中国政治学自主知识体系的建构：清华政治学系的探索

现了一个全盛时期。此外，政治学系还聘请校外何基鸿、唐悦良、郭云观、程树德、黄右昌、张忠绂、戴修瓒、张慰慈、王觐等人担任讲师，教授相关课程。①课程增加至32种之多，所有课程分为三类（研究所）五门（本科）。三类是公法、制度、思想，五门是宪法与行政法、国际法与国际关系、政治制度、市政学、政治思想，且"为造就吾国应用人才起见，对于本国政治方面各学科及市政学，尤加注重"②。

抗战前的五六年是清华政治学系的黄金时期。这期间师资阵容强大，研究领域覆盖完整且有所侧重，有张奚若、浦薛凤的西洋政治思想研究，萧公权的中国政治思想研究，钱端升的比较政制和行政研究，沈乃正的政党和比较政治研究，还有陈之迈的中国政府研究。在学校层面上，清华政治学系成为社会科学诸学系中最为完善的一系；在全国层面上，清华政治学系拓展了政治学学术研究的广度与深度，提升了"中国现代政治学"的典范意义。

2. 法律学系

清华大学成立之初，法学院本应按照相关法令设置法律、政治、经济三系，但清华大学以"经费未充，而已有之各院系急待发展"之由，③向教育部请求短期内暂缓设立法律学系，将法律课程附设于政治学系内。

1932年1月，法学院院长陈岱孙致函校长和校评议会，认为法律学系设立不可再缓。④1932年2月3日，清华大学以"法律课程为其他各系（如政治系等）所需者甚多，故数年来颇感系统上之不便"⑤，乃呈准教育部成立专系。2月22日，得教育部批准，清华大学于当年夏间积极准备添聘教授、购置图书、招考新生等事项，并聘请燕树棠担任法律学系主任。

孰料此事不久即有变动，清华庚款停付一年，经费骤然紧张。1932年5

---

① 陈新宇.近代清华法政教育研究（1909—1937）[J].政法论坛，2009，（4）：23-28.
② 王化成.政治学系概况[A].清华大学校史研究室.清华大学史料选编第二卷（上）[C].北京：清华大学出版社，1991：363.
③ 陈岱孙.法学院概况[A].清华大学校史研究室.清华大学史料选编第二卷（上）[C].北京：清华大学出版社，1991：361.
④ 陈俊豪.关于筹设清华法律学系的函札[J].清华法学，2006，（9）：317-318.
⑤ 梅贻琦.清华一年来之校务概况[A].清华大学校史研究室.清华大学史料选编第二卷（上）[C].北京：清华大学出版社，1991：22.

月7日,教育部正式训令清华大学法律学系暂缓招生,"惟查工科人才之培植本为我国急要,值兹国难迫切,物力维艰,该校应就现时财力所能及,力谋工学院之扩充,至前准备案之法律学系,应暂缓招生"①。6月4日,清华大学致函教育部,说明法律学系业已筹备,聘请教授已有成约,"成立似难中止",请教育部维持原案,准予设立;②6月11日,教育部驳回了清华大学的请求。

但清华大学仍招收了该年度法律学系学生,这导致11月间教育部来电核查。清华大学复函教育部,陈述法律学系不过是将政治学系已有法律课程及讲师移入,增设绝不影响工学院的发展;至于学生则是二年级转学生和一年级不分系新生转入,为数不多,请求教育部准予备案。③为此事,校长梅贻琦于12月2日分别致函教育部常务次长钱昌照、教育部高等教育司司长沈云程、国防委员会杨公兆,请求他们向教育部部长朱家骅斡旋,对于法律学系"已成之事实""宽予承认"。④12月19日,教育部向清华大学下发指令,"该大学仍应遵令停招法系学生,至本年度已招者姑予承认,惟一年级生应饬改认他系,其不愿改系者,得与二年级生办至本年度终了时结束,再送北大平大等校肄业"⑤。在中央政令之下,清华大学无力回天,故于1934年停办法律学系,法律课程仍附设于政治学系内。⑥

3. 研究所

1925年,清华学校曾开办研究院,但限于国学一门,并于1929年夏停办。1929年秋,清华大学复开办研究院,1934年,整合设立文科研究所、理科研究所、法科研究所,其中法科研究所包括政治学部和经济学部。⑦政治学部的研究导师及科目主要有:萧公权,中国政治思想;王化成,国际公法及国

---

① 陈俊豪.关于筹设清华法律学系的函札[J].清华法学,2006,(9):319.
② 陈俊豪.关于筹设清华法律学系的函札[J].清华法学,2006,(9):320.
③ 同②,321-322.
④ 同②,322.
⑤ 陈俊豪.关于筹设清华法律学系的函札[J].清华法学,2006,(9):325.
⑥ 陈岱孙.法学院概况[A].清华大学校史研究室.清华大学史料选编第二卷(上)[C].北京:清华大学出版社 1991:361-362.
⑦ 呈教育部文(去字四六九号)、呈教育部文(去字第五六一号)、国立清华大学研究院章程[A].清华大学校史研究室.清华大学史料选编第二卷(下)[C].北京:清华大学出版社,1991:560-566.

际关系;沈乃正,中国地方政府;陈之迈,中央政治制度;张奚若,西洋政治思想;浦薛凤,近代政治思潮。①

政治学部研究生入部后,须在三种专门选读与研究选修中选择一门:公法(宪法或国际公法)专门选读与研究、政治制度专门选读与研究、政治思想专门选读与研究,以使得研究初步专门化,并在研究过程中寻得论文题目。政治学部对于毕业初试,极为重视,"初试及格,再行着手准备毕业论文,俾得心无二顾,精神专一"②。毕业考试时,研究生须在政治制度、宪法与行政法、国际公法及国际关系、政治思想、市政五科中选择三科应试。③ 这一时期先后考取政治学部研究生者有徐义生、楼邦彦、王铁崖、邵循恪等人。④

(二)1937年~1946年

1937年抗战爆发,8月中旬清华大学奉令南迁,弦歌不辍,与北京大学、南开大学先到长沙组成临时大学,再到昆明组成西南联合大学。西南联合大学法商学院下设法律、政治、经济、商学四系。后文学院历史社会学系分立,社会学系改隶法商学院。在这几个学系中,法律学系为北大独有,商学系为南开独有,其他几系为共有。西南联合大学八年中法商学院院长依次为方显亭、陈序经、周炳琳。⑤1937年10月2日,长沙临时大学常务委员会第四次会议决设17系;10月4日,常务委员会第五次会议决议推定各学系教授会主席人选,推选张佛泉为政治系教授会主席,但张佛泉坚辞不就,10月8日,常务委员会第八次会议改推张奚若为政治系教授会主席。⑥1939年6月13日,常

---

① 法科研究所政治学部[A].清华大学校史研究室.清华大学史料选编第二卷(下)[C].北京:清华大学出版社,1991:598.
② 法科研究所政治学部[A].清华大学校史研究室.清华大学史料选编第二卷(下)[C].北京:清华大学出版社,1991:596.
③ 同②,597-598.
④ 同②,597.
⑤ 长沙临时大学常委会关于迁校的决议[A].清华大学校史研究室.清华大学史料选编第三卷(下)[C].北京:清华大学出版社,1994:108;西南联大组织概况表(1939年度)[A].清华大学校史研究室.清华大学史料选编第三卷(下)[C].北京:清华大学出版社,1994:141;国立西南联合大学行政组织概况[A].北京大学等.国立西南联合大学史料(一总览卷)[C].昆明:云南教育出版社,1998:92.
⑥ 长沙临时大学常务委员会"第四次会议""第五次会议""第八次会议"记录[A].北京大学等.国立西南联合大学史料(二会议记录卷)[C].昆明:云南教育出版社,1998:6-9,11-12;长沙临时大学关于各学系名称及各系教授会主席名单的笺函(1937年10月)[A].北京大学等.国立西南联合大学史料(四教职员卷)[C].昆明:云南教育出版社,1998:9-10.

务委员会第一一〇次会议决议,"本大学各学系教授会主席,自下学年起一律改称为系主任"①。

清华大学及其政治学系的发展很受战争影响,师资流失严重。教授们有的选择到他校执教,如萧公权接受中英庚款基金董事会的聘请,去四川大学挂任讲座教授;有的弃学从政,用自己的专业知识为国家贡献力量,如浦薛凤、王化成任职国防最高委员会,陈之迈任职行政院等;政治学系顿时陷入无将的困境。

清华政治学系进入联大的教师较少,流动性较大,政治学系再也无法找寻到昔日的全盛样貌。长期在校者仅张奚若、赵凤喈、邵循恪,来去者有沈乃正、楼邦彦、龚祥瑞。他们与北京大学政治学系的教授张忠绂、钱端升、崔书琴、张佛泉一道,支撑着西南联大政治学的发展。除了正常教学活动,维持弦歌不辍,张奚若、罗隆基、钱端升还成为国民参政会的参政员,参政议政。他们献言献策,呼吁团结抗日,鼓吹民主,反对独裁,着力于推动中国政治的现代化。

(三) 1946年~1948年

1945年8月抗战胜利,次年各校相继复员,清华大学也迁回了北平清华园。百废待兴,清华大学开始谋划新的篇章,院系规模较战前迅速扩充,扩大到五院26系。

政治学系

然而,政治学系却不容乐观,师资短缺严重限制了其发展。"本系遭空前之困难,原在西南联大之教授,如钱端升、吴之椿、崔书琴三位随北大复员,本系只有张奚若、赵凤喈、邵循恪三位先生;同时张先生因病请假(下学期已上课),邵先生体亦不健,赵先生又兼顾法律学系之事,新聘教授,只甘介侯先生一人到校,旧教授浦薛凤、萧公权等囿于交通,不能到校。师资困难,甚于抗战期中,只有勉请崔书琴、吴恩裕、楼彦邦、邸维周诸位先生来校兼授各项必修课程。"②不久,张奚若辞去政治学系主任职务,暂时由陈岱孙兼任,后学校聘曾炳钧来校担任政治学系主任。教学研究所需资料,也因为战争受损严重。

---

① 西南联合大学常务委员会"第一一〇次会议"记录[A].北京大学等.国立西南联合大学史料(二会议记录卷)[C].昆明:云南教育出版社,1998:94-95.
② 梅贻琦.复员后之清华(续)(1947年4月)[A].清华大学校史研究室.清华大学史料选编第四卷[C].北京:清华大学出版社,1994:49-50.

中国政治学自主知识体系的建构：清华政治学系的探索

法律学系

复员北平后，清华大学呈请教育部恢复法律学系。1946 年度法学院设法律学系、政治学系、经济学系、社会学系，聘赵凤喈为法律学系主任。法律学系教师仅三人，除赵凤喈外，还有教授一名（王克勤）、助教一名（李声庭）。开始时"图书设备及教师敦聘均感困难，故仅招收一年级新生一班，而大一新生除修法学院共同科目外，因学分限制关系，只能修习本系基本课程一、二门（若民法总则等）"①。

1948 年教育部通令各大学或独立学院法律系，《法学绪论》应由资深学优的教授讲授，法律学系课程应加以调整，以利于教学。清华大学法律学系开会探讨，认为法律学系课程太多应予减少，民法讲授时间应改两年为三年，《中国司法组织》在诉讼法中有附带说明不必再列为必修等，提交教育部参考。②

研究所

西南联大的法科研究所仍由北大、清华、南开分别办理。③抗战初期，清华大学研究院于 1937 年 9 月停办，1939 年 7 月重新开办，但只恢复文科研究所和理科研究所，后又开办工科研究所，④1940 年恢复法科研究所⑤，分为政治学部和经济学部，政治学部主任为张奚若。⑥

复员之后，清华大学研究院仍然开办，法律学系暂未成立研究所，法科研究所政治学部按照教育部颁新规定改名政治研究所，主任由法律学系主任赵凤喈兼任，设国际公法组和政治制度组，由邵循恪和赵凤喈分别担任导师。⑦研

---

① 梅贻琦.复员后之清华（续）（1947 年 4 月）[A].清华大学校史研究室.清华大学史料选编第四卷[C].北京：清华大学出版社，51.
② 1947—1948 年教育部有关调整法律系课程的部令，赵凤喈的意见及清华大学致教育部回函[A].王振民.法意清华[C].北京：清华大学法学院（未公开出版），2009：288-289.
③ 国立西南联合大学校史[A].清华大学校史研究室.清华大学史料选编第三卷（下）[C].北京：清华大学出版社，1994：570.
④ 第二次评议会关于研究院问题的决议、第二十六次校务会议关于研究院的有关决议事项[A].清华大学校史研究室.清华大学史料选编第三卷（上）[C].北京：清华大学出版社，1994：75-81.
⑤ 第三十次校务会议关于研究院的议决事项[A].清华大学校史研究室.清华大学史料选编第三卷（上）[C].北京：清华大学出版社，1994：82.
⑥ 清华研究院 1941 年度第二学期概况简表[A].清华大学校史研究室.清华大学史料选编第三卷（上）[C].北京：清华大学出版社，1994：83.
⑦ 国立清华大学 1946 年度第一学期研究所概况报告简表[A].清华大学校史研究室.清华大学史料选编第四卷[C].北京：清华大学出版社，1994：264.可参见政治学系对教务处送交部令要求呈报研究所组织情形之回复[A].王振民.法意清华[C].北京：清华大学法学院（未公开出版），2009：277.

究所的选修学程包括政治制度研究、国际公法判例、条约论、中国外交史研究、外交学。①

经过几年的恢复发展，法律学系和政治学系聘请教师数量有所增加。1948年法律学系教师有赵凤喈（系主任）、陈廑、于振鹏、全陆麟（副教授）、陈沛寰（助教）、童介凡（助教）；政治学系教师有曾炳钧（系主任）、张奚若、甘介侯、邵循恪、刘毓棠、杨荣春（副教授）、陈体强（副教授）、杜汝胥（助教）、萧英华（助教）。②

（四）1948年~1952年

1948年12月15日，清华大学解放，1949年1月10日，被北平市军事管制委员会接管。校内各项事务仍由校务会议维持，后成立校务委员会，为全校最高权力机关，主持清华大学校务。③

在新民主主义教育背景下，"要加强革命的政治教育，反对单纯的技术观点"④。在意识形态领域，各学科都要接受马克思主义的指导，各大学院校共同必修辩证唯物论与历史唯物论（包括社会发展简史）、新民主主义论（包括中国近代革命运动简史）两门，文法学院再加政治经济学一门。⑤政治学系从来没有与政治联系得如此紧密，从此之后，政治学的发展进入另一个轨道。

清华大学被接管后，也对课程进行了改革，"取消反动课程及增设革命课程"，文法两学院各系的基本课程方案，由华北高教会规定，并已经遵照实行；在全校特设辩证唯物论与历史唯物论教学委员会（大课委员会），主持政治课，以进行思想改造；⑥大课委员会常务委员包括费孝通（召集人）、吴晗、金

---

① 清华大学学程一览（1947年）[A].清华大学校史研究室.清华大学史料选编第四卷[C].北京：清华大学出版社，1994：350.

② 转引自陈新宇.近代清华法政教育研究（1937—1952）[J].清华法律评论，2015，（八卷第一辑）：55-57.

③ 清华大学校务委员会工作总结初稿（1949年5月7日—1949年10月31日）、清华大学致军管会文化接管委员会教育部函（1949年2月25日）[A].清华大学校史研究室.清华大学史料选编第五卷（上）[C].北京：清华大学出版社，2015：6-7.51.

④ 清华代表会议第一次全体会议上钱俊瑞副部长讲话（关于学习部分记录摘要）（1949年10月20日）[A].清华大学校史研究室.清华大学史料选编第五卷（上）[C].北京：清华大学出版社，2015：66.

⑤ 华北高教会常委会第三次会议讨论改革大学课程（1949年8月12日）[A].清华大学校史研究室.清华大学史料选编第五卷（上）[C].北京：清华大学出版社，2015：185.

⑥ 叶企孙.改造中之清华（1950年4月29日）[A].清华大学校史研究室.清华大学史料选编第五卷（上）[C].北京：清华大学出版社，2015：22-23.

中国政治学自主知识体系的建构：清华政治学系的探索

岳霖等人，班教员包括邓以蛰、曾炳钧、陈体强等人。①1952年，大课委员会被"新民主主义论教研组"取代。②

清华大学逐渐改变了1948年之前"通才教育"的培养模式，转向应用型模式，学校的主要目标是服务于国家建设，从课程到教师的研究领域都趋向应用性。在进行自身院系调整之后，原来的院系结构发生变化，共有4院22个学系，其中文学院4系，理学院8系，法学院3系，工学院7系。

1949年7月，清华大学调整院系，将人类学系与社会学系合并，对法学院的直接措施则是关于法律学系的。按照华北高等教育委员会的训令，清华大学法律学系取消，学生转入清华大学其他各系、北大法律系或政法学院，③"但教员工作之调动曾发生困难，原因在事先缺乏计划所致，亦是一项教训"④。

1950年初，按照学校的安排，政治学系的教员分为两组：行政学组和外交组；其后又被调整，计划设立政法学院，分为行政系、外交系、民族系。这个调整计划并未实行。此外，政治学系与中国人民外交学会、新华社联系合作，并与北大政治学系、燕京大学政治系定期召开座谈会，交流教学经验。⑤1951年，法学院政治学系分为国际（外交）组及内政组，"任务在培养各级政府行政干部，外事工作干部，及国际法国际关系专业人才。除着重马列主义的立场观点，方法的修养外，并着重必要的专门知识训练"⑥。

1952年之际，清华大学政治学系主任为曾炳钧，教师包括张奚若、邵循恪、赵德洁、曾炳钧、陈体强、于振鹏、王绍坊（专任讲师）、萧英华（助教）、杜汝楫（专任讲师）；学生4个年级共36人，该时期"教师不足，每年

---

① 辩证唯物论与历史唯物论教学委员会（简称大课委员会）组织系统表（1949年10月17日）[A]. 清华大学校史研究室.清华大学史料选编第五卷（上）[C].北京：清华大学出版社，2015：194-195.
② 秘书处通知各教学行政部门大课委员会撤销（1952年4月2日）[A].清华大学校史研究室.清华大学史料选编第五卷（上）[C].北京：清华大学出版社，2015：278.
③ 清华法律系奉华北高等教育委员会令取消，学生转入北京大学往来函件[A].王振民.法意清华[C].北京：清华大学法学院（未公开出版），2009：272-273.
④ 清华大学校务委员会工作总结初稿（1949年5月7日—1949年10月31日）[A].清华大学校史研究室.清华大学史料选编第五卷（上）[C].北京：清华大学出版社，2015：9.
⑤ 本校各系与政府机关团体合作情形——《人民清华》综合报道（1950年1月16日）[A].清华大学校史研究室.清华大学史料选编第五卷（上）[C].北京：清华大学出版社，2015：656-657.
⑥ 高等学校简介清华大学（1951年6月24日）[A].清华大学校史研究室.清华大学史料选编第五卷（上）[C].北京：清华大学出版社，2015：32.

入学的学生不多,因之对于供给民主建政人才,不能发生作用"①。

该时期政治学系的基本学程包括中国革命史、中国革命基本问题、近代世界革命史、现代世界政治、政治学概论(马列主义的阶级论、国家论、民族论等)、政策及法令、名著选读(《共产党宣言》《帝国主义论》《列宁主义问题》《马克思主义与民族问题》《联共(布)党史简明教程》等)。法律学系的基本课程包括马列主义法律理论、新民主主义的各项政策法令、名著选读(《共产党宣言》《家族私有财产及国家之起源》《论一元论历史观的发展》《国家与革命》《论国家》《斯大林关于苏联宪法的报告》《新民主主义论》《论联合政府》《论人民民主专政》等)、新民法原理、新刑法原理、宪法原理、国际公法、国际私法、商事法原理、犯罪学、刑事政策、苏联法律研究。②

1949年,政治学研究所下设国际法组,招收研究生,考试科目为国文、英文(作文及翻译)、国际公法、西洋政治思想、各国政府及政治。③但实际上并未招生。

(五)1952年~1980年

1951年下半年,全国开始酝酿院系调整,全面学习苏联经验。1952年5月,"为适应国家建设的需要,整顿与加强综合大学,发展专门学院,首先是工业学院"④,教育部公布了全国高等学校调整设置方案。1952年6月,教育部设立"京津高等学校院系调整办公室",为筹备建立新的综合性大学,北京大学和多科性工业高等学校清华大学设立"京津高等学校院系调整北京大学筹备委员会"和"京津高等学校院系调整清华大学筹备委员会",清华筹备委员会以刘仙洲为主任委员,钱伟长、陈士骅为副主任委员。⑤清华大学的文学院和理学院并入北京大学,法学院并入北京政法学院、北京大学、中央财经学院等

---

① 清华大学政治系概况(1952年2月)[A].清华大学校史研究室.清华大学史料选编第五卷(上)[C].北京:清华大学出版社,2015:354–355.
② 陈新宇.近代清华法政教育研究(1937—1952)[J].清华法律评论,2015,(八卷第一辑):60–61.
③ 国立清华大学1949年度招考研究生简章[A].清华大学校史研究室.清华大学史料选编第五卷(上)[C].北京:清华大学出版社,2015:121.
④ 教育部关于全国高等学校1952年的调整设置方案(1952年5月)[A].何东昌.中华人民共和国重要教育文献(1949~1975)[C].海口:海南出版社,1998:150.
⑤ 中央人民政府教育部通知(1952年6月25日)[A].清华大学校史研究室.清华大学史料选编第五卷(上)[C].北京:清华大学出版社,2015:500–501.

校，北京大学、燕京大学等校的工科并入清华大学，清华大学转变成为多科性工业大学。1952年9月，教育部以北京大学、清华大学、燕京大学、辅仁大学的政治系、法律系为基础，成立北京政法学院，清华大学政治学系的曾炳钧、赵德洁、邵循恪、杜汝楫被调往北京政法学院，陈体强被调往外交部。①至此，政治学系在清华历史上画上了句号。

（六）二十世纪八十年代之后

1978年中共十一届三中全会之后，政局发生根本性转变，大学与学术渐次恢复，法学和政治学的教学与研究相继恢复，各大院校恢复招生。清华大学自八十年代着手恢复文科，并于1993年成立人文社会科学学院。但因为二战之后学术分工越来越细，法政各个学科也分化开来，分散在不同院系。

1994年10月清华大学成立法律学系筹建委员会，1995年8月校务会议决定恢复建立法律学系，隶属人文社会科学学院；法律学系发展迅速，短期内获得民商法学硕士学位授予权；1999年4月校务会议决定复建法学院。②2000年获得民商法学博士学位授予权，同年相继获得法理学、刑法学、经济法学、诉讼法学、国际法学的硕士学位授予权；2003年获得环境与资源保护法学、宪法与行政法学硕士学位授予权；2006年8月获得法学一级学科博士学位授予权。自2011年开始，清华大学法学院连续进入QS全球知名法学院排名前50。

2000年5月8日，清华大学校务会议通过决议，复建政治学系，隶属人文社会科学学院。2003年12月，清华大学马克思主义研究中心成立后，政治学系并入马克思主义研究中心。2008年7月，清华大学马克思主义学院成立，政治学系建制仍保留在人文社会科学学院。2009年9月，政治学系全面重组，在强化政治学理论与方法和政治思想史研究的基础上，着重发展中国政府与政治、比较政治学和政治科学方法论。2012年，政治学系改隶新成立的社会

---

① 中央人民政府教育部关于成立北京政法学院的请示、政务院文化教育委员会关于报请核批成立北京政法学院的函、教育部关于清华等大学政法系科调整人事名册的函［A］.中国政法大学档案馆.法大记忆：60年变迁档案选编［C］.北京：中国政法大学出版社，2012：4-6.

② 王保树，李旭.清华法学院的发展与未来——写于建校九十周年、法学院成立七十二周年之际［J］.清华大学学报（哲学社会科学版），2001，（2）：16-17.

科学学院。但政治学系目前仅能招收培养博士研究生,在人才培养方面还有很大提升空间。

1997年1月清华大学成立国际问题研究所,隶属人文社会科学学院。2003年获得国际关系硕士和博士学位授予权,开设社会科学实验班国际政治专业。2007年12月在国际问题研究所基础上成立国际关系学系,2010年国际关系学成为北京市重点学科。2012年国际关系学系改隶新成立的社会科学学院。国际关系学研究领域涵盖政治学理论、比较政治学、国际关系理论、国际关系史、国际政治经济学、比较政治经济学、外交学理论、中国外交等。

三、如何理解清华法政教育的发展

在中国百年教育史上,清华大学的法政教育一脉婉转,虽坎坷并行,终川流不息。要理解清华法政教育的恢复发展,至少要从清华大学、中国现代教育、世界法政教育三个维度进行考量。

(一)在清华大学整体教育背景下理解清华法政教育的发展变迁

清华大学有自身的发展布局,自清华学堂设立以来,清华都有一种浓浓的实用主义风气,这主要源于清华所移植的是美国式教育,而支撑美国教育的理念正好是其本土的实用主义哲学。① 因此,从设立伊始,清华即以实用为要。此外,这也与清华本身所追求的为国家造就人才的目标相契合,她并不以塑造人格为首要选择,而是以造就可用人才为首要目标。清华改制为大学之后,无论是罗家伦校长还是梅贻琦校长,办学理念都或多或少带有实用主义的痕迹。②

政治学系建系较早,是清华改制为大学后整体学科布局中的一环,且最初招生人数居全校之首,可谓最为重要的学系,但是这个龙头地位没有维持多久

---

① 关于实用主义社会科学的优势和弊端,可参见赵鼎新.从美国实用主义社会科学到中国特色社会科学——哲学和方法论基础探究[J].社会学研究,2018,(1):18-24.
② 苏云峰.从清华学堂到清华大学 1928—1937:近代中国高等教育研究[M].北京:三联书店,2001:59-60.

中国政治学自主知识体系的建构：清华政治学系的探索

就被经济学系超过，再不久为工程学科越过。梅贻琦掌校之后，清华开始向偏重理工科发展，"理工逐渐抬头，而文法渐趋没落"①。清华大学大力发展工科，后来居上，一举奠定教育界地位。虽然何炳棣说清华大学面对政府"提倡理工限制文法"的教育政策，圆融应对，只谈"提倡理工"，不谈"限制文法"，②但自1931年年初开始，理工已然成为清华大学的重心，形成了"注重理工之宗旨"。③在这种学校氛围之下，常态时期的1931年至1937年法政学科尚有发展壮大的空间，但及至抗战爆发，经费十分紧张之际，法政学科对于清华大学的重要性已经难以展现，只能在保证不衰败的前提下艰难生存。1932年，清华大学同时向教育部申请设立工学院与法律学系，工学院大放异彩迅速成为清华大学的主力院系，几个月后法律学系被停止招生，逐步形成理工超越、压倒文法的态势。固然，清华校方不限制文法，但在全校整体学科布局下，考虑更多的是如何壮大理工学科。

二十世纪八十年代之后，清华大学复建文法科相关专业，但是此前30年长期作为工科大学存在，已经形成了特定的教育风气，短时间内很难改变工科独大的局面，很难破除工科思维的束缚。到今天为止，法政学科相关专业虽然发展喜人，但无论地位还是发展程度都不足以与工科相关院系相比。相较于壮大法科相关院系，保持工科的地位显然更为重要。因此，无论是法学院还是政治学系，相较于国内同类院校，都存有非常大的扩展空间。

（二）要在中国现代教育背景下理解清华法政教育的发展变迁

清华法政教育的发展，处在中国现代教育发展初期，这个初期阶段乱象丛生，法科教育尤其是法律学系成为贩卖文凭的重灾区，尤为社会所诟病。国民政府统一之前，教育全采放任政策。④清末留日风潮之际，留学生即多习法科；及至民初，国内法科院校纷纷涌现；1918年全国专科以上学校77所，其中法政专门学校35所，修习法政专业的学生人数占总人数的一半还多；到1929年

---

① 蒋廷黻.蒋廷黻回忆录［M］.谢钟琏译.北京：东方出版社，2011：136.
② 何炳棣.读史阅世六十年［M］.桂林：广西师范大学出版社，2005：102.
③ 陈俊豪.关于筹设清华法律学系的函札［J］.清华法学，2006，（9）：322.
④ 萧公权.论教育政策［A］.萧公权.迹园文录［C］.台北：联经出版公司，1983：268-270.

时，法学院学生占总人数的 1/3 多。①

　　国民政府统一后，开始整顿教育，在教育上采行统制政策。最初各科一视同仁，但到 1929 年 8 月 10 日公布了《大学规程》，规定大学教育注重实用科学，需具备三个学院及以上，且必须包含理学院或农工商医各学院之一。② 1932 年 6 月，陈果夫在"改革教育初步方案"中，面对文法科的乱象，倡言限制文法科，方案如下："一、中央应即依照十年内之建设计划，规定造就农工医各项专门人才之数目，分别指定各专门以上学校切实训练，以便应用；二、全国各大学及专门学院自本年度起，一律停止招收文法艺术等科学生，暂定以十年为限；三、在各大学中，如有农工医等科，即将其文法等科之经费移作扩充农工医科之用。其无农工医科者，则斟酌地方需要，分别改设农工医等科，就原有经费，尽量划拨应用；……八、关于前曾毕业及近二三年内陆续毕业之法科学生，中央应再加以严格训练，使成为知法守法且能司法之人才。其学政治经济或其他社会科学，如系在失业期内，应分别授以关于训政之训练，至少一年，俾各个人皆有适当之工作；九、在十年之内，中央及各省派遣留学生，规定学科，以农工医等实用科学为限；十、关于农工医等科之补助教育，如农场工场医院、图书馆、博物院等，应充分添置，俾学生多得研究及实习之机会。"中央政治会议教育组审查后，"对十年内停招文、法、艺术各科学生一项，修改为文、法科办理不良者停止招生，艺术院加设实用艺术课程，以促工商业之发展。边远诸省为养成法官及教师，以后仍准设文、法等科，内地各大学均不得请求设置。其节储经费，移作扩充现有农、工、医药各科之用"③。

　　陈果夫的建议有极端之处，但大体的形势却是如此，限制文法也并非纯为政治因素。1933 年办了 4 年武汉大学并把其提升为国内一流大学的王世杰接任教育部部长，他到任后调阅各大学统计数据，发现文科（文、法、商、教育等）与实科（理、工、农、医）学生比例为 7：3，相差悬殊。于是详订招生

---

① 刘超.学府与政府——清华大学与国民政府的冲突及合作[M].天津：天津人民出版社，2015：228.
② 苏云峰.从清华学堂到清华大学 1928—1937：近代中国高等教育研究[M].北京：三联书店，2001：57.
③ 陈果夫.改革教育初步方案原文[A].中国国民党中央委员会党史史料编纂委员会.抗战前教育政策与改革[C].台北："中央"文物供应社，1971：397–398.

办法，限制文科新生的招生；并整顿全国大学，取缔不良学校，结束上海、北平、南京专科以上学校 10 余所，其中最差的便包括上海法学院、上海法政学院、北平大学等几校。①

清华大学的法律学系就是在这个限制文法发展实科的现代教育大背景下被停办的，几乎同时被停办的还有北平大学政治系、东北大学法律系②。至于政治学这样的基础科学，也在这个大背景下处于劣势地位，不可能不断扩充。1938 年之后，中央教育政策有所改变，"对于专科以上教育，采取均衡发展的原则"③，但清华大学已经错过时机，且因战争阻碍也不可能复建法律学系。

抗战即将胜利之际，百废待兴。抗战虽胜，建国未成，"讲到建国工作，真是千头万绪，不过厉行法治，应当是最迫切的基本要务"④。战后复员，教育部多方推动法律学系的设置，在同济、浙江、河南及重庆 4 个大学增设法学院，专重法律，不设政治、经济等系，并继续推进达到大学必有法学院，法学院必以法律系为骨干；此外，并加多教育部公费留学考试法律科的名额。⑤可以说，此时的清华大学法律学系已经迎来了发展的大好时光，孰料仅仅三年，"六法全书"被废止，法律学系再被裁撤，又一次画上了句号。

（三）要在世界法政教育背景下理解清华法政教育的发展变迁

中国"法学院的制度，直接仿自日本，间接采自法国。法国受了哲学法学派的影响，"法律"二字的含义，本是很广泛的，即含有法律本质的意味。所以法学院并不以研究法律为限"⑥。因此，在 1949 年之前的各大学，法学院是广义的法学院，包括法律、政治、经济三系，有的还要加上社会学系。抛开经

---

① 王世杰. 王世杰日记第一册 [M]. 台北："中央研究院"近代史研究所，1990：1-2，7.
② 张太原. 20 世纪 30 年代的文实之争 [J]. 近代史研究，2005，(6)：193.
③ 朱家骅. 中国之法律教育问题 [A]. 王聿均，孙斌. 朱家骅先生言论集 [C]. 台北："中央研究院"近代史研究所，1977：305.
④ 朱家骅. 法律教育的一种看法 [A]. 王聿均，孙斌. 朱家骅先生言论集 [C]. 台北："中央研究院"近代史研究所，1977：310.
⑤ 朱家骅. 法律教育的一种看法 [A]. 王聿均，孙斌. 朱家骅先生言论集 [C]. 台北："中央研究院"近代史研究所，1977：318-309.
⑥ 朱家骅. 法律教育委员会第六次会议致辞 [A]. 王聿均，孙斌. 朱家骅先生言论集 [C]. 台北："中央研究院"近代史研究所，1977：319.

济学和社会学暂且不论，法律学和政治学在相当大的程度上具有亲缘性。在欧洲的法政传统中，法律与政治并不分开，及至十九世纪末期，政治学才在美国独成一科，不再注重国家学的传统知识，渐次与法律学脱离开来。所以，在抗战以前清华大学的法律学系虽未设置成功，却以课程的形成存在于政治学系之中，使得清华大学的政治学系比其他院校的政治学系具有更大的包容性。

二战之后，世界学术飞速发展，学术分工越来越细，美国的霸主地位和文化输出影响了世界。当今的法学院设置一改以往的形式，趋向于单科性、职业化，对于理论的重视日趋减弱。而政治学系，也从原来的注重制度、思想、公法的传统逐渐缩小，舍弃了公法，缩小了思想；即使是对于制度的研究也因为千头万绪的社会状况而变得细枝末节，互联网、社区治理等领域成为热门话题；传统意义上关注国家问题的方面受到削弱。

不得不说，当下中国无论是法律学还是政治学的教育与学术研究都随着美国亦步亦趋，几乎成为美国教育的翻版。中国继受的是欧陆法系的法统，特别是基本的民法、刑法，美国化的法学和政治学理念与中国现实制度之间存在着或大或小的沟壑，这便形成了制度与理念之间的断裂。对于法学来说，如何防止过分职业化，避免造就法律机械主义人才，是值得认真研究的问题。对于政治学来说，即使是美国学界也在反思他们抛弃很久的欧陆传统，中国当今的政治学如何避免走弯路，亦是值得思考的话题。①

四、特点及经验

1906年，美国伊利诺伊大学校长詹姆士给罗斯福总统写信，说"中国正临近一次革命。……哪一个国家能够做到教育这一代青年中国人，哪一个国家就能由于这方面所支付的努力，而在精神和商业的影响上取回最大的收获"②。这个设想不仅成功实现，并且影响了中国教育乃至社会近百年的发展；清华大

---

① 谈火生．政治学的学科传统之争与中国政治学的未来［J］．教学与研究，2017，（5）：63-73．
② 1906年美国伊利诺伊大学（University of Illinois）校长詹姆士（Edmund J. James）给美国总统西奥多·罗斯福（Theodore Roosevelt）的《备忘录》（摘要）［A］．清华大学校史研究室．清华大学史料选编第一卷［C］．北京：清华大学出版社，1991：72．

中国政治学自主知识体系的建构：清华政治学系的探索

学便是最为显著的部分。

大学的功用在于新民，在于塑造栋梁。在近百年的历史发展中，清华法政学科不但有大师级学者，还塑造了一代又一代人才。每一时期都把人才培养放在重要位置，培育了很多优秀的毕业生，如曾炳钧、王赣愚、张企泰、邵循恪、邵循正、邹文海、王铁崖、楼邦彦、俞国华、龚祥瑞、端木正、陈体强，等等，彰显着清华大学法政教育的成功之处与辉煌传统。教学相长，有大师级的学者，自然会产生优秀的学子；反之，优秀的学子也会刺激学者的进步，不断提高自己的学术研究和教学水准。清华法政教育的发展历程，是证明这个良性循环的实例。通过关照清华大学法政教育的历史与现实，我们可以从中吸取经验，走向未来。

（一）自身特色与学科齐全

无论是民国时期，还是改革开放之后的清华，面临的学科形势基本相同，都是后发学科亟须发展壮大的问题。清华大学从学堂时代开始，及至改制成功，从中等教育机关转向高等教育机关，相对于北平原来的"国立八校"等学校，属于后起的大学。如何在短期内形成自身的特色，并脱颖而出，成为亟待解决的事情。民国时期的清华大学法学院，政治学系建系较早，一直稳步发展，但并非全无重点。在政治学系初期，曾特别注重国际公法的发展，1929年左右政治学系"所购书籍，多偏于国际公法及国际关系方面者，于兹可略窥本系将来发展之趋势"[①]。之后逐渐发展壮大，师资逐步健全，才子制度、思想、公法（宪法、行政法、国际公法）三个领域不再有所偏倚。

法律学系属于后来设置的，要办法律学系，需要寻得一般法科院校所无特色；如何在林立的法科院校中脱颖而出形成特色，成为主事者思考的问题。校长梅贻琦和院长陈岱孙给出的答案是注重理论研究。1932年清华大学筹设法律学系，"实因吾辈认法学理论之研究，为大学中所应注重，而为普通法校所忽视者，故愿于此方向，一为矫正"[②]。所以法律学系的宗旨是"对于应用及

---

① 清华政治学系发展之概况[J]. 清华周刊, 1931, (514–515): 58.
② 梅贻琦. 清华一年来之校务概况[A]. 清华大学校史研究室. 清华大学史料选编第二卷（上）[C]. 北京：清华大学出版社, 1991: 22.

学理两方面,务求均衡之发展,力避偏重之积习,以期造就社会上应变之人才,而挽救历来机械的训练之流弊。本校当局历年筹备之计划与努力亦即在于此"①。由此可见,清华大学的法律学系更加注重理论,较法科专业院校的培养目标更上层楼。清华大学第二次建设法律学系之时,亦注重理论的培养。教育部规定各大学和独立学院的法律学系兼采混合制与分组制。②1947年6月,教育部电令清华大学法律系分组应逐渐推行,并应先设司法组和行政法组。但清华大学法律学系认为,应拟先增设理论法学组,因各大学和法律学院均设立司法组,培植司法人才,预计已达足用的程度,"而国内法学专家尚不多见,且因本校僻在乡间师生研究之兴趣颇浓,理论法学组之设立亦可谓因时因地以制宜。将来如有余力再行分设行政法组"③。无奈,这个理想且可行的计划没有得到一展拳脚的机会。

二十世纪九十年代复建的清华法政学科在短时间内异军突起,也是得力于先建设优势学科这一策略。法学院复建后,先从民法学开始起步建设,进而扩展到其他学科;政治学系复建重组后,着力发展中国政府与政治、比较政治学和政治科学方法论,都是寻找自身发展优势、争取短期内脱颖而出的策略。

(二)应用品性与基础研究

清华大学法政教育的首要培养目标是培养可以资治的实用型法律人才,辅助国家的政治和法律进步。虽然注重培养实务人才和文官人才,但不止于此,也把培养理论人才作为非常重要的目标。清华法政学科史上很多自己培养的学生或回校任教,或任教他校,表征了这个培养目标的卓著成绩。

政治学系的全盛时期就十分注重思想史的教学,不仅有张奚若长期主讲"西洋政治思想史",萧公权主讲"中国政治思想史",还有浦薛凤和萧公权主讲"近代西洋政治思潮"和"当代西洋政治思潮",对理论素养的注重可见一斑。法律学系无论是第一次设立还是第二次设立期间,都十分注重法学理论,

---

① 梅贻琦.清华一年来之校务概况[A].清华大学校史研究室.清华大学史料选编第二卷(上)[C].北京:清华大学出版社,31.
② 朱家骅.法律教育的一种看法[A].王聿均,孙斌.朱家骅先生言论集[C].台北:"中央研究院"近史所,1977:308.
③ 1947—1948年中华民国教育部为法律学系推行分组计划之训令与清华大学法律系之复函[A].王振民.法意清华[C].北京:清华大学法学院(未公开出版),2009:287.

与完全培养实务人才的法科院校形成鲜明对比。

二十世纪九十年代复建的清华大学法政学科教育,对于传统的继承与发扬不够,无论是政治学还是法学,无论是教学还是就业,都存在实务压倒理论的倾向与趋势。以法学院毕业生为例,多入律师和其他实务行业。美国模式并非教育上的完好模式,其实用主义倾向和功利主义考量对于人才培养和人格塑造并非无缺。一百年前,钱端升在清华改制之际,就倡言清华短期内以美国普通科大学为标准,"日后当以欧洲大陆上之文理科或哲学科为标准"①。虽时过境迁,但他的建议在当今法政教育上仍可引以为戒。

(三)国际视野与本土问题

清华历来重视国际化发展,这也是她作为留美预备学堂出身的特色之一。②从清华法政教育的课程设置上就可以看出其十分关注国际前沿问题,对于政治学和法学的最新发展纳入其中,例如抗战时期对极权政府的讲授。国际化的特色在当代亦没有失落,2017年国家"双一流"建设学科名单中,清华大学的法学和政治学双双入选,其选择的标准之一是依据QS的排名。"双一流"建设学科的获得与清华法政教育注重国际化发展是密不可分的。

然而,完全的国际化并不能使清华大学在中国扎根,充其量只能让其成为留美预备学校的高级版而已;清华大学要立足中国,还需要注重本土。作为国内最为西洋化的学校,清华大学在本土化问题上经历过阵痛。二十世纪三十年代初,蒋廷黻在清华大学任教时曾批评说:"即以政府组织为例,中国留美学生往往熟读政治思想、比较政府和地方政府等书籍。他们学成回国后可以在大学开课,像美国学者在大学中一样教授英国、法国、德国或意大利政府。但是却没有一位中国学者能够教授中国政府,因为美国大学中没有这门课。……就以上情形论,清华所教育的学生是要他们成为美国的领导人物,而不是要他们成为中国的栋梁之材。"③ 蒋廷黻等人"提议任何担任社会科学的教授,如果

---

① 钱端升.清华改办大学之商榷[J].清华周刊,1925,(333):2.
② 有论者曾提及此点,谓"与国际学科主流的对话与接轨,是短时期高效发展的重要条件",可参见谢喆平,王孙禺.老清华政治学系的建立与崛起——一项学科教育史的考察[J].清华大学教育研究,2012,(5):91.
③ 蒋廷黻.蒋廷黻回忆录[M].谢钟琏译.北京:东方出版社,2011:133-134.

他想要放弃原有西方国家的课程改授中国方面的课程，都可以减少他授课的时数，增加研究及实地考察等方面的补助"①。

1933年清华大学评议会"通过社会科学各系之课程，应尽量向有关国情方面发展"，政治学系"根据评议会之决议，特别注重关系本国之各种设备，优于地方政府方面，深加留意。屡请校外人士之服官久长，行政经验宏富者，向学生做经验谈话"②。政治学系的课程目标，在教给学生基础知识，训练学生独立思考与研讨能力，养成学生应付社会的学识与技能，所以课程"理论与事实并重；同时对于各种考试（如留学考试、高等试验、县长考试等）之科目，亦求其能互相衔接；近年对于有关国情之课程，加设尤多，如近代中国外交史、中国政府、中国历代政制专题研究、中国法制史、中国政治思想、中国地方政府研究等，务期学生于了解深邃之理论后，对于本国切身之问题，能触类旁通，实际应用"③。不得不说，这种教育和学术的自觉在清华校史上弥足珍贵。

当今的政治学系和法学院，对于本土化亦非常注重。无论是法学关注的立法、司法和executing法问题，还是政治学关注的中国政治问题，都立足于中国的国情，针对中国问题展开教学，不盲目追随西方。

（四）法政组合与分立

清华大学历史上的法政教育几乎一直是合并在一起的，这源于法律学系在相当长的时间里没有设置成功。但是法学和政治学的课程并非截然分开的，两系学生的很多课程是重合的，例如国际公法和宪法。而且从学科角度来说，政治学与法学也无法截然分立，政治学是基础，法律学是应用。

在1929年之际，燕京大学教授郭云观曾说："从前清华没有法学的课程，现在已次第地添增了。这个情形和燕京大学恰恰相符，在以往燕大也是没有法学的，最近已更改过来。这可以说是政治学系的性质改变了，从前清华、燕大所采的是美国式的，在美国学校里的政治系是没有法学课程的。现在我们所采

---

① 蒋廷黻.蒋廷黻回忆录[M].谢钟琏译.北京：东方出版社，134.
② 浦薛凤.政治学系概况[J].清华周刊，1936，(向导专号)：17.
③ 同②，18.

中国政治学自主知识体系的建构：清华政治学系的探索

的是大陆式，法学的课程归并在政治系。到底是哪一种好？……没有疑问，采用英美式在中国是不适用的。""北京各学院的政治系经济系都有法学的课程，因为研究政治经济有些地方根本和法学是离不开的。"[1] 政治学系法学课程的增多趋势在浦薛凤继任政治学系主任之后，又有所下降，这与政治学系走上美国化道路有关。无论如何，相对于其他学校的政治学系，清华大学的政治学系还是有不少的法学类课程。

在当今学科分化十分繁细的背景下，已经不可能将法学和政治学归并一处，但是在现实教育中，法学和政治学学生对于彼此学科的陌生越来越严重。因此，科际整合不可缺少，将法学的规范主义知识和政治学的实践知识统一起来，并注重理论素养，形成交叉选修与研究，才是法政教育人才培养的佳径。

---

[1] 郭岚畴. 清华与法学 [J]. 国立清华大学校刊, 1929, (68). 转引自孙宏云. 清华政治学系的创办及其前后之史事 [A]. 中国社会科学院近代史研究所民国史研究室、四川师范大学历史文化学院. 一九二〇年代的中国 [C]. 北京：社会科学文献出版社, 2005：521.

中国政治发展的历史维度

景跃进

在政治学研究中发现"历史",或将历史带入中国政治学研究,是一个新的学术命题。这并不是说,之前的政治学研究没有历史感;毋宁是说,中国政治学发展到了这样一个特定的时刻,它在重新估量学科的发展方向。在做这样的反思时,它重视中国历史或文化遗产与现实政治之间的正面关系,在解释现实和期冀未来时,关注历史因素的相关性。要理解这一转变及其意义,我们必须将其置于中国政治学的发展脉络之中。

二十世纪八十年代初,政治学作为一门学科得以系统恢复。打那开始,它的发展便与中国政治体制改革和国家治理的命运紧密关联。改革开放初期,人们对于中国和发达国家差距的思考,引出了一个基本判断,中国出现的问题,以及落后的状态主要与制度有关。所谓制度不好可以让好人干坏事,而好的制度可以让坏人干好事。制度主义作为一种研究范式在政治学中的广为流行很大程度上与此有关。在一些学者那里,对制度的重视演变为"制度决定论",自觉或不自觉地假设,某种特定的政治制度不但在价值上是普遍的,而且在经验层面也是无条件的、超越国情的、与文化背景无涉的。作为这种观点的一个副产品,传统中国文化被作为一个负面资产来处置,除了扔进垃圾箱,没有别的地方可以安放。作为一个经历者,现在回想起来觉得有点不可思议,怎么会如此简单地思考问题?但当时确实如此,并按照这样的思路去教学和写文章。

中国政治学自主知识体系的建构：清华政治学系的探索

回过头看，这种想法其实已经偏离了政治学自身的学术传统。毕竟亚里士多德讲《政治学》，讨论城邦政治，是有条件的（所谓国情因素），包括城邦的规模大小、人口数量，等等，其中人数以相互熟悉和经济自足为要，土地（境界）以"敌军难于进入而居民却容易外出"为准。古希腊城邦政治后来被更大规模的政治体所取代，但讨论政治学的国情传统却延续了下来，并在孟德斯鸠的《论法的精神》那里得到了光大。实证研究方法进入政治学之后，这一传统以"政治文化"和"社会资本"的方式得以曲折地表达。事实上，在美军占领日本，对其进行全面改造时，麦克阿瑟还相当尊重日本的政治传统，保留了天皇制度。据说文化人类学者，《菊与刀》的作者本尼迪克特对此有所贡献。作为一个对照，美国政治学家古德诺为袁世凯复辟进行的国情论证则以失败告终，成为袁世凯的政治陪葬品。但无论成败，政体/国体选择与国情考量之间的历史联系在学术界一直没有完全中断。

那么从什么时候开始，西方政治学者开始摆脱这一传统的束缚，将国情因素排除出了政体选择的思考？对于这个问题，笔者尚未系统思考，只能提出一点研究感想。从逻辑上来讲，有两个因素非常重要。第一个因素是技术层面的，它早就存在，这就是密尔所说的代议制政府。在由民族国家构成的国际秩序中，代议制提供了一个组织政府的技术工具，从而将古希腊的直接民主转化为民族国家的间接民主。类似于组建股份公司，不管国家规模的大小，都可以通过代议制来建立政府。从理论上来讲，通过代议制成立世界政府也是没有问题的。当然，理论上没问题或逻辑上没问题，不等于现实政治生活中没有问题，技术可行与实际可行毕竟是两回事儿。

第二因素，也是更基本、更重要的因素，是西方自由民主理念的普世化，被作为一种普遍价值推广到全世界。在西方知识界对于自由民主大抵有两种不同的看法，一种看法比较保守，认为它是西方文明的产物，与基督教文化联系在一起，不一定适合非西方世界。比较政治学中的一些大佬，例如萨托利和亨廷顿都曾表达过这样的观点（但在第三波民主化浪潮中，他们的观点似乎有所变化）。另一种看法比较激进，认为自由民主虽然在西方生成，但是一种普遍价值，具有超越文化和国情的普世意义。这一陈述割断了自由民主与基督教文明的原生联系，为自由民主制与其他不同文化传统的结合提供了可能。随着美国替代英国成为世界霸主，其外交政策逐渐与价值观（人权）挂钩，由此我们方能理解美国何以成为第三波民主化浪潮的积极推手。

中国政治学的恢复（以及中国的改革开放）刚好在时间上与美国强势推行普世价值的做法相吻合。在先进和落后、文明与野蛮的分析框架下，这种普遍性作为一种不言自明的东西内嵌到中国政治学里面了，至少对于相当部分的学者来说是如此。

现在为何要将这段历史作为反思对象来处置？因为作为政治学研究者，我们身处的现实环境和思考语境在短短的三四十年中发生了重大而深刻的变化，其中有三个因素值得认真对待。第一，中国的崛起。像笔者这个年龄段的人在年轻时从来没有想到中国会变成今天这个样子，做梦也想不到。中国没有崩溃反而以全新的面貌呈现在世人面前。这一事实在理论和现实之间打入了一个楔子，你需要解释为什么会如此？这可不是威权韧性论所能充分解释的。

第二，第三波民主化浪潮带来的结果具有相当的复杂性，至少与人们当初的乐观预期呈现出明显反差。若将民主化过程分为依次相连的三个环节——威权垮台/民主转型、民主巩固与民主治理，那么你会发现随着环节的更替，民主化遭遇的困难会越来越大，在前进的每一阶段都会发现跌入"民主化陷阱"的国家。这一现象意味着虽然制度是重要的，但制度发挥作用的效果如何并不取决于制度本身，受制于制度所寄生的环境和土壤，更有甚者，在特定的环境中被采纳的制度会出现走样或畸形，所谓淮南之橘成淮北之枳。这样的描述又将制度之外的因素带进来了，以一种特别的方式回到了亚里士多德关于政体与国情关系的学术传统。

第三，以2008年金融危机为转折点，西方世界本身发生了诸重危机，而且这些危机不是短时间内所能解决的，因为其中有些是结构性的或体制性的。对于我们这代人来说，心目中的西方形象是变化的，至少有三种样态。一是美好的西方，寄托着人类社会和政治制度的理想；二是学习和赶上的对象；到今天是一个反思的对象。与中国崛起一样，对西方形象的认知在短时期内发生了重大变化，事实上这两者是相辅相成的一体两面。

在这个意义上，我们今天的反思并不是某些人的主观意愿，而是对时代转型的一种学术回应，也是中国政治学发展到这个阶段的一个内生产物。这种反

中国政治学自主知识体系的建构：清华政治学系的探索

思首先针对的是比较政治学的主流知识。我们曾经以为对中国政治非常了解，对于它的发展方向非常明确。现在突然发现，原来对于生活在其中的政治体制并没有真切地理解，我们对于中国政治的认识是肤浅的。

这就提出了一个新的任务：重新认识中国政治，以及如何认识中国政治。在笔者看来，这一转变包含着两个相互依存和递进的环节：一是比较政治学研究中的中国转向；二是中国政治研究中的历史转向。前者是指必须在理性和系统研究的基础上更新比较政治学中的中国知识，将中国政治作为一种特定类型来看待；后者是指只有在历史视野中我们才能真正理解为何中国政治呈现出今天的面貌，才能说明中国政治将向哪个方向演进。在这个意义上，历史是理解中国政治的一把钥匙，至少笔者是这样来理解历史政治学的。

笔者现在关注的一个问题是，国土或国家领土意义上的大一统对于中国政治究竟意味着什么？大一统这一要素对于近现代中国政治的历史进程产生了哪些影响？在今天，大一统对于当代中国的政体选择是否存在制度层面的制约？

一般人认为，亚里士多德对古希腊城邦的研究是经验的，关于政体的分类是归纳的，这自然有道理，但是我们也不能忘记，亚里士多德对城邦的思考具有"理想"的性质。对于中国政治学研究者而言，我们的研究不但是经验的，而且也是历史的，需要用"历史中国"来替代亚里士多德的"理想城邦"（在世界政府尚无法建立的情况下，我们不妨在逻辑上将"城邦政治"与"大一统政治"作为人类政治共同体的两个极端）。之所以如此，是因为在近代西方民族国家范式影响中国之前，中国具有自身的、不同于西方的（古代）国家建设进程，并在数千年的历史中形成了"大一统"的传统。这一传统在近代西方民族国家的刺激下，转化为国家统一、领土完整的诉求，所谓"一点也不能少"。如果将这一传统设置为中国政治发展的逻辑/价值前提——也就是说，政治发展不能以国家分裂为代价，那么由此提出的政治学问题是，这一前设在多大程度上，以及在多大范围内规定/制约了我们对于政治体制类型的选择？

这个问题到目前为止似乎尚未得到政治学界的普遍关注和重视，很长时间以来，学者的注意力放在关于优良政体的思考和体制转型的分析，政体选择与大一统匹配的问题基本上没有进入研究视野的范围。发生在苏联和南斯拉夫的故事，以及当今中国所面临的诸多挑战，提醒中国政治学研究者，根据中国国情来设置政治学研究议程具有多么重要的意义。在这个意义上，笔者非常赞成"历史政治学"的提法，它为我们寻找和研究真问题指出了一个正确的方向。

现代知识体系的中国议题设置

任剑涛

"现代知识体系的中国议题"这一话题，是近年国内知识界着力甚紧，用力甚勤，尝试突破，但尚未取得预期效果的一个宏大论题。原因很简单，现代知识体系的中国议题设置，主要由西方学者控制。这是一个愿不愿意、乐不乐见都得承认的事实。只不过在所谓"救亡压倒启蒙"的非常时期，中国学者面对自己无所贡献于现代知识建构，只能报以无可奈何的态度。如今，中国的崛起极大地鼓舞了学术界，有学者致力于改变中国学者在现代知识建构上的尴尬，并常常显现出跃跃欲试之态。这是值得肯定的。但现代知识体系的建构历经数百年的积累，其中的中国议题设置已经有近乎定势的预设，中国学者仅仅以改变的宏愿，显然不足以有效改写现代知识结构。固然中国学者不能因此止步不前。但寻求真正有效改变现代知识现状，尤其是改变现代知识体系的中国议题设置现状，需要对一些刚性条件成竹在胸。

一、遗憾的缺席

在某种意义上，中国人或中国学者，在现代知识体系当中几乎是缺席的。这是一个非常令人注目的现象。这里所谓的现代知识体系，主要指的是现代人文社会科学知识体系，不包括现代自然科学知识体系。现代知识体系与现代价值体系、现代制度体系、现代文化体系具有明显不同：现代知识体系是人们相信的、被知识共同体根据相同标准验证过的客观知识，它的形态可以是纯粹理论的，也可以是实践指向的。现代价值体系则是指同处于现代处境中的人类集群对理想、信仰、信念、取向的表达，在内涵上对诸如自由、平等、博爱、法治、民主等价值观念的认同、论证与践行。现代制度体系是指人们对现代社会运行所依托的一系列行为规则的安排，诸如对政治、法律、社会诸制度的设计与改善。现代文化体系是指人们对现代状态下文化诸要素的整合模式，涉及文化模式、文化整合、界限持守与自我维系等问题。比较而言，现代知识体系的普遍性特点最强，而现代价值、制度、文化体系的特殊性相对凸显。所谓普遍性，就是超越民族性、国家性、时代性而具有理性普适的特性。所谓特殊性，就是呈现出来的民族性、国家性与时代性的差异性，较为鲜明。就全球知识界共同关心并必须借重的知识体系来讲，源自西方，尤其是现代西方的知识体系，已经构成跨越时空限制的普遍知识。为此，只要翻阅《西方大观念》所收录的102个大观念，以及在这些观念之下梳理出来的将近3000个分类主题，人们就会同意，现代知识体系，既包含与自然科学相关的社会知识，更主要是指人文学科与社会科学知识，几乎都在西方的知识源流中得到了系统的呈现。① 我们固然不能"长他人志气、灭自己威风"地认定，现代知识是西方独家的不世之功。必须承认，非西方国家对现代知识的兴起与发展，也做出过令人瞩目的贡献。但从总体上讲，非西方国家的贡献是无法与西方国家的贡献相提并论的。

现代知识体系的历史源流，非常绵长。且就成型的现代知识体系来讲，它生成于十七世纪的欧洲，经十八世纪启蒙运动的狂飙突进，在十九世纪成为流行全球的知识形式。二十世纪，现代知识体系已经稳固地确立了它不可撼动的全球地位。其中，今天被命名为自然科学的现代知识体系，是这一知识体系的中坚，其建构知识的世界观、认识论、方法论进路，不仅形成了庞大的自然科学知识体系，而且渗透到人们认识社会的一切知识领域，不仅促成了现代社会科学的兴起，并且极大地改变了传统人文知识的构成面目。截至当下，现代人

---

① 艾萨克·阿西莫夫等著：《西方大观念》，陈嘉映等译，华夏出版社2008年版，第1—4页。

中国政治学自主知识体系的建构：清华政治学系的探索

文社会科学知识体系最重要的知识贡献，都与西方伟大学者的名字紧紧联系在一起，非西方学者对现代人文社会科学知识体系的贡献有目共睹，但从总体上讲，仍然有限。这不是一个对"西方中心论"的指责，就可以改变的现代知识局面；也不是一个"地方性知识"的归纳，就可将这一知识体系的普遍性局限起来。因为这一知识体系在建构时，就呈现出从地方性知识向全球性知识、从特殊性知识向普遍性知识突进的特质。

这可以从三个视角加以审视。一是从科学与人文两种文化的分流上看，唯有在西方形成了与悠久的传统文化相疏离的科学文化。在两种文化的批评性分析中，人们对两者关系的疏离、情绪上的对立、知识上的相互蔑视，感到非常遗憾。① 但需要看到，正是由于科学文化的出现及其成熟，让西方国家为人类贡献了全新的知识形态不说，而且催生了人文与社会知识的更新，形成了现代人文社会科学。前者，带来了一个崭新的社会机制。"我相信利用电子、原子能和自动化的工业社会在各个基本方面都不同于以前经历过的任何社会，它将更大地改变世界。我认为，正是这种转变才可以称之为'科学革命'。"② 科学知识不仅催生了新的社会机制，相应的也刷新了人们对社会本身的认识，让人文社会知识与科学知识携手，去揭示人性的本质与才能。"任何一种文化，无论它是文学文化还是科学文化，都只能称之为子文化（sub-culture），'表征人性的本质与才能'，对自然界的好奇心，以及对思维符号系统的运用，这正是最珍贵、最人性的两种人类本性。"③ 如果说文学文化是人类所有文化体系中源远流长的文化形式的话，那么，科学文化与人文文化的相携出场，则是西方国家为人类文化做出的独特贡献。

二是从人文学的角度看。如果说轴心时代出现了几大文明的"人的觉醒"，因此促成了不同地域的文明形态的人文学术的话，那么古典的人文学术就是几大轴心文明共同推动发展的结果。但古典人文学术的现代转向，是受欧洲兴起的现代人文学术理念推动形成的新型人文学术。"十九世纪期间，人文学的很

---

① 斯诺认为，在西方，非科学家、即以文学知识分子为主的人文知识分子，认为科学家抱持一种浅薄的乐观主义，缺乏对人的处境的关怀；而科学家则认为前者缺乏远见，不关心同胞、有反智倾向。C. P. 斯诺：《两种文化》，纪树立译，三联书店1994年版，第5页。
② C.P. 斯诺：《两种文化》，纪树立译，三联书店1994年版，第27页。
③ 同②，第60页。

大一部分都变'新'了。虽然每一门学科的主题依然如故（音乐、艺术、语言、文学或历史），但研究方法变了。比如历史编纂学中有了一种实实在在的'文献研究'（philologization），它起始于早期近代，但现在在所有西方大学成了范式。语文学也经历了从纯古典到民族的变化。这些变化并不是突如其来地发生的。十八世纪期间，对赞颂古典的反应变得越来越具有批评性。另外，创建民族国家的渴望导致对民族史的兴趣越来越浓。从法国大革命开始，历史被变得更加容易理解了。修道院档案室被国有化，博物馆馆藏对公众开放。与每一个民族对其历史的兴趣相匹配的，是对通俗文学和民间传说越来越多的需求。"[1]到二十世纪，人文学术摆别了民族主义的约束。但是，一个令人瞩目的现象是，"在现代人文学中，以及——非常令人吃惊的是——在后现代人文学中，我们再次看到了连续不断的一条原则和模式线索。其他地区的自然科学和人文学越来越多地受到欧洲的支配"。[2]从现代人文学发展的两大阶段来看，非西方国家，当然包括中国在内，在人文学科建构上，都处在受人影响的位置上。

三是从社会科学的角度看。社会科学是受自然科学影响并仿照自然科学方法来认识与解释社会现象而形成的学科形式。社会科学无可怀疑地发源于西方国家。十九世纪，西方学者开始新的社会研究尝试，一方面在知识建构上划分社会科学研究与自然科学研究的界限，认定社会科学不可能像天文学、物理学和生理学那样。另一方面则坚信，社会科学要依赖于所有以前形成的科学，因此主张用一种严格"科学的"方式研究社会。随之社会学、经济学、法律科学、政治科学、人类学、民族学，等等，现代社会科学发育、生长并兴盛起来。"社会科学很严肃地对待科学的理想，而且即使这种理想如所描述的那样未能实现，它也保持了一定的规范力。"[3]而在非西方兴起的社会科学研究风潮，则基本上是处理西方性与本土化论题的结果，且由此形成了多种多样的社

---

[1] 任博德（Rens Bod）：《人文学的历史——被遗忘的科学》，徐德林译，北京大学出版社2017年版，第273页。
[2] 同①，第273页。
[3] 西奥多·M.波特等主编：《剑桥科学史·第七卷·现代社会科学》，翻译委员会译，大象出版社2008年版，第4页。

中国政治学自主知识体系的建构：清华政治学系的探索

会科学研究领域。①

可见，现代知识体系建构是由西方国家绝对主导的，非西方国家逐步在现代知识体系中做出了一些贡献，但未改这一体系中西方国家的总贡献比率。就中国而言，中国在现代知识体系中的几乎缺席，是一个让国人颇感尴尬的事实。从总体上讲，中国是现代知识体系的消费者，尚未成为生产者。对中国学者来讲，承认国人对现代知识体系的建构缺乏原创的体系性贡献，也许还是可以在动心忍性的情况下默默颔首的事情。让中国学者难于承认的一个事实是，即便在现代知识体系中的中国议题上，中国学者也贡献无多、乏善可陈。这是一个难以让人直面，因此常常让人经意或不经意加以悬置的尴尬论题。

中国学者在现代知识体系的中国议题上缺乏贡献，按道理来讲，有些说不过去。一是因为现代知识体系的中国议题，不像关乎其他国家或一般理论的论题那样，由其他国家或先发西方的学者们领先而无可责备。中国议题，理当由中国学者提出并加以阐释，由此发散开来，供国际学术界共享资源。但中国学者对现代知识体系的中国议题，温和地说贡献不大，苛刻地说几无贡献。二是因为现代知识体系在萌发阶段，中国议题成为这一体系的催生因素之一。这些议题，如法国启蒙运动眼里的中国古代善治，传教士著作中的中国文明礼仪，现代早期艺术中的中国趣味，等等。②这些议题，是中国学者身在其中、深知三昧的。中国学者具有阐释这些议题的经验优势，但没有将阐释权掌握在手。三是现代知识体系成熟时期，仍然处在这一体系的低端位势。就当代知识体系看，进入其中的中国学者数量激增，知识生产能力显著提高，国际往来日益频繁。但中国知识界在致力探究各自感兴趣的学术话题时，大家援引的学术资源、确认的知识权威，大都是发达国家的著名学者，几乎很少援引中国学者，哪怕是知名度极高的中国学者的研究成果。这既是中国学者的研究成果在知识的权威性上不足的一个显著表现，也是中国学者在现代知识体系中缺乏原创贡献的一个客观记录。四是中国学者对现代知识体系建构贡献的公众认知度很

---

① 西奥多·M.波特等主编：《剑桥科学史·第七卷·现代社会科学》，翻译委员会译，第三部分"社会科学的国际化"总第22章"完全不同的世界中的社会科学"，第357页。

② 张国刚等：《中西文化关系史》，第三章"中国文化对近代早期欧洲的影响"，高等教育出版社2006年版，第409—488页。

低。对现代知识体系感兴趣的中国社会公众,可以不经思考就能指出来的全球可数的重量级中国学者,恐怕也是寥寥无几,甚至根本就无从指名道姓。

正是因为这种令人遗憾的缺席,人们很难在现代知识体系发展史的综合著作,甚或专门学科史作品中,发现中国学者的贡献。这是一种亟须打破的尴尬局面。循此思路,促使人们深入分析中国学者何以会缺席现代知识体系的原创性系统建构进程,由此寻求一条改变现状的前路。

二、既定之局

寻求改变中国学者对现代知识体系建构甚少贡献的局面,需要从两个角度切入,方能寻找到可靠出路。一个角度是扼要描述并分析西方国家的学者何以能够创建现代知识体系,把握西方国家知识与社会互动的关键点,从而发现建构现代知识的切入口,加入现代知识体系的建构行列。另一个角度是比较精准确立中国学者在现代知识体系中的位置,一者总结人数不多的中国学者何以对现代知识体系做出自己的可贵贡献,二者致力找到中国总体缺席现代知识体系建构的原因,从而在找到自信理由的同时,克制妨碍中国学者进入现代知识体系建构队伍的因素,实现中国学者改写、改变和改善现代知识体系的目标。

首先聚焦于第一个角度。如前所述,现代人文社会科学知识体系,肇始于文艺复兴运动,系统化于十七世纪的体系化时代,成就于启蒙运动时期。十八世纪是一个极为重要的时间节点。这个世纪的启蒙运动,让现代知识体系正式确立起来。这样的确立,有三个基本含义:一是在十四五世纪奠立的现代人文主义传统,在十七世纪建构的理性主义知识体系,终于在这个时候正式成为具有世界意义的普遍知识系统。二是人文社会科学知识建构,不再基于学者的哲学式洞察,而基于自然科学式的精确。尽管所谓社会"科学"直到今天获得的科学承认仍然是有限的,但以追求确定性为目标的现代社会科学,已经挣脱了宗教的神定性、哲学的统揽性约束,而具有了自身的理性化、数量化、模型化等学术特点。三是人文社会科学分门别类地发展,让人类对人自身和社会的精密复杂构成有了一个相当深入的认识:一者对人与社会的观察,在社会科学的

中国政治学自主知识体系的建构：清华政治学系的探索

各个具体学科那里得到不同视角的描述与解析，这保证了人们对现代社会的思考细致深入；二者这些学科的跨界思考，又对具体学者的思考提供了宏大的叙事背景，让学者们对现代社会的深入思考不至于陷入支离破碎。①

现代知识体系的建构，从总体上讲是基于人类视野的知识体系。这与十七世纪欧洲建构现代知识体系时所确立的基本知识立场有关。对此，无须繁复的论证，只需要引证霍布斯在《利维坦》中的两段话即可呈现。就一般的人类相似性而言，"由于一个人的思想感情与别人的相似，所以每个人对自己进行反省时，要考虑当他在'思考'、'构思'、'推理'、'希望'和'害怕'等的时候，他是在做什么和他是根据什么而这样做的；从而他就可以在类似的情况下了解和知道别人的思想感情。笔者说的感情相似，是指人人都具有的，如'意愿'、'害怕'、'希望'，等等"。就社会政治生活而言，"要统治整个国家的人就必须从自己的内心进行了解而不是了解这个或那个个别的人，而是要了解全人类"②。就此而言，现代知识体系是超越国家、民族、地区等局限的普遍知识体系。它对增添这一知识体系构成内容的具体学人、来源国家与文化根系，是不太关注的。凡是那些一味强调现代知识体系的地方属性、民族特色的论断，可以说都是对现代知识体系的特质不甚了了的、似是而非的说辞。

但也需要看到，现代知识体系与国家、民族、传统、地方等因素并不是全不相干的。至少在三个意义上，现代知识体系的建构与演进，与地方性、特殊性、民族性等因素高度关联起来：一是现代知识体系都是具体属于民族、国家与文化传统的学者所贡献的。因此，在现代知识体系的演进史上，总是会浓墨重彩地书写上那些为现代知识体系做出杰出贡献的、不同国家的伟大学者的高姓大名。二是现代知识体系总是基于具体的经验事实做出的普遍性归纳，即使脱离具体事实进行的纯粹社会科学推论，也因为思维习惯、传统积淀与知识积累等因素的作用，而为这一知识打上特殊性的烙印。三是人文社会科学知识建构，一直都与具体的生活经验关联。在生活经验与学术议题之间的紧张关系，让人们只能在其经验，以及由此展开的想象基础上，提出理论命题与提供相应

---

① 西奥多·M.波特等主编：《剑桥科学史·第七卷·现代社会科学》，翻译委员会译，第一部分总第二章"社会研究的类型与对象：从启蒙运动到1890年"，尤其该章第四、五两节。
② 霍布斯：《利维坦》，黎思复等译，商务印书馆2017年版，第2–3页。

解释。就此而言，十七世纪浮现的现代知识体系的两大传统，便分别体现了英国与欧陆不同的知识进路。英国对现代知识体系的经验主义进路，法国、德国对现代知识体系的理性主义进路发挥了决定性的影响，现代知识体系的基本议题基本上由它们设定。中国议题的设置，也不例外。

就现代知识体系的一般议题来讲，"社会科学诞生于一个二十一世纪即将到来之际，当时大多数人都认为欧洲人生活的方方面面都出现了前所未有的变化、不稳定与危机"①。这些促成现代人文社会科学知识体系兴起的社会变迁，包括经济社会的结构性变化、中央帝国的政治统治危机、宗教改革引发的挑战、古今之变的文化冲突，等等，②而这些促成现代人文社会科学兴起的因素，在欧洲以外的地区要么不存在、要么不尖锐，不足以引起人文社会知识的革命性变化。非西方国家的后发现代化进程，一者注定了它们无法先期对后发的现代化了然于心，未卜先知地创制与现代进程携手的知识体系；二者也注定了它们必然受先发现代国家的影响，不仅在现代的社会变迁上全面呈现依赖性，而且在知识引入上一定会受其全面制约。而且，即使后发国家走上比较顺畅的现代发展道路，其学者，也必然只有在顺畅与颠沛的不同体验中，才具有了挣脱西方国家的现代知识束缚的体验前提，也才足以将自己独特的现代体验带入知识建构之中，提出不同于先发现代国家学者的新见解、新主张、新学说，从而刷新现代知识体系。然而，先发现代国家同样在发展之中，因此相关社会进程的先人一步，相关思考的高人一筹，总会占据现代知识体系建构的优越地位。后发国家的学者要改变这样的处境，是相当困难的。除非后发国家具备极为优越的知识创制条件，同时整个知识共同体潜心学问、心无旁骛，才能真正对现代知识体系的刷新有所贡献。

就现代知识体系的中国议题来看，十七八世纪奠立了现代知识体系中"中国"的基本地位与知识倾向。就"中国"在现代知识体系中的基本地位来讲，它已经成为一个重要的知识议题；就"中国"议题的知识倾向而言，十八世纪法国学者以表彰为主，同一世纪的德国学者则以批评居多，这一世纪的英国学者则倾向于客观描述。注释性的介绍与解释性的评说，确立了中国议题在现

---

① 理查德·奥尔森：《社会科学的兴起 1642—1792》，王凯宁译，科学出版社 2018 年版，第 6 页。
② 同①，第 6-7 页。

中国政治学自主知识体系的建构：清华政治学系的探索

代知识体系中的位置。从总体上讲，"到十八世纪，解释性的评说明显发展了。这主要表现在三个特性上，即：传播东方文化，以推进西方文化的目的性；结合西方情况和背景有选择地介绍中国文化的主动性；将东、西方文化进行比较研究的自觉性。正是这种解释性特征的突出，才使得西方中国观变得越来越丰富，但越来越复杂化；变得越来越深刻，但越来越主观化"[①]。可以说，现代知识体系中的中国议题，基本上是由欧美学者确立并予以阐释的。之所以在现代知识体系的中国议题上会出现一个让中国学者居于场外的局面，一方面当然是因为西方的现代发展在先发内生的情况下，需要眼光向外，寻找学习与批判两种可能性同时具备的对象，而中国恰好成为这样的研究对象。另一方面则是因为现代知识建构的优先性，注定了中国议题在被纳入这一知识体系之际，就构成任何尝试进入这一体系的学者不得不正视的论题。西方学者对中国议题的设定，即便是中国学者进入相关议题的讨论，也不得不首先对已经设定的中国议题表达赞同或拒斥的态度。但这样的表达，构成的是设置相关议题的学者定论的一个存量性论证，因此只会让人在设置这一议题的西方学者的学术脉络中去定位、去评价。

从中国现代学术史来看，现代知识体系的中国议题设置，无疑对中国学者加入全球学术共同体设定了先在的门槛，而且对中国学术的议题设置，也发生了广泛、深刻而持续的影响：迄于今时今日，马克思的亚细亚生产方式在主流学界的呼应、孟德斯鸠的中国专制主义断言引发的广泛讨论、伏尔泰的中国君王统治秩序礼赞导出的不同论断、黑格尔的中国哲学属于哲学前史所引起的愤懑情绪、韦伯的中国无以诞生资本主义引致的长期争执，李约瑟的现代科学为何不出现在中国的论题，对中国学术界讨论相关话题，毫无疑问地发生了指导性的作用。这些都无不反映出中国学术界对现代知识体系中关乎中国的议题所采取的认同与拒斥态度，而这样的态度恰恰让中国学者很难摆脱现代知识体系的中国议题设置现状。这里的认同与拒斥，不过是两种相反相成的、承接现代知识体系中西方学术界对于中国议题的设置方式而已。中国学术界似乎还没有发挥出扭转国际学术界对这些议题的广泛认同的能量，因而大多数情况下都只

---

① 忻剑飞：《世界的中国观——近二千年来世界对中国的认识史纲》，学林出版社1991年版，第138页。

是以接受或拒斥来表达自己的态度。

从国际学术界的目前状况来看，西方国家在现代知识体系建构中的主导地位，总体上完全没有被撼动。从现代知识体系的中国议题设置来看，中国学者立下宏愿，尝试改变西方学者领先的定势，并且存在一种以突破现代知识体系的中国议题设置现状，而突破中国在现代知识体系中的跟随定势的意欲。相对于心甘情愿尾随西方学者所设置的现代知识的中国议题而言，改变现状的尝试是可贵的。这不是一种基于中西对峙的赞许，而是基于中国学者必须对现代知识体系的建构有所贡献而言的。

三、局部贡献

不过不能不承认的是，现代知识体系的基本命题、基本论证、基本理论，几乎与中国学者无关。只不过需要同时看到，在某些具体科学、具体论域、具体议题上，中国学者有过某些贡献，因而得以进入现代知识体系之中，成为现代知识共同体所礼敬的学者。

中国学者对现代知识体系的中国议题设置，在某些领域占据一个比较特殊的位置。这些领域首先是与中国的历史文化相关的领域。相关中国议题的提出，自然将"中国"的历史文化定位在了优先的位置。因此，在中国历史/经验方面，中国学者对现代知识体系建构的中国议题可以做出的贡献，具有无可替代的性质。这方面，被称为中国现代四大历史学家的陈寅恪、陈垣、吕思勉、钱穆，对中国历史的精湛研究，可以作为案例来分析。四位历史学家都是著述宏富的大家，都在整理中国古史、开拓历史研究领域与培养历史学者方面做出了重要贡献。他们对中国现代历史学知识体系的建构，发挥了推动作用。相比而言，钱穆以其在台港的学术活动，影响了一批旅居海外的历史学者，因此间接融入了现代世界历史学知识的建构。[①] 而陈寅恪则以他游学西方的经历，不仅对中国现代史学的兴起发挥了极大作用，而且也在西方学界获得了相当程度

[①] 其中的一个著名代表人物便是余英时。余英时2006年获得"人文学界的诺贝尔奖"——克鲁格奖，标志着他的历史学研究成就获得了西方学界的认可。可参见陆扬："从塔外到塔内——谈余英时先生的人文学研究和本届克卢格奖的意义"，载《南方周末》2006年12月24日。

中国政治学自主知识体系的建构：清华政治学系的探索

的承认。其由英国著名历史学家汤因比等人推荐入选英国学术院外籍院士，便是这种承认的一个有力佐证。[①] 而他之受聘牛津大学，虽未到位，但表明其历史学研究成就受到西方顶尖大学承认的事实。

如果说中国历史文化研究有中国学者参与现代知识体系建构且做出了主要贡献，乃是一种"应分"的结果，也就是中国学者理应做好中国历史研究的话，那么中国学者在人文社会科学其他领域中所做出的贡献，则是他们积极介入现代知识体系建构的标志。胡适对中国思想史及现代转变的探究，都是令世人瞩目的。他被西方学术界广泛视为中国现代学术与新文化兴起的标志性人物，因此长期受到西方学界的广泛关注和深入研究。以其为代表，上承严复对现代政治学主流价值的引入、下启殷海光等学者对政治学主流理论的评鉴，胡适式学人对现代知识体系中的中国政治议题所做出的贡献，是有目共睹的。如果说现代政治学主流理论在原创的西方学者如约翰·洛克、约翰·斯图尔特·密尔到约翰·罗尔斯那里得到了较为充分的阐释的话，那么在这一理论脉络中的胡适式学人，则创发性地诠释了中国处境中接应现代主流政治学理论的进路。这无疑是对现代政治学知识的一个贡献。在这方面，由于可以言明或不可言明的种种缘故，还没有得到中国学界、国际学术界很好的理解和应有的阐释。

在人文学的其他学科方面，哲学家牟宗三、冯友兰的中国哲学与哲学史研究，也得到了国际哲学学会的承认，为之召开过专题会议。而在全球化与本土性视角创发的现代新儒学，包括港台海外新儒学，则对现代知识体系中的文化保守主义，乃至政治保守主义做出了积极贡献。这样的保守主义阐释，与全球保守主义的浪潮相契合，形成接受与反思现代性的重要思潮。艾恺在"文化守成主义"命名下对辜鸿铭、梁启超、梁漱溟、张君劢的讨论，已经显现出国际学术界对中国文化保守主义的高度关注。[②] 而现代新儒家从仅限于大陆的第一

[①] 陈怀宇：《在西方发现陈寅恪：中国近代人文学的东方学与西学背景》，北京师范大学出版社2013年版，第134页。

[②] 美国学者艾恺（Guy S.Alitto）：《世界范围内的反现代化思潮——论文化守成主义》，贵州人民出版社1991年版，第133—177页。艾恺认为四人同属世界范围内的反现代化思潮，这是一种不太准确的断定。至少后三人对中国的现代变化都是持积极支持态度的。在此前提条件下，他们表达了对现代变迁的一些遗憾与不满。

代,到流播港台的第二代,终致影响广及欧美的第三代,也显现出融入国际学术界并加入现代知识体系建构的明显势头。

不仅在现代人文学方面,中国学者积极参与了现代知识体系的建构,而且在现代社会科学知识体系的建构上,中国学者也做出了令人尊重的贡献。譬如社会学领域的费孝通等人,以其对中国社会的描述与分析,就很受国际社会学界的重视。包括中国现代社会学的一批奠基性人物,譬如费孝通的老师吴文藻、潘光旦等人接引西方现代社会学,并致力于建构本土化的中国社会学的努力,让中国社会学在一段时间内直接与国际社会学界的研究进展同步。他们的研究取得了国际同行的高度认可。这与中国现代第一代社会学者的学术立意具有密切关系。"在治学上,他们中西兼备,博取各方之所长;在实践中,他们根据西方国家现代化的经验教训,详细而切实地规划了中国实现现代化的策略与步骤。最可贵的是,他们在倾全力于中国现代化的同时,清醒地意识到要避免西方现代化过程中所付出的社会代价,并希望以中国为鉴,为其他发展中国家的现代化道路指明方向。"[①] 这种眼界,正是费孝通前后两代中国社会学家能够有贡献于现代社会学知识的缘由。

在社会科学的其他领域,中国学者也曾做出过相应的贡献:政治学家萧公权对政治多元论的理论探究受到国际政治学界的重视,此后对中国政治思想史以及中国现代转型的研究,在专业领域中产生过国际影响。经济学家张培刚对发展经济学的奠基之功,也得到国际学术界的公认。在实践领域,法学家张彭春对联合国人权宣言做出的贡献,早获世人肯定。法学家瞿同祖的《中国法律与中国社会》一书,已成为国际学术界的中国法制史研究的一个标志性成果。如此等等,都标示着中国学者对现代知识体系,尤其是这一体系的中国议题设置所留下的劳绩。

如果将中国学者的范围扩大为包括海外华人学者在内的圈子的话,那么,中国学者对现代人文知识体系的贡献,就显得更为突出。如果说中国历史学的历史理论主要还是运用德国"兰克学派"、主流学者基本上是运用马克思主义的既成理论的话,那么,既在中国大学供职、后又在西方大学任教的一些华人

[①] 阎明:《中国社会学史:一门学科与一个时代》,清华大学出版社2010年版,第354页。

中国政治学自主知识体系的建构：清华政治学系的探索

学者，对现代人文科学的某些领域，是做出了重要贡献的。长期在普林斯顿历史系任教的余英时、哈佛大学东亚系任教的杜维明、威斯康星－麦迪逊任教的林毓生、美加著名大学任教的何炳棣等学者，堪为代表。在人文学科的其他领域中，曾在哈佛大学任教的语言学家赵元任、在哈佛大学人类学系任教的张光直、在哈佛大学任教的杨联陞，都对国际学界产生过不小的专业影响，对自己所在学科做出过令人印象深刻的贡献。

但从现代知识的总体贡献上讲，中国学者未能以浓墨重彩的笔触，书写过足以改变现代知识体系的一笔。换句话说，中国学者对现代知识体系中的具体学科知识的贡献有目共睹，但对学科总体知识建构、整合的现代知识体系的贡献，都是不足的。一个现代知识史的事实是，人们还无法一想到某个人文社会科学学科，就指认某位中国学者作为代表；人们也还无法一想到现代知识体系的总体突破时，就马上想到哪位中国学者的名字。在这个特定意义上，中国学者对现代知识体系的贡献，总体上是局部的、个别的、零星的——局部的，是指上述列举与未列举的中国学者，都是在某个专业学科的局部构成性知识上有所贡献；个别的，是指这些学者尚未以学人群体的形式出现在国际学术界；零星的，是指中国学者对现代知识体系缺乏代不乏人的继起性贡献。

从整个现代人文社会科学知识门类上来讲，及至今天，依然无法在其上写下任何一个无可替代的中国学者的名字。这一方面自然是因为中国是现代人文社会科学知识体系的消费者的缘故，试图将消费者的身份转变为生产者的身份，必然要经历一个艰难的学术蜕变过程。另一方面则是因为，中国自近代以来，长期处在高度紧张的现代建国过程，且建构现代国家的进程很不顺畅。这极大地限制了中国学者的学术想象力，让他们被现实关怀牵制而难以自拔不说，而且在自觉与不自觉之间，被国家的权力体系牵着鼻子走，无法真正从学者的逻辑考虑问题，因此无法依从纯粹的学术逻辑来建构其知识体系。再一方面则与学者自身的定位不高有密切关系。近代以降，中国学者的俗世关怀过强、现实参与诉求过盛、现世功名心太高，这造成妨碍高水平学术研究的两个必要条件的缺乏：缺少学术创造所需的超凡脱俗，也缺乏与权力一较高下的学术自信。拉不开与建构中的现代国家权力体系的距离，不仅让中国人文社会科学学者的学术研究定位不高，也让他们的学术成就受到政治的内在限制。这在跨越国、共两个政治体权力交接的那一代际的学者，尤其是著名学者身上，有着非常鲜明的体现。①

因此，即便是在中国学者已经较为顺畅、且具有深度地介入现代知识体系建构的时期，他们也无以改写现代知识体系。不宁唯是，在现代知识体系的中国议题设置上，他们也还主要表现为对其中核心议题的紧密跟进。仅从两个特别富有标志性的中国人文社会科学学者聚焦论道的话题上，就可以看出中国之作为现代知识的消费者的定势。一是关乎科学、科学史研究的学者们长期争议的热门话题"李约瑟之问"，②这就是现代科学为什么不出现在中国的问题。本来，李约瑟设定的这一中国议题，既应出自中国学者，也应由中国学者予以有力解答。但长期以来，中国学者受制于民族自尊心或其他因素，既不愿坦率承认这一命题的恰当性，也不愿深入剖析中国科学发展的深层机理。与此同时，中国学者以李氏自己的研究，以及对传统科学的挖掘，聚力反驳李约瑟的某些论断，从而从反面强化了"李约瑟之问"。于是这一议题至今还主导着相关研究。

二是中国社会科学界一直热心求解的"韦伯命题"，也就是中国为什么没有出现资本主义的问题。在中国学界，长期存在的争议，不是中国有没有资本主义萌芽的问题，而是中国资本主义萌芽于何时的问题。这也是中国学界在马克思主义指导下长期讨论的焦点问题，曾经位列历史学争论的"五朵金花"范围。在韦伯命题成为中国资本主义讨论的学理依托的情况下，相关争议围绕着新教伦理何以推动西方国家资本主义的兴起，而儒教与道教的互补建构如何妨碍了中国资本主义的兴起而展开。直到二十世纪八十年代，随着东亚资本主义的发展，人们提出了"儒教资本主义"的命题，试图证伪韦伯命题。③但这一论证进路表明，它依然受韦伯思路的支配性影响。

---

① 陈徒手：《故国人民有所思：1949 年后知识分子思想改造侧影》（三联书店 2013 年版），即可知在政治变局中的知识分子的窘态。

② "李约瑟之问"实际上包含两个问题，一是"现代科学为什么不出现在中国？"，二是"现代科学为何出现在西方？"，前者为中国学者高度关注，后者为西方学者聚力解析。其实，两个问题的解答，是高度相关的。也只有在相关解答中，才足以让人充分理解相对问题的答案。在这里，与西方的相对方是一个可变项。可参见陈方正：《继承与叛逆——现代科学为何出现于西方》（三联书店 2009 年版），对李约瑟之问进行了综合性探析，提供了对两个相关问题的关联分析。

③ 卢兴等："从东亚现代性的兴起反思'韦伯命题'"，载《国外社会科学》2017 年第 2 期。

从上述两个典型个案可以看出，中国学者在面对现代知识体系的既定中国议题时，在总体上也处于一个被动跟随的状态。这一状态，即使在中国学界发出超越"西方地方性知识"的倡议的当下，也没有根本的改观。何以中国学者不单在现代知识体系的总体局面中缺席，同时在现代知识体系的中国议题设置上，也处在一个被动地位呢？这确实是需要进一步分析的问题。

四、缺憾探因

就现代人文社科学知识体系来讲，中国学者在总体上尚未做出令世人瞩目的贡献。即使在现代知识体系的中国议题上，为国际学术界聚焦争辩的宏大命题，中国学者也没有做出让世人公认的贡献。这是一大缺憾。为什么中国学者对现代人文社会科学知识体系的建构没能做出令人瞩目的原创性、体系性贡献呢？稍加分析，下述因素的作用值得重视：

其一，中国学术界的现代体验过于晚近，以至于在古今之变中，学者的经验生活，以及对经验的叙述、总结、提炼和知识化，严重落后于发达国家。从现代变迁的漫长过程来看，这种经验体会，中国始终有一种慢半拍的滞后性：直到明代晚期，中国才开始比较正式和全面接触西方的知识体系。但明代传入中国的西方知识，主要还是通过传教士负载的西方古典知识。对当时已经初步形成的现代知识来讲，中国还处在完全陌生的状态。中国真正接触西方现代知识体系，是在晚清。洋务运动是直接催生晚清"西学东渐"的现实动力。冯桂芬提出的"制洋器"与"采西学"大致规划了晚清中国进入现代知识体系的进路。[①] 这相对于文艺复兴运动奠定现代知识体系已经相去400年，相对于十七世纪现代知识体系的基本成型也相去200余年。中国人现代体验的后进，注定了国人现代认知的晚起，也注定了某种跟随现代知识进展的被动态势。

自晚清至今，中国长期陷入现代政制建构的起伏跌宕状态。百余年之间，中国人经历了三个政治体。这意味着，中国人关于现代思考被政治刚性地切断成三截。现代知识经连续性积累，才能从草创、成熟到创造。当政治之手截断

---

① 邹小站：《西学东渐：迎拒与选择》，四川人民出版社2008年版，第127–128页。

这一知识积累过程，也就意味着百余年中中国在现代知识建构上三次回到起步状态。这就让中国学术界很难以一种领先的、深刻的现代经验，提出基于现代经验的人文社会科学中国议题。且因为经验的滞后性，常常让人处于一种心有不甘的愤懑之中，故很容易陷入拒斥现代的批判与颠覆心态，从而无法以平静而理性的心境，去为现代人文社会科学知识大厦添砖加瓦。这既是中国人文社会科学缺乏原创性贡献的原因，也是中国学者很容易汇入现代人文社会科学知识的否定性批判洪流中最主要的原因。

其二，中国为现代知识体系建构提供的制度支持明显不足，左右掣肘倒是很多。从某种意义上讲，由于权力哲学的主导，中国社会对现代知识怀抱一种近乎敌视的态度，这远远比中国在现代制度建构和社会进步上所怀抱的其他抵制态度要严重得多。怎样基于现代经验生活，而为中国的现代知识建构，腾出一块反思的经验性和原创的理论性空间，一直是一个困扰人的问题。至于学术界内部较低的宽容度，则成为中国现代知识体系建构外部限制之外的严重内在障碍。内外阻力的叠加，让中国学者很难为现代知识体系的增量做出原创性贡献。

其三，中国知识共同体因为受制于近代以来的中国处境，理智与情感处在一个尖锐对立状态。一方面，中国学者在理智上很清醒地认识到，中国在现代知识建构上的全面落后状态，并对之做出了理性判断。另一方面，他们在理智上接受西方知识领先性的同时，在情感上却接受不了自己落后的事实，因此常常以对西方学者的现代知识贡献的批判、拒斥和颠覆，来对待自己理智上已然接受的东西，并力图在一个自娱自乐的封闭环境中营构超越西方学者贡献的新体系。结果可想而知。

这就使中国知识界对西方知识界在现代知识体系中设置的中国议题，以及相应的解释成果，怀抱一种欲迎还拒的复杂心态。一者，中国学者在总体上不甘心承认西方学者早已且继续领先现代知识体系的建构。不承认的深层原因是中国学者的缺席；而不承认的表面理由则是这些知识属于西方的地方性、特殊性知识。殊不知西方学者建构的现代知识体系，在经验上确实具有地方性与特殊性烙印；但在知识的普遍性上，非西方学者一直以地方性、特殊性为理由进行的颠覆，其实是不成立的。因为非西方学者对普遍性的拒斥大多是基于知识

中国政治学自主知识体系的建构：清华政治学系的探索

生产的主体、地域、经验的特殊局限，但不知道普遍性大多是基于理性而呈现的特质。一个具有知识价值的立论一定是确然性的主张，"一个确然性的主张就是一个普遍的主张。换言之，这一主张的正确性并不依赖于提出这一主张的人的特殊性"①。

二者，中国学者自晚清以来的一个认定，也发挥着相当负面的作用。这一认定是，西方学者贡献的所谓普遍性知识，其实是不包括非西方知识，尤其是不包括中国传统知识在内的局部性知识，因此不可能真正具备全球适用的普遍性。这是一种以现代知识体系的地方涵盖性不足为理由，挑战其所具有的普遍性特质。其实，无论是古典知识体系还是现代知识体系，都不可能具有一无遗漏的地域涵盖性。所有知识，从来都只是原创者、后续者基于其具体认知和普遍理解提出给人们的东西。换言之，不包括中国经验在内的知识，不等于是无效的知识。同理，由中国学者基于特殊经验做出的知识贡献，即使不包括西方经验，只要知识共同体认可，那也是可以作为普遍知识成立的。因此，一个知识体系是否包含中国学者基于中国经验提供的知识，都不足以构成否定西方学者基于西方经验提供的知识的理由。反之亦然。

这引发了中国学者建构人文社会科学知识的一种倾向，即以中国的地方性知识抗拒来自西方的地方性知识，结果就是陷入地方性知识的差异辨识而不能自拔。但这种以社会历史文化具体经验的特殊性，对人文社科学基本理论建构的普遍性进行的颠覆，② 往往是徒劳无功的不说，而且会败坏人们寻求普遍理论的知识趣味。最后只会落到具体经验世界的陷阱中，而完全丧失超越具体经验以建构普遍理论的能力。这对偏好以地方性知识抗拒现代知识的中国学者而言，是一个需要慎重以待的问题。唯有理性区分地方性与普遍性，才能让中国学者避免以"反西方"知识掉进"反现代"知识的陷阱。

---

① 翟振明此处是针对道德主张做出的断言，但这一断言对经过检验的知识所具有的特性具有同样的适用性。翟振明：《将讲理进行到底》，中山大学出版社 2020 年版，第 23 页。

② 陈嘉映在论及普遍性的时候，明确指出了理性的普遍性与经验的普遍性之间的差异。但他着意指出的是物理世界经验的一致性，以及理性普遍性与之的差异。（翟振明：《普遍性种种（修订版）》，华夏出版社 2013 年版，第 8 页。）在社会世界中，经验的普遍性建立在人性同一性的基础上，经验特殊性则与人实际生活的周遭环境与人文历史相关。前者趋向于普遍性，后者趋向于特殊性。只有建立在普遍人性基础上的理性，才能让人发现超越地方性的普遍性，并且将此建基于超脱社会实际环境的理性认知基础上。这正是前述霍布斯以人类性作为建构政治人性的立足点的缘故，而也是中国人文社会科学学者至今都缺乏认同的知识预设。

三者，由于中国的人文社会科学学者在现代知识体系上长于差异性辨认，且主要活跃于汉语知识圈——这不仅是指以汉语为母语的学者圈，也包括西方的"汉学家"(sinology)圈，以及美国的"中国学"(Chinese studies)圈，而内在限制了知识生产能力。这就让中国的人文社会科学知识生产，基本上限于会讲汉语的狭小圈子。即使少数跨出汉语学术圈子的学者，其影响也很难广及全球社会科学圈子。譬如，有人讲，美国华裔著名学者杜维明先生，主要影响会讲英语的欧美中国学家；余英时先生，对于会讲汉语的汉学家和中国学家影响很大。林毓生先生，则对台湾政治转型时期的新生代政治家影响很大。这样的说法虽然不具有学术上的严谨性，但从一个侧面让人们明白，华人学者还缺乏真正影响全球社会科学界的超重量级人物。这既是因为华人学者尚未提出过吸引全球学术界讨论的重大学术议题，也是因为他们的研究缺乏普遍认知度的结果。至于中国大陆的学者，基本上没有出现过发生持续国际影响力的学者。更为令人尴尬的是，即便是几位在国际上具有广泛影响力的海外华人学者，也没有改写过现代知识体系的中国议题，更何况改写现代知识体系本身。他们擅长的知识生产方式，是挪用欧美国家的主导性、流行性理论以解释中国古典主义或现代转型问题。

因此，中国学者总体上还限于对西方学者设定的现代知识体系的中国议题表达赞同或反对态度。故而人们很容易发现一个有趣的现象：十七八世纪现代知识体系确立以来，有关于中国的议题，由法国知识群体给我们设置了中华民族优良秩序的知识命题，到今天中国学者还兴致盎然地讨论着从魁奈到伏尔泰的现代知识体系当中中国议题的设置，并为之感到无比自豪、非常兴奋。这满足了中国学者内心涌动的、领先全球的意愿。另一方面，中国学者不得不承受德国知识群体，尤其以黑格尔为代表的，将中国哲学贬入哲学前史，以及中国政治属于专制政治的负面评价。这刺激了中国学者试图重新设置现代知识体系中中国议题的冲动。至于寻求中国的现代出路的理论思虑，则常常徘徊于英美方案与德法方案之间，甚至效仿这两种方案的转手方案。这无疑从两个互补的端点影响了中国知识界，但更主要受制于德法思路。这也使得德法知识界对中国知识界接受、理解、创造、转化现代知识发挥了决定性的影响。广而言之，德法知识群体对中国的影响，甚至扩展到政党和国家意识形态的广度与深度。

在某种意义上，由于法国是以激进姿态面对现代知识体系的，德国知识群体甚至是作为反抗现代知识体系而存在的，因此，中国知识界似乎更多地接受了批判或反对现代知识体系进路的广泛、深刻而持续的影响。这让中国学者犹如缺乏判断力的普通人一样，感染了一种时时试图大力回击现代主流知识的悲情意识。

五、突入新境？！

在一个较长的时段里，由于中国学者在知识上缺乏冷峻的理性判断能力，深陷在法国学者设置的现代知识中国议题的积极评价中，同时又被迫坠入德国学者设置的现代知识中国议题的负面评价深渊，因此受两种情绪——前者激发的兴奋与后者催生的激越之情的诱导，中国学者陷入现代知识体系中国议题的一种，要么跟进法国、要么抵抗德国的尾随者泥淖而不能自拔。而在一个特殊的历史时段中，中国学者也深受现代知识体系的"二传手"苏俄与日本的深刻影响，并依从他们挪移和改写现代知识的进路，对待现代知识体系及其紧张关系。[1]即便置身英美的华人学者，也因为心底留存的那份抗拒主流的英雄情结，也对现代主流知识与实践方案抱持一种拒斥态度。[2]但不管是跟随还是抗拒现代知识体系，其实都是一种无所适从的表现。正是这种心态，让中国学者常常因之丧失必要的知识自信。

如果说在中国国力处于孱弱之际，这种心态有着让人理解的种种理由的话。那么，在中国国力走向强盛之际，这种心态的挥之不去就有些让人费解了。从官民双方对中国的国际处境的流行反映来看，当下流行的一个说法，所谓中国已经解决了挨打的问题，还没有解决挨骂的问题，正是这种不自信引发的说辞。前者涉及的是国家硬实力问题，后者涉及的正是中国的现代正当性辩护问题。这样的区分，正好说明，中国的现代知识建构已经明显落后于国家实力的增长。而且，更为重要的提示是，中国知识界甚至根本没有掌握现代知识

---

[1] 任剑涛：《建国之惑：留学精英与现代政治的误解》，第二、三、五、六章，中国政法大学出版社2012年版。

[2] 任剑涛：《建国之惑：留学精英与现代政治的误解》，第一、四章。

要领，以至于不知道从何着手来建立中国的"现代"辩词，遑论登堂入室，优化现代知识或其中的中国议题设置。

这是中国学者被现代知识体系中中国议题的既定设置所有限的主要体现。面对英格兰开拓的现代知识与实践方案，中国学者深知，中国不可能再像英格兰那样付出数百年的时间代价，"慢工出细活"地渐进推进中国的现代转变进程；因此，一种基于明显的国家转型紧迫感，让他们疏离渐进的现代发展道路，而选择一种旨在迅速实现现代转变目标的激进进路。这是一种可以理解的选择。之所以可以理解，一是因为现代经济发展的全球局面这一客观条件，确实不容许后发外生的现代国家以闲庭信步的从容来对待国家的现代转变处境。二是因为"一万年太久，只争朝夕"的紧迫感这种主观情绪，让人处在一种高度亢奋的心理状态。因此，必须仰仗一种同样具有急迫感与紧张性的观念、学说和实践方案，才足以让中国人感到满足，并毫无拒斥感地全情投入其中。以此不难理解，为何法国式的激越之情、德国人的诗性浪漫、俄国人的反抗行动，在中国引起那么广泛、持久和深入的反响。中国人的现代处境与反应机制，促使中国学者在总体上全力抗拒现代知识体系的主流机制，以及相应的中国议题设置方式，并总是试图由中国学者自己来设定相关议题。中国学者多多少少认为，只有由中国学者贡献的现代知识，才是真知识；只有由中国学者设置的现代知识体系的中国议题，才是真正反映中国面目的议题。这种心理定式，从积极的方面看，是促使中国学者为现代知识提供原创成果的动力；但从消极的方面看，则是中国学者进入现代知识殿堂的阻力。关键就看这种心理运动的方向是朝向哪一个的问题：如果以前者，且与积极的现代知识建构搭配，那么它的正面导向作用就值得高度肯定；如果以后者，且与反西方为表、反现代为里的社会运动相结合，那么它的作用就应当引起中国知识界的高度警觉。

在某种意义上，中国学者对现代知识体系中国议题既定设置的抗拒，已经变成了他们申述自己的、关于现代知识体系中国议题的前置条件。但这是一种无助于改变现代知识体系中国议题设置状态的自闭行为。它所促成的情形大多是：中国学者对现代知识体系中国议题设置的改变，成为这一学者群体，以及同情这一学者群体的外国学者的圈子性游戏。丹尼尔·贝尔组织中国学者在美

中国政治学自主知识体系的建构：清华政治学系的探索

国出版论及中国的英文著作，可以视为一个相关学术尝试的分析标本。① 由一个会讲汉语的加拿大学者，与一批志在推翻现代知识体系中国议题设置现状的中国学者，经由著名的普林斯顿大学出版社支持，共同营构一个重新设置现代知识体系中国议题的事件，确实是一个可以引起人们关注的知识现象。但不能不看到，这样的尝试属于为数甚少的、关心中国学者努力重新设置现代知识体系中国议题的西方学者的可贵努力而已；这样的尝试，虽然基于他们的中国生活经验和知识背景，但属于封闭性地设置中国议题的尝试，完全没有改变现代知识体系中国议题设置的现状。换言之，现代知识体系中国议题的设置，学术权力似乎仍然牢牢掌握在发达国家学者的手中。

由中国学者相对自主地开拓进入国际学术界的进路，并且与国外学者就现代知识展开双语对话，是中国学者目前致力改变现代知识体系建构定势的另一条道路。其中赵汀阳与法国学者德布雷就革命展开的讨论，以及他与法国人类学家阿兰·乐比熊展开的对话，② 是中国学者在热心学者牵线下促成的国际交流。与前述贝淡宁组织编写的英文书籍，主旨在于表明中国学者的学术见解不同，赵汀阳与法国学者的对话和通信，一方面固然也有表达中国学者关于中国的看法的意欲，但另一方面则主要是针对现代知识体系的主要论题展开交流对话。这是中国学者尝试直入现代知识体系核心圈的表现。从这两个"思想事件"可以看出，中国学者尝试切进现代知识体系，以及现代知识体系的中国议题的愿望，是非常强烈和极为自觉的。

当然，在对这些事件所具有的、中国学者切入与改写现代知识体系及其中国议题的意义进行明确肯定之外，还必须看到，现代知识体系及其中国议题的总体构成状态，并没有结构性的变化。甚至是功能性的调整，也不是那么明显可辨。在突入以中国学者彪炳的现代知识供给新境的前路上，中国学者还有相

---

① 由贝淡宁（Daniel Bell）组织、普林斯顿大学出版社出版的"普林斯顿—中国"系列丛书已出版的四本书是朱苏力的 *The Constitution of Ancient China*，贝淡宁的 *Just Hierarchy: Why Social Hierarchies Matter in China and the Rest of the World*、*The China Model: Political Meritocracy and the Limits of Democracy*，白彤东的 *Against Political Equality: The Confucian Case*。有关报道见："活动回眸：PUP携手北京大学燕京学堂：贝淡宁、白彤东、朱苏力教授谈儒法之争"，https://xw.qq.com/cmsid/20201229A0EEST00，2021年12月21日访问。

② 法国学者德布雷与赵汀阳的对话录《两面之词：关于革命问题的通信》，中信出版社2014年版。赵汀阳与法国著名人类学家阿兰·乐比熊的通信集《一神论的影子：哲学家与人类学家的通信》，中信出版社2019年版。

当漫长的路要走。或问，中国学者为什么一定要有贡献于现代知识体系的中国议题设置呢？仅仅是因为中国学者与中国议题的"中国"共享性吗？回答自然是否定的；或是因为近代以来中国学者对现代知识贡献无多的现状必须改变，以满足中国崛起之际国人日益高涨的自尊心与自信心？回答仍然是否定的；又或者是因为中国具有深厚的历史文化积淀，只要激活这些资源就足以对现代知识体系增添崭新内容？回答还是否定的。

之所以中国学者需要对现代知识体系及其中国议题有所贡献，是因为中华民族自古以来就是这个世界的重要集群，在漫长的民族互动中，中国形成了积极吸收其他民族智慧，也善于发挥文明间融合创新的能力，并给世界文明增添了有目共睹的新因素的深厚传统；自近代以来，中华民族深刻体验了从传统到现代转变的艰难困苦，与任何其他民族一样，都深情期望人类发展臻入一个更为美好的境地。正是以同处在一个世界的同气共求，中国学者不应当缺席现代知识体系的建构，不应当在与自身经验密切相关的中国议题上无所贡献。这不是从中国的特殊性上寻找中国学者需要对现代知识体系建构与中国议题设置做出贡献的理由，而是从人类处境的普遍一致性上对中国学者提出的应然要求。而中国学者对此要求的回应，自然是千差万别——基于民族主义、历史主义、特殊主义做出的反应，当然不在少数；但需要确立的反应进路，却应是世界主义、理性主义、普遍主义的。至少，对改变中国学者在建构现代知识体系，以及中国议题上被动处境最为有益的进路，是在处置这两类精神观念的张力时，给出富有原创性的、经得起国际学术界批判性论辩的研究成果。就此而言，国际学术界以可公度性（Commensurability）为知识准则对中国学者的现代知识贡献进行的检验、接受与批评，是证明中国学者是否已经做出相关贡献的唯一途径。一切以自恋、自信和自负姿态提供所谓新知，但经不起或引不起国际学术界检验的中国学者成果，都只具有自娱自乐的效果。

这仍然首先需要中国学者从负面克制住近代以来形成并固化的某些思维习性。其中，尤为关键的是，中国学者需要真正走出近代以来政治遭遇上、经济发展上、文化自主上的悲情心境，① 进而走出相关法国话语、德国话语对中国

---

① 任剑涛："走向理性：近代以来中国世界观的嬗变"，载《中央社会主义学院学报》2017年第2期。

中国政治学自主知识体系的建构：清华政治学系的探索

议题的主宰性制约。这可能是改变现代知识体系中国议题设置现状，也就是由发达国家学者绝对主导中国议题设置状况的先决条件。经由中国学者改善现代知识体系的中国议题设置现状，进而对现代知识建构做出富有整体意义的独特贡献。而中国学者倘若能够真正平情的、致力在知识的无政府主义基础上，不断开拓知识话题，真正对现代知识体系中议题设置的理性取向加以确认，而不是以尖锐的悲情叙事和突兀的政治对抗去实现改变相关设置的目的，中国学者就有可能在现代知识体系上免除法国、德国知识群体对中国议题设置的张力，并对现代知识体系中国议题的更为合理的设置有所贡献。就此而言，前述中国学者在美出版关乎现代知识体系中国议题重新设置的著作，便是宝贵的尝试：不说是应当立即喝彩，起码是应当给予鼓励的举动。因为，这将促使中国学者不再拘执于西方学者对现代知识体系中国议题设置贡献的地方性、特殊性，而以西方文字、为西方议题注入中国学者的知识阐释。兴许，它能改进现代知识体系中国议题设置的理性认知度？！进而，赵汀阳与西方学者的直接对话，也是一种积极的现代知识建构姿态。中国学者对西方学者，不是采取一种冷眼旁观或明显对峙的态度，而是采取一种理性对话的态度，对于双方的了解与理解，对于营造一个互动的知识建构环境，对于促进中国学者在国际语境中推进现代知识建构，都是具有积极作用的。

政治学的学科传统之争与中国政治学的未来

谈火生

众所周知，尽管政治学研究很早就有，在西方可以一直追溯到亚里士多德，中间经过古典政治学、中世纪的神学政治学和近代政治学，但是，作为政治科学（Political Science）的现代政治学却是十九世纪末二十世纪初的产物。十九世纪后半叶，随着整个社会科学的独立和分化，政治学作为一个学科开始摆脱伦理学、法学、历史学的阴影，成为一门独立的学科。按照华勒斯坦的分析，十九世纪末二十世纪初，社会科学的学科系统分化形成了三条明确的分界线：1.对现代文明世界的研究（史学、社会学、经济学、政治学）与对非现代世界的研究（人类学、东方学）之间的分界线；2.在对现代世界的研究方面，过去（史学）与现在（社会学、经济学和政治学这三门研究普遍规律的社会科学学科）之间的分界线；3.在探求普遍规律为宗旨的社会科学内部，对市场的研究（经济学）、对国家的研究（政治学）与对市民社会的研究（社会学）之间的分界线。①

在一百多年的学科发展历史中，政治学学科内部存在着不同学科传统之间的相互竞争。有人从分支学科的角度将其分为两个主要的模块：政治哲学传统

---

① 这一学科分化的过程可以参考：华勒斯坦等著：《开放社会科学》，刘锋译，三联书店，1997年，第一章。关于政治学在十九世纪的转型，可以参考：Stefan Collini, Donald Winch, and John Burrow, *That Noble Science of Politics: A Study in Nineteenth Century Intellectual History*, Cambridge: Cambridge University Press, 1983.

中国政治学自主知识体系的建构：清华政治学系的探索

和政治科学传统；有人从研究方法上将其划分为方法导向的政治学研究传统和问题导向的政治学研究传统。本文拟从历史脉络将政治学的学科传统划分为欧洲传统和美国传统。之所以要从历史的角度来进行梳理，一方面当然是因为政治学学科的发展确实扎根于各自的历史脉络和社会情境之中，另一方面也是因为这一分类能更好地解释二战以来政治学学科内部的互动，以及其对政治学自身发展的影响。

在进入讨论之前，我们首先需要对政治学学科的欧洲传统和美国传统做一点说明。本文理解的政治学的美国传统，主要指以美国为代表的科学传统，具体言之，就是行为主义传统，以及与之配套的量化研究方法；政治学的欧洲传统，主要指以欧洲为代表的人文主义传统，它强调哲学、法学、历史学在政治研究中的重要性，强调研究方法上的多元化尤其是质性研究方法的重要性，强调政治科学和政治理论之间的平衡。在过去的一百多年中，这两个传统相互竞争，各自都希望保持自身的研究传统，努力不为对方所俘获。从实际的效果而言，自二十世纪五十年代以来，美国传统一度大获全胜，欧洲传统受到排挤。尽管政治学早已进入后行为主义时代，但量化研究方法仍独步天下，其他研究方法的空间日益狭窄。最近10多年，美国政治学界出现了欧洲传统复归的趋势。系统梳理两大研究传统之间的竞争与分合，将有助于我们更好地把握未来中国政治学发展的方向。

一、选择性吸收成就美国政治学

我们在追溯现代政治学的源头时，故事通常是从美国讲起的，一般会将1880年美国哥伦比亚大学成立政治学院作为政治学学科建立的标志。詹姆斯·法尔为《剑桥科技史》第七卷"现代社会科学"所撰写的"政治学"一章就指出，政治学的学科体制首先是在美国建立起来的，这一学科的绝大部分是美国的发明，而且这一状况一直保持到今天。在欧洲，直到第二次世界大战之后，这一学科才具有重大的发展，而且，当时是在美国的影响之下才发展起来的。① 按照这个判断,似乎政治学的产生和发展在很长一段时间和欧洲没有什么关系。其实不然,法尔紧接着又说"这一学科的伟大理论几乎总是欧洲的,因为它以国家理论为开端"。② 这句话透露出了两个信息:其一,欧洲及其研究传统在政治学中非常重要,因为它贡献了这一学科中几乎所有的伟大理论;其二,欧洲传统的重要性在很大程度上体现在它对政治学研究对象的界定,以及与之相关联的研究方法。在欧洲传统中,政治学最重要的研究对象是国家,而不是个体行为。与之相关,最重要的研究方法是哲学的(对政治价值和理想政体的规范性研究)、历史的(国家形态的演变及其机理)和法学的(国家的制度安排)。

如果我们回过头来认真梳理政治学的学科发展就会发现,一方面,尽管作为一个独立学科的政治学在欧洲建立非常晚,但政治学研究在欧洲却是起源很早,而且法脉一直未绝;另一方面,尽管作为独立学科的政治学首先是在美国诞生,但是,其在诞生过程中从欧洲受益良多。因此,我们还是需要回到学科诞生的源头来考察政治学学科不同学术传统的分合。

需要注意的是,当我们讲欧洲传统时,其实是有大而化之之嫌,因为在欧洲内部,不同国家之间也存在着巨大的差异。从最粗略的意义上讲,存在着欧陆传统和盎格鲁－萨克森传统的差别;从国别上讲,英国的政治学研究是哲学取向、历史取向和科学取向的混合,德国的政治学研究思辨色彩更重,法国的政治学研究则主要沿着行政法的脉络展开。

美国政治学早期的发展受欧洲的影响非常大,而且,欧陆传统和盎格鲁－萨克森传统分别对美国政治学的研究内容和研究方法产生了决定性的影响。

在研究内容上,美国政治学主要受德国传统的影响。现在西方政治学界一般将 1880 年美国哥伦比亚大学成立政治学院作为政治学学科建立的标志,当时的功臣约翰·伯吉斯(John W. Burges)也因此被尊为美国政治科学之父。尽管伯吉斯是美国政治科学之父,但他常常强调政治学的德国根源。美国内战后,社会学界和政治学界的很多领军人物纷纷赴德学习,伯吉斯是其中最有能力的一批人之一。他们学成回国之后,在美国从事政治学专业研究,逐渐在美

---

① 波特、罗斯主编:《剑桥科学史·现代社会科学》,大象出版社,2008 年,第 266 页。
② 同①。

中国政治学自主知识体系的建构：清华政治学系的探索

国建立最早的政治学科。如果我们看看哥伦比亚大学早期的课程表就会发现，在这个课程体系中尚未形成美国自己的研究方法；相反，德国国家学的痕迹非常重。按照伯吉斯的解释，课程是围绕国家概念来组织的。低年级主要学习国家的起源和发展，考察政治组织发展的几个阶段，一直到现代宪政国家。随后，学习现存的国家的实际状况和法律关系，最后，学习政治哲学的原则，通过比较，避免单纯经验主义的危险。① 政治科学关心的是与国家相关的各种问题：政府及其功能。当然，正如威尔逊所观察到的，对国家的系统研究并没有在美国扎下根来，美国人在输入德国和法国的国家理论时对其进行了重大的修正，从原来的宏大叙事转化为中观层次的问题，使之具有研究上的可操作性。② 这也是美国政治学在研究方法上有别于欧洲的一个重要原因。

在研究方法上，美国政治学则主要受益格鲁－萨克森传统的影响。一个世纪以来，欧洲在社会科学研究方法上一直存在争论，基本分为两派：一派主张社会科学可以采取自然科学的模式来进行研究；另一派则认为，社会科学应该采取人文学科的模式来进行研究，也就是通过历史学、解释学的方式，将其作为社会探究的概念基础。前者主要以英国为代表，后者则以法德为代表。社会科学在美国的发展有其自身的特点，与欧洲不同的是，美国没有陷入持久的争论之中，因此，尽管欧洲的这两个传统都传入了美国，并在美国不同的大学中扎下根来（人文传统的主要据点在美国政治学的开山鼻祖哥伦比亚大学，自然科学传统的主要据点则在哈佛大学和芝加哥大学），但是，美国人很快就表现出对自然科学模式的青睐，自然科学模式在十九世纪末即在美国取得了统治地位。③ 具体到政治学的发展来说，尽管欧洲的两个政治研究传统在美国早期政治学的发展过程中也存在竞争，但在"一战"期间，两个传统之间的冲突得到了解决，伯吉斯代表的德国传统虽然确立了美国政治学研究的内容，但他在

---

① John Burgess, "The Study of the Political Sciences in Columbia College," International Review 12 (1882): 348. quoted from Timothy V. Kaufman-Osborn, Dividing the Domain of Political Science: On the Fetishism of Subfields, Polity, Vol. 38, No. 1 (Jan., 2006), pp. 41–71.

② Ira Katznelson and Helen V. Milner, American Political Science: The Discipline's State and the State of the State of the Discipline, in Political Science: The State of the Discipline, edited by Ira Katznelson and Helen V. Milner, W. W. Norton & Company, 2002, pp. 8–11.

③ Sanford F. Schram and Brian Caterino, Making political science matter: debating knowledge, research, and method, New York University Press, 2006, pp.2–3.

方法论上没有确立走领导地位。在方法论上，美国政治学选择了盎格鲁-萨克森的科学传统，并一直持续至今。①

1920年以后，美国政治学的中心已经从哥伦比亚大学转移到芝加哥大学，查尔斯·梅里亚姆（Charles Merriam）成为这一时期的领军人物，他在很大程度上塑造了美国政治学的基本品格。1921年，梅里亚姆发表《政治学研究的现状》一文，正式提出把社会学、社会心理学、地理人种学、统计学的技术和成果应用于政治学之中，这一年被视为政治科学运动开始的标志。②正是通过经验转向，二战之前的美国政治科学才得以彻底摆脱德国和法国的阴影，逐步形成自己的风格。③美国政治学研究重心已经从对国家法律制度的静态研究转向对政治过程和行为的动态研究，大量引进社会学、心理学、统计学的研究方法，强调对政治现象进行量化分析，④这一趋势在二十世纪五十年代的行为主义那里表现尤为突出。

二十世纪五十年代以来，美国政治学经历了一场真正的革命，这场革命的余波至今仍未平息，今日政治学界的诸多争论仍是在与半个世纪前的这场革命对话。

二十世纪五十年代，政治学所使用的术语完全变了，此前作为政治学核心词汇的"国家"甚至几乎从政治学的词汇表中消失了（除了国际关系领域），以至于到了二十世纪八十年代需要呼吁"重新将国家带回来"。行为主义的出现可以说重新设定了政治学这个学科的研究议程。那么，行为主义的革命性到底体现在哪里？答案是：它有选择地将政治学学科早已存在的某些趋势激进化。其结果是，尽管"制度"并没有被人们忘记，但行为确实占据了舞台的中心，并使制度黯然失色。⑤这一时期，政治学研究围绕着政治系统的稳定问题、政治社会化和合法性等议题展开，其重心是以决策为核心来阐释政治过程和政

---

① Erkki Berndtson, The Rise and Fall of American Political Science: Personalities, Quotations, Speculations, International Political Science Review, Vol.8, No.1, The Evolution of Political Science: Selected Case Studies (Jan., 1987), pp. 85-100.
② 宝成关主编：《政治学思想史》，湖南教育出版社，2004年，第230页。
③ Ira Katznelson and Helen V. Milner, 2002, p. 13.
④ 同②，第209、219页。
⑤ Dryzek, John S., Revolutions without Enemies: Key Transformations in Political Science, The American Political Science Review, Vol. 100, No. 4 (Nov., 2006), pp. 487-492.

中国政治学自主知识体系的建构：清华政治学系的探索

治行为。国家概念消失了，取而代之的是政治系统；作为政治科学核心的权力概念也碎片化了，取而代之的是权威和影响力。在研究方法上，它强调的是量化、测量、理论建构和价值中立的研究。① 也正是在这一时期，美国政治学的地位达到了顶峰。从 1880 年开始，美国政治科学花了约 70 年的时间，一步步媳妇熬成了婆，从小学生变成了大先生。

从以上的梳理中可以发现，美国政治学在诞生之初从欧洲传统中受益良多，在此过程中，早期主要是德国传统和法国传统占据优势，但最终是英国传统（而且是英国传统中的科学传统）占据了美国政治学的主流并被不断强化，最终被打造成为政治学的美国传统。

二、美国传统的影响与欧洲传统的抵抗

如果说在 1950 年之前，尤其是 1920 年之前，政治学学科的发展主要是美国受益于欧洲，那么，1950 年之后则主要是美国反过来影响欧洲。行为主义作为政治科学被介绍到欧洲，欧洲开始关注从美国传过来的新的政治学议题：压力集团、投票研究，并追求精确性。美国政治学开始为欧洲政治学设定研究议程。② 同时，美国的世界霸主地位也让美国的政治学家们野心勃勃，芝加哥大学的伦纳德·怀特（Leonard D. White）将美国政治学者的使命感表露无遗："我们具有一个以美国的生活方式和美国政府的精神对全世界进行教育，并以它的形象进行改造的实际的使命。"③ 尽管在二战前，很多工业化国家（特别是西方国家）已经有一些学者从事政治学研究，但是，只有美国建立了制度化的政治学学科。从这个意义上讲，政治学与社会学不同，它在很大程度上是一种美国的社会科学。④

正是在美国的影响之下，政治学作为一个独立的学科才在欧洲各国陆续建

---

① Erkki Berndtson, The Rise and Fall of American Political Science: Personalities, Quotations, Speculations, International Political Science Review, Vol.8, No.1, The Evolution of Political Science: Selected Case Studies (Jan., 1987), pp. 85–100.

② Erkki Berndtson，1987.

③ 波特、罗斯，2008 年，第 277 页。

④ David Easton, John Gunnell and Luigi Graziano, ed., The Development of Political Science: A Comparative Survey, Routledge, 1991, Introduction, here p. 10.

立起来。在西德，政治学作为一个学科的发展是在1948年之后，而且是为了配合美国在西德的民主重建工作而建立起来的。直到二十世纪五十年代中期，在西德只有很少的大学设有政治学讲席，而且，这些讲席教授觉得自己非常孤单。直到1960年初，德国才完成了政治学学科的制度化工作；①在英国，其智识传统对政治的"科学化"持怀疑态度，直到二战后，英国人仍认为，精英的博雅教育应该以柏拉图和亚里士多德为师，学习关于古希腊和古罗马的政治制度的历史知识。1950年英国的政治学会（Political Studies Association）成立时，学会的创办者有意不用"政治科学"这个字眼。因此，其政治学作为一个学科所需的制度化工作完成得很晚，政治科学在英国的真正发展是在二十世纪六十年代。②法国政治学的发展则更晚，直到二十世纪六十年代才开始努力争取独立出来，此前则一直是附属于法学之中。③因此，毫不奇怪，当1949年国际政治学会成立之时，全世界只有四个国家（美国、加拿大、芬兰和印度）已经有自己的政治学会，并加入刚成立的国际政治学会。④不仅如此，从学科从业人员的规模上讲，美国也占据着绝对优势的地位，据统计，截至1982年，美国有15000到16000人从事政治学研究，占全世界的75%—80%。⑤

但是，在这个过程中，欧洲各国并没有唯美国的马首是瞻，而是力图保持自身的研究传统。这一时期，欧洲传统对美国传统表现出很强的抗拒心理和反抗的行动。欧洲传统对美国传统的反抗在两个战场上展开，主战场当然是在欧洲，欧洲各国在政治学学科的建立过程中努力维护自身传统，抵制行为主义和

---

① Hans Kastendiek, political Development and Political Science in West Germany, in The Development of Political Science: A Comparative Survey, edited by David Easton, John Gunnell and Luigi Graziano, Routledge 1991 pp. 108–126, here 108–109, 118.

② Jack Hayward, "Cultural and Contextual Constraints upon the Development of Political Science in Great Britain," in The Development of Political Science: A Comparative Survey, edited by David Easton, John Gunnell and Luigi Graziano, Routledge, 1991, pp. 93–107.

③ Jean Leca, French political science and its 'subfields': some reflections on the intellectual organization of the discipline in relation to its historical and social situation, in The Development of Political Science: A Comparative Survey, edited by David Easton, John Gunnell and Luigi Graziano, Routledge, 1991, pp. 147–186, here p. 155.

④ David Easton, John Gunnell and Luigi Graziano, 1991 Introduction, here p. 1. 这个说法可能遗漏了一个事实，即中国早在1932年已成立中国政治学会，但是，可能由于当时正值时局变化的关键节点，中国政治学会可能无暇他顾。具体的历史情形如何，笔者尚未查阅相关资料。此一问题待考。

⑤ Erkki Berndtson, The Rise and Fall of American Political Science: Personalities, Quotations, Speculations, International Political Science Review, Vol.8, No.1, The Evolution of Political Science: Selected Case Studies (Jan., 1987), pp. 85–100.

中国政治学自主知识体系的建构：清华政治学系的探索

量化研究的入侵；第二战场则是在美国政治学界内部，欧洲裔的美国政治学者对行为主义展开了猛烈的批评。

就前者而言，二战后，随着欧洲政治学的逐渐发展，欧洲政治学界有意识地在抵制政治学的"美国化"。① 在这一点上，英国最为典型，因此，我们以英国为例来略窥管豹。② 曾任英国政治研究会副主席和《政治研究》（*Political Studies*）杂志主编的杰克·海沃德（Jack Hayward）为《二十世纪英国的政治学研究》一书所写的导论就直接命名为"政治学的英国路径"（British Approaches），其背后的假设就是英国的路径不同于美国路径，甚至不同于法国路径。在他看来，英国的政治学研究具有综合性特点，它源于传统的历史研究、法学研究和哲学研究，而且，从来没有完全中断与这些研究传统的联系。政治学与这些研究传统之间的关系，与其说是否定（repudiate），还不如说是调适（adapt）。③ 海沃德认为，英国对美国政治科学的反应是一种典型的"灵活的保守主义"，能改的尽量改，但基本框架保持不变。④ 在整个二十世纪上半叶，英国政治学的领军人物，如恩内斯特·巴克（Ernest Barker）、哈罗德·拉斯基（Harold Laski）、桑迪·林德塞（Sandie Lindsay）等人，一直在努力弥合人文研究和社会科学、政治思想研究和政治行为研究之间日益扩大的鸿沟。⑤ 巴克就一直强调，政治理论不能变成"一种纯粹描述性的政治学"，"它最终必须提升为一种政治价值的哲学和关于社会如何组织的终极目的的信条。一句话，它必须具备规范性品格"。对政治"科学化"的怀疑深深地植根于英国的智识传统之中，这一点在牛津表现得最为明显。牛津大学的第一任社会

---

① 波特、罗斯，2008年，第278、281页。更详细的情况可见下书的相关章节：David Easton, John Gunnell and Luigi Graziano, ed., *The Development of Political Science: A Comparative Survey*, Routledge, 1991.

② 相对而言，德国最不典型，因为当时的西德成为美国的托管区，它在很大程度上失去了自主性。为了配合民主重建的工作，必须对学校的教师和学生进行政治教育，让他们学习新的政治分析方法和新的政治术语。为了实现这一计划，西德的大学开设了各种社会政治议题的讲座和必修课程。同时，为了教学的需要，必须在现有的大学中增设政治学的讲席，西德第一代的政治科学家就这样诞生了。加上实证主义此前已经在德国的政治研究中有一定根基，社会民主党又积极推动，因此，在此过程中，美国式的政治科学几乎没有经过什么批判性省察就被接受下来。Hans Kastendiek, 1991, pp. 109–110, 116–119.

③ Jack Hayward, Brian Barry and Achie Brown, The British Study of Politics in the Twentieth Century, Oxford University Press, 1999, p. 2.

④ Jack Hayward, Brian Barry and Achie Brown, 1999, p. 31.

⑤ Jack Hayward, Brian Barry and Achie Brown, 1999, pp. 8–9.

与政治理论教授科尔（G. D. H. Cole）就强烈反对狭隘的实证主义和量化政治科学，1954 年，他宣称"谁要说我是'社会科学家'，那是对我最大的侮辱"。1950 年英国政治学会成立时，任教于伦敦政治经济学院的拉斯基提议用"政治科学"来命名，但是，遭到了当时在牛津任教的科尔的极力反对，他主张用包容性更强的"研究"（studies）一词，因为政治研究依赖历史学为其提供事实，依赖哲学为其提供理论。英国政治学会最终采纳了科尔的建议。后来，又有人提议将英国政治学会的名字更名为"政治科学"，再一次遭到了历史学家阿尔弗雷德·科班（Alfred Cobban）的反对，当时的学界大牛们，如巴克、科尔、林德塞、奥克肖特等，都支持科班，更名一事遂告流产。①

正是在这样一种氛围中，伯纳德·克里克（Bernard Crick）在 1959 年出版的《美国的政治科学》一书中甚至写到，在西方知识史上，今日美国的政治学研究无论在其规模、内容，还是在研究方法上都是一个异数。1962 年，他在《捍卫政治学》一书中强调，政治科学始于亚里士多德，最终也必须回到亚里士多德。在该书的后记中，他强烈反对美国式政治科学对英国政治学研究的影响，"近些年来，大学中的政治学研究出现了一种愈演愈烈的趋势，衡量研究的标准不是其政治上的重要性，而是方法上是否完善"。②

尽管如此，英国的政治科学仍然在这种怀疑的氛围中逐步发展起来，尤其是在 1961 至 1974 年这 15 年间，政治科学在英国取得了较大的进步。部分原因在于大学的扩张，新的大学和科系为了与老牌大学竞争，热衷于引进美国的政治科学，实现弯道超车。

欧洲传统反抗美国传统的第二战场是在美国，欧洲裔的美国政治学者对行为主义进行了猛烈批评。自二十世纪七十年代开始，美国政治学进入后行为主

---

① Jack Hayward, Brian Barry and Achie Brown, 1999, pp. 13-20. 在英国，对"科学化"的质疑不限于政治学，而是整个社会科学界的共识，1965 年，社会科学研究委员会（Social Science Research Council）成立，1983 年，保守党政府上台后，尽管未能撤销这一部门，但将其更名为"经济与社会研究委员会"（Economic and Social Research Council），刻意回避"科学"这一字眼。Jack Hayward, 1991, p. 98. 与之形成对照的是，1951 年，德国政治学会成立时，使用的名称就是"science of politics"，后来更名为"German Association for Political Science"，并没有刻意回避"Science"。Hans Kastendiek, 1991, p. 117.

② Bernard Crick, The American Science of Politics, Routledge & Kegan Paul, 1959, introduction; Bernard Crick, In Defence of Politcs, Harmondsworth, 1962, pp. 21-23, 171, 190.

中国政治学自主知识体系的建构：清华政治学系的探索

义阶段,① 其主要的特征就是对行为主义进行批判，批判来自两个方向：一个方向是规范性政治理论，一个方向则是经验研究阵营内部。值得注意的是，来自规范性政治理论对行为主义进行批评的学者大多有欧洲学术背景。早在行为主义尚未如日中天之时，曾在牛津大学学习的威廉·埃利奥特（William Y. Elliott）就批评政治学已经变成了"实证主义的、行为主义的、描述的，而在道德上却是盲目的"，而且，这种道德上的盲目性已经容纳和帮助了墨索里尼这类法西斯分子。② 在二十世纪三十年代，来自德国和奥地利的知识分子为了逃避纳粹的迫害移民美国，他们对美国的政治学产生了重要影响。他们中的少数几个（如卡尔·多伊奇）带来了对科学方法的精确理解和对作为科学哲学的实证主义和经验主义的正确评价。他们中大多数在历史学、哲学和法学方面受过训练的人——如卡尔·弗里德里希、列奥·施特劳斯、埃里克·沃格林、汉娜·阿伦特——则对行为主义提出了严厉的批评。沃格林的《新政治科学》、施特劳斯学派的《论政治科学研究》是其中的代表。③ 尽管这些批评在当时并没有阻挡住行为主义如日中天的势头，但确实为后来的"后行为主义"时代开辟了道路。而且，在这一过程中，政治理论作为一个独立的分支学科逐渐确立下来。二十世纪八十年代，来自意大利的乔万尼·萨托利（Giovanni Sartori）猛烈批评美国的政治科学，认为美国的政治科学已经在很大程度上萎缩为纯粹的研究设计，到二十世纪七十年代末，美国的政治科学已经走入了一条他既不愿也不能接受的不归路，过分专业化同时也过分狭隘的模式、过度的量化，以及由此导致的脱离政治现实，思想极度贫乏。④

---

① 约翰·德雷泽克认为，在过去一百多年的时间里，美国的政治学经历了一系列的变化，不断对其学科的基本品格进行重新定位。其中，五次变动是非常重要的：早期的学科专业化发展阶段、1910年年末到1920年年初开始的多元主义阶段、行为主义阶段、新政治科学阶段、近期的改革。但是，严格来讲，只有第一阶段和第三阶段的努力成功了，其成功的标志在于，它们成功地重新设置了学科的议程。第一阶段的努力使政治学成为一个独立的学科，并将国家作为其研究对象；第三阶段的努力则将行为主义作为其方法论。Dryzek, John S., 2006.

② 波特、罗斯，2008年，第273页。

③ 1953年，弗朗茨·诺伊曼对"德国的流亡者"进行了反思："他们在尊重理论和历史的氛围中被长大成人，而且蔑视经验主义和实用主义。可是，这些德国流亡者进入了一个完全相反的思想氛围：乐观主义的、以经验为导向的、非历史的氛围。" John G. Gunnell, *The Descent of Political Theory: The Genealogy of an American Vocation*, University of Chicago Press, 1993, p. 186.

④ Jack Hayward, Brian Barry and Achie Brown, 1999, p. 27.

来自经验研究阵营内部的批评自二十世纪六十年代末即已开始，到了二十世纪七十年代，反对行为主义的人开始形成自己的组织，创办《新政治科学》杂志，尽管该杂志并未引起足够的关注，这一次所谓的革命也并没有能够重新设定学科的研究议程，但是，在后行为主义时代，政治学这个学科还是发生了很多变化。在二十世纪八十年代，国家被重新请了回来，新制度主义的影响越来越大；到了九十年代，理性选择理论开始变得越来越重要。但是，无论是新国家学派、新制度主义、理性选择理论，还是受欧洲影响的文化分析方法，它们都没有带来政治科学的整体性革命，它们最多也就是和行为主义并驾齐驱。① 可以说，随着行为主义的相对衰落，政治科学进入了一个激进多元主义的时代，没有霸主，只有几个占霸权地位的竞争者。②

三、欧洲传统的回归与两个传统的平衡

2007 年发生的一个小插曲很值得深思。这一年，宾夕法尼亚大学政治学系准备取消作为分支学科的政治理论，只保留政治学方法论、美国政治、比较政治和国际政治四个分支学科，据此，该系计划裁撤博士生的政治理论课程。2007 年 10 月 8 日，美国政治学会的政治理论分会召开工作会议，全体一致同意授权分会主席给宾夕法尼亚大学政治学系主任写信，请他们重新考虑裁撤政治理论作为博士生课程的决定，此信有 85 人签名。12 日，又有一封 55 人签名的联名信，警告宾夕法尼亚大学政治学系，如果他们执意废除政治理论课程，所有签名者将不会向宾夕法尼亚大学推荐研究生，也不会接受宾夕法尼亚大学政治学系的博士到他们所在的学校就职。③

在战后美国政治学的学科历史上，鼓吹行为主义的人一直试图埋葬作为分支学科的政治理论，从本文的视角来观察，我们可以将其阐释为政治学的美国传统试图消灭欧洲传统、独霸天下的企图，2007 年的这个小插曲将两个传统之间的缠斗戏剧性地呈现出来。事实上，进入二十一世纪以来，政治学界出现

---

① Dryzek, John S., 2006.
② Sanford F. Schram and Brian Caterino, 2006, pp. 3–4.
③ Timothy V. Kaufman-Osborn, political Theory as Profession and as Subfield?, Political Research Quarterly Vol. 63, No. 3 (Sept. 2010), pp. 655–673.

中国政治学自主知识体系的建构：清华政治学系的探索

了一个新的趋势：欧洲传统的回归和两个传统的平衡。

2000年10月，互联网上形成了一个由政治学学者构成的匿名网络，他们以"改革先生"（Mr. Perestroika）为名，主张政治学方法论的革新，其矛头直指美国政治学会及其杂志《美国政治科学评论》。这是一个松散的网络，其中既有研究生，也有知名学者。群体中的人目标并不是很一致，但他们都支持方法论的多元主义（Methodological Pluralism），认为过分强调量化研究的结果是，研究生们对于历史研究、田野调查、质性的个案研究、解释性分析和批判分析等方法缺乏好感，而这些方法对于政治研究而言是非常重要的。例如以量化研究为代表的主流范式会认为，单案例研究是"不科学"的，因为它无法被普遍化，不能构建起理论，因此，它对政治知识的积累是没有帮助的。结果，政治学的主流杂志甚至都不接受单案例研究的文章，老师们也不鼓励学生以之作为博士论文选题。"改革先生"批评道，政治学学科的主流杂志都或多或少存在"科学"崇拜，被过分严格的科学假设所束缚，狂热地偏好量化分析、博弈论和建模，在《美国政治科学评论》上，其他研究取向的文章加起来都不到5%的比重，这完全让人无法理解。[①]

"改革先生"运动强调，政治学是一个非常独特的学科，它无须追求自然科学意义上的"科学性"，无须汲汲于证明其"科学"品格，它更多的是与有限的、情景化的，甚至是地方性的知识关联在一起，而不是普遍性的知识，这些知识可以为特定情景中的人服务。新政治科学不是要用一种方法取代另一种方法，而是鼓励研究方法的多样性，强调不同理论视角的重要性，强调以各种方式，创造性地将理论和经验研究结合起来，所有这些都要求与特定情境中的政治行为者进行对话。因此，应该用问题导向的研究取代方法导向的研究。[②]

应该说，"改革先生"运动确实指出了政治学学科内部存在的一个很严重的问题：方法论的霸权所导致的不同研究方法之间的严重失衡，[③]以及与之相关的不同分支学科之间的严重脱节，特别是政治科学（经验研究）和政治理论

---

① Jennifer S. Holmes, Approaches to Comparative Politics: Insights from Political Theory, Lexington Books, 2008, pp. 145–146.

② Sanford F. Schram and Brian Caterino, 2006, p. 18–20, 35.

③ "改革先生"运动用了一个非常负面的词来形容方法论霸权：方法论极权主义（methodological totalitarianism）。

(规范研究)之间的相互隔绝。在理想状态下,经验研究和规范研究应该有机地结合在一起。经验研究如果没有规范性内涵,它是没有意义的,只会沉迷于方法论,而不关心哪些核心的价值被遗漏,只会满足于展示娴熟的分析技术,但处理的却是无关痛痒的枝节问题;同样,规范性研究如果没有经验作为支撑,即使它在修辞学和逻辑学意义上是有说服力的,它也说明不了外部世界的任何问题。好的社会科学应该是将二者紧密结合在一起,既要有经验基础,又要切中人文关怀。在过去的数十年中,政治科学在方法论方面的自我意识非常清楚,现在,它应该在哲学方面也具备足够清醒的自我意识。① "改革先生"运动的启示之一就是,缺少"价值"维度的政治"科学"是非常危险的,它会让政治沦为一种操纵的艺术,因此,规范理论应该重返政治研究的核心。如何重新规划政治学的研究议程,促进不同分支学科之间的对话和不同研究方法之间的平衡,成为政治学学科面临的最紧迫的课题。

在某种意义上讲,"改革先生"运动提出的问题并不是什么新问题,美国的政治学者们在私下里抱怨这些问题已经很多年了,但是,由于工作难找——不仅是著名大学的好工作难找,就是普通学院或大学的教职也一席难求——很少有学者敢公开表达他们的不满。② "改革先生"不过是将过去私下的抱怨以一种系统化方式公开表达出来,并引起了大家的强烈共鸣,有数百名学者在支持"改革先生"的请愿书上签名。在2001年的美国政治学年会上,甚至有学者——包括一些非常有名的学者——组织了一个分会场,专门讨论"改革先生"提出的批评。③ 比较诡异的是,在"改革先生"运动兴起的几年时间里,受到批评的一方竟然没有人起来应战。对此,格雷格·卡斯扎(Greg J. Kasza)用"狼群的沉默"来加以形容,并用不无尖刻的语气分析其原因:大多数从事量化研究的政治科学家们从研究生时代开始就像跳上了一列飞奔的火车,他们不知道火车来自哪里,也不知道它将开往何方,他们唯一关心的就是

---

① Gerring, John and Joshua Yesnowitz, A Normative Turn in Political Science?, Polity, Vol. 38, No. 1 (Jan., 2006), pp. 101–133.
② Shelley Rigger, The Perestroika Movement in American Political Science and Its Lessons for Chinese Political Studies, in Political Science and Chinese Political Studies, edited by Sujian Guo, Springer-Verlag Berlin Heidelberg, 2013, pp. 163–178, here 165.
③ Shelley Rigger, 2013, p. 166.

中国政治学自主知识体系的建构：清华政治学系的探索

如何抵达下一站。为此，他们会马不停蹄地投入到政治科学中某一领域的某个理论中，不假思索地按照方法论教科书的指示，拼命地发表一篇文章、两篇文章，直至找到工作。他们的眼睛永远盯着下一站，再下一站，从来不问自己，什么才是政治生活和政治知识中的重大问题，因此，他们不知道如何回应改革运动所提出的根本性挑战。他们的策略是置之不理，然后扔几根骨头在我们面前，也就是在《美国政治科学评论》上给我们留出一些版面，以为这样就可以将我们打发了。[1] 不过，作为矛头所指的美国政治学会确实做出了反应，首先是创办了一个新的杂志《政治视野》（*Perspectives on Politics*），以刊发其他类型的文章。其次，为了回应"改革先生"的批评——本尼迪克特·安德森（Benedict Anderson）、查尔斯·蒂利（Charles Tilly）、苏珊尼·鲁道夫（Susanne Rudolph）或西达·斯考切波（Theda Skocpol）更能代表政治学的学科品格，他们什么时候能当上美国政治学会的主席？——2002年，斯考切波任美国政治学会主席，第二年是鲁道夫。[2]

"改革先生"运动对于政治学的健康发展是非常有益的，正如约翰·德雷泽克（John S. Dryzek）指出的，二十一世纪初期的改革运动促使人们对于政治学学科的性质和政治知识本身进行反思，它反对量化方法的霸权、倡导质性研究路径，并重新将紧迫的公共问题置于学科的核心。[3] 伊安·夏皮罗（Ian Shapiro）呼吁按照问题域（problem areas）来对政治学学科进行重组，政治科学家们不要再以孤芳自赏的方式来从事研究，尽管不同分支学科在研究方法上可以保持多样性，但都应该以问题为导向，从不同的角度探索政治行动者在政治世界中所面临的问题。[4] 他的呼吁激起了政治学界热烈的讨论。一些学者开始尝试打破学科界限，将理论研究和经验结合起来，混合运用各种方法以尽可能有效地研究政治问题。现在，欧洲的政治学者们越来越清醒地意识到美国政治科学的局限性，美国的政治学者们则对欧洲学者的著作越来越感兴趣。当

---

[1] Greg J. Kasza, Unearthing the Roots of Hard Science: A Program for Graduate Students, in Making political science matter: debating knowledge, research, and method, edited by Sanford F. Schram and Brian Caterino, New York University Press, 2006, pp. 222–233, here 232.

[2] Shelley Rigger, 2013, p. 166.

[3] Dryzek, John S., 2006.

[4] Shapiro, Ian, The Flight from Reality in the Human Sciences. Princeton University Press, 2005.

然，如何通过制度化的机制实现政治学不同分支学科之间的良性互动，从而推动政治学的健康发展，这仍然是一个需要探索的问题，世界政治学界在这个问题上也没有什么成熟的经验可言。放眼世界，政治学学科内部不同分支学科、不同研究领域之间的分离乃至隔绝仍是一种常态现象。①

2000年以来的这一新动向应该引起我们的关注。正如谢利·里格（Shelley Rigger）所指出的，这场改革运动所引发的讨论既痛苦，又有建设性，包括中国在内的全世界的政治学研究者都可以从中学到很多有用的东西，它至少表明，对于政治学这个学科如何发展而言，美国模式远非完美。②

四、学科传统之争与中国政治学的未来

梳理政治学学科中欧洲传统和美国传统的历史变迁，我们并非抱着隔岸观火的心态冷眼旁观，域外的纷争其实和我们自身当下的处境是息息相关的。政治学研究中欧洲传统从放逐到回归的历史轨迹对未来中国政治学的发展具有重要的启示意义：

第一个启示是，一定要注意保持不同分支学科、不同研究方法之间的平衡，防止中国政治学的"美国化"。

尽管现在在中国说这个话好像是杞人忧天，但是，如果考虑到今日中国的学术评价机制，这种担心可能不是多余的。近些年来，美国学术系统的组织逻辑和评价系统被移植到中国，论文数量和影响因子成为评价一个学者学术水平的标准，并将其与职称、工资等待遇关联起来。这一机制对于政治学等社会科学的负面影响可能比人文学科更大，因为人文学科总体来讲是一种阐释性研究，量化研究在其中属于边缘，我们很难想象在人文学科中会出现量化研究一统天下的局面。但是，在社会学、政治学等社会科学中，量化研究已经成为是否"科学"的一个标志。在这些学科中，一般来讲，从事基础理论研究的学者无论是研究经费还是产出都明显低于从事应用研究的学者。具体到政治学领域，从事政治哲学、政治思想史和政治史研究的学者，论文产量肯定大大低于

---

① 波特、罗斯，2008年，第282页。
② Shelley Rigger, 2013, p. 163.

中国政治学自主知识体系的建构：清华政治学系的探索

做量化研究的学者。但对他们的评价标准是一样的，在"数量为王"的机制作用下，就会产生"挤出效应"。如果再出现美国式的方法论歧视，政治学学科的人才培养和学科发展就会朝着畸形化的方向发展。

这绝非危言耸听。在美国，各个学校在录用新人和评职称时，与杂志采用文章一样，也存在方法论上的歧视，并已形成严重的后果。据《纽约时报》报道，"改革先生"的邮件寄出后，很快就有很多学者回信，反映他们的同事们因为不做定量研究而遭遇工作被拒、职称上不去、文章发不了等麻烦。在这种压力下，一部分学生退出这个学科，一部分学生被迫改变其研究方向，以适应形势，即使这种改变会牺牲其真正的研究兴趣甚至毫无现实意义也在所不惜。这种方法论的"紧箍咒"让政治学学科的发展出现结构性的不平衡，而且让政治研究与时代所面临的紧迫政治问题脱节。[1] 在美国各大高校的政治学系中，除少数学校之外，一般只有一到两名从事政治理论研究的教员。在政治学的专业杂志中，与政治哲学、政治思想史相关的杂志的影响因子也远远低于以实证研究为主的杂志。例如《政治理论》（*Political Theory*）可以说这个领域最好的杂志了，但是，其影响因子只有 0.576；在学界声誉颇好的《政治思想史》（*History of Political Thought*）杂志，甚至根本就进不了 SSCI。而以量化为主的杂志，随便挑一个，影响因子都是在 1.0 以上。例如《公共舆论季刊》（*Public Opinion Quarterly*），影响因子 1.75；《政治行为》（*Political Behavior*），影响因子 1.691。即便是政治学领域最大牌的杂志，也无法抵挡学术评价机制所带来的压力。前些年，在"改革先生"运动的压力下，《美国政治科学评论》（影响因子 3.688）进行了一定的调整，在文章的发表上注意扩大政治理论和质性研究的文章比例。但是，很快其影响因子就出现了下滑现象，在学科体制的约束下，它又向回摆，压缩政治理论和质性研究文章的空间。在这样的情况下，要想保持不同学科传统之间的平衡，促进学科内部不同分支学科之间的良性互动，谈何容易？里格就坦承，改革运动 8 年过去了，情况并没有什么好转。他真心地希望中国的政治学者们能找到办法，避免美国政治学曾经犯过的错误。[2]

---

[1] Shelley Rigger, 2013, pp. 165–166.
[2] Shelley Rigger, 2013, p. 166.

好消息是，中国目前尚未达到这种地步，在今天中国的政治学界，量化研究不是太多，而是太少，我们现在的任务是要加强量化研究。但在加强量化研究的同时，我们必须清醒地意识到量化研究的局限性。幸运的是，中国政治学研究的现状恰好是"改革先生"所倡导的方法论多元主义，尽管近些年有来自美国政治学的压力，但"改革先生"危机正好给中国政治学界上了一课，使政治学者们有勇气拒绝"科学化"的霸权，继续沿着方法论多元主义的道路前行，根据所研究的问题选择合适的方法。这一点在中国政治研究中尤为重要。量化研究的前提是要有数据，美国之所以量化研究极其发达就是因为定期选举和国会的投票等政治活动为量化研究提供了大量数据。但是，在中国最重要的政治过程往往是非正式的，研究者根本不可能获得任何数据。如果量化为王的话，中国政治中最重要的议题就会被排除在研究议程之外。①

本文的目的也不是要否定量化研究的重要性，而是希望能未雨绸缪，借鉴欧美国家的历史经验和教训，充分意识到量化研究的限度，以及割裂规范研究和实证研究的危害，力争避免美国化所可能产生的负面后果，保持政治学学科的平衡、健康发展。问题的关键在于，通过什么机制来实现这一点？这是我们思考未来中国政治学如何发展时无法回避的问题。

第二个启示是，必须超越方法论崇拜，回到问题本身，以"问题驱动"（problem-driven）而非"方法驱动"或"理论驱动"来展开研究。这似乎是老生常谈，但人们常常忘了这些常识，忘了方法是用来解决问题的，忘了理论是从现实问题出发对经验的抽象并解释现实问题的，从而让政治学研究陷入小和尚"认指为月"的窘境，使研究毫无现实指向。这一点对于中国政治学未来的发展尤为重要，中国的快速发展带来了大量的问题和挑战，为了回应这些挑战，需要包括政治学在内的社会科学对之进行诊断，并提出解决方案。如果我们缺乏明确的问题驱动的意识，而是沉溺于方法的精致和理论的抽象，我们很有可能会陷入"生活在别处"的幻境中而不自觉。反过来讲，只有回到问题本身，回到中国经验本身，我们才有可能不辜负历史和时代对我们的厚爱，从中国近 200 年，尤其是近 30 多年的丰富经验中形成自己的理论，形成自己的

---

① Shelley Rigger, 2013, pp. 168, 172.

中国政治学自主知识体系的建构：清华政治学系的探索

方法，并以此回馈国际政治学界，实现从纯粹的理论消费者到理论生产者的转变。

二 中国关照

中国政治学的转型：分化与定位

景跃进

一、中国政治学研究的三大转变

自学科恢复以来，中国政治学的知识进路深受海外比较政治学的影响，在理论、方法和学科设置等方面皆是如此。因此，欲理解中国政治学研究的演化脉络，一个很好的切入方式是考察一下新旧世纪交替前后比较政治学的基本变化。

在诸多变化中，与本文议题相关的主要是以下四个：（1）第三波民主化研究的关注点从竞争性选举转向"民主质量"以及对民主标准的重新思考，以作为对"劣质选举"的回应；（2）研究重点从"选举民主"转向"治理/善治"，重视国家能力的问题，以作为对"失败国家"的回应；（3）论述中心从"中国崩溃论"转向"威权韧性"，以作为对"中国崛起"的回应；（4）从第三波民主化的推手转向对自由民主制进行自我反思，以作为对2008年金融危机之后西方民粹政治的回应。

从知识发展的角度来看，这些反思和调适是研究范式在遭遇危机时通过更换保护带的方式来维护理论体系的内核。这种做法本身无可厚非，亦是学术研究中的常态反应。然而，毋庸置疑的是，这些调适在自由主义知识大厦的天花

中国政治学自主知识体系的建构：清华政治学系的探索

板上开了一个天窗。

对于中国政治研究而言，这个天窗具有天然的破坏性/创造性。因为对于西方主流理论而言，中国亦已成了一个难以处置的"例外"——在现有知识的棋盘上，没有安置它的格，不知道往哪里放；更准确地说，是放在哪儿都有问题。例如西方学者用来描述中国政治的术语可谓五花八门，诸如"威权+市场经济""列宁主义政党+市场经济""中国特色的资本主义""中国特色的社会主义""国家资本主义""威权主义"等，不一而足。在中国加入WTO组织十五年需要"转正"时，西方主要国家又不承认中国的市场经济国家地位。其间的矛盾和纠结令人颇为感慨。

在某种意义上，"重新认识中国政治"的命题便是在这一语境下生成的。尽管国内早有学者强调政治学研究的自主性，破除对西方教科书的迷信，但这一观念成为当下学人较为普遍的自觉意识，应当是二十世纪发生的事情。由此在中国政治学研究中出现了与比较政治学相呼应的有趣变化。作为政治学从业者，我们见证并亲身经历了这一转变过程——海外比较政治学研究中的"天窗"是如何转变为中国政治学研究的"大门"的。为了便于叙述，笔者将这些变化归结为以下三个类型：

1. 从模式套嵌转向本土研究

所谓"模式套嵌"就是将西方教科书中的概念和理论直接运用于中国；如果中国的经验现实与书本上的标准答案不同，那么需要改变的是中国的经验现实。当初不少学人（包括笔者）是基于这一理念来想象"政治体制改革"的。在某种程度上，"制度主义"在学界的广泛流行亦与此有关。

细究起来，这一理念隐含了三个重要假设：一是西方的自由民主价值是普世的；二是体现这些价值的制度形式是普世的；三是渐进改革就是以中国方式呈现这些普世的东西。第一个命题涉及政治哲学，第二个命题涉及政治科学，第三个命题涉及政策方法论。可见"模式"是一个包含了价值、理论、方法和政策建议的知识复合体。

从"模式套嵌"到本土研究的转变是如何发生的？从逻辑上说，有两个重要的转机：一是模式套嵌的失败后果所引发的反思；二是在模式之外采用其他方法却取得了意外成功。对于中国学者来说,有幸同时拥有两者:苏联的崩溃和中国改革开放的成功从正反两个方面提供了转变的契机。

转向本土的经验研究意味着从问题出发,而不是从教科书上的理论出发。出发点的置换带来了相应的变化:现实世界从启蒙和批判的对象转化为客观的研究对象,与此同时研究方法的重心也开始从演绎法走向归纳法。当然,这一转变并不意味着理论不重要或启蒙失去了价值,毋宁是指,理论不是凌驾于现实的抽象物,必须在理论与实践的互动中来实现理论的指导价值,并且在解决现实问题的过程中来实现理论自身的发展。这一背景为学界倡导的中国政治学研究本土化提供了丰沛的养料。

2. 从病理分析转向生理分析

"模式套嵌"的缺陷有助于引导人们转向本土的经验研究,然而不能将中国政治的经验分析归因于"模式套嵌"的结果。事实上,经验分析具有自身的独立起源。逻辑而言,任何关于改革的话语都必须以某种形式的现实分析作为前提,中国政治体制改革亦是如此。邓小平在1980年8月18日中央政治局扩大会议上的讲话,为我们提供了一个经典事例。在这篇讲话中,邓小平系统地梳理了既有体制所存在的各种弊端。这一讲话为后来中共十三大报告提出的政治体制改革方案奠定了理论基础。在当时的氛围下,学界做了很多的相关研究,涉及历史、现实和比较等不同维度。

以今天的眼光来看,这些经验维度的描述和研究大致可归为"病理分析"。因为有病,所以要医。在这个意义上,没有病理分析就没有改革。如何改革?思想解放运动提供了答案:打破封闭,开放视野,学习西方,大胆借鉴全人类的文明成果。由于当时中西之间的落差比较大,学者的认识相对简单,眼中看到的更多是自身的缺陷,不能用今日之心态来看待当时的处境。

改革开放的成功为人们提供了理解中国政治的新视角,病理分析也缘此而转化为生理分析。此处的"生理分析"是一个借用,包含两层意思:第一,既有体制适合中国国情,是一个正常躯体(政体),而不是对常态政体的畸形偏离;第二,既有体制确实存在诸多的缺陷,需要进行病理分析,但是它也有自身的强项,用制度话语来说,具有比较意义上的体制优势,诸如长期战略规划、全局统筹、集中资源、强大的执行力、学习和适应能力……，它们是中国参与全球竞争的看家本领。

体制或制度分析给我们出的一个难题是，所谓的体制优点或体制缺陷常常是一个硬币的两面，无法分离。体制运行的结果究竟是好还是坏，并不直接取决于体制本身，在很大程度上，取决于环境和对体制及具体制度和机制的利用。在这个意义上，所谓"生理分析"表达了这样一个观点：必须认真对待我们生活在其中的这个体制。可见，生理分析与病理分析的差别不但在于两者看到了不同的东西，更为重要的是，它们与不同的心理机制相关——生理分析奠立在自信的基础之上。

研究立场的转换为中国政治研究开放了新的分析空间，一个不同的世界呈现在人们的眼前。研究议题的设置有了新的启动程序：一些老的议题退出了舞台，而新的议程进入了中心领域。例如中国共产党成为中国政治的研究核心——这是"将党带回来"所表达的含义；而民主化的"体制转型"思维则为"体制演化"／"体制优化"所取代。曾被"终结"的历史被打开了，而对未来所秉持的开放态度同时也意味着对传统的再评估。作为对制度主义的一个回应和超越，"将文化带回来"是学术演化进程的一个逻辑之果——从文明的角度来考察中国政治。

3. 从西方话语的搬运工转向理论建构的探索者

在中国政治学的恢复和初期发展阶段，对西学的翻译、引介和阐释是一项非常重要的工作。这项工作的意义不应低估，其价值至今依然。但需要反思的是，人们在运用这些知识——无论是作为启蒙和批判的武器，还是作为设定改革目标的依据——的同时，却缺乏或失去对西学知识本身的批判精神。教条主义思维之所以可能，是因为人们将某种理论奉为绝对真理和普遍真理，所谓放之四海而皆准，需要做的只是测量、对照、改造以及对标。依据现代化的流行理论，现代性是一元的，只此一家，并无分店；只能加盟，不能别号开张。

所谓"中国道路"意味着在西方自由民主制之外，探索一条具有中国特色的现代政治发展之路。如果说本土化研究强调的是"必须认真对待中国政治"，那么理论建构的任务则提出了进一步的要求："必须认真对待中国道路"！这一研究要求学者反思比较政治学的知识基础、质疑演绎的前提、审视熟知的概念、挑战流行的观点、修正重要的命题,甚至重构理论体系。这是一种在不同脉络内从事知识生产的探险活动。不难辨识,关于中国道路的声称在本质上是主张进行一场学术界的范式革命。

如果坚信中国道路能够走通,相信历史会给出证明,那么相应的理论建构应在两个层次展开。第一个层次是在与自由主义的对话中,建构一个并列的、能够展示和提炼中国特色的政治学理论。在这一层面,西方经验与中国经验的逻辑地位是并列的,它们以各自的方式走出了现代化的不同道路,建构了多元现代性。第二层次是超越中西经验,在两者之上建构一个具有包容性和普遍性的一般理论。在这个普遍理论中,西方现代化和中国现代化都是它的亚类型。从工程学的意义上看,我们必须把原来西方理论所主张的普遍性进行分解,其中的一部分降低为地方性,另一部分则具有普遍性,可转化为重构普遍性的要素。对于中国经验可做同样处理。需要强调的是,所谓"中国特色"并不是说中国经验缺乏普遍性。对"中国特色"的正确理解应当是:在实践层面,它意味着拒绝照搬西方模式,坚持走中国道路;在理论层面,它意味着中国经验是普遍性与特殊性的结合。

二、重置中国政治学的逻辑起点:将政治共同体带回来

在关注中国政治学变化的同时,也要记住一个基本事实:变化的发生是不平衡的。有变的,自然也有不变的。变与不变共存于一个学术共同体,形成了一个多元的学科格局。从客观情势来看,中国政治学界的这一多维分化局面还会持续相当的时间。

如何将多元分歧转化为推进学术发展的动力,而不是导致分裂的渊薮?这是身处学术共同体中的每个研究者都必须正视的一个重大问题。

就已有的学术经历而言,中国政治学的知识现状是导致问题的根源,而不是解决问题的方案。制度主义在政治学中的广泛流行折射出人们思考中国政治的一个重要前景:体制问题(政体问题)既是政治学研究的逻辑起点,也是政

中国政治学自主知识体系的建构：清华政治学系的探索

治体制改革的命门所在。从前节的分析中可以引出一个判断，只要滞留在制度层面，根本性的分歧就难以消解。在一个分化的世界中，要超越分歧、谋求共识就必须寻找一个更高的平台。为此，我们有必要回到中国政治学的起始点，回到政治学的缘起之地。

众所周知，现代社会科学（包括政治学）是在民族国家的苗圃里生长和发展起来的。详细考察这一进程非本文篇幅所能容，亦超出笔者的能力所及。这里有两点需要特别强调：第一，民族国家在欧洲源起于中世纪的封建制，先是发展出了绝对主义国家，所谓的领土国家和主权国家，其后形成了民族国家，最后登台的是民主国家，其发展过程就像制作夹心巧克力，层层包裹，渐次递进。这一特点意味着政治共同体（国家）对于政治学研究来说，是一个不言而喻的前提，是一个默认的活动舞台。一如戏剧，人们关注和欣赏的是演员的表演而不是背景与舞台。自由主义政治学将国家视为必要之恶，关注如何制约公权力和保障公民权利。这种理论和制度实践之所以可能，是因为有坚实的政治共同体作为基础。基于同样的理由，我们也可以理解，一旦政治共同体出现问题——不再处于缺省状态时，亨廷顿是如何用《我们是谁：美国国家特性面临的挑战》来"弥补""修正"《美国政治：激荡于理想与现实之间》的，尽管美国的国家建构过程非常不同于欧洲。第二，西方各国的"民族—国家"建构过程是不平衡的。通常情况下，后发国家会面临政治共同体（国家统一）的问题。这帮助我们理解为何政治学曾以国家学的形式出现于德国，相比之下，居于优势地位的先发国家可用更多的精力来考虑政府（政体）问题。

当近代中国面对西方民族国家的挑战，又不得不学习西方时，遭遇了两个"前所未有"：一是在中国历史的脉络内，这是一场千年未有之大变局；二是在中西文化的交汇中，中国现代化面临了（作为参照系的）西方文明未曾有过的大难题。这两个前所未有的"里应外合"，相互强化。对于难题之解而言，可谓雪上添霜。

具体来说，这个大难题可从两个方面来考量：第一，中华体系与西方以民族国家为基础形成的国际体系之间存在着本质性的差异。从外交礼仪、贸易施压到军事战争，中西两种秩序之间的冲突最终导致朝贡体系的崩溃，中国不得不以西方民族国家的样式来打扮自己。在这一过程中，如何避免帝国转型时普遍面临的解体命运,将一个领土完整的中国带入现代世界,成为一个非常严峻的、长期性的挑战。用政治学专业术语来说,近代中国遭遇了政治共同体的再造问题。如上所述,西方政治学关于政治共同体的思考以民族国家为蓝本,将这一蓝本运用于中华民族时,它成为一柄兼具建构与解构双重功能的利剑。在这个意义上,二十世纪初"中华民族"概念的出场可谓一个伟大的发明,也是一个古老文明面对西方民族国家挑战时做出的一个充满智慧的回应。

第二,在寻求不断失败的原因时,中国知识分子逐渐超越了技术和经济的考量,切入了制度(国体—政体)和文化层面,并最终将限制公权力和保障公民权利的议题纳入政治发展的议事日程。中国近现代历史遂展现了一幅悲怆而多彩的画卷:君主立宪与共和革命、总统制与议会内阁制、复辟与反复辟、府院之争与军阀混战、五四新文化运动……在这一过程中,与西方民族国家的建构经历相类似,战争(无论是对外的抗日战争,还是各种形式的国内战争)对于国家建设发挥了非常重要的作用,最终国共两党以不同的方式选择了党国体制。

正是在这一历史进程中,政治共同体、国体和政体三者之间的张力逐渐显见。学界曾以"救亡压倒启蒙"的方式表达了对这种张力的认识。从学理上说,政治共同体的转型或建构将人们的注意力引向国家政权,倾向于强调集权的重要性;而基于个人主义的自由民主之追求,构成了相反的实践努力,两者之间形成了一种对冲。如果有足够的时间,并在时间的序列中分别解决问题——首先夯实政治共同体的基础,然后逐渐发展各种公民权利并加以制度化,那么逻辑上的矛盾便可能在实践中得到颇为有效的化解——这正是西方国家走过的政治发展道路。然而,作为后发现代化国家中的一员,中国没有这样的时间差可打。西方国家在历时中解决的不同问题,在中国同时登场,这是后来者不得不承受的发展压力和历史命运。

一个半世纪过去了,今日之中国依然面临同样的难题,当然是在新的环境和条件下面临老问题。这一事实表明,这个问题对于中国政治现代化事业具有某种根本性,因此有必要对其进行某种形式的理论建构。为了便于叙述和理解,我们用命题的方式来加以呈现:

中国政治学自主知识体系的建构：清华政治学系的探索

1. 目标

如何在政治共同体的维系—稳固与公民政治权利的发展之间实现一种相互促进的双赢关系。

2. 难题

（1）到目前为止，维持中国大一统（政治共同体）的有效方式是集权体制（这不是一个贬义概念）。在某种程度上可以说，集权体制是大一统政治共同体的标配制度。从"周—秦—汉"大一统迄今，朝代在变，国体在变，政体在变，但集权逻辑一以贯之，维系如常。

（2）集权体制意味着对西式民主政治（多党竞争）的排斥。反过来说，西方民主政治对于中国而言是一帖解剂，这种解构不但是针对既有政体的，也是针对这个政治共同体的。

（3）在目前为止，在发展公民权利方面，西方开出的方子是实行自由民主制。

（4）政治共同体的"维系—发展"与西式公民权利（民主政治）之间存在某种互斥关系，这种互斥性无法通过各自的调适而加以排除，因而是结构性的。

上面四个子命题将政治共同体的维系与集权体制联系起来，通过西式民主政体与集权体制的对立，凸显西方民主对中国政治共同体的结构性威胁。这种表述看上去颇为极端，但切中了中国政治发展的天生难题。所谓"天生"是指这一难题是历史或祖先留下的，不是我们能选择的，一如无法选择父母；所谓"难题"在此具化语境中可以表述为政治共同体的维系与（西式）公民个体自由两种价值之间存在着难以克服的紧张。

至此，我们对前面所述的两个"前所未有"有了新的理解：西方政治现代化的经验无法解决中国的问题，中国必须找到适合自身的政治发展道路。

鱼和熊掌难以兼得，但选择必须做出。这一选择构成了新的命题：

3. 方案：政治共同体具有优先性

政治共同体是前提也是基础，一切政治活动都是在政治共同体这个空间平台上进行的。全球化在一定程度上削弱了国家主权，但是国家主权的优先位置并未动摇（对于大国来说尤其如此）。在中国语境下，这个问题尤为显著，因为在世界文明体中，中国是唯一一个文明香火没有中断的国家，政治共同体的大一统观念深入人心，融于血脉。正是这一点将政治共同体的存在和维系转化为中国人特有的一种价值，所谓"家国情怀"。如果价值可以排序，那么在价值等级中政治共同体应当占据最高的位置，所谓"国家的统一是最大的善"。作为这一命题的反向表达，中国政治现代化不能以牺牲政治共同体（国家分裂）为代价。

强调"将政治共同体带回来"并置于优先位置，除了上面所述的理由之外还有政治学自身的逻辑考量。大致而言，政治学的研究对象可以区分为五个层次，政治共同体、国体/政体、政府、领导人、公共政策。所谓"政治是一门艺术"这一短语的完整表达应该是："政治是一门处理观念/利益分歧的艺术。"通常而言，层次越低，利益因素越重，也越容易变化。层次越高，观念的因素越重，变化不宜（易），但只要发生就是天翻地覆的事情。例如当分歧发生在下面三个层次时，通常可以通过更换政府和领导人及政策调节来缓和矛盾。所谓的"长治久安"不应理解为没有矛盾和冲突，而是存在解决这些矛盾和冲突的制度与机制。如果分歧发生在政体层面，一般意义上的政府更替无法回应这一挑战，必须通过革命的方式或具有革命意义的改良方式来实现政体转型。如果在政治共同体层面发生分歧，则意味着认同的分裂，这是最高层次的分歧，也是最为严重的分歧，处置不当会导致国家的分裂。

4. 平衡：在政治共同体原则优先的前提下，充分发展公民权利

如果说现代政治的核心是利益平衡，那么中国政治学有必要将这一艺术用诸自身，在国体、政体和政治共同体"三位一体"的架构中来展开学术思考。在国体问题上，坚持人民主权，坚持共和国本；在政体问题上，坚持党领导下的人民代表大会制度和"多党合作—政治协商"制度，鼓励多种形式的公民政治参与，有序发展公民权利；在政治共同体问题上，一定要意识到，中国共产党是政治共同体的现代凝结剂，坚持多元一体，尊重少数民族，增强中华民族意识，维护国家统一。

因此，对于中国政治学者而言，建构一门具有中国特色的政治学是对历史

中国政治学自主知识体系的建构：清华政治学系的探索

文明的当代承担。这一使命基于学术发展的内在之需，具有历史和逻辑相统一的动力机制。比较政治学的基本原理有必要根据"三位一体"的分析框架进行调适，以适合中国的国情。譬如，在三体政治学的分析框架中，政治合法性并不只是"政体—国体"的问题，也是政治共同体的问题。将政治合法性等值于竞争性选举的做法反映了西方政治现代化的经验，但不能用来作为评判中国政治发展的标准。在这种情况下，如何发展新的理论阐释是对中国政治学者的最大挑战。

在一个分化的学科格局中，中国政治学研究中的不同取向或许可以在这一框架中找到自身的位置并发挥相应的功能。既要保有本位意识（政治共同体），又要充分发展公民权利；既要避免极端的国家主义，也要避免极端的个人主义。如果说中庸之道是中华文明的精髓，那么如何平衡上述张力既是中国政治现代化的题中应有之义，也应是中国政治学发展的基本方向。

寻找中国的位置：70年中国政治学国家主题的显隐

任剑涛

中国现代政治学始自晚清，成熟于民国，再造于中华人民共和国。中华人民共和国对中国政治学的再造，既秉承了百余年来政治学致力推动"中国式"现代化的大旨，也走过了自己探问"现代中国"的曲折历程。70年中国政治学以此形成了自己不同时期的特殊主题。基于不同主题之间的转换，构成一部当代中国的政治学史。这里的主题转换，有两个基本指向，一是政治学基本概念如民主、法治等的转变，二是政治学背景主题如"国家—国际"的转变。涉及第一类主题转变的论述甚多，关于第二类主题转变的相关论述较少。显然，围绕第二类主题转变的论述所具有的重要性，绝对不亚于第一类主题。当代中国政治学在国际话语与国家话语之间确立的政治学主题，不仅关系到中国的现代国家定位问题，也涉及中国政治学理论建构中自我意识的成熟度问题。70年之间，中国的国家话语经历了隐匿与彰显的两个循环，这是与国家建构的硬软实力状态完全呼应的情形。

中国政治学自主知识体系的建构：清华政治学系的探索

一、先声：中国政治学的"中国性"

就现代分科学术而言，中国政治学的兴起，与两个因素有密切关系：一是中国现代转型需要政治学的理论支持，因此促使政治学介入中国的政治转型，因之也促成了中国现代政治学的创生。二是在比较文化的局面中，中国人自觉运用西方国家的政治学知识"整理国故"，以中国政治思想史的研究推进中国现代政治学的确立。前者是一个实践需要而促进理论建构的问题，属于社会政治史与政治学互动关系要考察的论题；后者是一个现代政治学知识建构的专门问题，属于直接推动中国政治学知识建构的尝试。

从现代知识视角看，可以说最早从事中国政治思想史研究的名家梁启超对之已经有相当明确的表达："人类全体文化，从初发育之日起截止西历十五六世纪以前，我国所产者，视全世界之任何部分，皆无逊色。虽然，我国文化发展之途径，与世界任何部分皆殊其趋。故如希伯来人、印度人之超现实的热烈宗教观念，我无有也；如希腊人、日耳曼人之冥想的形而上学，我虽有之而不昌；如近代欧洲之纯客观的科学，我益微微不足道。然则中国在全人类文化史中尚能占一位置耶？曰能。中国学术，以研究人类现实生活之理法为中心，古今思想家皆集中精力于此方面之各种问题。以今语道之，即人生哲学及政治哲学所包含之诸问题是也。盖无论何时代何宗派之著述，未尝不归结于此点。坐是之故，吾国人对于此方面诸问题之解答，往往有独到之处，为世界任何部分所莫能逮。"[①] 这中间的关键意思有三层：其一，作为一个文化体系而言，中国文化与世界上所有其他文化体系处在同样应受尊重的位置；其二，中国文化具有不同于世界其他主要文化体系的特点，那就是擅长于思考人生与政治问题；其三，中国文化所擅长思考的人生与政治问题，在学科归宿上属于人生哲学和政治哲学。不过，这是"以今语道之"的结果，而不是古已有之的思想表达形式。由此可以说，中国政治学的致思建构，是以西方现代学术体系为知识依托

---

① 梁启超：《先秦政治思想史》，东方出版社1996年版，第1页。

进行转述的产物。

这样的断定，可以说是从事中国政治思想史研究的学者们的一种共识。萧公权在写作《中国政治思想史》的时候，也毫不讳言地指出，"本书采政治学之观点，用历史之方法，略述晚周以来二千五百年间政治思想之大概"。[①] 萧公权在具体论述中也随时随地在中西比较中立论，以此呈现中国政治思想漫长历程中重要思想家及其学说的特点。在这里，之所以将中国政治思想史作为诸政治学科的代表性学科特别提出来讨论，就是因为这一学科对兴起中的中国现代政治学之展现"中国性"特质上具有特殊意义：政治学需要在其中国的历史演进中呈现它的国际趋同性与国家独特性，以彰显政治学研究的本土化目的，也就是建构"中国的"政治学的理论鹄的。

政治学是始自古希腊的西方分科学术。[②] 柏拉图的《理想国》、亚里士多德的《政治学》是奠基性著作。与古希腊文明同时出现的其他文明，也有丰富的政治思想，但都没有直接命名为"政治学"的学说体系。就此而言，中国政治学作为舶来的分科学术，与所有非希腊地区的广大区域处境相同。直至晚清，中国才有了命名为"政治学"的学术活动，以及相应的学术作品。这是与晚清中国的社会政治转型史直接联系在一起的。政治学进入中国的大致历程是，"十九世纪中叶洋务运动兴起时，中国人通过洋务派的鼓吹、宣传，开始对西方的政治思想和政治制度有些了解。但是通过译书、著书、杂志、报刊大规模把西方的国家学说、契约论、三权分立、民主、自由、天赋人权等理念和议会、政党等国家制度介绍到中国来的，则是清末维新运动时的事。当时维新运动的代表人物康有为、梁启超、严复等，都在这方面做过不少工作。严复因曾留学英国，故译、著尤多。戊戌变法，虽以六君子遇难而告终，但兴学堂、开书局、办报纸的维新风气，却不可遏止"。随着西方现代政治学的勃兴，"中国维新之士，也就及时地翻译过来在中国传播。据统计，从1901年到1904年间，中国翻印出版西方政治学的专著就有66本之多。其中，美国伯盖斯所

---

① 萧公权：《中国政治思想史》，辽宁教育出版社1998年版，凡例。
② 萨拜因指出，政治理论"是指对政治问题所做的'受过规训的'探究 (the disciplined investigation)；据此，我们所说的政治理论乃是在一个特定的地区（即我们今天称之为希腊的古希腊人居住地）并在一个较为具体的时间（即在公元前五世纪期间）被创建起来的"。萨拜因：《政治学说史》上册，邓正来译，上海人民出版社2008年版，第12页。

中国政治学自主知识体系的建构：清华政治学系的探索

著《政治学》就有'译书汇编'社(1900年)和上海作新社(1902年)两种中译本；德国那特硁所著《政治学》，也有上海广智书局(1902年)和上海商务印书馆(1904年)两种中译本。此外，还有英国赖烈的《政治原论》，美国威尔逊的《政治泛论》，日本小野冢喜平次的《政治学大纲》，以及日本浮田和民的《政治学史》，等等"①。可见，自晚清传入中国的现代政治学，明显具有双重指向：首先是为中国的现代转型提供政治理论支持，其次是为政治学作为一门独立学科供给学术资源。这就注定了刚刚兴起的中国政治学必须面对中国社会实际需要时，同时为中国政治学的理论创制开辟进路。这是此后中国现代政治学呈现出来的实践应用与理论建构双重关注的基本学术风格。

在民国阶段，中国政治学的发展令人瞩目。一方面，一批政治学专著出版，并引起较大社会反响。如张慰慈的《政治学大纲》、高一涵的《政治学纲要》、邓初民的《新政治学大纲》、钱端升的《中国政府》、萧公权的《中国政治思想史》和浦薛凤的《西洋近代政治思潮》，等等。另一方面，大学中设置的政治学专业院系数量明显增多，高峰时期达到四十几所。再一方面，政治学界成立了自己的学术组织，会员达到140余人，其中不乏社会知名人士，尤其不乏奠立中国现代政治学学术研究基础的知名学者。② 但从总体上讲，由于现代政治学传入中国不久，民国时期的政治学在学术研究与实践运用上具有明显的局限性。"当时在政治学的教学与研究中，存在着两个问题：第一，介绍西方的研究成果多，对中国问题研究较少，特别是研究中国现实政治问题的就更少；第二，培养出来的学生，除去极少数幸运者毕业后有机会出国深造，回来在大学找个教职教政治学外，其余大部分在政治学的教学与研究方面找工作非常困难。"③ 如果说后一方面的问题表明政治学的中国社会需求有限的话，那么前一方面直接显现出中国政治学学科品质的有待提高。因为按照亚里士多德的学科类型划分，政治学不是理论科学，而是实践科学，它必须与其理论所依托的社会经验紧密结合，否则就失去了落地生根的肥沃土壤。在晚清民国阶段，由于政治学的"中国性"远远弱于它的"国际性"，因此，中国政治学的发育

---

① 赵宝煦："中国政治学百年历程"，载《东南学术》2000年第2期。
② 同①。
③ 同①。

不能不说是不太健全的：就现代国家来讲，与国家建构相适应的政治学话语，应当是一种国际话语与国家话语相对平衡的状态，这样才能既回应国家发展的政治学需求，又符合国际话语建构的对话需要。就此解决国内成员的国家认同和国际社会的承认两大国家建构基本问题。但论者指陈这一时期中国政治学的特点，显然处在转述国际政治学话语的状态，政治学的"中国"完全隐匿在国际通行的政治学话语的背后。

从十九世纪中期到二十世纪中期，百年左右的时间，中国经历了三个政治体的连续更迭。在这一期间，政治学的中国理论发展与政治学的中国实践需要之间是显著疏离的。这是几个因素所注定的结果：一是政治学作为舶来品，本身确实需要大量引进西方政治学的著作，以确立它的学术基础。在这方面，由于中国政治学学术著作的引进比较偏狭，主要限于介绍性著作，尤其是限于教材的引入与再加工，因此研究的总体水平不高当属必然。像钱端升那一代获得美国政治学博士学位的学者，又主要从事行政学的研究，颇有些带偏中国政治学发展方向的遗憾。因此，政治学研究很难切近中国现代转型的急迫需要。二是中国社会政治变迁的急骤性，让政治学研究者完全来不及为之提供理论支持或有效论证，因此，几乎处在"临阵磨枪"的研究状态，政治学研究者几乎都是急急忙忙将西方政治学某一著作或论断拿来应对中国政局的政治学需要。无论是严复一生从译述西方政治学转向推崇早期蔑视的中国传统，还是储安平时政评论中的拉斯基影响，都表明中国政治学缺乏理论建构的能力与因应实践需要的从容。三是中国政治学的思想市场很不健全，政治思想探究受制于政治权力的走向。晚清阶段，清政府对立宪改革的虚与委蛇，让现代政体理论与实践的中国接引迅疾夭折。民国时期，由于蒋介石本人左打苏联，右打美国，声称要走出一条以礼义廉耻治国的中国式道路，①这就让引进的西方政治学与苏俄政治学都处于不受权力待见的尴尬状态。尽管蒋介石声称中国的现代建国仍然遵循孙中山的军政、训政到宪政的进路，似乎旨在彰显中国特性，但论证粗疏，尤其是失于中国性与国际性的平衡。加之这种来自国家权力方面的政治学话语与理论界的学术话语疏离，让所有政治学理论处于一个缺乏有效思想争论

---

① 马勇："中国之命运：基于思想史的解读"，载《北京党史》2016年第2期。

的窘境，因此无法获得有力论证自己思想的氛围条件。如果说在晚清民国这一个大的历史阶段，中国政治学完全没有呈现出鲜明的"中国性"，或者说完全处在一个在万国政治学话语之间摸索"中国性"的状态，那绝对是一个符合中国政治学发展实际的结论。从总体上讲，中国政治学关于中国的国家话语建构被外国同行提供的通行国际话语所遮蔽，或者说前者隐匿于后者之中。

二、"向苏联一边倒"：国际话语碾压国家话语

1949 年中国共产党建政以后，处在执政位置的政党领袖依据自己对国内外局势的判断，确立了"向苏联一边倒"的国际政策。这一政策，直白表述出来的只是其中一个方面，另一个方面则略而未表：中国在向苏联一边绝对倾倒的同时，拒绝与美国有任何外交往来。这是一个对中国政治学发展具有决定性影响的政策定势。

在中国，从古至今，政治倾向一直决定着政治思考倾向。春秋战国阶段，由于诸侯蜂起，战乱频仍，因此诸子峰起，百家争鸣。到了秦朝，秦统治者确立起"大一统"的政治制度，因此采取"焚书坑儒"的统一思想举措，一举葬送百家争鸣局面。到了汉武帝时期，董仲舒建议的"黜抑百家，推明孔丘"成为国策，因此诸家退隐而儒家独兴。由此形成中国政治权力状态决定中国政治思考情形的思想定势。晚清变法局面的权力塑造局面，决定了变法与立宪思潮的低下效用。民国时期，让不同政治思想之间的相互碰撞成为一件格外奢侈的事情。

自 1949 年以后，中国政治思想面对的这一局面照旧。当建政者决定"向苏联一边倒"时，便使中国在改革开放前的政治学研究，总体上呈现出模仿苏联政治学—法学的特征。这可以从两个方面来看：一者，从政治学这门学科的发展史来看，1952 年院系调整之后，就被取消掉了。政治学长期只能以政治时事或思想政治教育的面目继续发挥作用。二者，从政治学被取消的理由上看，具有政治与学术的两种缘由。但两种缘由都与国家权力的取向紧密相关。从学术角度看，"苏联当时没有政治学系，并不是所谓社会主义国家的独创。有些欧洲大陆国家也是如此。许多政治学问题在苏联不是不研究，而是他们把

国家问题都放到法学中去了。因此，苏联大学的法律系，实际上包括了政治系的内容。例如他们法律系有'国家与法的理论'、'国家与法的历史'等课程，把国家与法律放在一起讲。此外，他们的国际法、政治思想史等课程也在法律系中开设"①。这是一种学科设置的理念对政治学取消发挥作用的结果。从政治的角度看，作为国家意识形态的马克思主义，主要是一种关切政治，尤其是革命政治的理论形态，但同时又是支撑国家权力运作的政治观念体系。相比而言，马克思主义政治学的主要成就是组织人民群众起来革命，在夺取政权的政治理论建构上成就突出，相形在建构国家新机制的政治理论建构上尚存不足。因此，接掌政权的现实政治处境，让执政的马克思主义政党忙于应对执掌国家权力的政治问题，而无暇应对相应的政治理论建构任务。因此中国的政治理论思考也就呈现出紧张应对实际社会政治问题，而较少展现纯粹政治理论思考的兴趣的特点。这种政治思考的实用取向，也妨碍政治学理论的专深研究。

"向苏联一边倒"的政策，就此发挥出双重功能：不仅可以解决新生中国政权的权力依托与国家安全问题，而且可以为中国输入支撑国家权力体系的现成理论。正如毛泽东在建政前夜所明确指出的："中国革命的理论和实践，在中国共产党领导之下，都大大地向前发展了，根本上变换了中国的面目。到现在为止，中国人民已经取得的主要的和基本的经验，就是这两件事：（一）在国内，唤起民众。这就是团结工人阶级、农民阶级、城市小资产阶级和民族资产阶级，在工人阶级领导之下，结成国内的统一战线，并由此发展到建立工人阶级领导的以工农联盟为基础的人民民主专政的国家；（二）在国外，联合世界上以平等待我的民族和各国人民，共同奋斗。这就是联合苏联，联合各人民民主国家，联合其他各国的无产阶级和广大人民，结成国际的统一战线。'你们一边倒。'正是这样。一边倒，是孙中山的四十年经验和共产党的二十八年经验教给我们的，深知欲达到胜利和巩固胜利，必须一边倒。积四十年和二十八年的经验，中国人不是倒向帝国主义一边，就是倒向社会主义一边，绝无例外。骑墙是不行的，第三条道路是没有的。我们反对倒向帝国主义一边的蒋介石反动派，我们也反对第三条道路的幻想。"② 可见，处在建政可期的位置

---

① 赵宝煦："中国政治学百年历程"。
② 毛泽东："论人民民主专政"，载《毛泽东选集》，第四卷，人民出版社1991年版。

中国政治学自主知识体系的建构：清华政治学系的探索

上，"向苏联一边倒"的国策之所以确立起来，具有国外与国内两种缘由：从国外看，正是由于苏联社会主义的成功，为中国树立了学习的榜样，中国必须决绝地走苏联的道路。从国内看，动员工农结成统一战线并建立人民民主专政，其实也是走苏联道路的产物。"总结我们的经验，集中到一点，就是工人阶级（经过共产党）领导的以工农联盟为基础的人民民主专政。这个专政必须和国际革命力量团结一致。这就是我们的公式，这就是我们的主要经验，这就是我们的主要纲领。"[①] 这是一种由国际话语建构国家话语，从国际经验凸显中国道路的归纳总结。

在预估未来的时候，毛泽东也以苏联的经验表达了中国共产党建设国家的信心。"苏联共产党人开头也有一些人不大会办经济，帝国主义者也曾等待过他们的失败。但是苏联共产党是胜利了，在列宁和斯大林领导之下，他们不但会革命，也会建设。他们已经建设起来了一个伟大的光辉灿烂的社会主义国家。苏联共产党就是我们的最好的先生，我们必须向他们学习。"[②] 确认苏联"先生"的地位，也就等于确立了中国的"学生"位置。由此也就等于确定了中国共产党建政以后的政治理论表述方略：苏联是先行者，中国是跟随者。因此，中国对苏联的政治理论建构的关系，就成为一种前者对后者的亦步亦趋关系。这不仅从前述政治学学科的废立上可以得到印证，也可以从改革开放以前中国的政治理论话语，总体上一直受制于苏联相关话语的定势上得到证明。众所周知，即使在二十世纪六十年代中期中苏彻底决裂之后，这样的状态也没有出现过结构性改变：这不仅从政党—国家意识形态及其表述的相近性上呈现出来，而且也从政治理论话语的格式化表达如"马克思恩格斯列宁斯大林"论种种问题的语式上体现出来，并且在政治理论或思想政治话语建构与高等教育体系上也一直受苏联模式的深刻影响。

悉心仿效苏联，对中国新政权的政治理论建构来讲，既是基于经验上的必须仰赖，也是取决于意识形态的内在一致，还是因为国际关系政策倾向的必然定势，更是因为政治运思中的国际考量碾压国家话语的注定结果。衡诸现实，"向苏联一边倒"的政策其实具有结构上的两面性：一面是倾心仿效苏联的政

---

① 毛泽东："论人民民主专政"，载《毛泽东选集》，第四卷，人民出版社1991年版。
② 同①。

治理念与政策取向,一面是从中摸索中国建构社会主义国家的道路。但两者之间具有明显的张力:以苏联政治理论话语及其制度进路为代表的国际话语,与探索中国自己的国家建设进路,有一种到底是唯苏联马首是瞻,还是逐渐脱离苏联模式而挺立中国独特性的分途可能。

中国与苏联的分道扬镳,向世人表明,中国并不愿意臣服于苏联的意识形态权威与制度模式,中国试图维护自己国家的自主性与独特性。循此思路,在政治理论上,当时的中国领导人坚定地认为,中国才代表了国际共产主义的正确路线。就此而言,中苏论战中方的"九评",[①] 充分显示出中方在共产主义意识形态上不再接受苏联领导地位的立场。不宁唯是,中国党政领袖直接主导的"九评",在总的政治意识形态评价上,已经将苏联钉在了修正主义的耻辱柱上。这是一种中国自认具有马克思主义正统思想与领导地位的正式宣示。同时,中国党政领袖也认定,苏联进行的经济模式改革,以及后来与西方发达国家展开的缓和努力,都是对社会主义事业的背叛,都是必须在国际共产主义运动的世界方向上严厉拒斥的做派。中苏的意识形态与制度建构之争,让中国在态度上明确拒绝接受苏联的国际共产主义领导权。这是对中国建构独立自主国家在政治理念上的一次明确且系统的表达,是民族主义的国家话语以国际话语的形式进行的一次完整表达。"在反对赫鲁晓夫大国沙文主义的斗争中,人们透过当年毛泽东气吞山河的激烈言辞,看到的是他在外来威压面前,威武不屈的民族英雄主义气概,这是值得肯定和自豪的。"[②] 可见,将"九评"放置在改革开放前中国政治理念史的角度看,乃是一次民族主义的国家话语对曾经绝对主导中国发展的国际主义的霸权话语的决绝告别。

但是中苏的决裂并没有促成真正反映中国现代政治发展的民族性、国家化与原创性政治学话语。在中苏分裂基础上浮现出来的中国政治理论,是极"左"的"无产阶级专政下继续革命的理论",这不过是苏联斯大林时期政治话

---

① 萧枫写道:"邓小平在如何对待这场'大论战'问题上的基本思想和观点是非常明确的。这就是:'大论战'实际上包括了两个不同性质的问题,一个是党和国家关系上反对'老子党'和'指挥棒'的问题;一个是意识形态上的争论问题,即'九评'所争论的什么是马克思主义、什么是修正主义等这类问题。邓小平认为,在前一问题上我们是对的;在后一问题,即意识形态争论问题上,'双方都讲了许多空话,今后不能再搞了。'"萧枫:'如何看待中苏论战与'九评'问题",载《学习时报》2013 年 10 月 28 日。

② 萧枫:"如何看待中苏论战与'九评'问题"。

中国政治学自主知识体系的建构：清华政治学系的探索

语的中国式极左改版。建立在这一理论基础上的中国思想政治教育，成为国际共产主义运动极左理念的社会传播体系，而不是有力促使中国政治现代化转变的原创性政治学话语。因此，从国际话语与国家话语的关系上看，依然处在前者碾压后者的既定状态之中。

  这与当时中国阶级斗争主导一切的政治局面，以及这一局面与经济社会发展态势相脱节的国家情形是紧密联系在一起的。由于"抓革命"是国家政策的主调，"促生产"便成为辅助性的政策。国家的经济发展水平低下，国家的经济能力不强，国家由此为相应的国家建构事务，如政治发展及其研究等提供的物质支持严重不足。相应的，也就使国家的政治理论话语建构成为与公众疏离的领袖个人事务。按照邓小平的总结，国家政治理念的表达，便成为几乎不用偿付成本的"空话"或"套话"。加之国家全面取消了大学与研究机构中的政治学学科，使之依附于法学学科教育之下，变成名存实亡的一门学科。更因为法学教育被严重扭曲，成为政治教育的一部分，并且铁定成为"为无产阶级专政服务的工具"，[①] 法政学术研究几乎成为领导人政治意志的机械转述。因此，国家实力的不济复加国家政策导向的失误，让中国无法产生切近国家发展经验的政治与法律理论。试想，在一个自认代表了国际共产主义运动正统的国家，怎么可能催生反映国家政治发展态势——无论是应当态势还是实际情形——的政治理论呢？！而在政治理论的国际话语与国家话语的先后次序上，国际话语绝对领先于国家话语，其实也不符合现代国家创制政治理论的一般情形：只有从国家情景出发的政治理论思考，才可能具有经验性支持，也才可能具有理论的原创性，由此为别的国家的借鉴提供可能，进而呈现其国际性或普适性的一面。当时的中国，却将政治理论的国际话语这些"空话"或"套话"置于国家话语之前与之上，因此无法提供切近政治生活现实的原创性政治学话语便是意料之中的事情。"中国的"政治学话语就此陷入云遮雾障的状态，未能显山露水，也就不是令人惊怪的事情。

---

① 戚桂芳等："中国法学教育的历史、现状及发展趋势"，载《经济研究导刊》2009 年第 21 期。

三、"悉照美国"：另一种强势国际话语？

1978年中共十一届三中全会正式启动改革开放，其构成中国政治学话语建构的一个重要时间节点：此前，中国尝试模仿快速实现国家强大的建国目标的苏联，却仅仅积累起沉痛的教训。因此，国家发展的方向必须扭转，才有望使中国真正成为"独立、自主与富强"的国度。此后，中国确实转向了现代化发展的新轨道，不仅启动了市场经济的广泛实践，而且开启了政治体制改革。自晚清以来，中国此时此刻才真正让国家运行在现代化的轨道上。相应地，中国的政治学研究也从中汲取理论营养，尝试创建既具有中国特色、同时又具有普适性质的政治学理论。但这个进程的开始，不是从国际话语一下子落定为国家话语，或国际主义话语一变而为民族主义话语，而是首先跳跃到另一种与民族国家及其政治学研究紧密联系在一起的国际性话语：改革开放后的一个较长时期，中国尝试对接的国际"先进"话语与制度，从此前的苏联转变成美国。中国努力对接的是美国所代表的政治学话语与制度实践模式。

美国与苏联是两种类型的国家，但同时又都是对后发外生的，尤其是落后的现代国家具有示范性的国度。美国是渐进崛起的现代国家，在现代建国百余年之际，崛起为世界强国。但美国之称雄世界，长期与世界社会主义的大局变化趋势相左——它是资本主义国家崛起的典范，是新兴的社会主义国家苏联，也自然是社会主义阵营所有国家的敌人。苏联是迅速崛起的社会主义国家，以其强有力的国家权力迅速将一个贫穷落后的国度，改造成一个足以与西方资本主义强国对垒的强大国家。这令所有处于"落后挨打"的后发国家艳羡。这是一种在情与理两方面都可以理解的羡慕：任何一个希望迅速改变落后面貌进入强盛国家行列的国家，都希望成为苏联，而不希望成为长期渐进发展方才崛起的美国。而且苏联的国际主义示人以平等对待落后国家的新面目，不像美国那样似乎仍然充满了帝国主义国家的侵略性与掠夺性。就此而言，中国全情投入苏俄的怀抱，完全是可以理解的事情。但美国的综合实力远超苏俄。一旦一个落后国家走出革命建国的激情，将国家建构问题放置到理性的平台上衡量，美

中国政治学自主知识体系的建构：清华政治学系的探索

国的建国模式与发展态势，对落后的吸引力就会超过苏联。尤其是在国际经济发展的比较观察中，呈现出苏联对卫星国的资源掠夺与政策控制，而美国相应政策的刺激性不如苏联，这就给落后国家处理与苏美的关系展示了不同前景。加之从二战后的国际阵营发展的结局来看，与苏联关系紧密的国家愈来愈穷，而与美国友善的国家大多迈入发达国家行列，这就更是给落后国家理性审视苏联道路与美国道路以相当不同的理据。

中国与苏美的关系不是一种寻求平衡的关系。相反，三者的关系长期处在一种绝对不平衡的状态：在中国确定"向苏联一边倒"国策的情况下，中国对美国的敌视，一直是政治观念与政策制定的一个基本倾向。而在中国"打倒帝修反"的国策中，苏联和美国一样成为受敌视的国家。只有到了中共十一届三中全会开启现代化闸门以后，这种不均衡关系才有了改观：美国成为当代中国现代化发展的一个重要参照系，成为政治理念、制度设计与生活方式的一个模仿对象。

历史地看，美国与苏俄一样，一直是中国建构现代国家，当然也就是中国建构现代政治学的牵引性国家。这与苏俄与美国以强大国家面目同时出现在尝试实现现代转型的晚清中国面前有关。虽然中经晚清、民国与中华人民共和国三个政治体的变化，这种强势参照关系丝毫未改。只不过走俄国道路还是走美国道路，在中国经历了一个现代化严重挫折的过程以后，才有了一个比较清楚的认识。但相映成趣的是，与中华人民共和国建政早期阶段中国"向苏联一边倒"的选择相仿，在改革开放之后的大多数情况下，出现了明确可辨的"悉照美国"特征。

"悉照美国"的理念始自晚清。邹容认为，必须经由革命建立新中国，新中国必须是一个采纳共和政体的国家。至于共和中国如何建构而成，他认定，中国必须建构成共和国，共和国是自由独立的国家，"立宪法悉照美国宪法，参照中国性质而定。自治之法律，悉照美国自治法律。凡关全体的个人之事，及交涉之事，及设官分职国家上之事，悉准美国办理"①。在邹容看来，中国的共和建国，美国已经提供了立宪的蓝本，只要注入中国性质即可；中国的社会

---

① 邹容："革命军"，载严昌洪等编：《中国近代思想家文库 杨毓麟 陈天华 邹容卷》，中国人民大学出版社 2014 年版，第 346 页。

自治,完全仿照美国法律推行即可;中国的公共行政事务,也只需按照美国方式办理便成。这是与中国"走俄国道路"全然不同的"走美国道路"的系统表述。这一方案为代清政府而起的民国政府所拒斥。但民国与美国的友好显然在跟苏联的友善之上。正是这一定势,让新生的中华人民共和国与美国的早期关系处在相当紧张的状态。不过,由于中国实在无法长期实行同时抗拒苏联与美国的国策,1972年成为中美关系走向正常化的历史转折点,[①]并且最终在中国启动改革开放历史进程之际,成为中国国际关系的主轴。

这与决定中国现代化基本国策的领导人对中美关系重要性的认识是紧密联系在一起的。邓小平就非常明确地指出,中美关系正常化对中国的现代化发展有利,"我们相信,中美关系正常化能为美国用先进的东西帮助我们实现四个现代化创造更有利的条件"[②]。同时,中美关系正常化也对世界秩序的维护有利。亦如邓小平所说:"中美两国之间尽管有些纠葛,有这样那样的问题和分歧,但归根到底中美关系是要好起来才行。这是世界和平和稳定的需要。"[③]这是基于内政外交两方面的理由确立的中美友好关系基调。

这样的国际关系态势,直接塑造了中国政治学研究的话语倾向:美国政治学对中国发生全面、深刻而持续的影响。一方面,这固然与美国强盛国家相倚的强势政治学相关。诚如王逸舟依据国际政治学指出的,美国政治学在国际范围内所占据的绝对知识优势。这一优势,从多个方面得到印证:一是从国际政治学的主导流派来看,"纵观西方国际政治研究二十一世纪以来的历史进程,我们不难发现,这里有个始终存在、发散着巨大影响的'美国重心'。是美国的威尔逊理想主义,造就了第一阶段的'乌托邦'特征;是摩根索、凯南和基辛格等人的研究,奠定了其后阶段西方'权力政治学'的框架,使国际政治学与外交政策结合到了前所未有的紧密程度;是多伊奇、卡普兰和沃尔兹等人的'行为科学的现实主义'研究(以'信息现实主义'、'系统现实主义'、'结构现实主义'等形式出现),使国际关系的分析头一次具有了'科学'外表;是以

---

① 玛格雷特·麦克米兰:《当尼克松遇上毛泽东:改变世界的一周》,温洽溢译,天津人民出版社2017年版。另参见任剑涛:"我们已经冲破旧格局",载《南方都市报》2017年2月26日。
② 王翠:"20世纪70年代邓小平处理中日、中美关系的外交智慧",载《党史文苑》2021年第9期。
③ 刘金田:"邓小平:我是热心中美关系的",载《党史博览》2000年第4期。

中国政治学自主知识体系的建构：清华政治学系的探索

基欧汉、奈伊等人为代表的一批美国新自由主义者的工作，使全球主义学说从罗马俱乐部的生态分析层面推进深入到国际政治层面。虽然其他的'旁系'多少起一点制约作用，美国人的主导地位直到二十世纪八十年代中期以前没有受到任何质疑；目前它虽从巅峰状态有所下降，仍处在其他国家难以望其项背的高度。"二是从学术研究机构、出版刊物上看，"美国始终拥有范围最广大实力最雄厚的研究机构(包括大学、研究所和课题基金)，出版比其他国家更多的国际事务期刊，美国政治家和舆论界的国际事务兴趣似乎也比世界上任何一个地区的同行更浓厚"。三是从政治学理论的传播与影响力上看，"不管人们承认与否，一个事实是，很多重要的思想和见解，无论是否由美国人首创，总是经过'美国中心'的阐述和诠释，才形成国际研究界公认的'一家之言'；连'美国中心论'的许多批评者，如罗伯特·科克斯、罗伯特·沃克、吉米·乔治也经常是通过美国的巨大和卓有成效的科学研究网络和印刷传媒网络，才得以使自己的批判理论广为人知。此外，在非欧美的一些发达国家(如日本)，在许多新兴的工业化国家和地区(如东亚和东南亚)，在非西方的广大发展中世界，国际关系学术界对世界政治的理论认识也多受到美国中心的严重辐射，出现了所谓'美国化'现象"。四是从知识群体提供的经典作品来看，"从二战结束至八十年代初的35年间出版的、被誉为'当代经典'的22部著作中，美国作者提供了18部，占总数的80%还多，美国以外的发达地区的作者贡献了另外4部，不到总数的1/5"①。这种研究优势，从政治学的其他学科来看，又何尝不是如此？！政治学理论、比较政治与国际政治是政治学的三大分支，可以说当今世界上都由美国政治学界提供了最多且最重要的作品，最为政治学共同体公认的权威杂志，最有效的学术传播渠道。政治学的"美国化"是一个全球现象。向美国打开大门的中国又怎么会有例外呢？！

另一方面，自然与改革开放之后的中国自愿、自觉地接受美式政治学的研究进路、思想影响、评价机制与教育方式有着密切的关系。虽然有学者指出美国与欧洲形成了两种不同的政治学研究范式，即欧洲的人文主义传统与美国的科学主义传统。但不能不看到，"近些年来，美国学术系统的组织逻辑和评价

---

① 王逸舟："试析国际政治学的美国重心"，载《美国研究》1998年第1期。

系统被移植到中国，论文数量和影响因子成为评价一个学者学术水平的标准，并将其与职称、工资等待遇关联起来。这一机制对于政治学等社会科学的负面影响可能比人文学科更大，因为人文学科总体来讲是一种阐释性研究，量化研究在其中属于边缘，我们很难想象在人文学科中会出现量化研究一统天下的局面。但是，在社会学、政治学等社会科学中，量化研究已经成为是否'科学'的一个标志"①。论者关注的是中国政治学界受美国影响可能形成的失衡研究态势，但在此人们首先看到的可能是美国政治学研究对中国相关研究的决定性影响。美国政治学对中国政治学的影响力，自然与中国对美国国际关系上的亲和有着密切的关系。但这种影响达到了中国政治学的实证研究几乎是对美国相关研究预设加以证实的地步，仍然有些匪夷所思。②

如果说中国改革开放以后政治学的研究从此前的一面倒向苏联，转变为一面倒向美国，是有着政治学国际知识版图的某种必然性的话，那么中国学术界的主动认同，应该说是这一倾向呈现出来的重要动力之一。究其原因，当然与中国政治学界的价值与知识双重的不成熟有关。对中国政治学界来讲，就价值一端来看，中国政治学界关乎现代价值的共识远未形成。而且由于国内政治生活方式的影响，诉诸价值争论以促成价值共识的做法被抑制。因此，缺乏价值共识基础且又难以启动价值共识的竞争性促动机制，美国政治科学界推崇的"价值中立"的研究进路，就很容易为政治学研究群体所接受。这使中国政治学界无法深入研究关乎中国长远发展的基本价值问题。价值问题一旦被悬搁起来，政治学就失去了灵魂与方向。而且现代价值的竞争性探究一旦缺失，政治学研究势必成为游魂野鬼式的游谈。这就不仅让中国政治学界无法直探中国政治问题的根本，真正从事具有原创性的政治学研究，而且中国被美国政治学牵着鼻子走也就不是什么令人惊怪的事情。

从知识的视角看，由于中国政治学的舶来性质，同时由于政治学中国化的进展甚缓，因此，中国政治学界并没有成功将现代政治学研究转换为基于中国情景和汉语表达的学术研究活动。这就使70年来中国政治学界呈现出在前期效仿苏联，近期效仿美国的研究群体特性。在这样的研究定势中，本应在经验

---

① 谈火生："政治学的学科传统之争与中国政治学的未来"，载《教学与研究》2017年第5期。
② 任剑涛："宏大理论回归与中国社会科学的双赢诉求"，载《社会科学》2017年第6期。

中国政治学自主知识体系的建构：清华政治学系的探索

描述上凸显中国全貌、在理论研究上展示中国风格、在比较优势上呈现中国特点、在理论原创上做出中国贡献，但实际上却几乎都付诸阙如。同时，在政治学为中国政治发展提供理论支持或规范论证方面，不但失于对中国现实政治的重述与分析，而且失于对中国政治的规范论述与愿景描摹。换言之，在美国政治学话语主导中国政治学研究的情况下，中国依然徘徊在国际话语的密林，而没有找到国家话语的立足点或支撑点。需要不为多余地澄清一下，所谓国家话语，是针对中国政治经验生活引申出来的政治学理论话语，它具有与其他国家依据自身经验引申出的政治话语的不同特点。这些话语，自然具有国家独特性与人类普适性两重含义。从总体上讲，它是一个国家的政治学对全球政治学话语做出的贡献。因此，政治学的国家话语不是国家主义话语，即以崇尚国家权力建构的政治学理论话语。所谓政治学的国际话语，是将国家具体的政治生活经验掩盖或隐匿起来，仅仅以抽象的政治理念来范围实际的政治生活，而且将现实政治生活作为抽象政治理念的塑造对象，从而完全失去政治学研究的现实基础与经验指向。就此而言，无论是中国一边倒向苏联，或是一边倾向美国，都不可能完成中国政治学应当优先描述和分析"中国"政治的基本研究任务。"中国"就此被严严实实遮蔽在抽象化的、挪移进中国的国际话语之中。

四、硬实力与政治学"中国"的凸显

由上可见，中国政治学70年历程中前段倒向苏联、后期倾向美国，因此中国政治学的国际话语长期碾压国家话语。这是一个总体上的指认。在具体的处境中，由于中国政治不断努力彰显自己国家的权益，也就会促使政治学研究与思考不断地展现其中国特色。此前所论，只不过是指出后者的尝试成就不如前者罢了。在政治学研究上述总体状态指认的基础上，人们可以看到，就中苏关联视角看，由于中苏关系在中国一边倒向苏联的延续过程中，出现了中苏关系的龃龉，并且中苏同盟最终走向分裂，中间出现了一段中国基于民族主义理念的国家话语。但如前面所述，这些旨在彰显中国民族主义气概与理念的政治理念表述，是在国际主义话语的中国操弄表象之下的曲折表达，因此并未改变中国政治学的国际话语碾压国家话语的基本态势。而就中美关联角度分析，由于改革开放进程中中美关系不断遭遇挑战，取决于意识形态的根本分歧、制度建制的不同、国家利益的差异、台湾问题的梗阻，中国一直存在着顽强抵抗政治思考与政治学研究的"美国化"的强大力量：这里所谓政治思考，是指关乎中国经济政治体制改革的美式思路，这是执政党一直高度警惕的改革思路。这里所谓政治学研究，是指中国政治学界探究政治问题时的理论活动，其"美国化"的程度在广度与深度上都超过前者。但学界与政界都对此一再拨正。① 因此可以说，中国政治与政治学一直存在着探寻中国进路、寻找中国位置的意愿。

但这种意愿并不能直接催生相应成果——无论是在政治实践上还是政治理论上，都是如此。因为某种政治意愿的实现，只有与国家的实际政治进程内在扣合起来，才会出现理论可能性转变为现实可能性的契机；而某种研究意愿，也只有在政治学研究共同体做出了相关的、国际同行公认的研究成果，才能为人们所承认。而这两种转变，都依赖于中国社会的发展状态。换言之，中国政治学研究成功植根中国鲜活经验土壤，并做出具有原创性的研究来，依赖于中国的发展，以及研究共同体对之的创造性阐释。从学术研究现实基础的视角看，脱离国际社会，尤其是强势国家对中国政治学研究的强大牵引力量，只有在中国社会经济发展取得巨大成就的基础上，这一研究意愿才具有了兑现的现实物质基础。同时，只有在物质基础壮大的同时，经由政治学研究共同体的艰苦努力，真正因应于中国经验世界的变化生产出令国际同行信服的学术产品，这一意愿才具有了瓜熟蒂落的基本条件。这两者之间的关系是相互影响和制约的。易言之，即使中国经济发展成就傲人，或者说 GDP 的增长令人瞩目，但政治学界对之的阐释缺乏原创性，仅仅满足于运用既有的政治学理论对之进行一般性的解释，或者单纯表达对国际政治学研究共同体共识的抵触态度，中国政治学研究长期存在国际话语碾压国家话语的态势肯定不会有太大的改观。反之亦然。如果中国的经济发展或 GDP 增长疲弱，不成其为或不再成其为令世人瞩目的经济奇迹，那么中国政治学因为缺乏现实鲜活经验的持续支持，也就无以提供令国际社会的政治学研究共同体认可的研究成果。中国政治学取得关

---

① 如前引谈火生文就明确指出，要"防止中国政治学的'美国化'"。

中国政治学自主知识体系的建构：清华政治学系的探索

乎"中国"论述的突破性成果，也就只能成为无法兑现的满腔雄心而已。

从两方面的关联角度看，现实局面似乎令人感到鼓舞。一方面，中国近40年的经济增长，堪称奇迹。① 这一奇迹来源于曾经的中央指令型经济转向当下的市场主导型经济，也就是由一种低效率的经济形式转变为一种较高效率的经济形式，从一种集权型调配经济资源转变为分权性配置经济资源。结果是，中国从国内生产总值居于世界后列的国家，迅速蹿升为世界 GDP 总量第二位。这确实堪称经济奇迹。另一方面，取决于经济总量的迅速增长，中国自晚清以来落后就要挨打的自我认知发生了结构性变化：后进国家由此有了先进国家的自我定位。这对中国人自近代以来逐渐形成，长期无法打破的自贱性精神定位是一个天翻地覆的大变化。中国人自己对于"中国奇迹"的惊异心理，不再局限于经济领域，而是迅速跨出经济领域，向政治领域和社会文化领域扩展。在政治领域，中国开始提出全球化的中国方案，当下为人熟知的"一带一路"倡议、构建"人类命运共同体"的理念，即明证。② 在社会文化领域，中国人的社会心理从完全不自信变得自信起来，在这方面，中国传统文化，尤其是儒家文化的复兴堪为佐证。

中国经济迅速增长的事实反映到中国政治学的研究中，便是政治学意义上的"中国"开始急剧凸显。所谓政治学意义上的中国，是一个相对于另外两个意义上的中国而呈现出来的概念：一是政治意义上的中国。在政治意义上，中国作为世界范围内的一个国家单位，在 1949 年之后摆脱了国家被动受制于西方列强的地位，因此具有现代独立自主的民族国家的政治含义，而不是备受列强欺凌的准国家，也就是习称的"半殖民地半封建国家"。而今中国经由市场经济的艰苦实践，已经成为世界上受到正视和重视的国家层级的政治单位；二是世界意义上的中国。中国在局部丧失国家主权的情况下，成为低度发展的落后国家，国家的发展不再具有世界意义。只有在中国崛起、GDP 总量居于世界前列

---

① 林毅夫等指出，"可以预计，如果中国经济增长赖以支撑的条件能够持续不变或进一步改善，那么，不久的将来中国经济总规模将超过美国和日本，成为世界上最大的经济。中国是占世界人口 2/3 的发展中国家的一员，又是一个处于经济改革实践中的国家，她的经济从计划向市场过渡和发展成功，并将成为世界上唯一的一个经历了由盛而衰，再由衰到盛的大国的可能性，不能不引起世界范围的关注和学术上的好奇"。林毅夫等：《中国的奇迹：发展战略与经济改革》（增订版），上海三联书店等 1999 年版，第 3 页。

② 任剑涛："国际规则与全球化的中国方案"，载《探索与争鸣》2019 年第 2 期。

的情况下，中国才会受到世界关注，同时对世界事务发挥自己的影响力。因此让国家成为影响全球事务的实力型国家，让其他国家乐于或不得不跟中国打交道。中国已经成为影响当今世界事务的重要国家之一。但政治学意义上的中国，与这两者相比，具有两个特殊含义：一是指中国成为政治学研究的重要对象，以至于缺少"中国"的存在，政治学论述就缺少必须指涉的对象；二是指中国已经成为政治学研究的重镇，以至于缺少中国政治学者发出的声音，国际政治学界的发声就显得不完整，理论研究成果就显得脱离现实世界的政治真实。

就目前状况讲，政治学意义上"中国"的凸显还不够鲜明，但轮廓已经可以辨认。辨认这一轮廓，可以在三个方面留人以印象：一是国际社会的政治学界已经开始对中国经济迅速增长进行政治学审视。从总体上看，近期关于中国的全球政治学研究共同体话题与学术聚会明显增多。在话题上当然同时存在被中国人视为正面抑或负面的论题，但相对于此前"中国"从未成为主导性政治学话题而言，这是一个明显的变化。正面话题可以从关于中国崛起会不会"统治世界"的命题上窥一斑而见全豹。负面话题则可以从"人性威权主义"的命题上得知确切信息。又就前者言，当英国学者马丁·雅克所著的《当中国统治世界》①出版以后，国际学术界关于中国的国际地位与影响力的辨认，就成为一个较为热门的话题。近期便出现了围绕这一命题的相反论断，如一位美国学者出版了《中国为何不会统治世界》的著作，认为"中国的真正兴趣其实在保持现状，而非主导世界"②。姑且不论关乎中国崛起的两种世界影响的不同论断成立与否，近就两种意见出现于国际学术界，就可以知晓政治学"中国"的出现已经是一件毋庸置疑的事情。就学术聚会而言，国际学术界针对中国发展问题展开的学术讨论，每年不在少数。如果算上中国国内举办的关于中国话题的国际学术会议，数量可以说相当惊人。③

二是中国政治学界已经自觉提出可以让国家政治学界正视的理论命题。在

---

① 马丁·雅克指出，"中国绝对不会走上西方民主化的道路，只会选择一条不同于西方世界的发展模式；中国的崛起将改变的不仅仅是世界经济格局，还将彻底动摇我们的思维和生活方式"。《当中国统治世界：中国的崛起和西方世界的衰落》，前言，张莉等译，中信出版社2009年版。
② 孔浩烽：《中国为何不会统治世界》，沈莉译，中信出版社2016年版，第18页。
③ 笔者在2019年4月25日仅以"国际学术界的中国话题学术会议"为题在百度上搜索，便出现了38万6千多条相关信息。中间自然有大量重复信息，但从总体上讲，在国际学术圈，中国话题的热度是可想而知的。

中国政治学自主知识体系的建构：清华政治学系的探索

改革开放进程中，中国已经为国际学术界，尤其是政治学界提供了不少研究的客观资源。换言之，中国的改革开放举措不断成为国际政治学同行的热门话题。政治体制改革的话题是如此，村民自治的话题也是如此，经济增长的国家动力机制话题还是如此。但截至2008年以前，中国政治学界主要还处在一个呼应欧美国家学者论述中国问题的被动状态。自那以后，中国政治学界逐渐作别被动呼应欧美政治学界关于中国问题的诸多论述与命题的状态，逐渐进入一个自主提出命题，并介入国际学界的相关讨论的积极情形。无论是价值选择上归于左翼还是右翼的学者，都在欧美国家的知名出版机构出版了专门著作。就前者言，关于何谓"中国"的国内学术讨论，就引起国际学界同行的热烈呼应。在二十世纪上半叶日本侵略中国的时候，何谓中国的问题也曾经是中国学术界的热门话题，但国际同行的呼应程度相当之低。因为那是中国人自己需要紧张解决的，关乎国家生死存亡。民族自我维护的学术大问题，直接涉及抗战的"历史—政治"动员效应。当下关于何谓中国的讨论，关注的论题已经转移到"全球化时代中国的内外与认同"①问题，这是一个不仅涉及中国自我认知的问题，而且也与邻国，乃至全球社会如何对待中国发展状况高度相关的问题。这中间出现了一个重大变化："中国"论述已经成为改变世界政治版图的话题，而非中国人自救的强烈呼告。因此，这一话题获得国际学术界的积极呼应，自然就是理所当然的事情。

与中国经济急速增长的惊世成就相伴而出的政治学话题，不仅有"中国与世界"的老瓶新酒这类命题，还有中国学者提出的国际新秩序建构的论题。如赵汀阳近期一直探究的"天下秩序"，就旨在提供一个替代西方国家的"世界秩序"的理论论证。赵汀阳认为，"新天下体系对其②既有继承也有发展，是使世界成为政治主体的世界体系，是以世界为整体政治单位的共在秩序。从天下去理解世界，就是以整个世界作为思考单位去分析问题，从而超越现代民族国家的思维"③。这是一个试图赓续中国传统的国际政治秩序理念但赋予其全球化时代新含义的命题。尽管在与西方国家建构的世界秩序之间心存调和意念，如

---

① 葛兆光："什么时代中国要讨论'何为中国'？——在云南大学的演讲记录"，载《思想战线》2017年第6期。
② 此处指古代天下秩序。——引者注
③ 赵汀阳："天下观与新天下秩序"，载《中央社会主义学院学报》2019年第2期。

其所说,"西方个人—共同体—民族国家的政治系统与"天下—国—家"的政治系统之间形成一种齿轮式的啮合,存在互补性,这种互补性可以扩大政治可能世界的容量而有助于建构一种政治新概念"①。但论述中间展现出来的、以中国学者自己的论述与西方学者展开平等对话的意欲还是人人可以明确感知得到的。这类论述,在国际话语绝对碾压国家话语的改革开放前的中国,肯定是难以想象的。

与之旨趣一致的论述,所在多有。诸如大陆新儒家关于儒家政治可以超越民主政治的论述,以及中国政治的现代化进路不必效仿西方国家而能自辟蹊径的论断,以及由此引发的中国发展模式是否具有普世价值的持续争论,都表明中国政治学界不再单纯依赖世界强国给定的政治命题与论证方式,试图有所创新,尝试做出突破。尽管这类努力肯定会引起国内外同行的巨大争议,但比之于单方面接受国际同行的命题与论证,总是增加了中国学者的学术声音。

就后者即中国学者的国际出版而言,前有汪晖论述中国现代思想兴起的著作在哈佛大学出版社的出版,②后有贺卫方的法学著作在布鲁金斯学会的出版,③还有大陆新儒家代表人物蒋庆的儒家政治论述英文译本在美国的出版。④这只是以外文出版中国政治法律著作的个例枚举而已。从趋势上看,以外文出版的中国学者的政治学相关作品日益增多,而且中国官方也推出了汉语学术著作的外译项目,相信这样的出版工程会呈现出某种繁荣景象。这些著作,无论是在国内还是国外,严格上都存在广泛争议。但作为中国学者的政治法律论述被国外出版机构翻译成外文出版,视其为引起国际同行关注的标志则不为过。

三是中国政治学研究共同体与国际政治学共同体之间的紧密互动渠道已经打开,从而为中国政治学研究者在国际社会发声,并且与国际同行积极进行学术互动,让中国政治学成为国际政治学的有机组成部分。在这方面,赵汀阳与法国学者德布雷关于革命变迁与政治权力等方面展开的对话,⑤以及赵汀阳与

---

① 赵汀阳:"天下观与新天下秩序",载《中央社会主义学院学报》2019年第2期。
② Wang Hui The Politics of Imagining Asia, Harvard University Press, 2011.
③ He Weifang: In the Name of Justice: Striving for the Rule of Law in China, the Brookings Institution, 2013.
④ Jiang Qing: A Confucian Constitutional Order: How China's Ancient Past Can Shape Its Political Future princeton University Press, 2012.
⑤ 德布雷、赵汀阳:《一面之词:关于革命问题的通信》,中信出版社2014年版。

中国政治学自主知识体系的建构：清华政治学系的探索

法国学者阿兰·乐比雄关于一神论形塑的西方思维模式及其对现代性的影响，以及中西文化从分化到融合可能性的讨论，① 可以作为旁证。近期这类对话明显增多，兹不一一列举。

当代政治学"中国"的凸显，是中国硬实力增长催生的软实力响应。这是一个问题的两个相关方面：从正面看，中国硬实力的疾速提升，让中国政治学界对中国的国家认知发生了重大改变，此前绝对主宰政治学界思维的学生身份，开始转变为挣脱学生身份，尝试成为独立的创造者角色。基于此，政治学致思的主题发生相应的转变，也就是从国际主题转变为国家主题、在国家主题中凸显中国主题，便是意料之中的事情。从反面看，如果不是中国硬实力的显著增长，政治学的"中国"主题是很难凸显出来的；同时，如果不是中国硬实力的明显增强，中国政治学仍然只能像国家权力方面一样行走在模仿先进国家的道路上。这是无须讳饰的事情。

但中国的硬实力增长，并不一定就自然能促成中国软实力的相应增强。因为硬实力的增长，对一个志在强国的、"由国家带动的发展"的国度来讲，是一个相对容易实现的目标。但国家硬实力的增强，不能顺带强化国家的软实力。一个国家的软实力强弱，依赖这个国家在文化领域的独创性贡献与普世性认同。这是一个远较国家硬实力建设复杂得多的渐进社会工程。硬实力建设是可以迅速收效的，而软实力建设是一项久久为功的事情。政治学"中国"的建构，便属于国家软实力建设的范畴。可以说，中华人民共和国走到今天，从一个积弱积贫的国度跃迁为国内生产总值（GDP）世界第二位，硬实力建设的收效有目共睹。但包括政治学"中国"在内的软实力建设，还刚刚处在一个起点上。在这个起点上，已经令世人瞩目地突破了国际话语碾压国家话语的窘境，但是否能够成功提供中国供给的现代政治学独创性话语，又是否能够获得国际同行的普遍认可，仍然处在未可预期的状态。这需要中国政治学研究共同体继续做出艰苦努力，并与国际同行理性、持续地互动，方有望真正为"中国"找到世界位置，为"中国政治学"逐渐赢得世界承认。此时，政治学的"中国"面目才能清晰地展现给世人。

---

① 赵汀阳、阿兰·乐比雄：《一神论的影子：哲学家与人类学家的通信》，中信出版社 2019 年版。

国家治理现代化的"新叙事":转型中国的党建与国家建设

孟天广 王 烨[①]

一、引言

政党是现代国家的重要组成部分,是政治生活中的关键角色,对国家的政治经济产生深远影响。在以西方政党政治为基础的比较政治学文献中,政党通常是现代国家(建制)形成后政治生活的关键行动者,扮演着政治代表、偏好表达、意见聚合的作用,是形成政治认同、组织竞选和动员大众参与的关键行动者。[②] 而在近现代中国,国家建设先行者孙中山明确主张国家建设要"以党建国",强调执政党在国家建设中的领导作用。就此,党建与国家建设无疑是近现代中国面临的最关键历史使命。

自诞生以来的近一百年奋斗历程中,中国共产党不仅是领导中国革命走向胜利的中流砥柱,更是中国特色社会主义国家建设的领导核心。中国共产党的

[①] 孟天广,清华大学社会科学学院政治学系副教授;王烨,清华大学社会科学学院政治学系博士生。本文受到 2018 年度国家社会科学基金重大项目"基于大数据的智能化社会治理监测、评估与应对策略研究"(项目编号:18ZDA110)的支持。

[②] 萨托利:《政党与政党体制》,北京:商务印书馆,2006 年,第 82-85 页;卡尔斯·波瓦克斯、苏珊·C.斯托克斯编:《牛津比较政治学手册》,北京:人民出版社,2016 年,第 495-515 页。

中国政治学自主知识体系的建构：清华政治学系的探索

发展历程引起了许多海外学者的关注，其建国及执政经验正成为一些国家执政党争相学习的重要内容。回顾近现代历史，（执政）政党无疑引领着我国的国家建设，譬如中国共产党设计并塑造着新中国的国家认同、国家秩序和政治制度，以及由此产生了国家秩序内的人大（代表制度）、政府（行政国家）和统合机构（社会团体）。[①] 由此可见，转型中国的中国共产党不仅具有西方意义上政治代表功能，更具有推进国家建设和塑造治理体系的治理功能。

遗憾的是，以西方政党政治为蓝本的主流理论尽管十分关切政党、国家建设，但对政党建设与国家建设的关系探讨较少。萨托利、亨廷顿和什沃利克等不同时代的比较政治学者在其经典著作中注意到后发国家的国家建设受到政党政治的显著影响，但缺乏系统研究考察政党建设影响国家建设的路径和机制。这无疑限制了我们对国家治理现代化过程中"政党建设"与"国家建设"两个图景之有机关联的充分理解，本文以转型中国为案例，试图历史地考察当代中国政党建设与国家建设的互动，同时基于改革开放以来中国共产党政党录用的实证分析，以探究"党建—国家建设"的连接机制进而为我国国家治理现代化提供一种新叙事。

二、比较政治视野下的政党建设与国家建设：理论对话

国家建设是一个范畴宏大的概念，在比较政治学的文献视野下，学界对 State Building 与 Nation Building 自二十世纪六十年代即产生研究兴趣，进入二十世纪，对国家建设的研究更加深入且广泛。查尔斯·蒂利（Charles Tilly）在《西欧民族国家的形成》中用"战争制造国家、国家发动战争"概括了其关于国家建构的观点；[②] 莱因哈特·本迪克斯（Reinhard Bendix）考察了国家与公民的相互作用，以此为切入点探究国家建设过程中公民与国家的关联；[③] 安德

[①] 杨光斌：《制度变迁中的政党中心主义》，载《西华大学学报（哲学社会科学版）》2010 年第 2 期。

[②] Charles Tilly ed., The Formation of Nation States in Western Europe, princeton: Princeton University Press, 1975, pp. 601–638.

[③] Reinhard Bendix, Nation-Building and Citizenship, Berkeley: University of California Press, 1977, pp.2.

烈亚斯·威默（Andreas Wimmer）认为政治整合与政治认同是国家建设这一问题的两面，政治整合即建构现代民族国家的各项国家制度以促进国家的政治整合，国家认同即现代民族国家认同构造，实际上这两面共同指向政治秩序与国家存续。①概言之，国家建设是建立一个行之有效的能发挥作用的国家，建立法治秩序、合法政府，以及其他有效的社会制度，甚至建立运行良好的市场制度等均为国家建设的有效面向。②国家建设在比较政治学领域概念延展度极高，涉及政治整合、国家（民族）认同、制度建设、国家能力等多个维度。上文已经讨论，现代国家中，政党发挥一系列极其重要的作用，然而，既有研究对政党建设与国家建设之间的关联尚缺乏理论供给和实证检验。本文认为，政党建设与国家建设之间关系复杂多样，国家认同塑造、国家机器（官僚制）及能力建设、精英选拔与政治吸纳等均为政党建设影响国家建设的重要维度。因此，这部分从理论上论述政党建设与国家认同、国家能力、精英录用（吸纳）之间的关联，以梳理政党建设推进国家建设的若干关键机制。

（一）政党、社会整合与国家认同

国家认同即指超越于家族、血缘、族群及其他带有身份意义的群体界限，建立统一的文教、民族及制度认同。但现代社会是一个复杂多元的社会，存在不同的民族、语言、宗教、地区甚至阶层等身份标识。尤其是在广大发展中国家，国家内部的异质性对政权建设构成了严重的障碍。在国家认同上，政党既是冲突的力量，又是整合的工具③，兼具"整合"与"撕裂"双重面向。

政党的起源与利益代表相联系，作为部分政治主张相同的人所结合的共同体，政党发挥着利益聚合、政治认同、组织竞选等多重功能。在西方选举式民主国家，政党建设与政治竞选、选民动员息息相关。在此背景下，政党以获取选票赢得选举为主要目标，政党策略性地选择动员哪些选民，如何进行动员

---

① 安德烈亚斯·威默：《国家建构：聚合与崩溃》，上海：格致出版社；上海人民出版社，2019年，第7页。

② 弗朗西斯·福山：《国家构建：21世纪的国家治理与世界秩序》，上海：学林出版社，2017年，第15-43页。

③ 李普塞特：《一致与冲突》，上海：上海人民出版社，1995年，第133-143页。

中国政治学自主知识体系的建构：清华政治学系的探索

例如建立广泛松散的联盟或寻求相同阶层、族群等特定群体支持。① 因此，在政党与社会的关系上，政党既实现了对部分具有一致性社会群体的整合，也在不同社会群体之间造成社会撕裂。

伴随着"第三波"民主化浪潮，大量后发国家也选择了西方式民主模式，纷纷建立选举式民主，而新近研究发现，后发国家以部分（阶层、族群、地域）为中心的政党动员实际上妨碍了政治包容，而以代表部分之政党为基础的政治（意识形态）市场竞争也容易引起政治极化、社会分裂甚至于内战。② 在西方历史实践中，国家建立之后才出现多元政党，政党政治在统一认同及政体下运行。③ 在此，政党纵使具有社会分裂的面向但也并未对社会秩序产生太大危害。而正处在现代化进程中的国家，在国家建设不完善的条件下，过度（政党）动员与意识形态竞争使得政治不稳定成为可能。④

在国家认同与社会整合方面，一党制下的执政党可能发挥积极作用，尤其当体制党致力于建设作为"整体的政党"时有助于政治整合与共同体认同塑造。比较地看，一党制可能是国家面对军人政府、民主崩溃或无政府状态时的最后解决手段⑤，特定条件下，一党制下的执政党通过超越特定群体利益来实现共同体认同塑造，追求建设"整体的政党"而非"部分的政党"以代表全社会利益，因而政党建设可以借助各类"党组织细胞"穿透各种社会区隔，在完成去家族化（族群、地域）的同时实现国民身份及意识形态的统一，进而积累国民对一国政体的认同，有效推进国家认同的形成。总之，在群体多样化的现代社会，政党在建立统一的国家认同同时发挥着政治整合和社会分裂效应，而特定的政党制度在其中发挥着关键调节作用，而作为"整体的政党"建设切实地塑造着国家认同。

---

① 卡尔斯·波瓦克斯：《政党和政党制度的产生》，见卡尔斯·波瓦克斯、苏珊·C. 斯托克斯编：《牛津比较政治学手册》，北京：人民出版社，2016年，第575-596页。

② Erikson, R. S., Wright, G. C., and McIver, J. P. (1989). "Political parties, public opinion, and state policy in the United States,". American Political Science Review, Vol 83, no. 3, 1989, pp. 729-750.

③ 萨托利：《政党与政党体制》，北京：商务印书馆，2006年，第30-41页。

④ 亨廷顿：《变化社会中的政治秩序》，上海：上海世纪出版集团，2008年，第60-70页。

⑤ Beatriz Magaloni and Ruth Kricheli, "Political Order and One-Party Rule," Annual Review of Political Science, vol. 13, 2010, pp. 131-134.

（二）政党与国家能力

国家能力是国家将自己的意志付诸行动变成现实的能力，是国家实现有效治理的基础。迈克尔·曼将国家权力分为专制性权力与建制性权力，王绍光将国家能力细分为强制能力、汲取能力、濡化能力、认证能力、规管能力、统领能力和再分配能力。① 实际上，国家建设与国家能力在某种意义上实现了统一，国家建设本身即具有强化国家能力的作用，而国家能力的强弱又构成国家建设的重要维度。建设强而有力的国家旨在促进经济繁荣与社会稳定，而政党建设（能力）被认为在后发国家对经济发展与社会秩序具有积极作用。

在西方国家，不同政党代表了其背后不同的群体利益，从而为制定经济与社会政策限定了具体偏好，也为政党通过代议制、组阁和政策议程设置影响国家能力提供了渠道。因此，西方国家中政党与政府干预、经济增长和财富分配等都存在密不可分的关系。而在发展中国家，政党与经济繁荣、财富分配的关系基本等同于国家与经济繁荣、财富分配之间的关系。大部分后发国家，政党是形成共识、组织资源、推动发展的主要力量。那些领导民族独立、建立政权并长期执政的后发国家政党，譬如印度国大党、新加坡人民行动党、墨西哥革命制度党等，均在其国家发展中发挥着举足轻重的作用。强政党所具有的中心化、稳定化、一致化、组织复杂等"官僚制"特征在规范党与政府关系的同时，其持续性、稳定性使得政策具有长期性，进而为公众提供更多公共物品，并减少掠夺性政策，进行更有效率的改革，以对经济发展产生积极影响。②

在宏观因果分析传统中，政党对政治秩序及其制度化发挥着举足轻重的影响，不同类型的政党及其吸纳方式对政治秩序的制度化有重要影响。在欧美民主化进程中，大众动员之前业已建立的制度化与组织化的保守党是维持民主稳定的基础性力量。③ 在拉美，政党则是劳工政治纳入政治议程的重要方式，这

---

① 王绍光：《改革开放、国家能力与经济发展》，载《中国政治学》2019年5月。
② Bizzarro, F., Gerring, J., Knutsen, C. H., Hicken, A. and Lindberg, S. I. "Party strength and economic growth," World Politics, Vol. 70, no.2, 2018, pp. 1–46.
③ Daniel Ziblatt, Conservative Parties and the Birth of Modern Democracy in Europe. New York: Cambridge University Press, 2017. pp. 1–23.

一历史关节点决定着拉美国家的政治秩序具有动员式和非制度化特征。[①] 不少学者基于政党组织、结构及其动员策略来论述政党对国家制度化、政治稳定的重要作用。[②] 具体而言，政党之间的有序合作与竞争是维系不同派别分歧的纽带，政党组织化成为选举介入的重要渠道，政党通过施行决策权威并表达多元利益以推动政体合法性建设。

（三）政党、政治吸纳与精英选拔

建立制度化、去人格化、功绩制的职业化官僚组织是现代国家的基本特征之一，也是国家建设的重要维度，而这离不开国家对精英的选拔，以及对精英的有效激励。政党作为沟通国家与社会之间的重要桥梁，"甄选和培养政治人才"是其所具备的重要功能，通过政党进行政治精英的选拔及问责是民主治理的重要机制之一。道尔顿和瓦滕伯格提出了政党发挥作用的三个面向：选举中的政党、组织中的政党，以及政府中的政党。其中，组织中的政党的作用就体现在党员录用以表达和整合各种社会利益、选拔和激励政治精英两个方面。

作为整体性的政党更为重视通过在不同地区、群体和部门录用党员以实现对"全民利益"的充分表达，同时也更有激励建立精英吸纳机制来实现对经济及社会精英的有效统合。解决好基于广义的执政者（党）与绝大多数人之间的权力控制问题和基于政治精英之间的权力分享问题，是后发国家实现政治稳定的必要条件，[③] 而政党在这一过程中发挥重要作用，通过政党进行政治精英的吸纳及选拔是政体有效运行的关键机制，在国家治理体系中发挥着关键性作用。执政党对公共职位及政治任命的有效控制，以及兼具政治和绩效标准的考核激励，有效地吸纳着具有政治抱负的社会精英，并激励政治精英的政治遵从。政党通过选拔吸纳政治精英，在扩大政党基础实现政治整合的同时也为国家建设准备了人才。

[①] Collier R. B. and Collier D. Shaping The Political Arena: Critical Junctures, the Labor Mogime Dynamics in Latin America, Notre Dame: University of Notre Dame Press, 2002. pp.161–352.

[②] Morlino L. Democracy Between Consolidation and Crisis. Oxford: Oxford University Press, 1998, pp. 169–212; Lewis P. Party Structure and Organization in East–Central Europe, London: Edward Elgar Publiser Limited, 1996, pp. 1–20.

[③] Milan W. Svolik. The Politics of Authoritarian Rule, Cambridge: Cambridge University Press, 2012, pp. 1–12.

三、转型中国的党建与国家建设

回顾现代中国一百多年国家建设的历史,早在孙中山领导中国革命时期,即明确主张近代以来的国家建设是以党建国,由具有先进性的现代政党领导国家建设进程。孙中山先生在国民党一大上说过:"我们现在并无国可治,只可以说以党建国。待国建好,再去治它。"① 在这个层面上,早期国民党和中国共产党在面对政党建设与国家建设问题上具有相似性,都受到苏联经验的影响,在苏共帮助下基本遵循了列宁主义政党"以党建国"的思路。政党建设与国家建设是现代中国政治发展的一体两面,居于执政地位的先进政党发起国家建设议程,统合社会力量推进现代国家机器和国家能力的建设。

新中国成立之后,中国的国家建设在中国共产党领导下展现了与很多后发国家不同的特征。在现代国家机器和官僚制建设上,韩国、印度等后发国家都大规模吸纳了殖民地时期或旧政权中掌握治理技能的专业官僚,而新中国的现代国家公务人员大多来自解放区培养的"红色干部",甚至大量政府职能部门直接来源于党的机构或人民军队。由此,新中国的国家建设与生俱来具有鲜明的政党底色,因此中国共产党的运行机制深刻地影响着国家机器的构造及运行。

然而,既有研究鲜有对此议题的深入分析。为此,我们梳理出六个政党建设与国家建设的关联机制,即中国共产党通过以下六个机制推进中国的国家建设:一是形成一套兼具有现代官僚制特征和浓厚列宁主义政党底色的现代国家机器,譬如人民政府、司法和监察体系,并不断吸收国际社会的先进经验周期性地推进机构改革和治理技术的优化;二是依托执政党组织体系和党政体系实现中央集权以塑造完整统一的政治共同体,克服地方主义或分裂风险;三是基于中国共产党统一战线塑造"中华民族"国家认同以超越"五族共和"传统国族观,而国家认同是现代国家存在的文化基础,从而塑造着国民对一国民族身份、制度体系和核心价值观的归属感;四是政治精英的录用和选拔,党管干

---

① 孙中山:《孙中山全集》(第9卷),中华书局,1986年,第103页。

部、党管人才机制有效地为政党建设和国家建设提供了精英输送和培养,尤其党政干部体系的频繁交流与互相嵌入使得执政党和国家机器在信息交换、技能拓展和精英控制上具有动能性;五是政治吸纳和整合,中国共产党频繁地推动党建运动以根据经济社会结构的调整适应性地吸纳或整合社会中的特定群体,譬如知识分子、青年大学生和私营企业主等,有效地推动了中国共产党成为"整体性的政党";六是通过建立强政党以强化国家能力,作为列宁主义政党,中国共产党具有强大的组织、动员能力,更通过政党纪律促使庞大的党组织渗透到村庄、社区、单位等最基本社会单位,这为国家基础设施性能的提升、国家规划能力、兴建大型基础设施能力提供了组织基础。

在上述六个机制的影响下,中国共产党通过开展周期性的党建运动和适应性的党建策略有力地推动着现代中国的国家建设,避免了大量后发国家照搬西方政党政治经验而遭受的治理失败风险,为建立具有共同认同且有能力的现代国家奠定了制度及组织基础。我们通过实证研究检验了上述作用机制,下文聚焦政党录用、政治吸纳开展分析。

四、转型中国的中国共产党政党录用:先进性与代表性的逻辑

(一)中国共产党的政党录用:精英选拔与政治吸纳

作为政党组织的有机部分,党员构成及其群体特征与整个党的生命息息相关。受列宁主义政党建设思想的深远影响,中国共产党在将近一百年的发展历程中尤为强调政治录用的基础性作用,并善于在不同历史阶段调适政党录用的标准和偏好以发挥政治吸纳与精英选拔的重要作用。[1] 任何一个政党的存续与发展均需要吸纳和输送精英,代表政党社会基础的利益。政党录用是中国共产党吸收"先进分子"以选拔精英、吸纳社会各群体以塑造政治代表性的核心制度。通过政党录用,中国共产党既可以实现对社会各界精英的有效吸纳和统合,

---

[1] 景跃进:《将政党带进来——国家与社会关系范畴的反思与重构》,载《探索与争鸣》2019 年第 8 期;林尚立:《政党、政党制度与现代国家——对中国政党制度的理论反思》,载《复旦政治学评论》2009 年第 1 辑。

提升党员群体的"先进性",挑选和培养潜在政治精英[①];同时,政党录用还是扩大中国共产党包容性和广泛"代表性"的关键途径,通过在社会各群体中录用党员以切实提升全党的政治代表性并获得来自社会各群体的广泛政治支持。[②]

中国共产党是我国的执政党,是中国各项事业的领导核心。中国共产党领导作用的发挥依赖党组织的建设。截至2019年底,党员规模已超过9000万,约占全国总人口数的6.6%,这些党员分布于全国各群体、各地区和各行业,依托457.2万个嵌入党政机关、企事业单位、社会团体、私营企业等的党的基层组织发挥社会统合和政治引领作用。改革开放以来新增入党人数超过4000万,图1呈现了2000年以来党组织的成长趋势,可以发现,2000年以来中国共产党的总体规模呈明显增长趋势,十八大之前党员录用规模快速扩张,十八之后党员录用口径收紧,更为重视党员质量。值得注意的是,全社会普遍存在"入党热",2000年以来申请入党人员体量持续增长,尤其是十八大入党口径收紧后入党热情再次高涨。这充分凸显了全国人民对中国共产党的广泛认同和高度支持。

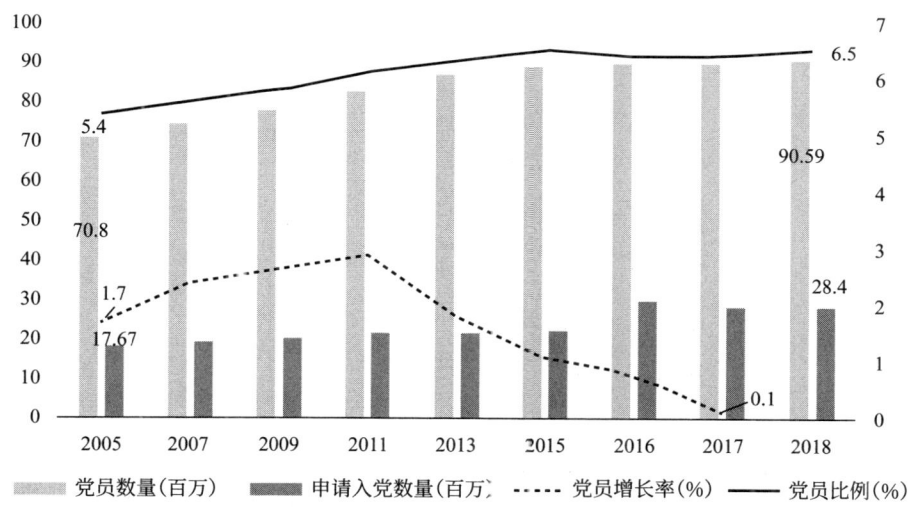

图1 2000年以来中国共产党的政党录用

数据来源:中国共产党党内统计公报(2006—2019)

---

① Walder, A. G 1995, "Career Mobility and the Communist Political Order." *American Sociological Review* 60(3). 李丁、唐承祚:《精英团结与政治审查:大学生党员发展机制的实证研究》,载《开放时代》2016年第3期。

② Dickson, B. J, *Wealth into Power: The Communist Party's Embrace of China's Private Sector*. Cambridge: Cambridge University Press, 2008, pp. 167–198. Landry. p. F, "Does the Communist Party Help Strengthen China's Legal Reforms?" *China Review–an Interdisciplinary Journal on Greater China*, vol. 9, no. 1, 2009, pp. 45–71.

中国政治学自主知识体系的建构：清华政治学系的探索

中国共产党的政党录用制度本质上是一种"自上而下"的供给性政党录用①。政党录用的审查标准、筛选偏好和特殊的统合考虑通常由党中央制定并层层向下"传达"以贯彻落实，政党录用的名额计划及分配方案也通常由上级党组织根据党中央入党政策向下级党组织"下达"至基层党组织，再由基层党组织动员和吸引社会人士申请入党，并在上级党组织指导下发展党员。现有研究认为，这种"供给驱动型"政党录用制度具有灵活性和适应性，在改革开放以来政治吸纳和精英选拔的过程中发挥着重要作用。党中央掌握录用政策调整的主动性，可以通过对入党标准、程序和控制权的调整来扩大执政基础和提升党组织能力。②一方面实现中国共产党"先锋队政党"所要求的精英吸纳和选拔功能③，另一方面推进党组织在全国各社会群体中的广泛覆盖并发挥"政治代表"作用。通过政党录用的这两个逻辑，中国共产党可以在全社会各群体中塑造政治信任及认同，还能够选拔具有政治能力和兴趣的社会精英参与公共治理，实现对社会精英的有效统合以保障政治稳定。④

改革开放以来，随着经济改革和社会建设的持续推进，我国的社会结构发生了巨大变化。一方面，传统工农阶层在总人口中的比重快速下降，且工农阶层也随着所有制改革和单位制解体而不断细分乃至碎片化。另一方面，技术革新和产业变革不断催生新生社会阶层，譬如个体工商户、私营企业主、自由职业人员等新兴社会阶层出现并不断扩大。这造就了人们在不同所有制、不同行业、不同地域之间的频繁流动，迫切需要政党录用制度的调适以适应社会结构的巨变。中国共产党在世纪之交提出"三个代表"重要思想，即市场经济深化发展时期"适应性吸纳"私营企业主、非公就业人群等新社会阶层入党的重要

---

① Dickson, B. J. "Cooptation and Corporatism in China: The Logic of Party Adaptation." Political Science Quarterly, Vol.115, no.4, 2000, pp.517–540; Appleton, S., et al. 2009, "The Economics of Communist Party Membership: The Curious Case of Rising Numbers and Wage Premium during China's Transition." Journal Of Development Studies, vol. 45, no. 2, 2009, pp. 256–275.

② Dickson, B. J 2014, "Who Wants to Be a Communist? Career Incentives and Mobilized Loyalty in China." China Quarterly, no. 217, 2014, pp. 42–68; Zhang, H, "Party Building in Urban Business Districts: Organizational Adaptation of the Chinese Communist Party." Journal Of Contemporary China, vol.24, no.94, 2015, pp. 644–664.

③ Zang, X. W "Technical training, sponsored mobility, and functional differentiation: Elite formation in China in the reform era." Communist And Post-Communist Studies, vol. 39, no.1, 2006, pp. 39–57.

④ 肖存良:《政治吸纳·政治参与·政治稳定——对中国政治稳定的一种解释》,载《江苏社会科学》2014年第4期。

条件①,十九大修订后的《中国共产党章程》进一步明确了吸纳"工人、农民、军人、知识分子和其他社会阶层的先进分子"的要求。政党录用策略的上述调适既保障了精英选拔及党员群体具有"先进性"的政治底色,也凸显了政治吸纳对全党发挥广泛"代表性"作用的政治属性。一方面,中国共产党可以从社会各阶层、各群体中吸收"先进分子"提升党员质量、发挥政治引领作用,另一方面扩大了中国共产党对社会各群体的包容性和代表性。若干研究发现,中国共产党对新社会阶层的政治吸纳使其嵌入体系,使得私营企业主等新社会群体获得政治身份上的认同,以提高其政治信任②,受到激励的同时规范自身行为,有效缓解了社会结构快速变化带来的"社会整合"和"认同塑造"挑战③。尤为重要的是,中国共产党"供给型"政党录用使得党组织在吸纳过程中限定政治录用的空间、方式和内容④。

(二)中国共产党党员的群体性特征:先进性与代表性的结合

党组织社会基础的扩大客观上对党的建设的要求也随之增强,加之社会转型期国家建设也迫切需要加强党的建设及领导作用。党员是党组织的肌体细胞,党的先进性首先需要依靠党员群体的先进性来体现,因此党员队伍建设也是党的建设的基础设施性工程。正如上文论述,随着社会主义市场经济的发展与社会结构的变迁,中国共产党不断调适其录用政策以提升党的"先进性"和"代表性",扩大政治吸纳覆盖面的同时保持政党录用体系的吸纳弹性。这部分将基于中共中央组织部的党内统计公报和五次全国代表性问卷调查数据,系统分析改革开放以来党员群体的结构特征及其变化,进而考察党员群体在政

---

① Dickson, B. J. "Cooptation and Corporatism in China: The Logic of Party Adaptation." Political Science Quarterly, Vol.115, no. 4, 2000, pp. 517–540.
② 黄金辉、魏倩:《中国共产党对私营企业主阶层的政治吸纳与整合——改革开放以来中国政治稳定的一个解释视角》,载《教学与研究》2017 年第 12 期。
③ 黄冬娅:《"三个代表"与中国现代化建设》,载《理论与当代》2002 年第 1 期;黄冬娅:《私营企业主与政治发展关于市场转型中私营企业主的阶级想象及其反思》,载《社会》2014 年第 4 期;何轩、马骏:《执政党对私营企业的统合策略及其效应分析:基于中国私营企业调查数据的实证研究》,载《社会》2016 年第 5 期。
④ 郎友兴:《政治吸纳与先富群体的政治参与——基于浙江省的调查与思考》,载《浙江社会科学》2009 年第 7 期。

中国政治学自主知识体系的建构：清华政治学系的探索

治信任、政治认同及政治能力上的特征，以深入理解转型期政党录用制度的调适逻辑及政治效果。本文使用的五次全国性代表数据为1993年"中国流动与社会变迁调查"、2002、2008和2012年东亚民主动态调查（中国大陆）数据和2015年"中国城乡社会治理调查数据"，这五次调查跨越改革开放的不同阶段，通过全国代表性抽样调查采集了丰富的有助于我们理解党员群体的社会基础、政治态度及行为的一手资料。

根据中共中央组织部发布的党内统计公报，改革开放以来，中共党员的总体规模呈快速扩张趋势。从二十世纪八十年代以来，中国共产党的录用政策大致经历了四次调整，党员群体的社会结构也随之变化。改革开放伊始，党的工作重心从阶级斗争转移到经济建设上来，着重强调吸纳掌握先进生产力的知识分子、专业技术人员等入党，以发挥其对经济增长和现代化建设的作用。进入九十年代，党的录用政策进一步调整为重点吸纳优秀青年群体入党，尤其是针对青年大学生形成了针对性政党录用政策，这为党组织引领青年群体发挥了积极作用。随着改革开放的深入，以个体工商户、私营企业主与自由择业者为代表的新社会阶层形成并发展壮大，该群体为经济发展和科技创新做出了重要贡献，由此引起2000年世纪之交党的录用政策的第三次调整，将非公有制从业者、私营企业主等群体扩展到录用对象，这一录用政策调整促使党的社会基础进一步扩大以适应经济转型的需求。2013年以来，党的录用政策再次调整并提出以"控制总量、优化结构、提高质量、发挥作用"的总体方针，有效地回应了党组织规模膨胀所带来的诸如质量参差不齐、集体行动困境、对弱势群体代表性不足、先进性作用弱化等问题。十八大以来，党的录用政策在强调控制党员，规模、提高党员质量的同时，尤为重视从青年工人、农民与流动人口中发展党员，以提升中国共产党代表工农阶层的"政治底色"。根据图1，该录用政策一方面引发"入党热"，入党申请人数持续增长，另一方面导致党员发展速度有所减缓。

概言之，改革开放以来，中国共产党善于根据社会经济结构的变迁而调适其政党录用政策，"供给性"地调节着党员群体的社会阶层、年龄构成以保障党组织的"先进性"和"代表性"。党员录用政策的调整带来党员群体社会经济构成的巨大变化。根据中国共产党组织史资料与党内统计公报（参见图

2),从人口学属性来看,女性党员占比稳步提升,自改革之初,从大概占全体党员的13.4%上升到2018年占比27.2%;少数民族党员占比也从5.5%稳定提升至7%左右;青年党员比例在改革之初有所下降,二十世纪九十年代优先录用青年大学生的政策调整使得青年党员比例稳定在25%左右;党员群体的受教育水平持续攀升,拥有大专以上学历的党员比例从1985年不足6%增长至接近50%。①

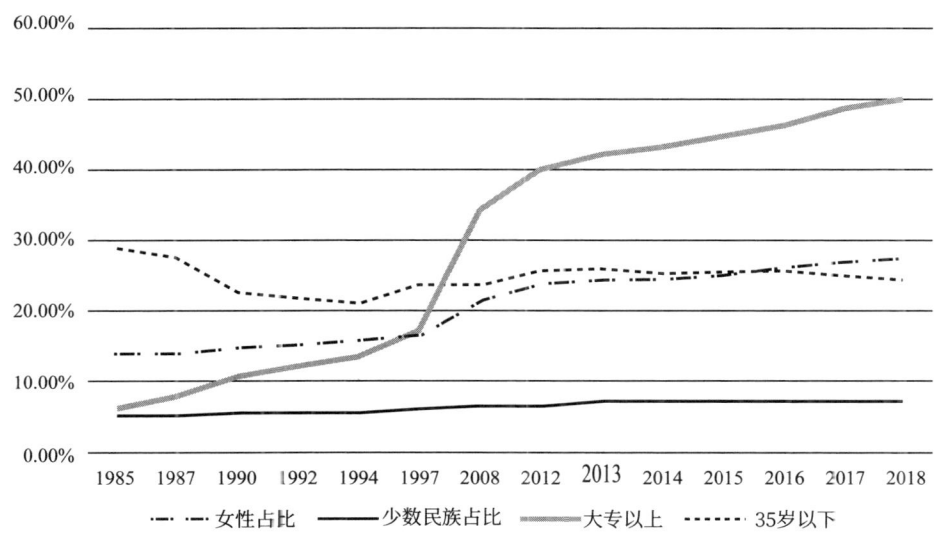

图2 党员群体性特征变化

数据来源:中国共产党组织史资料与中国共产党党内统计公报

根据图3,从职业构成来看,改革开放以来,党员群体中传统工农阶层占比下降较为明显,从1985年超过60%下降至2018年的35%;党政机关干部占比在改革之初略有上升,自1997年之后下降至8%左右且长期稳定在这一比例;企事业单位技术人员与管理人员等新阶层占比在2000年之后快速增长,2018年已经超过26%。党员群体社会基础的上述变化是社会结构转型与党员

---

① 中共中央组织部:中国共产党党内统计公报,http://news.12371.cn/dzybmbdj/zzb/dntjgb/;中共中央组织部、中共中央党史研究室、中央档案馆:《中国共产党组织史资料(中央卷)》第七卷,中共党史出版社,2000年,第1227页。

录用政策调适的共同结果，在保障党员群体先进性的同时也提升了党组织对社会各群体的包容性。

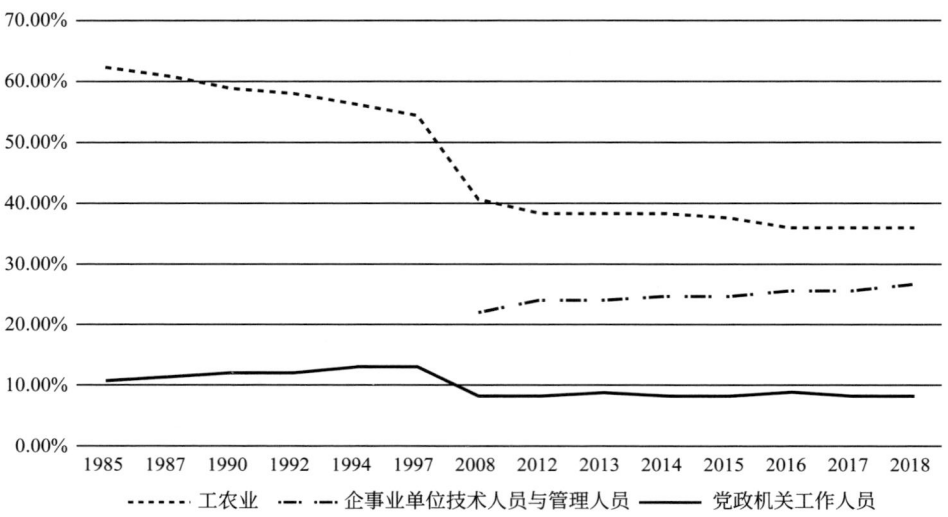

图3 党员职业构成特征

数据来源：中国共产党组织史资料与中国共产党党内统计公报

由于官方数据的维度有限，我们进一步利用1993—2015年间的五次调查数据来深入考察党员群体的社会经济基础及群体特征。表1比较了1993年和2015年的党员单位及职业构成。可以发现，党员群体中农民、集体企业、党政机关占比在20多年间显著下降，而来自私营企业、外资企业和个体户等非公有制从业者占比同期有大幅上升。自由职业者、灵活就业群体等其他群体的党员比重明显上升；值得注意的是，国有企业党员比例在同期保持在30%左右，这反驳了既有研究对国企改革后党员身份"回报"下降的判断。① 总体上，调查数据的发现与官方数据一致，呈现了改革期党员录用对"先进性"和"代表性"两种逻辑的耦合。

---

① Nee, V, "A Theory of Market Transition: From Redistribution to Markets in State Socialism." American Sociological Review, Vol.54, no.5, 1989, pp.663−681;Nee, V, "The Emergence of a Market Society: Changing Mechanisms of Stratification in China." American Journal Of Sociology, Vol.101, no.4, 1996, pp. 908−949.

表1 党员身份的单位构成:1993—2015年

	党政机关	国有企业	集体企业	私营企业	外资企业	个体户	农民	其他群体
1993年	22.19%	27.66%	7.90%	0.00%	0.30%	8.81%	28.27%	4.86%
2015年	12.50%	30.71%	3.26%	5.98%	1.63%	10.05%	22.83%	13.04%

数据来源:1993年"中国流动与社会变迁调查";2015年"中国城乡社会治理调查"。

我们进一步比较了党员群体和非党员群体的社会经济构成,发现二者在性别构成、城乡、受教育水平、收入水平和阶层认知上均有显著差别。在性别特征上,男性党员占据主导地位;在城乡问题上,更多的党员拥有城市户口;党员的受教育水平、家庭收入水平,以及对自身社会地位的认知等显著高于非党员群体。简言之,相较于非党员,党员群体结构体现出男性占比更大、城市居民数量更多、受教育水平更高、阶层的自我认知程度更高等特征,但改革以来,在党员录用政策的调整下,女性党员占比缓慢提升,党员教育水平得到提升,私营企业主等新社会阶层党员得到发展,工农业从业者占比下降,反映出中国共产党在党员录用上具有随社会经济发展而动态调整录用制度的"适应性"。

五、中国共产党政党录用的政治效果:政治信任、能力与认同

党员是党组织的细胞,全党的先进性和代表性有赖于党员群体的政治属性。改革开放以来,中国共产党基于保障党组织的"先进性"和"代表性"两个逻辑形成了"适应性"政党录用策略,该策略一方面促使党组织从社会各群体中选拔精英分子建设"先锋队政党",另一方面提升党组织对全社会各群体的政治吸纳和政治代表。上述两种逻辑塑造着"供给驱动"的"适应性"政党录用制度发挥着政治吸纳和精英选拔的作用,使得中国共产党在全社会各群体中塑造政治信任及制度认同,既能够选拔具有政治能力和兴趣的社会精英参与公共治理,又能够实现对社会精英的有效统合以推进国家建设。

为了考察政党录用制度的政治效果,我们采集了不同政党录用政策下的全

中国政治学自主知识体系的建构：清华政治学系的探索

国代表性数据以开展跨时段比较。正如前文所言，改革开放以来，政党录用政策在回应经济与社会转型时做出了诸多政策调适，而这些政策调适不仅影响了党组织的录用标准及偏好，更影响着党员的入党动机。经济转型引起人们的入党动机出现了一定变化，传统的社会主义意识形态色彩减弱，入党的实用性特征有所增强[1]。对于职业选择为党政机关或国有企事业单位的人们而言，加入中国共产党成了他们职业发展的必要选择；而在非公有制企业中，党员身份并非职业发展的关键条件，但成为社会参与的重要渠道。[2] 在这一变化基础上，党员身份成为影响人们政治态度和行为的重要因素。尽管党员身份已经不具有改革前的独特地位，但共产党员长期以来被视作宽泛意义上的政治精英[3]，他们在政治态度、政治行为等多方面具有区别于普通公众的显著特征[4]。这部分，将基于五次全国代表性调查数据，系统考察党员群体的政治信任、政治能力和制度认同。

（一）党员的政治信任

政治信任在某种意义上反映公众对政府的支持程度。通过政治信任程度展现出来的政治态度，也反映了公众对政府治理绩效的评价，因而公众的政治信任程度对整个政治体系具有重要作用。学界对于政治信任的研究涉及对中国公众政治信任水平[5]、信任特征[6]和来源的分析[7]。总体上，中国的政治信任展现出

---

[1] Sato, H., "The Changing Structure of Communist Party Membership in Urban China, 1988–2002," Journal of Contemporary China, Vol.17, no.57, 2008, pp.653–672；唐文方：《中共党员群体特征及政治态度分析》，载《中国治理评论》2012 年第 1 辑。Dickson, B. J., & Rublee, M. R., Membership Has Its Privileges The Socioeconomic Characteristics of Communist Party Members in Urban China. Comparative Political Studies, Vol. 31, no. 1, 2000, pp. 87–112.

[2] 37 Dickson, B. J 2014, "Who Wants to Be a Communist? Career Incentives and Mobilized Loyalty in China." China Quarterly, no.217, 2014, pp. 42–68.

[3] Walder, A. G, "Career Mobility and the Communist Political Order." American Sociological Review, Vol.30, no.3, 1995, pp. 309–328.

[4] Dickson, B. J., & Rublee, M. R, "Membership Has Its Privileges: The Socioeconomic Characteristics of Comunist Party Members in Urban China" Comparative Political Studies, Vol.33, no.1, 2000, pp. 87–112；唐文方：《中共党员群体特征及政治态度分析》，载《中国治理评论》2012 年第 1 辑。

[5] 肖唐镖、王欣：《中国农民政治信任的变迁——对五省份 60 个村的跟踪研究（1999～2008）》，载《管理世界》2010 年第 1 期；高学德、翟学伟：《政府信任的城乡比较》，载《社会学研究》2013 年第 2 期；Tianjian Shi, "Cultural Values and Political Trust: A Comparison of the People's Republic of China and Taiwan," Comparative Politics, Vol. 33, No. 4, 2001, pp. 401–419.

[6] 李连江：《差序政府信任》，载《二十一世纪》2012 年第 13 期。

[7] 李艳霞：《何种信任与为何信任？——当代中国公众政治信任现状与来源的实证分析》，载《公共管理学报》2014 年第 2 期；孟天广、杨明：《转型期中国县级政府的客观治理绩效与政治信任——从"经济增长合法性"到"公共产品合法性"》，载《经济社会体制比较》2012 年第 4 期。

了政治信任程度普遍较高；公众对于中央与地方政府的差序性信任格局，对中央政府的信任程度高于对地方政府的信任程度；对政治机构的信任高于对政治人的信任等特征。①

中国共产党党员占全国总人口6%，其政治信任对政治稳定无疑有极其重要的作用。本节主要聚焦于党员与非党员群体的政治机构信任水平及其差异，通过对人民代表大会、中央政府、地方政府、法院、军队、警察，以及公务员等具体政治机构和政治群体的信任程度进行衡量。

图4展现了党员群体与非党员群体对各政治机构信任程度的整体情况。总体来看，除个别年份公务员的信任度较低外，公众对于各个政治机构的信任占比基本在70%以上，党员群体的信任程度普遍高于非党员群体。其次，单从趋势进行分析，无论是党员群体还是非党员群体，对于各个政治机构的信任程度均呈现复杂的波动变化，整体呈现先上升后下降的趋势，这在某种程度上与社会事件的发生相呼应。2008年汶川地震、北京奥运会等事件极大增加了民族团

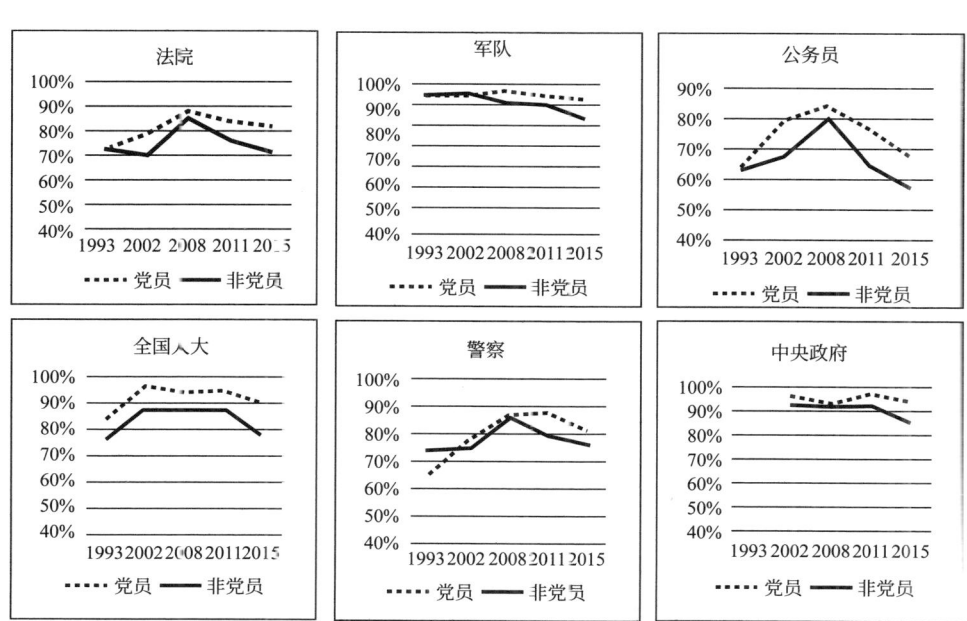

图4 党员群体与非党员群体对各政治机构的信任百分比

---

① 孟天广：《转型期的中国政治信任：实证测量与全貌概览》，载《华中师范大学学报（人文社会科学版）》，2014年第2期。

结度与认同感，政治机构的作为与相关宣传鼓舞了人心，提高了信任度。以汶川地震为例，在汶川地震发生后，民众对各级政府官员的支持与信任程度显著提高，但信任程度提升显现出"央弱地强"的差序性特征，但这种政治信任提升若无制度化的转化会随着时间变化回落。[①]这证实了全国性的社会事件对于政治信任有重要影响。2012年拉开了高压反腐的大幕，也影响了公众对政府的信任程度。简言之，公众对于政治机构的信任程度是存在复杂变化的，这种变化与重大社会事件的发生有着密切联系。即便如此，党员群体的信任程度是高于非党员群体的，在进入二十一世纪以来尤其如此。

表2呈现了我们对五次调查数据中政治机构信任度进行混合回归分析的结果。结果发现，党员身份显著影响对各个机构的信任程度，党员群体的政治信任程度显著高于非党员群体。回归结果也显示出家庭收入对政治机构信任程度的积极影响，即家庭收入高的群体对各政治机构的信任程度高；相较于农村人口，拥有城市户籍的公众的政治信任程度更低。党员群体、高收入阶层的高信任构成保障社会稳定的重要力量。

表2　机构信任的回归分析

	法院	军队	公安	全国人大	公务员	中央政府	地方政府
性别（男=1）	0.028	0.435***	0.043	0.513***	0.041	0.375***	−0.020
	(0.72)	(6.43)	(1.05)	(10.78)	(1.15)	(5.30)	(−0.46)
年龄	0.010	−0.044**	−0.013	−0.034***	−0.004	−0.128***	−0.061***
	(1.05)	(−2.35)	(−1.31)	(−3.04)	(−0.44)	(−4.85)	(−3.78)
城乡（城市=1）	−0.389***	−0.469***	−0.470***	−0.190***	−0.293***	−0.493***	−0.113*
	(−8.08)	(−5.95)	(−9.37)	(−3.24)	(−6.56)	(−5.63)	(−1.94)
党员身份	0.310***	0.270**	0.174*	0.466***	0.444***	0.283**	0.437***
	(4.42)	(2.18)	(2.53)	(4.77)	(6.88)	(2.04)	(5.41)

---

① 游宇、黄一凡、庄玉乙：《自然灾害与政治信任：基于汶川大地震的自然实验设计》，载《社会》2018年第5期。

续表

	法院	军队	公安	全国人大	公务员	中央政府	地方政府
受教育水平	0.049**	−0.064*	−0.103***	0.164***	−0.044**	0.169***	0.009
	(2.34)	(−1.83)	(−4.82)	(6.08)	(−2.32)	(4.25)	(0.36)
家庭收入	0.089***	0.167***	0.100***	0.124***	0.063***	0.186***	0.105***
	(5.91)	(6.63)	(6.49)	(6.89)	(4.73)	(6.85)	(6.31)
2002	0.070	0.284**	0.239***	0.882***	0.362***	−	−
	(1.14)	(2.03)	(3.67)	(11.13)	(6.27)	(.)	(.)
2008	0.883***	−0.420***	0.859***	0.765***	0.878***	−0.302***	0.645***
	(14.87)	(−3.86)	(14.28)	(11.96)	(16.69)	(−2.98)	(10.55)
2011	0.325***	−0.373***	0.544***	0.973***	0.128**	0.206	0.212***
	(4.74)	(−2.93)	(7.46)	(10.67)	(2.04)	(1.54)	(2.99)
2015	0.027	−0.976***	0.256***	−0.005	−0.219***	−0.957***	−0.481***
	(0.42)	(−3.08)	(3.80)	(−0.07)	(−3.70)	(−9.01)	(−7.55)
cut1	−1.350***	−3.867***	−1.425***	−2.506***	−0.961***	−3.986***	−1.403***
	(−16.38)	(−23.15)	(−16.60)	(−26.24)	(−12.64)	(−26.49)	(−15.58)
cut2	−0.628***	−2.784***	−1.038***	−0.632***	−0.482***	−2.550***	−1.016***
	(−7.52)	(−17.01)	(−12.02)	(−6.47)	(−6.29)	(−16.44)	(−11.19)
N	15691	15691	15691	15691	15691	12404	12404
Chi2	494.981***	241.330***	493.193***	638.885***	666.497***	227.701***	459.783***
Likelihood	−110503.4	−4240.8	−9477.9	−7202.6	−12109.0	−3716.0	−8070.5
Pseudo R2	0.0233	0.0271	0.0255	0.0442	0.0269	0.0313	0.0285

注：括弧中是t统计量；* $p<0.1$，** $p<0.05$，*** $p<0.01$。

（二）党员的政治能力与政治认同

一般而言，党员的精英化程度要高于普通群众，前者在党政机关及公务员队伍中占比更大。在具体的政治社会实践中，党员需要发挥带头先锋作用，党员群体对于政府、制度的认同，以及政治能力对于发展社会经济、推动国家治理能力与治理体系现代化具有极其重要的作用。政治能力与政治认同在问卷调查中通过李克特量表来测量，我们利用混合回归分析考察了党员身份对政治能力和政治认同的影响。

表3　政治能力和政治认同的回归分析

	政治能力	政治认同
性别（男=1）	0.159***	0.092***
	(9.40)	(7.35)
年龄	−0.005	−0.030***
	(−1.22)	(−9.46)
城乡（城市=1）	−0.105***	−0.023
	(−4.92)	(−1.42)
党员身份	0.352***	0.115***
	(11.90)	(5.58)
受教育水平	0.053***	0.003
	(5.93)	(0.51)
社会阶层	0.086***	0.088***
	(8.87)	(11.98)
家庭收入	−0.027***	0.007
	(−4.22)	(1.40)
2002	−0.019	−0.018
	(−0.72)	(−1.06)
2008	−0.066***	−0.036**
	(−2.72)	(−2.35)
2011	−0.335***	−0.749***
	(−11.63)	(−30.59)
2015	−0.367***	−0.741***
	(−12.52)	(−30.71)
_cons	−0.284***	0.644***
	(−6.58)	(20.09)
N	14677	14677
R2	0.0475	0.1792

注：括弧中是t统计量；*p < 0.1，**p < 0.05，***p < 0.01。

表3展示了政治能力的回归结果。相较于非党员群体，党员群体对自身的能力具有更高的认知。此处的政治能力主要聚焦于政治事务认知与政治参与能力的主观认知。其中，党员在政治参与能力的自我认知上显著高于非党员群体，认为自身对于政治事务有一定的了解，有更高的政治效能感。

政治认同程度反映了对现有政治制度的认可和支持程度。在政治认同层面，1993年、2002年、2008年三年主要通过"尽管我们国家的政治制度有这样那样的缺点，但它还是最适合中国国情的"这一问题进行测量，而在2011年与2015年则是通过对四个相关问题的因子分析进行测量。结果显示，党员群体的制度认同显著高于非党员群体，党员群体更加倾向于认为我国制度最适合我国国情，更能解决中国的实际问题。

基于以上分析，我们可以初步得出结论，长期以来，党员群体的政治能力认知与对政治制度的认同程度是高于非党员群体的。事实上，相关研究也证实了党员群体的政治参与程度高于非党员群体，通过更高的政治参与来表示对党和国家的忠诚。[1]

因此可以推断，党员群体的政治能力认知或者说政治效能感、政治认同与政治参与程度总体上高于非党员群体。

六、结论与讨论

中国共产党被视为解码"中国治理之谜"的关键主体，国内外学术界近年来围绕党的建设在中国治理中的角色开展了系统研究，并提出将政党带回来的呼声。西方主流政党政治理论解释了现代国家形成后政党在政治生活中关键行动者的角色，以及相应的政治功能，然而，政党在后发国家还扮演着现代国家"建设者"的角色，通过政党以推进政治共同体的社会整合、国家认同塑造和国家能力建设等作用。本文试图超越西方主流政党理论，在理论上阐明后发国家中政党建设与国家建设的关系，回应比较政治学经典学者萨托利、亨廷顿等对政党建设影响国家建设的理论关切。

中国近现代国家建设的历史一定程度上是"以党建国"的历程，早期国民党、中国共产党都扮演着国家建设引领者的角色，譬如中国共产党设计并塑造着新中国的国家认同、国家秩序和政治制度，更是通过党的建设驱动着国家能力、政治吸纳和社会统合系统的演变。本文聚焦当代中国的党建与国家建设以

---

[1] Dickson, B. J 2014, "Who Wants to Be a Communist? Career Incentives and Mobilized Loyalty in China," China Quarterly, no. 217, 2014, pp. 42–68.

中国政治学自主知识体系的建构：清华政治学系的探索

呈现国家治理现代化过程中"政党建设"与"国家建设"两个图景之间的有机关联。这一方面有助于深化对我国国家建设进程的理解为国家治理现代化提供一种新叙事，另一方面可以重新认识中国共产党周期性地开展党建运动的政治逻辑。受篇幅限制，本文利用实证研究探讨了改革开放以来中国共产党通过政党录用制度的调适推进国家建设的作用。作为一项系统性制度变革，改革开放带来了市场力量与社会力量的复归，进而引起社会经济结构的快速转型。面对上述变迁，中国共产党形成了兼具"供给性"和"适应性"的政党录用策略，该策略"自上而下"地优化着党组织的先进性和代表性，成为改革期发挥精英选拔、政治吸纳乃至制度认同构建的重要途径。

改革期我国党员规模持续扩张，党员群体的先进性和代表性也有所提升。一方面，大专及以上学历的党员比例快速上升，私营企业主、外企和私营企业等非公有制就业人群等新社会阶层占比显著提升；另一方面，女性党员、少数民族党员占比稳步提升，传统工农业从业者占比有所下降，而新生工农业群体占比有所拓展。尤为重要的是，1993—2015 年的五次重复性截面数据显示，党员群体在总体上对各类政治机构有更高的信任程度，而且具有更高的政治效能感与政治认同感。纵观改革以来 40 多年，党员群体的高政治信任、高政治能力和高政治认同并未随市场改革和社会结构的变迁而有所削弱，反而在 2008 年之后成为塑造政治信任和政治认同的关键群体。这意味着"市场转型理论"认为市场化会削弱党员身份的价值的判断过于简化，事实上，改革开放以来，中国共产党通过对政党录用制度的调适有效地吸纳和统合了社会各群体，维持着党员群体对中国特色社会主义制度的政治信仰和制度认同，更筛选出政治能力较强的社会精英来保障中国共产党的"先锋队"性质。简言之，党员群体兼具"先进性"和"代表性"的双重政治属性不仅推进了党组织的能力建设，譬如从社会中吸收和筛选精英分子提升党组织的行动能力。党员群体作为嵌入社会机体的"组织细胞"在全社会发挥着政治吸纳和利益代表功能，一方面代表社会各群体向党组织反馈多元化社会利益，另一方面扎根社会机体，动员社会大众有序参与公共治理，进而提升基础设施性国家能力。

改革开放以来，随着中国共产党的工作重心的转移和社会经济结构的快速变迁，中国共产党采取了兼具"供给性"和"适应性"的政党录用策略，在经济转型的不同阶段多次调整政党录用策略以适应社会变迁。政党录用策略的调整集中反映为不同时代党员群体社会基础的转变，以及由此引起的党员政治信任、政治能力和制度认同的塑造。党组织在提升其代表性、包容性的同时，也不断加强纯洁性与先进性建设，这保障了改革期党员群体始终保持高水平的政治信任、高政治能力和高制度认同，成为改革期中国共产党通过精英选拔、社会整合乃至构建制度认同以推进国家建设的重要机制。

中国政治学理论建构的田野基础、历史脉络与创新维度

景跃进

进入二十一世纪以来，中国政治学正在经历一场重要而深刻的变化。这一变化集中体现在研究方法和基本理论两个方面。研究方法的变化主要是指大数据技术的引入极其广泛运用的前景，使得这门学科产生某种程度的基因突变，在研究风格、论文版式、从业人员、实践性等方面形成了与既有研究不同的品性。与之不同，基本理论方面的变化主要源于学科内部的发展逻辑。具体而言，是指中国崛起这一事实对于比较政治学主流理论提出的挑战，以及如何消解由这一挑战带来的各种问题。如果说新的研究技术可以成建制采用并快速传播，那么基本理论方面的变化就复杂多了，因为它涉及诸多易引发争议的问题——如何看待中国道路与中国历史的关系、如何看待中国政治实践与西方政治学理论之间的关系、如何看待中国政治学与西方政治学的关系，等等。对于这些问题的不同回答，会导致研究的问题意识及研究议程的一系列变化。

这些重大变化将持续多久？会产出何种有价值的知识？对中国政治学的未来发展可能打下何种烙印？这些问题目前尚没有答案，但根据已有的变化可以审慎做出两个基本判断：第一，这些变化或将从根本上改变这门学科自二十世纪八十年代初恢复以来所形成的基本面貌；第二，经过40多年的发展，中国

政治学开始步入理论创新的阶段。①

处在这样一个转变时期，反思性研究与实证研究具有同样重要的意义。在这篇文章中，笔者想讨论三个问题：即中国政治学演化的田野基础、历史脉络和理论创新的空间。

一、田野基础

调查研究是中国共产党人的优良作风——从毛泽东对湖南农民运动的实地考察，到提出"没有调查就没有发言权"的工作原则，第一代中国共产党人在革命实践中建构了这一传统。然而，作为学术名称的"田野调查/田野研究"（field work 或 field research）一词却来源于西方学界。在笔者的印象中，这个词被引入政治学是通过人类学和社会学的中介而完成的。最初，它的使用范围比较狭窄，与乡村研究联系在一起，具有某种真实的"田野"风味。这一情况与中国政治学发展的特定背景有关——二十世纪八十年代后期《村委会组织法（试行）》的通过，为九十年代中国乡村政治研究打开了一个适时的通道。随着研究范围从乡村到城市社区的扩展，以及从基层政治到地方政治（乃至高层政治）的提升，"田野"一词的含义也悄然发生相应的变化，它超越了最初的乡村中国之意涵，升华为政治发展的中国实践。②如今，政治学的"田野学派"，或"田野政治学"这样的字眼正在专业刊物和学术媒体高频呈现。③其学术志向显然不局限于乡土中国的范畴。

"田野"视野之所以重要，对于本文写作而言，乃是因为它具有双重意义：既是中国政治学研究的扎根之地，又是中国政治学者发生思维转型的现实

---

① 做出这一判断的依据有三个指标：一是习近平总书记 2016 年 5 月 17 日在"哲学社会科学工作座谈会"上的讲话；二是"历史政治学"和"田野政治学"在这两年的集体亮相；三是国内政治学从业人员对这个问题的看法正在逐渐形成共识。

② "田野调查"与"田野"是两个不同的概念，"田野调查"是学术专用术语，指一种特定的研究方法；"田野"在本文中有多重含义，它是政治学的研究对象，既可以指乡村（通常的用法），也可以指整个中国（一种隐喻）。

③ 徐勇，"基于田野实践构建中国政治学理论"，载《中国社会科学报》2020 年 8 月 18 日头版专访；徐勇，"田野政治学的核心概念建构：路径、特性与贡献"，载《中国社会科学评价》2021 年第 1 期；吴记峰，"政治学田野学派的崛起及其拓展路向研究"，载《党政研究》2021 年第 3 期。

中国政治学自主知识体系的建构：清华政治学系的探索

依据。在这个意义上，所谓的田野政治学本质上是中国政治学，它强调一切从实际出发，基于中国国情来检验西方政治学理论；在"必要之时"，勇于承担起作为学者的使命——建构能够解释和说明中国政治现象的概念、命题和理论。

在有准备的地方，迟早会遭遇可能。改革开放40多年的实践提供了这样的"必要之时"。尽管这一点尚未成为政治学界的普遍共识，但是西方政治学主流理论无法充分解释中国政治的发展，是一个众人无法回避的基本事实。对于这一困境，从事中国政治研究的西方学者并非没有感受，而且做出了诸多的回应。例如自2003年美国哥伦比亚大学政治学系教授黎安友在"威权"前面添加形容词（韧性威权）以来，类似的做法几近成为一种产业。有学者统计了1987年至2019年这32年间，在威权前面添加的形容词已近20个之多。用国内流行的术语来说，这或许表明西方的相关研究已进入一种学术"内卷"。全面而系统地评价这一时期海外中国政治研究需要一篇专论，对于本文写作而言，以下三个命题的评价应是恰当的：第一，西方政治学理论确实解释/预测了部分经验现象，如市场化改革导致社会结构和利益格局的分化、对法治秩序的需求；市场化和法治助益于公民权利的发展，以及政治参与感的提升等；第二，西方政治学理论对中国政治发展所做出的宏观预测是失败的。中国的市场化改革并未导致西方所期待的民主化。此外，将选举视为善治前提的观点也缺乏经验基础；第三，针对中国出现的"反例"，西方政治学理论所做出的调适是不够的，在"威权"前面不断添加各种形容词并不能更好地认识中国政治。由此，在理论与实践关系间出现了一个巨大的BUG。正是在这个地方，我们发现了号称"科学"的西方/比较政治学，遇到了"政治正确"的滑铁卢——这或许是在"威权"前面不断添加形容词的一个真实原因。

相比于西方同行，亲身处于改革开放实践场域的中国学者没有那么多学术之外的负担。一如经历了思想解放运动，实事求是、实践是检验真理的唯一标准，这样的表达已不再是宣传性口号，而成为认识复杂世界和评判理论的基本工具。在二十世纪七十年代末，这个国家依凭这一工具实现了历史性的伟大转折，开拓了改革开放的宏业。如今，中国这块富硕的田野再次成为检验理论的场所和试金石，所不同的是，这次接受检验的是曾被认为是"普遍真理"的西方政治学理论。

结果众所周知，西方理论在中国实践前面出现了卡壳。对于许多学者而言，这实在是一个"意外"。有趣的是，在这个"意外"面前，人们采取了不同的回应方式。自然科学研究遭遇"意外"乃是平常之事，以辩证观点来看，正是"意外"为科学发展提供了难得的机遇。然而当"意外"发生在社会科学时，情形就不那么简单了，因为社会科学在处置经验现象时，时常或明或暗地与价值世界打交道。一旦价值因素渗入经验研究，理论与经验事实的关系就变得复杂起来。简言之，在这种情况下对理论与事实关系的判断受到研究者价值立场的影响。①

在这种情况下，如何看待西方理论与中国经验之间的关系？对这一问题的不同回答构成了中国政治学分化的逻辑起点。对于一部分政治学研究者而言，改革开放所取得的伟大成就开启了第二场思想解放运动。如果说第一场思想解放运动旨在从个人崇拜和左倾路线的束缚中解放出来，那么这次发生在学界的思想解放运动则要从西方政治学的学术权威和教条知识的束缚中解放出来。

回头来看，第二场思想解放运动实现了一个重要的学术转变：中国政治现实不再是一个负面的、需要进行病理分析、最终会经历"体制转型"的对象。由此，中国政治现实与学术研究的关系被重新界定：它是一个需要认真对待的研究对象，是研究问题意识的来源，是学术灵感的产床，是理论创新的素材原产地。这是一种看待中国政治的全新认识，这并不是说各种问题和弊端不复存在，而毋宁说这些问题和弊端可以通过"国家治理体系和治理能力现代化"的工程来加以解决、克服和减缓。

这一叙述表明，中国政治学近年来发生的变化，虽然充满争议和歧见，但它是内生的，而不是外力强加的，有着自身的演化逻辑。从最初的学科恢复、翻译引介，经迭代的田野研究，到如今的"田野政治学"（中国政治学田野学派），浓缩了数代政治学者的心路历程。由此可见，中国政治学已在不经意间经历了双重意义上的分化：一是中国政治学与西方/比较政治学的分化；二是中国政治学自身的内部分化。经由这些分化，中国政治学界的多种声音已是一

---

① 笔者在一篇文章中曾讨论了这一问题的复杂性。参见景跃进"中国政治学的方法论反思：问题意识与本土关怀"，载《浙江社会科学》2017年第7期。

个现实；令人担忧的是，中国政治学从业者是否仍处在同一个世界？他们之间如何对话？这些是以前从未遇到过的新问题，没有现成的答案。

二、历史脉络

古希腊的阿基米德曾说："给我一个支点，我就能撬动整个地球。"在某种意义上，发生在"田野"及国际环境的变化，构成了一个改变中国政治学的支点。它不但促使人们反思主流理论对中国政治的看法，也提出了如何看待当代中国与历史中国关系的问题。这是一个"牵一发而动全身"的变化。

通常情况下，史学家告诉我们，了解历史有助于理解现实。现在政治学研究者说，理解现实必须诉诸历史。表面上看，这两个说法并无区别，然而魔鬼就隐藏在细节之中。

历史是一道蕴含着丰富内涵的风景线，横看成岭侧成峰，究竟呈现何种形象很大程度上取决于观察者所处的位置及由此提供的视角。1840年之后西学东渐，中国被硬拽入一个由"民族—国家"构成的国际秩序之中，从"天下"的顶峰跌入"万国"的深谷，一度手足无措，备受煎熬。西人眼中的中国，不是愚昧落后，便是软弱可欺。被人打败了，不得不改变自身，这便是近世中国历史景象的原色；在这一原色上勾勒的画面自然是悲怆的。对于数代中国人而言，"落后就要挨打"，恐怕是最有说服力的真理。而对落后的归因，非常容易导致对自身制度和文化传统的不自信。

在经历了百年奋斗之后，中国共产党领导中国人民摆脱了被宰割的命运，改革开放取得的成功使中国比以往任何时候都接近世界舞台的中央，国人终于迎来了"百年未有之大变局"。这一变局为我们观察世界和中国（历史）提供了新的视点。走出低谷的中国如何看待自身的千年历史和文化传统？如何看待中国的百年现代化史？这是一个新的课题。令人高兴的是，一些历史学家已经做出了及时的回应，为政治学研究者提供了示范。①

---

① 李怀印，"中国是怎样成为现代国家的？——国家转型的宏观历史解读"，载《开放时代》2017年第2期；斯蒂芬·哈尔西，《追寻富强：中国现代国家的建构，1850–1949》，北京：中信出版社2018年。与其他历史作品不同，这两位作者用积极的心态来看待、用肯定的语言来讲述近现代中国国家建设的故事。

时代背景的这一转换，有助于我们理解"历史政治学"在中国政治学舞台的亮相。质言之，历史政治学旨在摆脱改革开放以来美国政治学对中国政治研究的独大影响，通过历史视野的引入，从基础层面打开中国政治学知识建构的自主空间，为当代中国政制提供合法性基础。近年来，围绕着历史政治学的主题，学界亦已发表诸多论文，而且其影响也超出了政治学范围。不过，到目前为止，历史政治学与其说是一个成熟的研究取向或学派，不如说是一项颇具雄心的研究纲领。①

本文以为，相比于历史政治学的框架搭建，人们对待中国历史的态度变化或许具有更为深远的意义。在某种意义上，我们正在经历一个与"从鸦片战争到五四运动"不同的反向逻辑演化过程。

金耀基先生曾借用汤因比的文化反射律来描述近代中国的现代化过程。所谓文化反射律，是指一种强势文化对另一种文化的影响力与文化要素的价值含量成反比关系。根据这一"定律"，越是价值含量高的要素受到的阻力就越大。如果将文化分解为器物、制度和价值观念三部分的话，那么通常情况下，当两种文化相遇时，强势文化对弱势文化的透射过程一般是从器物到制度，再到价值观念（文化）。据此而观，中国近代史上的洋务运动（器物层面）、戊戌变法与辛亥革命（制度层面）、五四新文化运动（价值层面）可以视为这三个逻辑环节的具体展现。②

历史常常出其不意。改革开放所取得的成就极大地改变了国人的认知和心态，在此基础上逐渐形成了一个不同于近代史的"反向运动"。变化是从GDP数字/良好绩效开始的，以此为依据，推导政治制度的优点（中共十九届四中全会做出的决议，概括了中国政制的13条优势），再由制度推导到文化与历史（在道路/理论/制度自信的基础上，提出文化自信）。无论是中国近代史的三阶段论，还是新时代的四个自信论，两种论述的运思方式和推论逻辑是一致的，皆从绩效合法性出发，经由制度的中介，最后推导至价值合法性，但是

---

① 到目前为止，国内政治学界关于历史政治学阐释最有力的学者是杨光斌教授，参见其"历史政治学视野下的当代中国政治发展"（《政治学研究》2019年第5期），及"以中国为方法的政治学"（《中国社会科学》2019年第10期）两篇代表性论文。

② 金耀基，《从传统到现代》（卷1），北京：法律出版社2010年，第124—129页。在某种意义上，改革开放初期，国人以最快的速度重温了近代史的这一心路历程。

它们所体现的国运和得出的结论刚好是反向的。

在不到 200 年的时间内，我们经历了与先辈完全不同的心路历程。如果说清末李鸿章的"数千年未有之变局"，乃是对那个时代的悲叹；而今"百年未有之大变局"的判断，则是对中国走向世界舞台中心的自信预测。两个大变局，百年对千年，人们对古今中西关系的看法出现了大反转。与之相应，不少中国政治学者对待西方政治学的态度和立场也发生了本质性的转变。就此而言，中国政治学理论建构这一命题的提出，折射了这个时代的变化。

三、中国政治学理论建构的逻辑空间

田野政治学与历史政治学从不同角度提出了建构中国政治学知识体系的主张。自二十世纪八十年代恢复以来，中国政治学在经历了翻译、引进、本土化、反思等环节后，正在进入一个理论创新的阶段。

这是中国政治学发展的一个重要时刻。在这个时刻，我们需要做出一个基本判断，中国政治学理论建构的程度和层次处在一个怎样的状态？换言之，我们所要从事的理论创建工作属于什么性质？有哪些特点？

一般而言，理论创新可以根据挑战的性质和程度区分为不同的层次，它们依次为：（1）新的概念，用于说明新的现象；（2）新的修正性/补充性命题，用以解释原有理论难以解释的现象；（3）对原有理论做出重大修改，提出新的中层理论；（4）范式革命，颠覆原有的知识框架并进行重构。就逻辑而言，这四者的关系可以表述为两个方面：其一，在依次递进的关系中，前面的变革不一定导致后面的变革，但后面的变革必定包含前面的变革；其二，理论创新的递进程度与其遭遇的困难程度成正比关系，理论更新程度越大，对于研究者的知识积累和创新能力的要求就越高。

在这一理论创新的程度谱系上，中国政治学要解决的问题发生在哪个档位？这是中国政治学理论创新必须回答的前置性问题。然而对这个问题的回应不能从政治学理论中去寻找答案，因为中国政治学所从事的理论创新取决于现代化的中国道路相对于西方道路的差异性及其特点。显然，这是一个关于中国现代化模式的宏观判断。2016 年 5 月，习近平总书记在哲学社会科学工作座谈会上的讲话中,直截了当地指明了这一点:"历史表明,社会大变革的时代,一定是哲学社会科学大发展的时代。当代中国正经历着我国历史上最为广泛而深刻的社会变革,也正在进行着人类历史上最为宏大而独特的实践创新。这种前无古人的伟大实践,必将给理论创造、学术繁荣提供强大动力和广阔空间。这是一个需要理论而且一定能够产生理论的时代,这是一个需要思想而且一定能够产生思想的时代。"[①] 用学术话语来表达,中国政治学理论创新发生在范式革命的层次。

在这一假设下,笔者以为,中国政治学理论建构的空间至少包括以下这四个层面:

1. 基本概念的创制与重构

基本概念对于一门学科的重要性已为学界所公认。近年来学界已出版和发表有关政治学重要概念的若干著述,对于中国政治学的学科建设和知识积累产生了重要影响。与此同时,关于西方政治学概念是否是分析当代中国政治的合适工具,逐渐成为一个反思的话题;概念建构便是在这一语境下提出的问题。

提出这一命题乃基于下述两个方面的原因:一是恰当性考量,它要求认真辨析来自比较政治学的相关概念,不能无差别地将它们运用于中国政治的分析。换言之,用西方概念来描述中国政治存在适用性的问题,有的适用,有的未必适用,不能硬套。二是建构性考量,要求我们认真对待中国政治经验的特殊性,在缺乏适当概念的情况下,学会用抽象符号加以提炼和表达。

在恰当性考量方面,亦已形成相关的学术争论。例如围绕着西方"公民社会"概念,学界已发表商榷性论文;对"治理"概念的各自理解,显示了不同阐释方案之间的张力;而"威权"概念则已基本退出国内政治学专业期刊的版面。概念泡沫的清理是建构中国政治学理论的一项基本工作。

相比之下,在建构性考量方面所体现的努力似乎更见成效。改革开放以来,学术界已出现不少颇有影响力的概念(术语),如压力型体制、差距信

[①] 习近平,"在哲学社会科学工作座谈会上的讲话"(2016年5月17日),新华社授权发布2016年5月18日 http://www.xinhuanet.com/politics/2016-05/18/c_1118891128.htm.

任、政治锦标赛、市场+官场、举国体制、国家治理、协商民主、代表制民主、民主集中制政体、政治势能等，其中有些是中国学者自创的（包括经济学家），有些具有混血的性质，有些是海外首先使用，但在中国成为建制性概念。徐勇教授在新近发表的文章中，系统梳理了"田野政治学"脉络中的若干概念，如祖赋人权、家户制、韧性国家、韧性小农、关系叠加、国家化、农民理性的扩张等。①

这些概念能否经得起时间的考验，现在尚不能做出最终判断。有些经历了各种打磨而幸存，成为政治词典中的专业词汇，有些则有可能在时光的流逝中逐渐消失。不管结果如何，概念建构的努力值得充分肯定——这些术语旨在更准确地认识和描述中国政治现象，以避免西方概念运用于中国场景时出现的"概念拉抻"现象。可以预见，这方面的工作将因循已有的轨迹不断深化下去。②

2. 新的理论命题及知识体系

除了概念，中国政治学的理论创新也涉及命题的建构。这些命题既可以是反向的，亦即对既有命题的否定或修正，也可以是正向的，亦即以陈述句的方式将两个概念联系起来。从逻辑上说，所谓理论就是众多命题按照一定的逻辑关系组合起来。就此而言，中国政治学理论建构类似于一个搭积木游戏：首先是拥有一系列合适的概念，然后在概念之间建立系统性的联系（命题），最后将命题以逻辑的方式建构为理论。当然，这只是一个抽象的说明，实际的理论建构过程很可能是在三个层面往返穿插、以互动的方式进行的。

应当承认，相对于概念建构，中国政治学在提出有效命题方面似乎有所欠缺。如果按照描述性和解释性来区分不同类型的命题，那么我们可以看到进一步的差别。相对于解释性命题，描述性的命题稍微充分一些，尽管"因果—机制性解释"在科学价值上要高于单纯的经验描述。

然而，即使是描述性命题，我们也必须承认相应的不足。尽管许多学者在从事中国政治研究，但人数多寡与成果大小之间似乎没有必然联系。至今，我们对于中国政治诸多方面的理解和认识仍是肤浅的，或是跛脚的。前几年，我

---

① 徐勇，"田野政治学的核心概念建构：路径、特性与贡献"，载《中国社会科学评价》2021年第1期。
② 需要指出的是，所谓基本概念的创制与重构并不意味着一切推倒重来，这既不可能，也不可欲。

们编了《中国政府与政治》教科书，得到了学界同仁的一点肯定，但我们自己非常清楚，中国政治的许多现象依然没有说清楚。导致这种现象有许多缘由，既有主观方面的因素，更有客观方面的原因。

值得注意的是，执政党从意识形态维度提出的一些命题，对于中国政治学理论建构具有重要的意义。其中，最著名的命题是"中国共产党的领导是中国特色社会主义最本质的特征"。这一陈述可以视为执政党对中国政制的自我认识之正式表述；如何将这一命题（及其他相关命题）转化为学术表达并融入中国政治学知识体系，是一个值得认真考虑的问题。

3. 比较政治学分析框架的重构

作为不同于西方现代化的中国道路具有双重的溢出效应：既溢出了西方现代化的历史经验，也溢出了西方现代化的理论体系。中国道路/中国模式，无论其政体类型，还是"民族—国家"类型，都无法恰当地栖身于西方比较政治学的知识大厦。因此，比较政治学的分析框架必须进行调适，以容纳来自中国的经验。

到目前为止，能够最大程度容纳不同国家/政体的分析框架是"结构—功能主义"或政治系统论。两者虽有诸种重要的区别，但在两个方面具有相当的一致性：一是系统思维，无论是对其做有机体的理解，还是将其视为具有反馈性的机械装置；二是它们的分析层次都超越了政体论，因而不同类型的政体可以放在同一个分析框架中进行描述、分析和比较。事实上，"结构—功能主义"分析框架的提出就是为了解决二战之后新兴民族国家涌现而带来的比较对象扩张的问题。"结构—功能主义"和系统理论在比较政治学中的退场或边缘化，自有诸种原因。面上的主要理由是它们不能满足因果机制解释的要求，停留于泛泛的一般性叙述，但同样重要的是，它们无法充分凸显不同制度之间的本质差异，而这种差异和二元对立（先是民主与极权，后是民主与威权）却是西方民主输出国意识形态斗争所需的。

冷战结束和第三波民主化曾促成"历史终结论"在全球的流行，然而中国的崛起、第三波民主化中出现的失败国家，以及西方国家内部的治理危机，以讽刺的方式宣告了"历史终结论"的终结，全球化由此进入了一个新的阶段。

中国政治学自主知识体系的建构：清华政治学系的探索

国际格局的深刻变化从一个全新角度提出了如何看待中国在全球体系中的位置的问题。

在此，中国政治学、比较政治学与国际关系理论开始形成了它们的切合点。在全球化过程中，国内政治与国际政治、中国政治学与比较政治学、比较政治学与国际关系学的传统界限正在被不断突破，分析国内政治必须有国际视野，一如分析外交政策必须理解国内政治；比较政治学或许可以作为沟通两者的一座重要桥梁。在结论部分，本文将再次强调这一点。

在这个意义上，对于中国政治学理论建构而言，"将'结构—功能主义'带回来"或许是一种必要的选择。当然这不是简单的回归，而是带着现代化的中国经验加以重新构造。这意味着，对于中国道路的论证而言，理论建构必须在两个层面同时进行：第一个层面是建构能够说明中国政治的制度结构和运作机制的理论，在这个层面，中国政治学与西方政治学是并列的；第二个层面是在中西之上，建构一个能够包容两者的政治学分析框架。这样的分析框架能够为我们提供新的比较分析视野，例如不同制度结构的比较、过程机制的分析，以及绩效及缺陷的比较等。

4. 价值维度的正当性论证

事实与价值的区别构成了政治科学与政治哲学相区分的依据，但这里的区分是"软区"，而不是"硬区"。事实与价值的区分自有限度，且区分程度与理论层次成反比关系。理论层面越高，价值与事实的联系越是紧密，将它们区分开来的难度就越大。

对于社会科学而言，可以从三个方面来理解事实与价值之间的关系：（1）文化定见或前见，这是最普遍也是最隐蔽的方式；（2）理论制约人们的观察；（3）在理论与事实发生脱节时，价值立场决定人们如何看待和对待现实。虽然这三种机制发挥作用的方式各不相同，但导致的结果是一样的：社会科学理论作为一个整体不可能是价值无涉的，恰恰相反，价值系统是社会科学的基础支撑。

在诸多社会科学中，经济学因为量化分析程度最深、数学模型采用最多、公式化程度最高，而被视为社会科学中的皇冠。然而，这并不意味着经济学是一门纯粹的科学。事实上，经济学是一门将价值与事实结合得紧密无缝的学科。从政治学的角度看，微观经济学与自由主义有一种亲和关系，因为它在价值上以个人为本位，在分析上以个人为单位。在此，作为价值本位的个人与作为分析单元的个人完美无瑕地结合在一起。经济学尚且如此，更何况政治科学。虽然冠于"科学"的名称，但很少有政治学研究者标榜自己的研究是价值无涉的。

由此可以推导，一个完整的制度体系在理论言说方面，既要保持理论与经验的一致性，又要保持价值与事实的一致性。近代以来，西方以实力为后盾，以普遍性名义推行自身的理论和制度，将发展中国家视为被征服和被改造的对象，旨在建立一个基于西方现代化经验的世界模式，在此基础上实现理论与经验、价值与事实的双重一致性。中国的崛起意味着这一方案被历史终结了，一种新的可能正展现在世人面前。

这种可能性要成为现实，价值因素是必备的条件。对于中国政治学知识体系的建构而言，提出新的概念和命题，以及重构分析框架固然非常重要，但它们局限于经验描述和概括、因果机制分析、知识的逻辑结构调整，只回答了"是什么"，以及"为什么"的问题，但没有回答合理性和正当性的问题。显然，在价值观严重赤字的情况下，任何经验维度的成功都是不可持续的。同样道理，若没有价值知识作为基础，经验知识的大厦是摇晃的，经不起风吹雨打。无论是现实本身，还是知识领域，都必须有价值（信念）作为支柱。在此，实践与理论、政治与学术、事实与价值紧密地缠绕在一起，互为条件并相互支撑。在这个意义上，价值维度的正当性论证构成了中国政治学理论创新的基石。

值得注意的是，在价值维度的证成方面，党和政府似乎走在了学术界的前面。改革开放以来，执政党不断与时俱进地调整自身的意识形态。一方面，经由"马克思主义中国化"的形式，发展和完善既有的理论，对传统社会主义话语进行重构；另一方面，在国际话语权的交锋中，尝试提出中国的价值标准。前者所取得的成果集中体现在"中国特色社会主义"理论体系之中；后者的典型案例是"人类命运共同体"，以及衡量政治制度是否民主有效的八个中国标准。①

平心而论，对中国道路做价值维度的正当性论证是一个巨大的挑战，其所遭遇的困难远比"概念—命题"的建构，分析框架的重构要大。这种难度集中体现在三个方面：首先是必须面对和超越西方意识形态的话语霸权。西方是人类社会现代化的发源地和首成之域，作为主流意识形态的自由主义亦已经历数百年的精心打造和与时俱进的变身，虽然在现实层面正遭遇不少的挑战，但依然具有很强的吸睛力。其次，一如中国政治学理论建构会导向比较政治学分析框架的重构，为中国政治提供合法性叙述的实践也会导向普遍价值的重构。这意味着需要对西方号称的普遍价值进行反思和解构，在充值中国价值元素的基础上进行重构。中国提出的人类"共同价值"便是朝向这一目标所做的努力。最后，在如何提供正当性论证方面，国内学界目前正沿着两个不同的方向在探索：一是如上所述，对官方意识形态进行更新，在社会主义话语中重构中国政治的正当性基础；二是沿着多元现代性的思路，通过中国传统文化的创造性转化来证成当今中国政制的合法性。这两种不同的叙说逻辑如何处置彼此间关系，尚是一个需要思量的问题。

四、小结

二十一世纪以来，中国政治学出现了一些新的趋势。本文以为，在学术转型的基础上，中国政治学开始步入了理论创新的阶段。在这一视角下，"田野政治学"与"历史政治学"这些新名词的出现，便不是偶然之事。它们以不同方式呈现着这个时代的精神，回应时代提出的要求。

无论是"田野政治学"，还是"历史政治学"，两者皆重视"本土经验"。学术反思的切口是在经验领域打开的。中国政治制度的绩效促使一些研究者改

---

① "评价一个国家政治制度是不是民主的、有效的，（1）主要看国家领导层能否依法有序更替，（2）全体人民能否依法管理国家事务和社会事务、管理经济和文化事业，（3）人民群众能否畅通表达利益要求，（4）社会各方面能否有效参与国家政治生活，（5）国家决策能否实现科学化、民主化，（6）各方面人才能否通过公平竞争进入国家领导和管理体系，（7）执政党能否依照宪法法律规定实现对国家事务的领导，（8）权力运用能否得到有效制约和监督。"参见习近平，"在庆祝全国人民代表大会成立六十周年大会上的讲话"（2014年9月5日），参见新华网 http://www.xinhuanet.com/politics/leaders/2019-09/15/c_1124998129.htm。

变了思考问题的方式，完成了从"体制转型"到"体制完善"的转变。这一转变构成了随后一系列观念变革的契机。先是突破"威权韧性"的局限，将中国从一个转型对象转变为一个分析对象，从原先的病理分析扩展为生理分析；进而因循李普赛特的分析路径，从绩效合法性转向体制合法性，亦即从经验领域转向价值领域。与此并行发生的变化是，从肯定现实到正视历史，以及从中国政治扩及比较政治。在这一学术转型的背景下，中国政治学理论建构的必要性和紧迫性开始突显出来。

本文从概念、命题/理论、分析框架和价值证成四个方面讨论了中国政治学理论创新的逻辑空间。需要指出的是，对"中国政治学理论建构"的理解不能局限于"关于中国政治学知识体系的建构"，如果止步于此的话，这项任务是难以完成的。严格地说，中国政治学者面临的理论建构任务是一部五重奏：（1）建构一个能充分解释中国政治（历史和现实）的知识体系；（2）重构比较政治学的分析框架；（3）建构一个足以支撑中国政治经验理论的价值体系（中国价值观）；（4）重构人类社会的共同价值知识（普遍价值）；（5）重构既有的国际关系理论，以与中国扮演重要角色的新型全球化相适应。这五项任务一起构成了一个系统的理论工程。其中，理论与实践、经验与价值、现实与历史、中国与世界，彼此交织，相互渗透，共同演奏。理论建构的基础是经验的，但理论得以确立的依据是价值的；同样道理，理论建构的出发点是中国的，但其指向必定是世界的。

因此，强调中国经验的重要性，强调中国政治学的理论创新，并不拒绝对西方学术的借鉴。海外中国政治学研究的众多成果是我们从事理论创新的资源，而不是遗弃的对象。换言之，政治学知识的重构必须在中西政治学知识的互动过程中来实现。这意味着理论建构作为一项系统工程，不但要整合政治学内部的分支学科，而且必须以跨学科、跨国别的方式合作进行。在笔者的想象中，最终的理论建构成品应当是具有特色的、"并列—包容式"的，更具解释力的，而不是排斥性的。①

这一历史任务对我们的学术创新能力提出了前所未有的挑战。十九世纪后

---

① 对于这项工作重要性的认识，必须与人类命运共同体的建构联系起来，并作为其中的内在组成部分。只有在世界舞台上，中国气派才能得以充分展现，中国人民才能为国际社会做出更大的贡献。

中国政治学自主知识体系的建构：清华政治学系的探索

半叶以来，中国人一直以消费者的方式接纳来自西方的各种理论，将它们视为普遍真理，探索与中国国情相结合的道路。在这个意义上，所谓的"中国化"是一种特殊形式的理论消费。今天这种局面或许正在被改变，至少在政治学范围内，中国的崛起意味着西方政治学理论已经成为一个需要反思、质疑、鉴别、选择的对象，我们面临的真实问题是，如何学会和掌握抽象化的能力，将中国的成功经验提升到理论层次。在很大程度上，我们需要学习和模仿的不再是西方学者建构的各色理论，而是西方学者建构理论的方法——当初他们是如何将西方经验抽象为普遍知识的。我们要做的不再是进口鱼，然后用中国方式加以烹饪，而是如何建造远洋渔轮，学会在太平洋捕鱼。这是一个真正的挑战，其难度远远超过了近代历史以来的各种形式的"中国化"实践。

应当承认，中国政治学的理论建构尚处在起步阶段，面临着艰巨的挑战。在很大程度上，政治学恢复以来的知识积累主要是在西方话语的支配下完成的，这意味着需要一个根本性的转化。这种情况下，实践与理论之间的巨大张力可能是我们必须长期面对的一个基本事实，理论建构的任务可能需要经历几代人的时间。尽管如此，"其作始也简，其将毕也必巨"。笔者相信，中国政治学理论创新的开端虽"简"，但未来的前景"必巨"。

建构、互通与自主：当代中国政治学的话语体系建设

杨雪冬

话语体系是价值、知识,以及各种诉求赖以有效表达的形式、方式和方法等组合。社会的利益多元化和文化制度多样性,导致了话语体系的分化。就哲学社会科学诸学科而言,尽管都以发现普遍性和一般性为根本目标,但是受社会历史条件限制,在不同历史阶段和制度文化环境下,会有具体的表现形态。话语体系也不例外。以政治权力和政治制度为主要研究对象的政治学尤其如此,深受民族国家的规范塑造。在探索理想政治实现途径和规律的同时,更要关照制度的现实存在及其运行,由此形成了国家特征鲜明的表现形态。

从二十世纪八十年代恢复以来,中国政治学在改革开放的伟大进程中,砥砺前行,在问题选择、研究路径、人才培养、学科建设等诸多方面取得长足的进展,形成了具有国情特色、时代标记的较为系统的观念体系、知识体系和话语体系,以自己的方式参与着中国的政治发展。由此,政治学也忝列"对哲学社会科学具有支撑作用的学科"。[①]

当代与中国为政治学在中国的定位和发展设定了不可摆脱的时空框架,由此也决定了我们当下讨论的是当代中国政治学,不是传统政治学、现代政治

---

① 习近平:"在哲学社会科学工作座谈会上的讲话",2016年5月17日。

中国政治学自主知识体系的建构：清华政治学系的探索

学，更不是西方政治学、美国政治学。既然历史是不能割裂的，开放是生活的基本状态，那么当代中国政治学就不是从天而降的，也不是原封不动的，更不是照搬照抄、闭门造车的，而是多种社会力量及其对中国政治资源的解读、对政治发展的想象在当代中国这个特定的时空场域中互动融合综合生成的结果，是多种观念体系、知识体系互通对话寻找和音的结果，是政治学人在理论和现实之间将自主性转化为创造力的结果。建构、互通、自主是当代中国政治学话语体系建设的三个鲜明特征。

一、建构

尽管中国有着悠久丰富、没有中断的传统政治资源，但是当代中国政治学作为一个学科，不是从传统之中自然而然生长出来的，而是传统政治体系在价值、制度、绩效等方面遇到全方位外部冲击的过程中建构而生的。伴随着西学东渐、变法图强，政治学成为中国现代大学教育中的基本学科。[1]

与哲学社会科学诸多学科一样，起源于西方的现代政治学为中国政治学的构建提供了基本的摹本。而从西方政治实践和价值理念中生发出来的概念、命题、判断通过直接翻译或者从日文转译等方式，成为中国政治学话语体系的基本要素。据统计，从1901年到1904年，中国翻印出版西方政治学的专著就有66本之多。[2] 根据金观涛等研究，科学、民主、真理、进步、社会、权利、个人、经济、民族、世界、国家、阶级、革命、改良、立宪等译入的概念成为"中国现代政治思想的最基本要素"。[3] "今天，中国人熟悉的表达西方现代观念的词汇，大多是新文化运动时期对西方相应现代观念重构的结果，这些政治术语至今仍在使用；但其中不少词汇的中文原意，则被完全忘却了。"[4]

尽管国力疲弱，但是中国知识界依然凭借深厚的文化历史资源，将这些源自西方的概念进行了创造性的本土转化，赋予其与中国政治传统或政治现实可

---

[1] 赵宝煦："中国政治学百年历程"，载《东南学术》，2000年第2期。
[2] 宝成关：《西方文化与中国社会西学东渐史论》，吉林教育出版社1994年版。
[3] 金观涛、刘青峰：《观念史研究：中国现代重要政治术语的形成》，法律出版社，2009年版，第5页。
[4] 金观涛、刘青峰：《观念史研究：中国现代重要政治术语的形成》，法律出版社，2009年版，第14页。

对应的含义。新文化运动之后，语言的改造、学术的争鸣、教育的兴办、新闻出版的发展，将这套现代西方话语体系嵌入到中国政治生活和日常生活之中，并取得了对传统政治话语的优势，也形成了"现代—传统"这对认知标准。这个标准一直持续至今，影响着中国人的分析判断。

中国在国际社会中的弱势地位造成了中国知识界对西方想象的分化，而俄国十月革命的胜利，激发了中国知识界对马克思主义的兴趣和追随。随着共产党人在军事政治文化社会各条战线上不断取得胜利，马克思主义在政治学中的地位也在日益提升。二十世纪三十年代的中国社会史论战、四十年代延安整风运动可以视为现代政治学向当代政治学转化的重要序曲。尽管马克思主义使用着西方通用的概念、命题和判断，但进行了独特诠释，对中国现实具有强大的分析力和改造力。

1949年中华人民共和国的建立，为当代政治学在中国的正式开启设定了基本的出发点、制度边界和身份认同。当代中国政治学就是中华人民共和国的政治学。由此，政治学的命运也和国家的发展，尤其是制度建设路径紧密地联系在一起。

新中国成立后，国家的制度建设以苏联为蓝本，高等教育也不例外。1952年政治学系科被取消，政治学作为一门独立学科也不存在了，造成了日常生活都要"突出政治""政治挂帅"，但学术研究没有政治学科的"十分不合逻辑的现象"。①

1978年改革开放后，随着国家各项工作的正常化，政治学也在邓小平的号召下得以恢复。②活跃的社会经济生活，亟待改革完善的各项制度，开放的社会环境，充满紧迫感的政治学人，为当代中国政治学的追赶式发展提供了必需的条件。1994年，王沪宁在回顾过去10年间中国政治学的发展时自信地预言，"中国政治学大有可为"。③

尽管同处于中国现代化这个历史长时段和宏观场域中，但当代中国政治学与现代中国政治学相比，所处的具体环境发生了巨大变化。首先，1949年之

---

① 赵宝煦：“中国政治学百年历程”，载《东南学术》，2000年第2期。
② 邓小平：《邓小平文选》第二卷，人民出版社1994年版，第180–181页。
③ 王沪宁：“发展中的中国政治学”，载《瞭望周刊》1994年第20期，第31页。

中国政治学自主知识体系的建构：清华政治学系的探索

后建立的中华人民共和国体制，历经几次重大危机后，显示出强大的自我调整能力和制度韧性，并在全球制度竞争中，制度绩效明显。如何回答这个制度设问，逐渐成为当代中国政治学的根本问题意识。其次，当代中国的意识形态系统完备，具有很强的吸纳整合能力和主动干预倾向，会从立场、观点、方法、表达形式等多个维度，对哲学社会科学进行全方面的规范。如何与意识形态对话，并将其提出的要求转化为本学科研究的内生问题，决定着当代中国政治学的学科属性。最后，随着市场化、城市化、工业化、全球化的推进，当代中国社会经历着深刻变革。中国政治学的知识储备、培养方式、话语表达、参与能力等受到全方位的挑战，也积蓄着发展提升的动力。回应社会的需求，成为当代中国政治学的活力之源。

在这种背景下，当代中国政治学的构建路径迥异于现代中国政治学。进一步说，如果说中国现代政治学的知识起点是制度活力不足的传统政治知识的话，那么当代中国政治学的知识起点则是被苏联化和教条化的马克思主义，因此，当代中国政治学的知识使命除了依然要延续现代政治学与生俱来的现代与传统、西方与中国的对话外，还要承担起对马克思主义的返本开新，对当下政治实践的参与诠释改进。要承担和完成多重使命，当代中国政治学必须善于在吸纳和扬弃各种理论资源，应对整合不同利益诉求的过程中，建构出自己的价值体系、知识体系和话语体系。

邹谠先生有着丰富的现代政治经历和西方学术经验。他在二十世纪八十年代中期回国访问时，发表了一系列至今读起来依然富有启发的演讲，为当代中国政治学的发展建言鼓劲。他清晰地指出，当代中国政治学必须在完成这些多重使命中发展起来。他说："我们一方面需要有选择地应用西方社会科学包括政治学来研究中国二十世纪政治及中国历代政治的演变，另一方面也必须用中国的实践与历史去检验西方社会科学的个别概括和理论框架，然后再进一步将中国政治的实践与经验结合西方社会科学包括马克思主义中经得起历史考验的原理，去提出政治学上型的个别概括和比较完整的理论框架，这样做可以突破西方社会科学的个别概括和理论框架，创造中国政治学，然后再在这个基础上对发展世界性的政治学做出重大的贡献。"①

面对多重使命,当代中国政治学学者既兴奋又焦虑。林尚立在评价八十年代的状态时说:"崇高的价值目标和紧迫的国家使命,全面刺激着刚刚诞生的中国政治学成长。"②俞可平回顾当代中国政治学30年发展历史时提醒说:"相对于西方国家而言,以及相对于社会的经济文化而言,政治在中国的社会生活中有着特殊的重要性。也正因为政治在中国社会生活中的特殊意义,……政治学在中国都有其相当的特殊性。"③

这种特殊性集中体现为当代中国政治学的建构与当代中国政治的建构是同步进行的,并且相互影响。在当代中国政治学人身上,传统的家国情怀生发为对中国政治发展的热烈关切。这种关切分化为两种立场:一种是通过参与和卷入实际政治,力图影响当代中国的政治建构;另一种则是以理论的姿态力图影响实际政治的建构,尽管这种姿态常常是批判性的,但本质却是建设性。

王邦佐先生总结说,新时期的中国政治学,在促进政治观念的更新上发挥了重要作用。政治学者提出或参与提出的诸多观念,如人权、法治、以人为本、私有财产、公民社会、和谐社会、政治文明、全球化、治理、善治、善政、宪政、合法性、全球治理、政府创新、社会管理、增量民主、透明政府、责任政府、服务政府、效益政府等对现实政治产生了深刻影响。④朱光磊则用更中国化的语言说,政治学界要以充分的理论供给支撑党和政府对社会的制度供给去梳理和概括公众日益增长的参与需求,以服务于党和政府面对社会转型必然会衍生出一些复杂的社会问题的现实需求。⑤

无论是自身建构,还是对现实政治的建构,当代中国政治学都存在着无法克服的缺陷。一方面中国政治是蕴藏丰富、开采有限的理论富矿,但又存在着诸多的"禁区",政治学研究与政治实践之间存在着各种显性或隐性的隔阂;另一方面当代政治学人都有理论创新、理论本土化的冲动,但又要投入大量的

---

① 邹谠:"中国20世纪政治与西方政治学",1986年4月在接受北京大学名誉教授的致辞。刊登在《政治学研究》1986年第3期。
② 林尚立:"相互给予:政治学在中国发展中的作为——中国政治学30年发展的反思",载《山西大学学报》2008年第3期,第68页。
③ 俞可平:"中国政治学的进程——一个评论性的观察",载《学术月刊》2007年11期,第5页。
④ 王邦佐、邵春霞:"中国政治学学术发展30年",载《探索与争鸣》,2008年第12期,第12页。
⑤ 朱光磊:"政治学要为推动中国特色社会主义政治建设服务",载《政治学研究》,2013年第5期。

中国政治学自主知识体系的建构：清华政治学系的探索

资源和精力学习西方政治学，进行"补课""取经""效仿""接轨"。① 这种矫枉必须过正的方式固然有助于破除对马克思主义的教条化理解，但不可避免地也沾染上食洋不化的洋教条倾向，将西方理论简单地应用到对中国的分析之中，甚至研究问题的选择也是从西方理论而不是中国现实出发，有意无意地采纳了中国政治是"非正常化政治"的前提。这也许是当代中国政治学建构过程中最值得注意的副产品。

二、互通

当代中国政治学是在开放多元的条件下开启重建的。开放多元不仅是世界性的主题，更是中国正在经历的历史进程。这决定了当代中国政治学必然是开放的，谋求对话交流的。互通性是当代中国政治学话语体系建构的内在属性。

当代中国政治学的对话对象是多元的，并且各自拥有的话语能力也不均衡。官方话语、社会话语、以经济学、社会学为代表的其他学科的学术话语、国外政治学，尤其是西方政治学的话语等，是中国政治学必须面对的对话对象。中国政治学与它们既有共识也有分歧，既有重叠也有分殊，既有和弦也有异调，并经常处于弱势的地位。

当代中国政治学话语体系的构建是从"借用"别人的话语体系开始的。作为国家倡导恢复的学科，政治学首先必须与国家权力对话，获得其认可，承担其交付的任务。政治学恢复之初，基本范畴、概念、方法基本借自哲学、科学社会主义等没有被取消过、一直得到国家支持的学科，② 第一批教学科研人员也多来自这些学科。这也决定了当代中国政治学一开始就具有哲学思维、历史视野，以及辩证法的分析等特点。这也使得政治学的话语能够很容易被国家权力理解，政治学的研究能够自如地与哲学社会科学的其他学科进行交流对话。

决策者对政治学的期望成为政治学研究基调确定的重要因素。在 1980 年 12 月中国政治学会成立（重建）大会上，当时的中共中央书记处书记、中国

---

① 王绍光："中国政治学三十年：从取经到本土化"，载《中国社会科学》2010 年第 6 期。
② 王浦劬："从阶级斗争到人民共和——我国政治学研究的逻辑转换析论"，载《北京大学学报》2009 年第 1 期。

社会科学院院长胡乔木在讲话中说:"政治学是一门重要的科学。新中国成立后取消政治学研究是错误的,在理论上、实践上都是损失。"政治学不仅要研究政治制度,还有研究国家、政党、人民和政治家及其相互关系,要研究实现人民领导国家,实现民主权利的途径。① 在这种期待下,当代中国政治学一开始就与民主建设、政治体制改革紧紧绑在一起,甚至在二十世纪八十年代几乎变成了"政治体制改革学"。王沪宁在 1990 年总结说:"中国政治学的基本任务是发展具有中国特色的政治民主模式。"②

决策者使用的话语体系成为政治学话语体系构建必须面对和参考的话语资源。民主、权力约束、放权、参与、制度化等决策者用来推动改革的理念,不仅成了当代中国政治学的核心价值理念,也成为中国政治学话语体系构建的基础性概念。这大大加快了当代中国政治学对阶级斗争话语体系的摆脱。此后,从官方话语中寻找话语支持成为当代中国政治学不断拓宽研究领域,乃至回应质疑的重要依据。十八届三中全会提出的国家治理现代化,之所以赢得政治学界的全面拥抱,原因之一就在于激发了当代中国政治研究的想象力,丰富了陷入停滞单调的话语体系。无疑,国家对各类研究项目的持续投入为两种话语体系的对接提供了制度化的激励。

与社会公众对话是当代中国政治学保持活力的基本方式。书斋里的学问也需要回答大众的疑惑。社会大众并不是被动的接受者。经济的开放、教育的普及、传媒的发展,大大提升了社会公众的政治意识、政治素质和话语表达能力。中国丰富的政治传统和政治智慧,在社会开放和分化过程中也被激发出来,有了更为多样的转化和表达形式。系统化的终身政治教育,努力强化社会公众的政治判断标准,不断更新着他们使用的政治术语概念。国外的政治实践在提供更为多样的参照系的同时,也在激发着社会各界对于中国政治发展的想象。在这些因素的共同作用下,社会中涌现出多样而独立的政治判断和表达方式。当代中国政治学显然不能仅靠形式的通俗化,语言的大众化来获得社会公众的理解和认同,必须以更加专业化的姿态来要求自我,以更加理性的态度来面对社会公众。

---

① 中国政治学会编:《政治学研究通讯》,1981 年 5 月 25 日试刊第 3 期。
② 王沪宁:"发展中的中国政治学",载《瞭望周刊》1994 年第 20 期,第 31 页。

中国政治学自主知识体系的建构：清华政治学系的探索

　　与社会科学其他学科相比，当代中国政治学更具有开放性，在发展过程中从前者那里借用了概念、方法，分享着问题。这虽然显示出学科本身基础薄弱，缺乏传承积蓄，但也说明了学科研究对象——当代中国政治是变革的、开放的，必须运用多学科的知识和方法进行研究。因此，当代中国政治学在不同时期总能与其他学科碰撞出灵感，丰富自己的知识体系和话语体系。例如诺斯在二十世纪九十年代初获得诺贝尔经济学奖后，引发了制度主义在中国政治学研究的热潮，"新制度主义的一些概念正在成为流行话语"。[①] 经济学帝国主义的影响自不待言。九十年代后期，吉登斯等人的社会理论，人类学的视野、社会学的方法在中国政治学界流行起来，并通过村民选举、国家构建等热点问题的研究，成为当代中国政治研究的重要理论资源和方法选择。二十一世纪以来，政治学对研究方法的重视，又为其他学科已经运用娴熟的定量研究和定性研究方法提供了发挥作用的空间。尽管时常摇摆在各种理论和研究方法的选择之中，甚至不惜成为它们的粉丝拥趸，但是当代中国政治学并没有迷失自己的。俞可平认为，二十世纪九十年代以后，中国政治学真正成为一门相对独立的学科，"拥有一整套相对独立于其他学科的学说、概念、范畴、术语、方法和问题"[②]。

　　中国的哲学社会科学是西方的学生，当代中国政治学也不例外。译介一直是现代中国学术建设的路径之一。改革开放之后，译介西方学术著作达到新的高潮。二十一世纪以来，许多著作在西方的出版与在中国的译介几乎是同步进行的。大量的西方政治学著作被翻译或者介绍到中国，起到了拓宽视野、丰富知识、激发问题的作用，同时也造成了一些学者谈起西方头头是道，讲起中国话语寥寥的现象。更值得关注的是，面对中国的快速发展和巨大绩效，西方政治学并没有做好理论准备，应对仓促，或者继续沿用冷战思维进行政治定性，或者对既有的概念、理论，例如威权主义、发展型国家等修修补补，或者陷入琐碎的技术主义，只见树木不见森林。西方政治学面对中国的窘况，也映射出严重依赖西方理论资源的中国政治学面临的严峻挑战。对于当代中国政治学来说，与西方政治学的互通重点应该从概念、假定、理论范式的分享转移到如何

[①] 杨光斌："新制度主义政治学在中国的发展"，载《教学与研究》2005 年第 1 期
[②] 俞可平："中国政治学的进程：一个评论性的观察"，载《学术月刊》2007 年第 11 期。

认知当代中国的现实。

话语体系本身就意味着对话、沟通。当不同话语体系相遇时，问题就转变为在哪种场域中对话，运用谁熟悉的方式沟通。尽管当代中国政治学的开放姿态，使其能够与不同的主体进行对话交流，但是作为一门独立的学科，要对当代中国的政治发展，以及世界政治学的发展做出贡献，就需要中国政治学人重新审视我们的对话对象，重新检讨我们使用的话语方式，要以知识的创造推动话语方式的创新，以话语方式的改造解放我们的思维。因此，对于当代中国政治学话语体系构建来说，除了要寻求平等沟通对话外，还要为平等的实现创造更坚实的学科基础。

三、自主

在现代社会分工的条件下，学科自主发展是分工深化的必然要求。所谓自主性，就是要有自己的学科对象、研究领域、核心问题、基本理念、分析路径、研究方法，以及一套能将这些因素系统表达、有效传播的话语体系。在某种意义上，自主性就是自我的认同和社会的承认。

当代中国政治学一直在强烈的历史使命感驱动下寻求自主性的。对于几代中国政治学人来说，不仅要建立独立的学科体系，还要在中国的政治实践中发声给力。自主性是承担和完成这种使命必需的姿态和本色。1980年，在中国政治学会恢复重建大会上，亲身经历政治学在中国命运的著名政治学家，当时已满80高龄的钱端升先生提出，研究政治学应提倡"首创精神"，要"使得我们的政治学能够满足在新的历史阶段所提出的要求，能够在我们前进的道路上对所出现的政治问题做出正确的解答，从而推动我们国家的繁荣昌盛。"[①] 这种"首创精神"在后来的学人那里被表述为"理论创新""学术本土化""学术自觉"等，都在强调政治学研究要走出一条符合国情世情的发展道路。

然而，在这个知识爆炸、学科边界模糊、知识与权力相互嵌入、交往方式深入变革的时代，寻求自主性并不意味着要获得绝对的自主，而是要寻求有效

---

① 《钱端升在中国政治学会成立大会上的讲话》，载中国政治学会编：《政治学研究通讯》，1981年5月25日试刊第3期。

中国政治学自主知识体系的建构：清华政治学系的探索

的相对自主，在相互交流依存中保持自主的姿态。因此，政治学话语要自成体系，但不是自说自话，要创新发展，但不能妄自尊大，要积极回应，但不是趋炎附势。

首先，学会抵制霸权的诱惑。我们必须承认在任何社会中，任何一套话语都与权力有着复杂的关系，既承载着、生产着、加强着权力，也会揭示、削弱乃至阻碍权力。[①]政治学是与权力关系最密切的学科之一，除了要研究权力的本质和运行外，还深受权力的影响和制约。政治学在中国从取消到恢复的命运充分说明了这点。在中国，权力的影响是全方位的，包括一套系统完整的话语体系。当代中国政治学研究固然要熟悉这套话语体系，了解其设定的边界、因应其提出的要求，但不能盲目地随声附和，甚至简单拾人牙慧，把政治学的话语变成政策话语、文件话语、宣传话语，那就会丧失学科的主体性，也是对权力有效运行的不负责任。

西方的话语霸权是结构性，成体系的，也是无法回避或者简单抛弃的。越来越多的学者已经意识到照搬西方理论方法的内在局限性，并主动反思和创新，但也出现了中国本位主义的倾向，将中国的特点极端化为中国的独特性，拒绝用中国的经验来检验西方理论方法。尽管这种倾向能够回应权力的焦虑，与官方话语形成共鸣，但也会引发丧失独立判断的危险。

其次，全面认真地对待本土资源。中国有着世界上文字记载最悠久的政治传统和恢宏跌宕的政治现代化实践。这种传统与现代共生的资源，是当代中国政治学实现自主性的出发点和立足点。悠久的传统丰富了对政治的认知，鲜活的实践激发着研究的兴趣。这是当代中国政治学独有的资源优势。当代中国政治学肯定不仅仅是关于当下的政治学，而是在历史视野下关照当下的政治学，从现代出发走向未来的政治学。因此，要努力用现代社会科学的方法来解读中国的政治传统，用客观的态度总结中国政治现代化进程，尤其是中华人民共和国成立以来的时间不长但转折巨大的政治实践，这有助于我们在权力规训的现实中、西方主导的理论境况下抵制住诱惑，找准自己的问题意识，坚持自己的学术立场和学术品位，更加清醒地看待当下的变革，更加理性地发出自己的

---

① 福柯:《性经验史》，佘碧平译，上海：上海人民出版社，2005年版，第66页。

声音。

第三，拓宽比较的视野。没有自信，是无法实现自主的。但自信不是伪装出来的，更不是盲目的，而是在全面比较中获得的。近代以来，西学东渐，中国这个老大帝国在西方列强面前尊严丧尽。赶超西方成为整个国家的使命和社会的心结。以西方为师、以美国为师成为学术研究的自觉行为。但是，这种单一参照系映射出的更多是自己的落后和不足，造成宿命论的错觉。一旦中国在改革开放之后短短30多年迅速发展起来，不仅西方社会不适应，而且中国的学术界也不适应，因为既有的参照系无法提供现成的解释答案。显然，在现实与理论之间，当代中国政治学界应该拥抱鲜活的现实，放下既有的理论框架乃至理论成见。将中国从中西比较的参照系中提升到全球比较的参照系中，无疑是客观的选择。一方面，发展中的大国、社会主义大国、新兴市场国家、转型的大国等多重身份必然需要采取多样的参照系进行分析，与更多的对象进行对话，另一方面，将中国置于全球的背景下，可以历史地全面地认识中国的优势劣势、中国的制度选择、中国的发展路径等宏观问题，保持理性的态度，避免被眼前的暂时的现象左右。

第四，坚守自己的话语。改革开放以来，经过40多年的吸收融合创造，中国政治学已经确立了属于自己的学术姿态，构建了自己的知识框架、术语概念、表达方式，并有了一套自己的评判标准。马克思曾说："一门科学提出的每一种新见解都包含这门科学的术语的革命。"[①] 一些中国学者对改革开放以来中国政治学人提出的代表性概念进行了梳理，发现通过这些概念可以更生动准确地把握当下中国政治的特征和变化。[②] 尽管这些概念并未在国际学术界得到普遍承认，却是中国人认识自己政治生活的有力图谱。而中国丰富的政治实践和悠久政治传统，完全可以为中国政治学话语的创造提供源源不断的营养和资源。尤其重要的是，坚守自己的学术话语，在坚守中创造性建构，是对各种霸权最有效的抵抗。

总之，建构、互通和自主是当代中国政治学话语体系建设的基本品格。话

[①] 《马克思恩格斯文集》第5卷，人民出版社，2009年，第32页。
[②] 张小劲、景跃进、余迅达:《理解中国政治：关键词的方法》，北京：中国社会科学出版社，2012年版。

中国政治学自主知识体系的建构：清华政治学系的探索

语体系非一蹴而就的，而是在历史与现实的对话中，在理论与实践的互动中，在不同话语体系的交流中逐步形成的。这是一个自然的历史过程。任何人为的干预或者加速的努力都不可能取得预想的结果。正因如此，当代中国政治学界面对各个学科大干快上的热潮，多一份理性和冷静，可能更符合学术发展的规律，更符合中国发展的要求。

政治学研究中的中国经验如何凝练为一般理论

任剑涛

在不短的时间里处于相对沉寂状态的政治学研究,最近呈现出较为活跃的态势。在一种趋同的理论意欲驱动下,曾经埋首于具体而微的经验研究、被指严重公共管理化的政治学,浮现出自觉而热烈的理论阐释热情。仅就笔者接触到的学术文献而言,就出现了因应于田野研究的田野政治学,受历史学驱动的历史政治学,以现象学为归趋的政治现象学,将利益凸显而出的利益政治学,以民族为核心的民族政治学,以责任驱动的责任政治学,等等。在一个人们曾经相当熟络的、旨在接引西方各种政治学方法并明显实证化的学术环境中,突然出现这么多以中国经验为基础的政治学理论主张,确实是让人惊喜的事情。

断言上述各种理论主张都是基于中国经验,可能会引起异议。譬如,政治现象学就很典型的是"西方化"的研究范式,怎么能说是基于中国经验的政治学理论阐释呢?利益政治学的命名,也是马克思主义所重视的利益问题在政治学领域的投射,怎么能归于中国经验的政治学主张呢?对其他流派,可能都存在这样的质疑:"田野政治学"不就是基于人类学调查生成的政治学成果吗?它能独立于人类学的田野调查成为一脉政治学理论吗?历史政治学不是在德国二十世纪初就浮现过的理论形态吗?它在中国会有什么理论上的突破吗?而民族政治学,将民族问题置于政治学的思维中心,那不过是对现代政治学将民族国家作为政治学的一个端点的强调,怎么可能成为政治学的一个独立理论呢?

中国政治学自主知识体系的建构：清华政治学系的探索

而责任问题，一直是政治学对权力进行规范的一个概念，它能独立成为一个政治学理论吗？这些质疑显得严苛，不利于促进"中国的"政治学话语建构，但也有其理据。至少，这些质疑促使倡导上述政治学理论形态的学者们进一步思考，他们倡导的这些政治学主张、政治学学科或曰理论流派，是否还需要提供更进一步的学科正当化理由、更能说服人的理论阐释、更具有认同感的学术成果？

笔者并不打算质疑这些政治学理论命名的正当性。不是说它们就具有自然正当的理由，不经质疑就能够完全成立。这不是笔者关心的问题。笔者之所以不关心它们能否成立的问题，是因为它们究竟能否成立，依赖于倡导者自己的研究成果来提供后续证明。如果在今后的研究中，倡导者的成果真正具有说服力，让政治学研究的知识共同体广泛认可，那么，在人们心悦诚服的情况下，它们的成立理由便毋庸置疑地展示给了大家。在此情况下，人们还有什么理由质疑倡导这些政治学理论的学者们呢？这样的证成结果，既不是倡导者当下就可以收获的果实，也不是旁观者现场欢呼式的赞同或即时否定性的拒斥就可以判别的事情。倡导者需要经历相当的解释实践与检验过程，来印证自己的倡导成立与否。对此，心急不得。

笔者所关心的问题是，何以在一时之间，沉寂了不短时间的中国政治学，会出现这么多理论主张、理论流派或政治学分支学科？一个简单的分析，让三个动力因素浮现出来：一是中国的国力明显增强，让曾经衰颓的中国自主意识活跃起来。一个国家的国力与这个国家的精神生产并不一定直接相关，所谓"经济上落后的国家在哲学上仍然能够演奏第一提琴"（恩格斯语）是也。但一般而言，落后太多、太久的国家，是很难演奏第一提琴的。因为国家处境的不利，常常会让民族精神萎靡不振。近代以来，中国"落后就要挨打"的自认，证明了这一点。在改革开放根本改变了国家落后处境的情况下，国人精神为之一振。因此，学术界不愿意再尾随他人，而试图提出中国自己的学术主张，这也就是自然而然会出现的事情了。二是中国学术界在将近三十年期间，沉入学问，致力探究具体问题，因此相对缺少宏大关怀。这样的学术趣味，已经有些走到尽头的意味。因此，物极必反。当学术界积累了较为深厚的微观研究经验时，中观的制度探索与宏观的理论解释，便会趁势而起。于是基于经验研究或问题探讨的研究路向,就会转到理论建构和体系构造上来。三是经验或问题导向的学术研究,都是面对实际事务或具体问题的,因此免不了琐碎,人们对之的认知与接受,相应也就缺乏理论的高度与体系的厚度。但这类研究走到一定阶段,需要提升其在知识上的认知度、接受感与认同性的时候,从事经验与问题研究的学者就会自觉或不自觉地申述自己的理论或体系看法。"亮旗"或"立个 flag"是网络时代的热词,正好用来解释这样的学术研究走势。这种习惯透入政治学界,便显现为目前大家争相为自己的研究进行理论命名的行为。

具体的经验或问题研究,一定会走向理论建构或体系构造。这是经验或问题研究与理论或体系建构之作为广义学术研究的两极之间,必然在相对稳定于一端之后,出现向对方变动的趋势所使然。问题不在何时、何事、何地出现两极的相反变动,而在两极的相反变动会如何有效地展开。换言之,在这里的问题便是,经验或问题研究如何可能有效地推进到理论建构或体系打造?

前面提及的诸政治学主张,可以分为直接源于中国经验的研究,以及间接依托于中国经验的研究两类。前者大概包括田野政治学、利益政治学、民族政治学、历史政治学,等等,其进行的政治学理论化尝试,是建立在审视中国政治运行的高层、中层与基层经验基础上的,来自基层的田野调查、源自中层的中国制度观察、基于高层的国家建构需要,构成了这些理论尝试的经验基础。后者大致包含政治现象学、责任政治学,等等,其进行的政治学理论阐释,是建立在规范政治学研究的问题意识基础上的,这是一种基于中国政治审视的缺失面或需求性而确立的政治学理论进路。因此它是一种间接寄托于中国经验的政治学理论求新尝试。相对于中国政治学界的理论意蕴来讲,前者是更为引人注目的理论现象。故而也有必要放在优先分析的位置。

可以将前一类政治学理论阐释,归为直接基于中国经验进行的政治学一般理论概括。理解这样的尝试,需要从两个进路切入:首先,理解他们所依据的中国经验是何种经验。中国经验可以区分为两种类型:一是来源于实践空间的直接经验,二是来源于研究者的实践体认。前者是一种直接介入生活世界的个人经历,后者是一种间接思考生活的理论反思。后者常常不被人们认为是经验。但实际上,在卡尔·波普尔所谓"三个世界"的划分中,也就是客观物质

中国政治学自主知识体系的建构：清华政治学系的探索

世界、主观心理世界与思想的客观内容的世界中，[①]"世界3"之作为思想中客观内容的宇宙的重要性，可能超过前两个"世界"。因为前两个世界是物之作为物、人之作为"自然的"人的呈现，而"世界3"是人用思想去建立起来的客观世界，这是人的"精神—思想本质"的体现——它是人在思想中凸显的客观世界，人们完全可以借助知识载体和学习能力，让遭遇巨大灾难的"世界"重生。这是一种基于思想经验建立起来的世界。"世界3"是打通直接经验与实践体认的结果。据此可以说，各种一时之间兴起的政治学理论主张，其经验基础，并不是中国的现实社会世界，也不是研究者的纯粹主观意愿，而是一个接近柏拉图理念世界的真实思想世界。这是进入同一个思想世界就可以认同的天地，不是一个不认同者可以随意加以颠覆的空间。这是一种特殊意义上的政治学经验基础。

其次，需要理解他们的政治学理论建构是在何种情况下进行的、什么样的理论尝试。一般而言，这类理论尝试与政治学理论遭遇的两个现实状态，具有密切关系。一是"礼失求诸野"。二是"有病要求医"。前者讲的是，由于近期中国政治学难于直接论及国家建构、高层问题，因此，对诸如自由、平等、立宪、法治等问题只好束之高阁。这接近于春秋战国时期国家高层的礼制，在丧失了社会政治整合功能以后，久而久之，人们对礼制的总体状态不甚了了，只能到民间访求零零星星、残存下来的礼制旧俗，以此来了解国家礼制的曾经辉煌、运行状态、复兴可能。"田野政治学"就是以田野调查为据重建国家的进路，而民族政治学则是以民族问题思考来解决国家建构问题，利益政治学则是利益的核心地位与日常功能定位政治理论，历史政治学更是试图从历史中搜集现实政治的正当化、支持性资源，这些都是"礼失求诸野"的政治学理论进路，紧盯的都是国家权力之外，而对国家权力存续有着极大影响的问题。但同时，这些政治学理论阐释，又都不约而同呈现的是非国家权力问题。如此，政治学不仅从"在野"的问题域直通政治学理论场域，而且非常机智地规避了政治风险。一种基本不直接涉及现代国家基本价值与基本结构，而又为国家权力的既定建构提供了某种辩护的政治学理论进路，便展现给世人。

[①] 戴维·米勒编：《开放的思想和社会——波普尔思想精粹》，张之沧译，江苏人民出版社2000年版，第42–43页。

后者讲的是，从西方国家"舶来的"政治学，一直与中国经验相疏离。这样的疏离，从两个方向趋向政治学核心问题地呈现出来：一方面从政治学的直接经验来源讲，其与中国实际生活是疏离的。因此，流行的政治学理念，都与中国经验隔着一层，让人有隔靴搔痒之感。另一方面从政治学的阐释上讲，中国经验总是被硬塞进"西方的"理论框架中，因此中国经验自身蕴含的政治学理论富矿便被闲置。总而言之，现代政治学的核心理念及其阐释，都与中国经验处在一个牵强的关联状态：说有关，但说不清楚如何有关；说无关，但又总得借助这些政治学理论来解释中国经验。这种令中国政治学界尴尬的状态，从晚清、民国一直延续到当下。不是说政治学理论一定得从单纯的中国经验中抽取出来，而是说中国经验并不是对既定政治学理论的验证或反证，也是可以对现代政治学理论提供经验支持与进行理论改进的。将中国经验硬塞进西方理论或拒斥于政治理论范围外，都是一种理论病。大家似乎都意识到这种病症，都试图医治它。于是基于这样的经验体认，便有政治学者倡导责任政治学、政治现象学等学术进路。这是一种试图补强"中国的"政治学理论的治病药方。

在理解了政治学研究中的中国经验是怎样致力凝练其一般理论的基础上，我们便可以进一步分析，如果政治学研究中的中国经验要凝练为政治学一般理论，需要满足一些什么条件，方为可能。这个问题需要从两个视角定位：一是政治学研究中的中国经验凝练为政治学一般理论的支撑点何在？二是政治学研究中的中国经验如何凝练为一般理论？就前者讲，政治学研究中的中国经验，可以限定在经验描述与分析的范围里，这是政治学的三个组成部分——政治学理论、中国政治与比较政治之一的"中国研究"（China studies）题内应有之义。但"中国研究"的目的与从业者，并不见得都是属于"中国的"。换言之，中国学者在研究中国，非中国学者尤其是西方学者也在研究中国；中国学者的中国经验是直接的、切身的、日常的，这比外国学者基于"中国关怀"对中国现实进行的经验研究的"经验性"要更为切近现实中国。与此同时，中国学者研究中国所携带的经验情感，尤其是致力于改善中国的国家状态的祈求，可能会强于外国学者；但外国学者心怀的中国认同、所指望中国能够带给世界的善性因素的动机，可能并不一定比中国学者弱。

因此，并不是说中国学者在中国经验"之内"，就一定具有研究中国、并

中国政治学自主知识体系的建构：清华政治学系的探索

从中引导政治学理论的优势就更强；相应地，也不是说外国学者在中国经验"之外"研究中国现实，就缺乏政治学理论概括的经验支撑。就此而言，无论中外学者，在面对"中国经验"从事政治学研究的时候，能不能够从经验中引申出具有一般政治理论意义的教条或论断，进而形成其政治学一般理论论述，关键是看研究者究竟是不是真正具备一般的理论关怀、理论创制能力与理论构造结果。就此而言，像韦伯（Max Weber）那样缺乏中国经验的德国学者，却可以"生生地"创造出影响中外学者的中国政治理论论题——资本主义为什么不出现在中国？而像费正清（John King Fairbank）那样具有中国经验，同时具有中国关怀的美国学者，却并没有提出什么像样的政治学理论命题。倒是他的学生辈如列文森（Joseph R. Levenson），在中国研究上提出了相当具有政治理论深度并引发巨大争议的命题——中国近代知识分子在理智上认同西方、在情感上却加以拒斥。他被推许为"一个天才人物"（杜维明语）。而与哈佛大学同城的麻省理工学院著名"中国学"学者白鲁洵（Lucian Pye），则以中国研究成就充任美国政治学会（the American Political Science Association）的主席，其中国经验与中国关怀催生的中国政治研究成果，及其所具有的政治学认可程度之高，实属罕见。而到如今，中国学者尤其是一直生活在中国（大陆）的学者对中国的研究，远未取得同样的学术成就。可见，一个学者广阔的理论视野与高企的理论站位，是他在中国经验基础上能够凝练出政治学一般理论的决定性因素。这不是一种停留在中国经验上，就可以实现政治学一般理论突破的学者之国家归属可以保证的事情。一种超越于国家眼界，能够通达地审视具体经验的政治学理论眼光，是一个学者是否能够透过其中国经验或中国关怀，提供政治学一般理论即具有跨越中西地域的、普遍解释力的理论的先决条件。

就后者即政治学研究中的中国经验如何凝练为一般理论来讲，下述三个问题，决定了中国经验是否可以提升为政治学一般理论的前景。一者，需要研究者对经验与理论的关系进行合理的定位。经验之为经验，就在于它的具体性，它不可能直接成为理论，最多只能在经验概括的理论上展现其理论性的一面；理论之为理论，就在于它的一般性，它不可能一一对应经验，最多只能在理论指向上承接部分经验。这就是经验与理论的根本差异。这就意味着，"礼失求诸野"的进路不可能直接生成政治学一般理论，需要透过田野工作，升级为中层理论，进而再凝练为政治学一般理论。否则，田野研究最多也就只能对田野工作本身进行理论概括，形成由田野经验支撑的特殊化政治学论断，而不是对政治学一般理论意涵进行凸显。以此类推，其他政治学理论主张也需要展示其同样的理论层次与努力。在此，就不一一论列了。

二者，需要明确基于中国经验的政治学一般理论概括有哪些理论特性。对中国政治学界来讲，循此路径，可以呈现的理论特性不过有二：一是融入现代知识体系，并对现代知识推进做出贡献。二是自成封闭的话语体系，孤芳自赏，从而与现代知识体系相互隔绝。就前者来讲，中国政治学界融入现代知识体系的广度与深度都远远不够，人们不能在批评中国政治学界过度接受西方政治学学理的情况下，去指责中国政治学界对政治学现代知识体系的接纳。这是两个问题。按照现代政治的基本价值与结构所具有的普遍性来讲，它不受限于生成这一体系的西方地方性知识的局限，而具有普遍适应性。只要你认为自己研究的是现代政治学，就需要承认这种知识逻辑的前置性。因此，只有融入这一知识体系的政治学理论阐释，才是属于现代的、世界的政治学知识。否则，研究者就只是在生产自己所在的研究群体所认可的特殊性知识，而不是在生产政治学研究共同体所普遍认可的政治学一般理论或知识。在此，还必须严格区分"反西方"与"反现代"的根本界限，如果说"反西方"在某种地缘政治的意义上，是一个非西方学者或多或少都会带有的研究烙印的话，那么由西方创制的"现代"具有超出西方地方性知识的普遍性意义，这是研究政治学一般理论所必须承诺的知识原则。

就后者而论，必须打通"中国的"与"世界的"两种壁垒：曾经为人熟知的"越是民族的就越是世界的"，乃是一种在政治学甚至是知识生产上似是而非的说法。过于民族的，就只能限于民族范围内可以理解的东西，超出民族范围，人们就可能根本无法理解，更无法对话和产生"视界融合"(Fusion of Horizons)；曾经为人们所熟悉的"世界的就是普遍的"说辞，也是一种文文莫莫的论断，因为离开具体民族国家的抽象世界是不存在的，相应的，离开民族国家之外的世界理念，民族国家也就失去了判定坐标。如何在民族国家与现实世界之间理智地衡量其在政治学研究中的权重，是一个从民族国家经验凝练政治学一般理论的精妙智慧体现。以"中国"经验画地为界，实不足为训。

中国政治学自主知识体系的建构：清华政治学系的探索

三者，需要确立基于中国经验的政治学理论建构，必须确立的基本知识建构准则。概而言之，"可公度性"（commensurability）仍然是中国政治学界有贡献于现代政治学知识的一个基本衡量标准。可公度性是与不可公度性（incommensurability）相对而在的理念。所谓"不可公度性"，是指"一个理论的全部术语不可能通过另一个理论的词汇来定义"①。也就是说，两个理论之间是不可翻译的。相应的，可公度性意味着一个理论的术语可以通过另一个理论的词汇来定义。换言之，两个理论之间是可翻译、可比较和可交流的。不可公度性意味着，两个理论之间的翻译、比较与交流，总是存在变异或损耗。可公度性意味着，两个理论之间可以翻译成大家都能理解的语言或接受的尺度，从而达到实现比较和交流的目的。在科学史的研究中，不可公度性与可公度性具有较为严格的含义。挪移到人文社会科学中，楔入的解释成分更多一些，可公度性的尺度也就相应宽松一些。但可公度性至少要求两种理论，譬如中西学者各自建构的不同理论体系之间，要能够翻译、比较和交流，从而形成政治学的国际学术共同体。就此而言，那种绝对限于中国经验做出的政治学一般理论凝练，少不了被人质疑是"螺蛳壳里做道场"。如何经由中国经验、但不限于中国经验，具有广阔视野地观察、比较其他国家的经验或世界普遍经验，并由此凝练为政治学一般理论，可能更能将中国政治学研究提升为具有普遍理论意味的政治学知识，并且与世界各国的政治学研究共同体成员毫无障碍地交流，从而为现代政治学知识的增长做出中国学者的贡献。拘守于不可公度性，便会自说自话，不求人理解，别人也不能理解。这对中国政治学界的学术研究来说，无异于自我戕害。

---

① T.S.库恩："可公度性、可比较性、可交流性"，王飞跃译，《世界哲学》2004年第3期。

三 路径选择

重思中国社会科学的本土化理想

任剑涛

中国社会科学兴起于十九世纪末二十世纪初。兴起的动力，固然与中国的现代转变紧密相连。但在学术研究的层面上讲，一者与中国的留学运动相联系，二者与中国紧迫的自我认识相关，三者与中国现代化的理论需求相贯通，四者与新兴社会科学研究群体与组织建制相关联。因此，中国社会科学自始便和世界化与本土化的张力纠缠在一起。世界化是受中国现代化转变与社会科学舶来性决定的，本土化则是中国历史传统与现代转型自我筹谋注定的。这是一种难以协调的张力：它既是中国社会科学成长的动力，也是与中国社会科学如影随形的压力。取决于前者，中国社会科学的现代特质在初创时期就格外凸显；受制于后者，中国社会科学的本土化理想成为其成长的重要目标。但中国社会科学的本土化并不因为后者便成为一个易于实现的目标。原因很简单，本土化的最低目标不必倡导，本土化的最高目标殊难企及。实在地讲，中国社会科学的本土化理想，是一个亟须重新思考的问题。

一、社会科学的自西徂东

中国社会科学的本土化理想这一论题，首先提示人们，中国的社会科学是外来的，而非本土自产的。这是一个众所周知的事实：中国社会科学是由西方

中国政治学自主知识体系的建构：清华政治学系的探索

传入的现代学问。在西方，社会科学的兴起，是一个标准的现代事件。这是因为，社会科学是随科学的兴起与繁荣而创生的。在科学取得了各种研究共同体的主导地位之后，人们尝试将科学的理念、方法与共同体规范用于研究社会问题，催生了社会科学的知识体系。在其前史阶段，十七至十八世纪致力探究社会重大问题的学者，诸如霍布斯、哈林顿、洛克、哈奇森、亚当·斯密、孟德斯鸠等人，就已经将刚刚兴盛起来的自然科学理念与方法引入社会研究领域。尽管这样的尝试，与十九世纪后期正式兴起的社会"科学"在旨趣上明显不同，但奠定了以科学方法审视社会问题的基调。[①] 十九世纪正式以"社会科学"自称的知识体系，与研究者试图借助科学方法，但又与之划清界限，由此凸显探究社会现象及其背后联系的"社会科学"与"自然科学"之间的差异性。这在孔德介入当时何谓科学的广泛争论时，展现出科学地研究社会的知识面目。从总体上讲，"社会科学很严肃地对待科学的理想，而且即使这种理想如所描述的那样未能实现，它也保持了一定的规范力。例如'科学的方法'尤其为那些追求'真正的'科学的控制力和确定性的社会科学家们所青睐。对自然科学方法的讨论也多少受到这些社会讨论的影响和规范，尽管科学家们通常使用这种方法去解释为什么社会学科不是科学的。历史学家们和科学哲学家们通常会正确地坚持，在实际的科学实践中找不到类似一种严格的或者统一的方法，但是他们也并不认为这种讨论是不合理的。这有利于提高科学的威望，塑造科学的特征，并且有时构成了科学的良知"[②]。可见，社会科学本身既是一种有待实现的理想，也是一种实践科学方法的尝试，还是一种为社会科学研究共同体所承诺的共识。

科学知识具有超越民族与国家的历史文化传统的普适性。附着科学而起的社会科学，也就追求知识上的客观性、确定性与普适性。社会科学就此与民族特性、文化传统与国家结构等基于特殊性的因素区隔开来，而与普适特性、普遍意义和全球体系紧密相连。当然需要承认，对社会科学的这一定位，犹如科

---

① 理查德·奥尔森：《社会科学的兴起：1642—1792》，王凯宁译，导言，科学出版社2018年版，第1—4页。
② 西奥多·M. 波特等主编：《剑桥科学史·第七卷·现代社会科学》，第七卷翻译委员会译，大象出版社2008年版，第4页。

学的类似定位一样,是在理想层面上做出的规定。在实际的社会科学研究中,很难真正兑现这一理想。一方面,这与社会科学的知识限度有关。社会科学不是对自然现象的探究,而是对社会世界的解释。因此,社会科学无法让研究者摆脱内外张力——一旦研究者内在于某个研究对象,他的先在性认同就会显著影响他的研究进路、研究方式与研究结论;假如研究者外在于一个研究对象,他分析的客观性、确定性与可靠性明显高企,但与对象的疏离,使之难以获得研究对象中的诸主体的认同。另一方面,社会科学基于研究者的经验观察、分析进路和解释方式等方面的差异,会导致彼此极为悬殊的研究结论,并因此引发针对同一研究对象完全不同的认知结果或公众倾向。在"公说公有理、婆说婆有理"的情况下,社会科学的科学性会受到严重的质疑。再一方面,由于研究者总是处在特定群体、民族与国家中的人士,他们的价值偏好、立场择定、传统熏陶、教育背景、彼此认知、自恋倾向,等等,都会对社会科学的研究对象发生重塑作用。因此,社会科学的研究结论完全不可能得到研究群体的一致认可,尤其是那些涉及民族与国家的评价性结论,可能会在不同民族间引起极为不同的反应:对同一个结论,来自不同民族、国家的研究者,既可能钦服,也可能拒斥,更可能痛诋。

在社会科学的上述背景中审视,社会科学之输入中国所引发的世界化与本土化之争,实属必然。从总体上讲,中国现代的人文学与社会科学,都是舶来品。因为中国传统的学问分类体系是经、史、子、集,而不是文、史、哲、政、经、法,更没有自然科学与社会科学这样的大类划分。由于自然科学引入中国时,其普遍知识的取向不会触及中国人对传统的认知与评价,因此很容易成为中国人现代知识体系的构成部分。人们面对自然科学,并不会产生基于文化抵抗与排斥的拒绝行动。但人文社会科学的情况就大为不同了。在人文学科与社会科学比较的视角看,文、史、哲尽管也是引进学科,但因为研究的对象与传统的深度相关,本土化的色彩是比较浓厚的。社会科学的现代社会依托明显,科学性较人文学科为强,学术的普适标准也更凸显,因此与本土文化、传统文化的兼容性相对较弱。在社会科学进入中国之后,其学科的设置,基本上是由西方国家供给,给人以外来学科的印象相应更加深刻。因此让中国的社会科学研究带有更强的紧张感。

中国政治学自主知识体系的建构：清华政治学系的探索

中国社会科学的兴起，鲜明的舶来特性，毋庸多言。从较为成型的学科建制上讲，它基本上是二十世纪初期，由留学欧美日本的学者引入中国的。追溯源头，则是二十世纪晚期游学欧美日本的学者介绍给中国学术界与社会公众的。就后者讲，严复的翻译与梁启超的推介，构成社会科学引入中国的双子星座。严复的翻译涉及政治学、经济学、社会学、法学等主要社会科学领域，"试图激发当时中国学者对西方社会科学之意义的兴趣"。梁启超流亡日本十年，发明了一种结合日式表达和公众表述的现代文体形式，让他的文字得到非常广泛的传播，"在中国特别成功地传播了西方社会科学"。[①]但其时中国的社会科学建制尚待建构，因此，二人对西方社会科学的传播还没能与现代学术体制如大学和研究机构结合起来。

就前者论，即就成型的学科建制上看，中国社会科学完全是留学欧美日本的学人引进并坐实的。从时间上看，起自二十世纪初，迄于二十世纪四十年代。在二十世纪初期，随着大学的兴起，中国社会科学的学术建制开始建立健全起来。国家随之设立了专门的科学研究机构。经过数十年的发展，学术建制体系中的学术评价开始成熟起来。1948年台湾"中央研究院"第一届院士评选，成为衡量中国社会科学建制性评价的标志性事件。[②]这届院士选举，专门设立了人文组。说是人文组，其实包含人文学科与社会科学两个门类。人文组的院士共有28人，其中仅有六人没有留洋经历。将之区分为人文学科和社会科学两类的话，没有留洋经历的六人都是人文类院士，其余都有留洋背景。社会科学类的院士则都具有留洋背景：政治学家吴敬恒、萧公权、钱端升，法学家王世杰、王宠惠、周鲠生，经济学家马寅初，社会学家陈达、陶孟和都是留洋归国的学者。这些社会科学的院士，都是中国建制性的社会科学的奠基者与标志性人物。可见，中国社会科学绝对是自西方国家引入中国的：西方社会科学的翻译与引介，是社会科学进入中国的初始阶段的必须，其著者为留英的严复；西方社会科学的广被公众，是社会科学与中国社会互动的需要，其著者是

[①] 西奥多·M.波特等主编：《剑桥科学史·第七卷·现代社会科学》，第七卷翻译委员会译，第438-439页。

[②] 郭金海指出："中研院第一届院士选举展开的前提是：在国际上，院士是国家研究院或科学院的重要组成分子；设置院士乃中研院完善其体制的一个必要环节；中国科学界趋于成熟，已产生一批学术精英。"郭金海："1948年中央研究院第一届院士的选举"，载《自然科学史研究》2006年第1期。

留居日本的梁启超；西方社会科学的建制化确立，是社会科学确立其在中国的学术地位的标志，其著者正是台湾"中央研究院"第一届院士的选举。

留学生对中国社会科学的兴起与兴盛的贡献无可置疑。他们去欧美国家留学时，正是现代社会科学蓬勃兴起与急速发展的时期。中国留学生们在欧美日本几乎同时接受了兴起中的现代社会科学的教育、熏陶和影响。欧美国家的社会科学兴起，相较于人文学科也是比较晚的事情。尤其是建制性的社会科学，也是在十九世纪到二十世纪之交，才繁荣昌盛起来的。留学欧美的中国社会科学名家，在接受社会科学训练和获得研究技能方面，与欧美社会科学家几乎不存在明显时差。在这个意义上，中国社会科学的初始发展并没有明显落后于欧美国家。

但这一代中国学者完成学业，受聘担任中国正蓬勃发展起来的大学社会科学教育与研究机构的时候，遭遇了西方国家的社会科学家不会遇到的苦恼。一者，社会科学的研究，基本上是以欧美的价值理念、文化根基、知识系统、学科共同体和评价方式建构起来的。这样的一个学科机制，在理论上可以移植，在实践上却难以落地。西方社会科学具有超逾地方性知识的强大解释力，但对中国却有明显的经验错位。现代社会科学是因应欧美当时已经成熟的现代化而成长起来的学术体系，与之相比，中国的现代转型则处于一个与传统拉锯的紧张状态。以成熟现代的社会科学研究范式，去研究一个未可预期的转型社会，其难度可想而知。二者，由于中国社会正处于一个紧张的现代转型阶段，在所谓救亡与启蒙的两极张力中，引入的西方社会科学很难保持其服从科学原则的知识取向，不得不以服务社会需要，甚至是国家需要来确立研究的目的。因此，西方社会科学的科学逻辑，就与中国社会的现实需求逻辑处于一个紧张状态。引入社会科学的学者，就不得不着力处理世界化与本土化的"矛盾"。处理这一矛盾，做到相互兼顾是最好的状态。但做到这一点谈何容易。因此，中国的社会科学家常常在世界化与本土化两个端点上跳跃，不时陷入双失的窘迫局面。三者，西方社会科学引入中国，在公众导向的启蒙与建制取向的学术之间，存在明显的悖谬。以前者论，严复引入的社会进化论，将国人引向优胜劣汰的社会达尔文主义境地，这显然不利于建构起社会科学的严谨求实态度。因为恶性竞争的社会是无法接受理性的社会科学研究的。梁启超以风雷火电之

中国政治学自主知识体系的建构：清华政治学系的探索

笔，搅动起国人求变的急切心态，但这不是一种冷静理性的社会谋划，无益于人们清楚认识中国社会的真实情况，因此对社会科学的中国研究帮助不大。以后者论，建制取向的社会科学研究，必须借助于大学与专门科研机构，因此成为高头讲章、阳春白雪，无论如何都难以引起公众的兴趣，甚至会遭到人们的排拒，因此加剧研究者与本土社会脱节的危机感。正是这一类因素，直接而有力地推动了中国社会科学的本土化诉求。

另一个值得注意的问题是，西方社会科学以自己作为现代社会科学研究对象的研究进路，与对"未开化民族"进行的初民社会研究，构成两种显著不同的社会科学研究方式。这就是人们熟知的人类学与社会学的学科分工。像陶孟和、吴文藻、费孝通等人，先后出国留学，既学社会学，也学人类学，他们对人类学与社会学的学术分工不太认同，回国后都兼综两门学科的研究，联手创立了"社会人类学"学科，让这一学科既帮助国人对中国进行人类学认知，也促成转型中国所需的社会学的建构。中国最早一批社会学者，"他们尽管接受了欧美系统的学术训练，但绝不盲从。他们真正关心的中国社会，是如何借鉴在西方所学的知识与方法，沟通东西方文化，并为祖国的富强寻找出路"[①]。这正是一种西方学术分科与中国学者感受双重因素共同驱使的本土化尝试。对这些社会学、人类学家来讲，他们当然不愿意以未开化民族的人类学眼光来研究中国，中国的文明史毕竟长达 5000 年之久；但中国又确实不是一个工业社会，就此需要以一种社会学的眼光筹谋国家现代转变。因此以一种社会学与人类学的居间眼光审视中国，是他们最乐意择定的学术立场。可见，中国社会当时的"两不靠"状态，既不靠初民社会，又不是现代社会，催生了西方社会科学在中国跨门类的综合发展。这样的理念，广泛存在于留洋归国的中国社会科学家内心深处。

二、本土化的念想

中国社会科学的世界化色彩本是很鲜明的。这是受中国社会科学兴起阶段

---

① 阎明：《中国社会学史：一门学科与一个时代》，清华大学出版社 2010 年版，第 39 页。

直接取法原生的西方社会科学而必然呈现的特征。但中国社会科学自始便带有自觉的本土化追求，这是受其面对的中国社会实际所注定的情形。两种驱动力叠加，构成中国社会科学成长的强大动力。这是一种看似悖谬的组合。但稍加分析可知，两种动力对中国社会科学的成长，缺一不可：缺少前者，中国"社会科学"根本就不存在；缺少后者，"中国"社会科学就无所依傍。这是一个学科资源与经验支撑相互维系的必然状态。

所谓中国社会科学的本土化，亦称社会科学的中国化，①乃是一种将社会科学植根中国的学术尝试。正如吴文藻指出的，中国社会科学，以社会学为例，主要还是舶来品，"始而由外人用外国文字介绍，例证多为外国材料，继而由国人用外国文字讲述，有多讲外国材料者，亦有稍取本国材料者，又继而由国人用本国文字讲述本国材料，但亦有人以一种特殊研究混作社会学者，例如：有以社会学为社会问题的研究者，亦有以社会学为唯物史观或辩证法者。要之，当此期间，社会科学在知识文化的市场上，仍不脱为一种变相的舶来品"。面对测量事实的社会学取向，需要指出测量需要先有假设。因为，"假设与科学绝不可分"。基于此，吴文藻明确强调："我们的立场是：以试用假设始，以实地验证终。理论符合事实，事实启发理论，必须理论与事实糅合一起，获得一种新综合，而后现实的社会学才能植根中国土壤之上，又必须有了本此眼光训练出来的独立的科学人才，来进行独立的科学研究，社会学才算彻底的中国化。"②这可以说是社会科学本土化或中国化的自觉而系统的表述。就社会科学引入中国的进程来看，吴氏的描述比较准确反映了中国社会科学主要学科进展的几个阶段：首先是外国人以外国文字和外国材料创制学科，以这样的学科形态进入中国；接着是中国人以外国文字和外国材料加以讲述和研究，但已经加进一些中国材料；跟着是中国人以本国文字和本国材料讲述和研究，但学科边界有些模糊不清了。不过中国社会科学这几类讲法，都未改社会科学

---

① 从严格的意义上讲，社会科学的本土化与中国化具有相当不同的含义，前者指向的是中国社会，因此与国家权力没有直接关系；后者指向的是民族国家，因此必然带有鲜明的权力色彩。但笔者不拟对两者进行严格区隔。因为二十世纪初期，中国的现代国家建构尚在进展之中，国家与社会的分化尚不明显，直至今天，这样态势总体未变。因之在相对视同的意义上讨论社会科学的本土化与中国化命题，是有其成立的理由的。

② 吴文藻：《论社会学中国化》，商务印书馆2010年版，第3-4页。

中国政治学自主知识体系的建构：清华政治学系的探索

舶来品的性质。只有做到下述几点，中国社会科学的中国属性才能呈现出来：一是中国社会科学的研究假设与经验材料的直接匹配；二是理论与事实糅合并形成不同于西方学者的新综合；三是中国训练出自己的高级专门人才并从事专门研究。吴文藻对社会学为代表的中国社会科学之本土化或中国化的界定，可以说切中了现代社会科学进入中国后如何生根、开花、结果的根本问题。

以吴文藻自己对之的实践来看，他的努力呈现双方向同时着力的情形。一方面，他特别重视西方学术思想的引进与评判，并认定这是"社会学中国化的前提"。①注意这里的两个指向：一是西方学术思想的引进，二是西方学术思想的评判。分析吴文藻《论社会学中国化》一书所收的、论及西方社会学的文章，可以发现引进西方社会科学的几个要领——与西方社会科学发展的同步性，同时接引西方社会科学理论的多样性、与西方社会科学紧随社会变迁的演进性、与西方社会科学雄心所在的理论性。而在评判时，需要对西方社会科学的所得与所失，及其对中国的启示加以揭橥。另一方面，他非常重视"社会学中国化的理论与实践"，②注意这里的理论与实践，不是分开来处理的问题，而是切中中国现代转变实际，并努力对之进行理论阐释的意思。他对民族国家问题、社区问题、民主的意义、社会制度的建构、边政学、蒙古包等论题均有涉及。这些论题，可以说都是当时中国社会学研究必须面对的重要问题。探究这些问题，正反映了吴文藻将社会学理论与实践关联起来推动社会学中国化的基本方向。

社会科学的其他学科如政治学，也确立了本学科的本土化或中国化目标。如在中国政治学建制化兴起中发挥过重要作用的清华大学政治学系，就在教学语言上不再使用英语，转而使用汉语；在课程方面，"加强吾国自己之学问"（时任清华大学政治学系主任浦薛凤语），重视介绍中国国情，设立中国政府、中国经济史、中国政治思想史等课程；同时因应中国变革的需要，开设中国宪法课程，邀请业者就公文改革和书生从政经验进行专题演讲。③之所以这些社

---

① 这是吴文藻对自己介绍与评判西方社会学的总命题。吴文藻：《论社会学中国化》第二部分。
② 同①，第三部分。
③ 孙宏云：《中国现代政治学的展开：清华政治学系的早期发展（一九二六至一九三七）》，三联书店2005年版，第133–137页。

会科学门类出现这样的转变,是因为从业者大多都对食洋不化的中国社会科学现状严重不满,因此主张加强中国相关知识的整理、学习与研究。但这样的努力,仍然遵循着前述吴文藻的基本思路,蒋廷黻就明确指出:"我以为不通西洋政治学的人决不能对中国的政治思想或制度有所贡献。"① 原因很简单,西洋政治学是现代知识形式,中国传统思想是需要分类整理的传统知识。如果对两种知识不进行综合,失去前者就失去了中国社会科学的现代品格,失去后者就失去了中国社会科学的国家属性与传统支撑。因此,中国社会科学的本土化或中国化,就成为发展中国社会科学这一个问题两个构成面相之不可或缺的一面。

不过需要进一步分析的问题是,中国社会科学的本土化或社会科学的中国化,是不是仅仅着眼于这一学科门类的中国特性?倘若这样,那么在各个主要社会科学学科的学术内容上加入中国内容就可以彻底解决这一问题。显然,社会科学的本土化或中国化目标,远远不止这么一个低度的目标。在这一低度目标的基础上,存在更为高企的目标。这类目标可以归为两类:一是经过中国社会科学的本土化与中国化努力,将中国社会科学的水平至少提升到与西方社会科学并驾齐驱的水平;二是经过更为艰苦和长期的努力,让中国社会科学凌驾于西方社会科学之上,提出替代西方社会科学的范式,并由此独领世界社会科学风骚。这两个目标,前者,如前所述,在民国时期就已经提出;后者,则在台湾发展转型与大陆崛起之际强势浮现。可以说,社会科学的本土化或中国化目标从不单一,一直存在从低度到高度递进的不同目标。

基于上述三个目标,百余年的中国社会科学展开了三大类的研究尝试。这可以从枚举性的分析上得到认识:一是针对外国人讲外国文字的社会科学定势,努力将之转变为中国人以中国经验讲外国文字。这一努力,将中国社会科学引导到一个极度重视社会实际的调查、描述和勾画的境地。在民国阶段,尝试对中国社会进行全面调查,成为社会科学的一种建制化努力。1920年开始,受国外基金会的支持,北京社会研究所、台湾"中央研究院"社会科学研究所,都进行了中国社会现状的调查,致力弄清楚城市劳工生活状态,对工业

---

① 转引自孙宏云书,第134–135页。

中国政治学自主知识体系的建构：清华政治学系的探索

化带给中国的影响进行范围广泛的调查与评估。与此同时，社会科学家致力将现代知识运用于中国社会建设进程，陶孟和全面调查中国社会的宏愿、李景汉对定县较为全面的调查、吴文藻对社会调查科学自主性的强调、费孝通对江村经济的描述与分析，[①] 大致可以归于这类尝试。至于社会调查的社会科学效用，李景汉罗列出十点之多：促进国家建设、让国家更有条理、帮助认识中国社会特点、奠定中国社会学的基础、帮助人们了解中国社会问题、促使救国者多用理智少用情感、使民众具备公民常识、提高人们的公共精神和合作效率、有助于预防灾祸、免除国人不自知的国耻。[②] 可见，社会科学中国化的低度目标，已经充分展现出中国社会科学自证其价值的多重念想。在二十世纪四十年代末期，中国大陆政权易手。大陆社会科学转而受苏联的巨大影响。但重视社会调查的中国社会科学新传统似乎没丢，持续数十年之久的民族调查堪为佐证。

二是尝试建立适合解释中国本土经验的社会科学模式。晏阳初与梁漱溟领导的乡村建设运动、费孝通撰写的《乡土中国》可以说是相互写照的、建构中国社会科学新模式的尝试。乡村建设运动不仅仅是社会领域行动派的杰作，而且是中国社会科学探寻自己独特的社会模式的、一种实践其乡村建设理论的方式。这中间不仅有工业立国还是农业立国的社会科学理论大问题，还有作为中国社会基础结构的农村究竟是要破坏还是重建、是以政治军事还是经济社会文化为途径、是走暴力革命之路还是和平建设之路的对峙性社会思路的丰富内涵。为此，晏阳初以乡村建设寻求"民族再造"，诊治愚、穷、弱、私的"四大病根"，开展救愚的文艺教育、救穷的生计教育、救弱的卫生教育、救私的公民教育，并以学校式、社会式、家庭式三种教育实施方式以完成相关任务。[③] 梁漱溟的乡村建设，也具有明确的理论建构意识。他认定，乡村建设是从根本上建设中国。中国一直以乡村为本，近代中国革命对此缺乏理解。他认为，将乡学、村学建设与农村自治相结合，就可以"创造新文化、救活旧农村、开出新道路、救活老民族"，这是一条完全不同于西方国家的中国现代化

---

① 西奥多·M.波特等主编：《剑桥科学史·第七卷·现代社会科学》，第七卷翻译委员会译，第三部分第28章第三节"20世纪30年代社会科学中国化的策略"，第442—444页。
② 阎明：《中国社会学史：一门学科与一个时代》，第63—66页。
③ 同②，第107页。

道路。① 费孝通以其乡村研究奠基,在1940年尝试对中国乡土社会进行宏观勾画。他所撰写的《乡土中国》《皇权与绅权》,给出至今都具有较强说服力的中国基层社会解释模式。他对中国农村的差序格局、系维着私人的道德、家族、男女有别、礼治秩序、无讼、无为政治、长老统治、血缘和地缘等纬度的描述与分析,凸显出中国乡土社会的本色;他对皇权与绅权在不同层面上维系着的社会政治结构的描述与分析,呈现了中国社会政治结构的复杂性。他从乡土中国引导出的农村必须工业化,但需要分散工业化,而非集中工业化的结论,与后来中国在改革开放阶段的农村初期乡镇工业发展的进路具有一致性。② 从某种意义上讲,中国的农村社会学、基层政治学直至今日的繁荣,可以说是中国社会科学,尤其是社会学本土化的一个缩影。

三是修正来自欧美的社会科学的研究进路,尝试提供新的范式,进而寻求与西方社会科学齐头并进甚或取而代之。实现这个理想还有比较远的路程要走。但这个理想可以说是支撑社会科学本土化或中国化最深层、最长远的念想。这样的念想,在民国和中华人民共和国早期,是社会科学研究者甚少表露的意愿。其时,社会科学的本土化或中国化的目标,不过是让社会科学扎根中国,让社会科学不至于流于外国人讲外国文字,或中国人讲外国文字,实现让舶来的社会科学以中国人讲中国文字的目标。中国社会科学的本土化目标缘何长期处在相对较低的意愿上呢?从社会环境上讲,主要是受制于国家发展低水平的制约。从学术现状上讲,主要受制于中国社会科学明显的后起与滞后定势。尽管人们认为,台湾"中央研究院"第一届院士人文组的学者水平,最接近当时的世界水平。但从总体上讲,学术的普遍水平与精英水准相距较远,这就让学术精英的接续成为问题。同时,社会政治动荡让这一进程夭折,硬生生地中断了已经积累起来的社会科学研究进程。加之长达30来年的自我封闭,就更是明显拉大了中国社会科学与西方社会科学的距离。这让社会科学从业者缺乏站上世界社会科学前沿的雄心。

直到香港、台湾发展转型,成为亚洲"四小龙"之际,中国学者才开始表达一种平等性、替代性,甚至超越性的社会科学意愿。金耀基指出了社会科学

---

① 阎明:《中国社会学史:一门学科与一个时代》,第109页。
② 阎明:《中国社会学史:一门学科与一个时代》,第187–195页。

中国政治学自主知识体系的建构：清华政治学系的探索

中国化的两种目标，一是建立中国的社会学，赋予社会学特殊的性格；一是让社会学在中国充分发展，使之与中国社会发生关系，为中国所用，使其在中国生根。后者在前述的社会科学本土化或中国化尝试中，已经有了较为充分的呈现。但前者确实是颇具雄心的社会科学研究目标。后者是一种承诺社会科学知识普遍性、累积性的改良型目标。前者可以说是颠覆西方社会科学规范、志在建构以中国为本的社会科学理论体系的创造型目标。但从中国社会科学构成的总体格局上看，创造型的中国社会科学研究，大多处于"概念分析的阶段，很少有经验性的研究"。[①]

在改革开放收效显著的基础上，近期这样的研究有了令人惊叹的突破：从国家层面上看，中国经济总量跻身世界前列，并尝试建立人类命运共同体。这给了社会科学研究者以巨大鼓舞，让他们心生中国近代以降所稀缺的文化雄心。在学术界来看，中国学者开始尝试以中国传统的"天下"体系，替代西方国家创制的"世界"体系。[②] 长期受民主法治理念引导的政治学研究，开始出现以儒家三院制替代立宪民主制的理论发声。[③] 即便承认民主法治普适性的学者，也转而指出中国民主相对于西方民主的先进性。[④] 这些主张是否成立，是否能够获得国际学术界的认同，另当别论。但立论的雄心是显而易见的——其显然已经超越了此前中国社会科学界一般的本土化与中国化目标，直达颠覆西方社会科学一般主张的高位。主张者明确指出，中国社会科学（政治学）正走出百年西制崇拜意识，[⑤] 基于此，需要勇敢地使用本土概念解释西方。[⑥] 这样的念想，是民国那些接受了西方教育的学者所难以想象到的。这类表达，让社会科学的本土化或中国化目标，达到了所可想象的最高点。

---

① 邱海雄等："港台学者关于社会学中国化的讨论"，载徐经泽主编：《社会学中国化——中国大陆学者的讨论》，山东大学出版社1990年版，第309页。
② 赵汀阳："以天下重新定义政治概念：问题、条件和方法"，载《世界经济与政治》2015年第6期。
③ 蒋庆：《再论政治儒学》所收"政治合法性问题与议会三院制"，华东师范大学出版社2011年版，第102–120页。
④ 韩震："中国才是当今世界最大的民主国家"，《前线》2017年第12期。苏长和："民主的希望和未来在中国"，载《人民日报》（海外版）2014年9月6日。
⑤ 苏长和："中国政治学正走出百年西制崇拜意识"，载《中国社会科学报》2014年3月31日。
⑥ 苏长和："敢于用中国本土概念解释别人"，载《北京日报》2016年1月4日。

三、本土化的局限

如前所述，中国社会科学的本土化理想，自始便是一种混杂不清的理想。之所以说是混杂不清的，是因为基于本土化或中国化目标所设定的三个目标或两个目的，彼此之间是难以兼容的不说，甚至有些对立的意味。为社会科学切入中国材料、与西方社会科学并驾齐驱、超逾西方社会科学之上，越是提高目标层次，就越是无法保证社会科学的学科规范属性。必须承认，现代社会科学的规范价值、研究范式、典范成果、评价体系、研究组织、人才培养，都源自西方。为之切入中国材料以确立社会科学的本土化与中国化，是维持这一学科的原初属性所可以承受的学术改写。与西方社会科学的并驾齐驱，如果限定在守持社会科学的既定规范的意义上，提供与西方社会科学研究水准不相上下的研究成果，也是社会科学原初属性不变的情况下可以接受的情形。一旦完全超出社会科学的原初属性，从材料到理论都转变成"中国的"，那么这样的研究势必丧失社会科学的原初属性，变成西方学者所难以理解和接受的崭新学科。此时，这样的学术研究还有没有必要称之为社会科学研究，势必成为一个大大的疑问。

人们当然可以社会科学绝对不是西方学界垄断的科学，来为社会科学的本土化或中国化的最高目标辩护，亦即为社会科学从材料到理论都完全是"中国化的"辩护。但如此做来，其对社会科学性质的彻底改写，那还需要命名为社会科学研究吗？在最大程度上采取改良型的社会科学本土化或中国化研究进路，都不会遭遇这样的研究质疑。即便是在维持社会科学基本规范的情况下，寻求不同于西方学者的社会科学方法进路，提供不同于西方学者的创造性解释成果，也是社会科学足以维持自身的可接受进路。假如中国社会科学的创造型研究，创造出西方学者完全陌生，只好疏远或拒斥中国学者的研究成果，社会科学就丧失了它的基本学术规定性，变成了不知所云的研究类型了。这正是当初吴文藻主张社会学中国化时，将之切分为务必引进和评判西方社会学，且视之为社会学中国化的前提，在此基础上才去设法谋求社会科学的中国化进路的

中国政治学自主知识体系的建构：清华政治学系的探索

原因之所在。对之，切忌在民国社会科学发展水平不够高的视角对待吴氏的主张，以为那是国力较弱、学力不够情况下的保守表现。需要特别指出，吴氏所论，切中中国社会科学的处境问题，无论中国社会科学发展到如何的高水平，只要与西方共享"社会科学"的学科研究，就必须守持西方原创的社会科学基本属性。取决于社会科学不是中国的首创，在此意义上，中国社会科学无论如何发达，也逃不掉遵循社会科学基本规范的命运：一者，那是兴起于近代西方的自然科学所规定了的社会研究方式；二者，那是区分社会现象以探究社会结构与功能的进路；三者，那是基于一定社会结构与文化传统，但必须凸显其普适内涵的学术研究与致用尝试。任何超出这些规定性的研究，就不是，或只是记名于社会科学之下的研究，实则已经无须以"社会科学"之名为之保驾护航。这可以说为社会科学中国化或本土化设定了难以逾越的天堑。

但这并不是说社会科学的本土化或中国化就是一个伪命题。至少在前述的两个意义上它是真实可信的：一是中国社会科学研究，无论是材料的使用，还是理论的概括，不能仅仅限于西方语言讲述西方话语，也不能限于挪用而无所创获。中国社会科学必须对中国社会的材料加以全面的收集与整理，并从中提炼出反映中国社会真实状况的社会科学理论。这是在中国从事社会科学研究者的责任。否则，他们就只能自限于西方社会科学的低级传声筒角色。这是十九世纪末二十世纪初中国从事社会科学研究的那一代留学生清醒认识到的问题，也是他们理智确立立足西方社会科学、扎根中国社会的研究愿景的深刻之处。二是中国社会科学不能自甘于尾随西方社会科学的地位，需要以自己具有普适性的研究成果，直追西方社会科学的步伐，并且努力与之并肩同行。这既需要中国社会科学界客观准确提供中国的社会事实，也需要他们提高思维水准，产出不输于西方同行的社会科学宏大理论。这也是中国社会科学界可以逐渐实现的目标：因为在社会科学的规定性范围内，中国人完全有能力进入西方社会科学主流话语体系，并且提供高水平的研究成果。1949年中国政权交替之际，移居欧美的中国社会科学家，对欧美主流社会科学研究做出的贡献，可以佐证这一点；中国改革开放后进入美国学界的华人社会科学家优异的表现，也可以证明这一点。他们为西方社会科学话语提供了中国的实际经验与理论智慧,表明中国学者基于中国经验与理论思考,从事现代社会科学研究,也完全有能力产出高水平的社会科学成果。如果社会科学的中国化或本土化是指这两个含义,那么它就完全是一个能够得到确证的命题。

问题聚焦在中国社会科学界立定的更加高远的理想:超越西方社会科学,创制属于"中国的"社会科学。这就是前述中国社会科学志在达成的创造型研究目标。需要注意的是,这里所谓的创造型研究,并不是在社会科学既定指涉范围内的具体理论创造,而是超出社会科学既定规范的总体性刷新,是让社会科学完全中国化的尝试。在社会科学既定指涉范围内的创新,是世界社会科学研究共同体可以根据其公认的研究范式加以检证、给予评价的。完全中国化的社会科学研究,很可能是中国从事相关研究的学者在自己圈子里自我欣赏的东西。在这个圈子之外的社会科学研究者,可能大惑不解、不知所云。

当然人们可以要求中国之外的学者转换思路,全盘接受中国学者基于本土传统和现实感悟而推出的概念、判断和推理。这在近期中国社会科学界表达出的、志在扭转社会科学乾坤的雄心壮志上可以得到印证。这样的雄心可嘉。但因为中国社会科学依然借重社会科学之名,当其研究完全疏离社会科学的规范、超出全球研究共同体的评价体系,那么很可能的结局就是中国社会科学自成一个封闭的圈子,而与国际社会科学界画地分治、相互隔绝。这种各自为阵,但都名为"社会科学"的研究局面,恐怕就与当初中国社会科学家们抒发本土化或中国化的初衷相去甚远、别为天渊了。

那么是否可以期待中国社会科学的本土化可以借助于国势的变化和学界的韧性,将之转变为一种为西方社会科学界所接受的全球化现象呢?有此可能,但难于兑现。原因在于,社会科学的世界化与本土化、全球化与国家化,扼制的是社会科学研究的两个端点。如果将之限定为非此即彼的定局,本土化绝对走向不了世界化、国家化绝对走向不了全球化。因为全球不可能接受哪怕是一个超级强大国家的意志,何况是接受文化学术软性力量引导的社会科学研究范式呢?反之亦然。一个世界化、全球化的社会科学话语,多多少少都会降低本土化与国家化的地位。社会科学研究,就此也存在一种各个国家、各种话语都

中国政治学自主知识体系的建构：清华政治学系的探索

需要致力达成的重叠共识：① 即源自不同民族国家、文化传统的社会科学话语，需要放弃背后的形而上学预设与固有的认知进路，而就认知人类社会、促进人类幸福达成在最低限度的一致。因此，不同国家、民族与文化传统中的人士，从事社会科学研究的目的，不在于争夺不同国家、民族与文化传统各自的主导权，而在于竞争是否有利于促进人类幸福。准此，中国社会科学研究一定要压倒西方"话语霸权"，从而获得一种不说是明示、至少是暗示的"中国霸权"，就与社会科学研究的根本目标背道而驰了。至于这中间包含的"不是东风压倒西风，就是西风压倒东风"的深层对峙意念，就更是与社会科学研究的普适立意南辕北辙了。

社会科学的世界化、全球化，凸显的是社会科学的普遍性与普适性。社会科学的本土化、国家化，突出的是社会科学的特殊性与独特性。"叩其两端，执两用中"，也许是中国社会科学研究者能够为自己确立的最适宜进路。换言之，一方面，中国社会科学研究者应当接受社会科学的普适规范，无论这样的规范是由西方人提出并加以阐释的，还是由中国人或是别的国家的学者提出或阐释的。只要它具有社会科学研究者应当接受的规范力量，就不能以来自哪个国家为理由接受或拒斥。这就为中国社会科学研究者大胆运用其他国家的社会科学研究者、当然包括西方国家的社会科学学者的规范成果提供了理由。在规范价值的供给上，那种对着干的精神，对规范的挑战或更新是毫无帮助的。假设挑战或更新既定规范的社会科学研究者，仅仅是基于民族自尊心和文化统绪意识，其挑战往往只会流于笑话。因为社会科学的本土化，并不是传统化或国家化。另一方面，中国社会科学研究者应当积极面对中国社会的鲜活事实与实际经验，并努力对之包含的规范内涵予以揭橥，从而为社会科学提供事实支持和规范论证。在此基础上，中国社会科学研究者需要具备基于事实认知与规范论证的力量，对既定的社会科学研究成果进行检验、重新思考、推动更新、有力阐释。如此，中国社会科学就无须挑战在先、态度倨傲、口号对峙、寻求全

---

① 这是对约翰·罗尔斯重叠共识概念的挪用。罗尔斯意指内在但超越诸宗教、道德与哲学完备性学说，又可以为其所接受的政治正义观念，便是重叠共识。罗尔斯：《政治自由主义》，万俊人译，译林出版社2000年版，第152–159页。在笔者这里，重叠共识用来指认那些超越完备性学说的社会科学研究之旨在促进人类幸福的稳定共识。

赢，无须将"口号治国"转进为"口号学术"，从而可以对社会科学的研究做出自己的贡献。

为此，不能不指出，差不多一个世纪的社会科学本土化或中国化的吁求，成效并不令人鼓舞。而且社会科学的本土化与中国化的标志性成果甚少、标志性人物凋零、标志性事件不多。足以成为社会科学本土化与中国化的标志性成果，依赖于国际社会科学界的公认，而不是中国社会科学界的小圈子内的孤芳自赏；足以称为中国社会科学的标志性人物，依据的是国家社会科学界的承认，而不是中国社会科学界三五人的圈子称颂；足以构成中国社会科学的标志性事件，依托于国际社会科学界的广泛参与和持续发酵，而不是中国社会科学界由权力钦定为大事。当代中国社会科学界，像陈序经的《现代主权论》、萧公权的《政治多元论》、费孝通的《江村经济》、张培刚的《农业与工业化》之类的作品不多；像台湾"中央研究院"第一届人文组院士那样站在世界前列的学者甚少；像民国社会调查那样引起国际社会科学界关注和参与的事件罕见。以此三者判断，中国社会科学的本土化或国家化成就，百年来呈现的是一条下滑曲线。这正是费孝通认为中国社会学界要再出现自己这样具有世界影响的人物还需要50年的缘故。① 但反讽的是，百年来中国社会科学本土化或中国化的口号倒是越叫越响，直至当下将之叫成反对主流社会科学的自我圈地且画地为牢式口号。

这就需要人们深刻反思中国社会科学的本土化或中国化理想。这样的反思，首先需要对这一命题本身加以再思考。从中国社会变迁的视角看，社会科学的本土化与中国化理想，不是一个百来年一以贯之、具有不变内涵的命题。其间，中国历史出现了巨变。中国的国家处境，与二十世纪二三十年代那一批中国社会科学的建制化研究的奠基者，有着天渊之别。1949年，中国解决了国家统一的危机。1978年至今，中国解决了现代经济发展的模式选择问题。2008年，中国举办夏季奥运会，以大国姿态展现于国际社会。这样的国家处境变化，被人概括为脱离了弱小时"挨打"的困境，但进入了强大时"挨骂"

---

① 费孝通等：鲜为人知的学术与政治生涯——费孝通生平最后一次长篇专访 http://www.aisixiang.com/data/102058.html 访问时间：2020年1月26日。

中国政治学自主知识体系的建构：清华政治学系的探索

的阶段。① 挨打，当然是指中国弱小时受西方列强欺凌；挨骂，则是指中国崛起后所受的西方国家的正当性指责。这样的概括是否恰当姑且不论，但其间确实存在一些值得人们重视的信息：中国社会科学还没有根据国家处境的重大变化，对国家发展提供国际社会公认的正当化辩护。反讽的是，国际社会、当然包括国际社会科学界，倒是对中国崛起的正当性颇多质疑。这真是对中国社会科学界提出了严峻挑战。

金耀基曾经指出，一个国家的政治独立，支持这个国家的社会科学界提出社会科学的本土化或国家化诉求，因为这个国家试图摆脱西方知识垄断与学术殖民的窘境，从而寻求国家政治独立之后的精神独立。② 但独立国家大多无力为自己的政治独立提供精神独立的支持。原因很简单，西方的学术殖民，已经塑造出被殖民国家的自我殖民。这种习气殊难改变。旨在寻求精神独立的社会科学本土化或中国化，常常为了颠转学术殖民与自我殖民的尴尬，骤变为不事学术，却想象以政治对抗来实现解殖的意图。因此，如果说中国在政治上的独立自强目标基本实现了，那么社会科学本土化或中国化的独立自强目标，却似乎离中国学术界愈来愈远。社会科学的本土化与中国化这个具有合理性的命题，看来并不与国家政治处境的改变节拍完全吻合。

这是一种令人焦虑的处境。随之需要人们思考，何以国家处境变好，而这个国家的社会科学处境并没有随之变好呢？这中间肯定有值得人们追究的问题。简单讲来，要不是国家对社会科学提出了某些达不到的要求，要不是社会科学界没有站在科学高度对国家处境提供有力解释。因应于前者，中国社会科学界勉力作为的结果，得不到国际社会科学界的认同，因此国家崛起，依然挨骂；因应于后者，中国社会科学界缺乏科学支持的话语，自然是一种难获认可的话语，因此只好孤芳自赏，对国家无益，对社会科学的知识进步几无贡献。更为重要的是，当下中国社会科学似乎选择了一种最为便捷的本土化或中国化路径，那就是以逆转西方社会科学进路、跟西方社会科学对着干的方式，来呈现社会科学的本土化与中国化面目。本来，基于中国经验，呈现中国风格，展

---

① 贾秀东：“新十年的中国机遇与挑战”，载《人民日报》（海外版）2012年12月12日。
② 邱海雄等：“港台学者关于社会学中国化的讨论”，载徐经泽主编：《社会学中国化——中国大陆学者的讨论》，第306–307页。

现中国气派，建构中国学派，是社会科学本土化与中国化的题中应有之义。但如果将"中国"的内涵绝对化，而不是守持一种价值"诸神之争"立场，[①]拒绝与其他国家、其他文化系统、其他价值体系，进行争辩、积极对话、寻求妥协和建构共识，那么，中国社会科学就会陷入既无法反映中国经验生活的真实性和可靠性，又无法概括出超越国家范围适用性的社会科学普适理论。

重思中国社会科学的本土化理想，必须走出国家需要既是社会科学使命的定势，也需要走出仅仅面对发达国家，尤其是欧美社会科学的强大压力展开运思的定势，还需要免除急于登达社会科学最高学术殿堂的急功近利欲求。因此，中国社会科学的本土化理想必须重构。这个重构，当然不是发布宣言就可以完成的任务。近期中国社会科学界发布宣言的意愿大有提高，甚至有人热衷于发表宣言。这是一种急于借助表态来张扬研究目标的做法，对兑现研究目标帮助很小。中国社会科学的本土化理想，需要扎扎实实的科学研究来呈现。这首先需要与国际社会科学界同步展开研究，而不是对着干。其次需要在国际社会科学界协同研究的基础上，提供中国学者的新理念、新成果、新范式。再次需要对中国社会的现代化发挥强有力的指引作用，在防止中国现代化退步的前提条件下，推动中国现代化的进程，进而推进整个人类的健康发展。如此，中国社会科学才能够对社会科学提供知识增量。这是重思中国社会科学本土化理想需要确立的务实目标。

四、走向"世界的本土"

中国社会科学的本土化理想，多多少少受文化政治意识的影响。文化政治，乃是受抵抗意识诱导以处置学术文化问题的理念。在法兰克福学派眼里，一切占据国家主流地位的文化形式，都是一种文化控制手段。因此，必须抗拒一切上升到国家统治技术层次的意识形态宣传。他们寄希望于将精英文化意识注入工人阶级大脑，以形成反资本主义的革命性文化。他们就此建构批判理

[①] 任剑涛著：《拜谒诸神：西方政治理论与方法寻踪》，导论，"'诸神之争'：现代政治理论的价值纷争与整合"，社会科学文献出版社2014年版，第1-18页。

中国政治学自主知识体系的建构：清华政治学系的探索

论，消解资本主义的文化霸权。① 这种志在抗拒主流文化的学术取向，为后起很多激进主义思想家所继承。像布尔迪厄就系统阐发了知识权力之作为政治权力的特点，并对资本主义主流理论取一种旁观者的姿态。不过他主张的抵抗范式，并不是像法兰克福学派那样的大拒绝，而是承认一种两可的方式：或者对主流知识与权力采取直接拒绝的态度，或者融入其中以示抗拒。② 林林总总的文化抵抗理论，基本宗旨都是非主流对主流的抗拒。这样的理念，在社会科学的本土化与中国化的主张中是明显可辨的。无论是留学欧美日本、开创中国现代社会科学的那一代学人，还是如今自认崛起中国的理论代言人的学者，对源自西方国家的现代社会科学都有一种说不清道不明、有意无意间的抵抗心理。无论这种抵抗心理是源于西方与中国、现代与古代、主流与支流、支配与拒斥二元对峙的认知定势，还是源于落后与先进、先发与迟滞、老师与学生、接受与创造互斥性的实践体认，其形成机理可能相当复杂，但呈现方式比较单纯：那就是中国社会科学必须脱离单纯附着西方社会科学的困局，让中国社会科学获得自主性发展的生机，让中国社会科学取得的成就超过西方国家。这是一种极具自尊心的社会科学研究立意，本身是中国社会科学发展的强大心理动力。

不过需要看到的是，这种心理一旦固化，就会在国家弱小与崛起的不同情境中，生成两种似乎相悖，其实相倚的社会科学研究取向：在国家弱小时，一种基于自尊心的争胜欲念，会将中国社会科学引向一个极富张力的境地——在相关研究中，一面引介西方社会科学范式，一面用之研究中国社会现象，却一面将后者视为原创性的社会科学研究活动。在国家崛起之际，一种基于好胜心的好强心态，会将中国社会科学引向一个颇为滑稽的境地——在相关研究中，一面拒斥西方社会科学的主流理论，却一面接受西方社会科学的非主流理论，并以为用之于中国社会科学研究，便是抵抗西方社会科学对中国社会科学的侵蚀。但两者所共享的社会科学研究理念是，拒斥西方国家的社会科学主流理论，无须西方社会科学的奥援，完全独立自主地建构属于中国的社会科学。这两者都是扭曲的中国社会科学本土化与中国化理念。这与吴文藻一代学人提出

---

① 章辉："文化控制与文化抵抗——两种文化研究理论的比较"，载《长白学刊》2016年第6期。
② 张意："符号权力与抵抗政治——布迪厄的文化理论"，载《国外理论动态》2003年第3期。

社会科学的中国化或本土化理念的初衷大相径庭。一种基于抗拒西方社会科学霸权所主导的中国社会科学研究，就此陷溺于持续不断的抗争泥淖中，而无以集中资源推进高水平的中国社会科学研究。

上述两种中国社会科学本土化的尝试，都是受制于一种简单草率的二元对峙思维的产物。在中国对西方、传统对现代、本土对普适、经验对科学的二元思维模式基点上，中国社会科学能够形成健康的社会科学研究心态吗？答案当然是否定的。因为这样的研究预设，让中国社会科学的研究尚未开展，便处于理论资源的稀缺状态；这样的研究对峙，让中国社会科学的研究无法理性引导现代转变。更为重要的是，这样的研究预设，让本土化的社会科学研究成为理念先行、无视经验的反讽性研究实践——本来意图建基于中国经验的社会科学研究，结果将经验预先屈从于本土化的抽象理念。至于本土化的含义究竟是什么，已经变得不那么重要，甚至是相当含混了。[①] 当这样的理念与国家权力的某种特殊需求结合起来的时候，它很可能成为国家走向封闭的观念支持。中国的社会科学研究必须走出这种二元对立的思维僵局，方才有可能形成健康的社会科学研究心态。但走出二元对立的社会科学研究预设，需要先期对中国社会科学的本土化诉求加以理性定位。这样的定位，不必针对之前的相关诉求而另起炉灶，只需要回归吴文藻对社会科学中国化确立的理性定位。

首先，回归吴文藻对社会科学（社会学）本土化或中国化的理性定位，需要对中国社会科学本土化理想变形走样的机理进行梳理。简而言之，社会科学的本土化或中国化，是应对全球化时代的普适社会科学理想对中国造成的巨大压力所做出的反应。因应于领先全球的、西方国家的社会科学研究，无论是在价值理念、制度设计还是社会生活上，中国都不得不临急临忙地赶超西方社会科学的发展。这是中国的现代国家建构处境注定了的情形：在国家的总体处境上，中国努力赶超先发的现代化国家。在国家构成的要素上，中国对西方先发国家的赶超则处于参差不齐的状态。分别地看，政治上的发展呈现出首先实

---

① 如前所述，社会科学的本土化或中国化，具有展现中国面目，与西方并驾齐驱，超越西方之上的不同取向，也有改良型与创造性的不同类型。在分析者的眼中，社会科学的中国化具有贡献学术新知、凸显中国经验、划界意识形态、凸显中国话语的不同理解。（庞树奇："社会科学'中国化'的前提与使命——对社会学学科地位的再思考"，徐经泽主编：《社会学中国化——中国大陆学者的讨论》，第17页。）可见，社会科学的本土化与中国化并不是一个含义明晰的命题，大致是一种不愿输给西方社会科学的微妙诉求。

中国政治学自主知识体系的建构：清华政治学系的探索

现现代转变，接着步履迟缓，终致明显落后；经济上的发展先期落后，中间迟缓，近期努力接近追赶目标；学术文化上则一直处于紧赶慢赶的吃力状态，从未批量产出过世界级的学术成果。就此而言，中国社会科学的本土化理想，便成为发展迟滞的中国社会科学在目标上的远期展望、在研究上的急起直追、在成就上的紧张焦虑、在国别上的致力遮羞。因此，必须祛除中国社会科学的文化抗拒心理，才能以开阔的心胸接纳社会科学的价值预设、研究规范并加以有效实践，才有望提供世界级的社会科学高水平成果、培养全球领先的社会科学杰出学者、出现引起全球高度关注的社会科学发展标志性事件。

其次，回归吴文藻一代学者确立的社会科学本土化或中国化目标，需要理性确立社会科学研究的强国范本。中国社会科学史表明，中国社会科学本土化的设定目标，基本上处在仿效全球范围内强势国家的社会科学研究范式。民国年间，欧美日本的示范性毋庸多言。中华人民共和国阶段，前期，效仿的是苏联，且以"一边倒"的方式悉心模仿苏联式的社会科学研究范式，并以全面抵抗姿态应对西方社会科学模式；近期，学术界主流中心转向欧美社会科学范式。其中，影响尤为昭著的是美国社会科学研究模式。这与中国致力发展经济而修好中美关系有关，更与当今重要的中国社会科学家大多留学美国直接相关。

从社会科学自身发展的动力机制看，二十世纪美国确实是世界社会科学发展绝无替代的重镇。从起源上讲，美国的社会科学其实是引进欧洲社会科学的产物。① 在美国社会变迁的过程中，美国以"例外论"逐渐建构起不同于欧洲的社会科学模式，实用主义、新教原教旨主义、抽象表现主义等民族性特色鲜明的创制，成就了作为现代美国文化组成部分的社会科学。这是一种"无关历史的、科学的美国社会科学"。② 由于美国强大国力的支撑，也由于美国社会科学的非历史性与科学性，让美国社会科学逐渐走向世界，成为社会科学的世界主流。非历史，让美国社会科学进入别的国家时，基本不受历史文化因素的牵绊；科学性，让美国社会科学带有鲜明的自然科学普适性。这不仅让美国社

---

① 罗斯指出："在美国，社会科学是通过引进和采用欧洲18世纪和19世纪早期的政治经济学、政治科学和社会学的模型而兴起的。"罗斯：《美国社会科学的起源》，王楠等译，三联书店2019年版，第17页。

② 同上书，第3页。

会科学不受历史负累的牵扯，也让美国社会科学搭上了自然科学日新月异发展的快车；同时也让美国社会科学具有了取代欧洲主流地位，主导全球社会科学研究的学术理由。加之美国的全球介入方式没有采取传统的殖民主义、帝国主义政策，而是采用某种迂回进入全球体系、并不直接占领别国领土、粗糙剥夺别国利益的"新"方式，获得全球主导权，因此欠发达国家在接受美国社会科学的理念时，相对降低了抵抗意欲。

美国模式的对外传播，乘全球化的东风，所向披靡地席卷整个世界。不惟欠发达国家效仿美国，更令人瞩目的是，美国社会科学的老师，都加入了模仿美国的队伍。卓越的欧洲学者"将美国视作世界的中心，……美国代表了第一个真正的现代社会，激进（radicalness）与冷漠（indifference）使得美国成为世界上其他国家实际上是欧洲学习仿效的对象。"[①] 在今日世界，全球化与美国化究竟有什么实质区别，都成为一个需要辨析的问题。而所有其他国家似乎都得在"美国化"与"去美国化"之间做出决断。当然有人将美国文化的全球化定义为快餐文化对全球的侵蚀，这样似乎就将美国文化的全球化价值降到了一个低位。但必须承认，美国无可争议的全球领先，有着远比麦当劳这样的快餐文化更为深沉的精神文化基础。在社会科学领域的三个核心学科即经济学、社会学与政治科学方面，美国处在全球不容置疑的绝对领先地位，完全对其他国家发挥着无可替代的示范作用。

社会科学的美国化并不是无可挑剔的。倘如其他国家站在各自的历史文化遗产与特殊国情的角度看待社会科学研究，美国社会科学的普适性就会大打折扣。在中国，社会科学的不少"领军人物"是因为留学美国而聚集起扬名学界的"第一桶金"的，但这些人常常成为"去美国化"的倡导者。[②] 由此可见，社会科学的"美国化"并不是一个让全球社会科学家悉数认同的命题。在此论及社会科学的美国式发展，主旨不在分辨社会科学的美国化是否可能或可行，而着意将之纳入社会科学的中国化论题，既用以鼓舞中国社会科学获得全球地

---

① 乌尔里希·贝克等著：《全球的美国？——全球化的文化后果》，刘倩等译，河南大学出版社2012年版，第1页。

② 任剑涛：《建国之惑：留学精英与现代政治的误解》，第四章，"价值隐匿与知识扭曲：留美政治学博士对民主的拒斥"，中国政法大学出版社2012年版，第157-200页。

中国政治学自主知识体系的建构：清华政治学系的探索

位的信心，也用以阐释一个社会科学弱国如何跃升为强国与典范国家。

人们当然有理由说，因为美国与欧洲是文化同构的国家，因此你追我赶、此起彼落乃是正常的文化更替现象。那么看看日本这一绝对是东亚文化圈的国家，就可以说明后进的社会科学国家如何跻身先进国家行列。日本的情况与美国类似。作为一个引进社会科学的国度，不仅一直在紧张处置社会科学的世界化与本土化问题，而且也一直在寻求社会科学经由本土化的世界突破。譬如，日本人类学家承认，"人类学源于西方"，而且研究对象是西方殖民统治下的"未开化民"，但日本经由自己的努力，将自己处在人类学知识世界体系的边缘位置，逐渐改写为熟悉世界动向，与西方人类学家对话的积极进取状态。[①] 这证明社会科学中国化的吴文藻进路是可行的。也说明社会科学的美国式进路并不一定只是孤例。

再次，回归吴文藻一代学者确立的社会科学本土化或中国化目标，需要重新理性确立社会科学本土化或中国化的目标。试图实现社会科学的本土化或中国化目标，一个前提条件是接受西方的社会科学理论。这样的接受，不是全盘照纳，而是将同步性引介、超然性评价、创造性推进三种做法融汇起来的接受。这是吴文藻那一代学者成功实践过的社会科学研究模式。与此同时，确实需要中国社会科学家在中国性与科学性之间达成精致的平衡。这不是在社会科学的西方性与中国性之间寻求平衡，也不是在历史性与科学性之间寻求平衡，而是在国家属性与科学属性之间达成平衡。

社会科学的中国性，是受中国社会科学的学科属性所决定的。既然是中国人从事的社会科学研究，就需要呈现中国学者的追求、气质与特质，也需要呈现中国的历史文化积累和现实文化追求。否则，社会科学研究便成为全无国家、民族特色的单纯娱智游戏。但如前述，社会科学的中国性终究无法凌驾于科学性之上。因为科学性是保证中国社会科学是关于社会现象的科学研究，而不是关于民族历史与文化的腾空想象。由于中国社会科学的历史文化包袱甚重，也由于赋予社会科学的当下政治使命太繁，中国社会科学的科学性程度亟待提高。由于中国社会科学界认定社会科学与自然科学之间的绝对差异，拒绝

---

① 桑山敬己：《学术世界体系与本土人类学：近现代日本经验》，姜娜等译，商务印书馆2019年版，第1—12页。

按照自然科学追求客观性、确定性、一般性规则研究社会现象,因此造成中国社会科学的"不科学"现状。"不承认社会科学研究的客观性、一般性,不遵循科学的思路和方法进行研究,就会导致学术研究没有了规矩和规范,研究者可以随心所欲,想怎样做就怎样做,论文想怎样写就怎样写,话想怎样说就怎样说。……换句话说,中国社会科学研究没有规范、不用数据、不用方法,而是用一些老百姓常用的'原生性思考'或'常理性思维'方式,来分析和判断自己身边的问题,包括社会问题甚至是国家发展的问题。"[①] 正是由于中国社会科学研究的随意性,它已经丧失了曾经具有的科学性。中国所谓社会科学研究,大多成为毫无意义的重复劳动。为此,亟须重建中国社会科学的科学性,来为中国社会科学的本土化奠定扎实基础。在此基础上,中国社会科学方才有资格深入谈论社会科学的本土化或中国化问题。

说到底,社会科学的本土化或中国化,不是一个中国关起门来研究社会科学的圈地运动,而是一个打开门来探究社会现象的开放实践。因此,所谓本土化,不是撇开世界的本土自娱自乐,而应当是基于世界眼光的本土阐释;所谓中国化,不是拒斥全球化的中国自言自语,而应当是出自本土的全球关照。循此深入,中国社会科学的本土化理想,才算找到了落地生根的丰厚学术土壤。

[①] 乔晓春:《中国社会科学离科学还有多远?》,北京大学出版社2017年版,第41页。

中国政治学的方法论反思
——问题意识与本土关怀①

景跃进

进入二十一世纪以来,国内知识界呈现出诸多新的张力。在政治学领域,这门学科应当如何发展成为一个争议性的议题。围绕着一系列基本原则或重大问题,政治学研究者之间出现了日渐趋深的分化。自二十世纪八十年代恢复设置以来,这门学科似乎从未经历过这样的处境。②

分歧和争论——无论是公开的,还是潜在的,意味着某种反思的登场。在一个学术锦标赛的氛围中,暂且放下手中的研究课题,返回出发点或回归初心也许是必要且有益的。对于一门业已取得自立地位,而学术研究尚需强化自主性的学科来说,这种源头指向的、方法论层面的反思尤其需要。③

---

① 这篇文字源自 2016 年秋季学期清华大学"研究生学术与职业素养"课程的一个专题讲座。这次发表,在内容和形式方面做了相应的补充和修改。在此对清华大学研究生院及"藤影荷声"公众号的相关老师所提供的帮助谨表谢意。

② 当下中国政治学的处境与二十世纪八九十年代之交所遭遇的危机有着明显的不同。那时面临的挑战是学科能否生存的问题。现在来看这是一个"外部"问题,因为那时绝大多数从业者的知识信念是相通的。如今的危机来自从业者内部的多元分化,这种分化不能全然从专业分化的角度来理解(有这方面的因素),因为涉及了意识形态、价值立场和研究取向的基本分歧。笔者甚至有点担心,这种日渐增大的分歧,是否会导致中国政治学的分裂?

③ 2017 年 3 月 26 日,在中山大学举行的一次内部研讨会上,周光辉教授指出,自二十世纪八十年代恢复以来,政治学作为一门学科亦已在高校、社科院等系统确立了自身的独立地位(相对于其他社会科学门类而言),可以说基本解决了主体性的问题。但是,在学术研究方面,我们还处在从海外引入理论/方法的拿来主义阶段,缺乏自己的原创。在这个意义上,政治学的学术自主性问题尚未解决。笔者赞同周光辉教授的这一基本判断。将中国政治学研究与改革开放的伟大实践结合起来,是中国政治学发展的一个历史性机会。

在通常的表述中，政治学与经济学、社会学一起，号称当代社会科学的三大主流学科。尽管在中国语境下，政治学能否承担起这一角色是大可质疑的。① 作为社会科学（Social Sciences）中的一个分支，政治学分享了它的一般目标——以自然科学为摹本，用科学方法来建构知识体系。"政治科学"（Political Science）对"政治学"（Politics）的取代在一定意义上折射出了这门学科的从事者所具有的雄心。然而，社会科学对自然科学的刻意模仿，在起源上便引发了方法论层面的大争论。② 这一争论持久历新，延绵至今，而且不断扩展它的边界。要理解中国政治学现在面临的真正处境，我们必须对这一长时段的争论有一个基本的了解。这种了解虽不能帮助我们直接解决问题，但有助于锚定解决问题的正确方向。

下文以简要方式从三个维度阐述这一争论的逻辑脉络。所谓逻辑脉络是指基于历史过程而提炼若干分析要素。笔者坦承，这一叙述方式并非客观，亦不完整，而与本文的问题意识和讨论之需紧密相关。

一、现象维度的方法论之争

自然科学的方法论在逻辑上与实证主义有关，其特征可大致归纳为以下几点：（1）认识对象具有客观性，不以人的主观意志为转移；（2）受因果律支配，规律是其最高表现形式；（3）客观世界是可以被人所认识的；（4）研究的经验性，包括概念可以操作化，命题可以检验，理论可以证伪；（5）知识具有真理性；（6）知识是系统的，有结构的；（7）最佳目标是在解释的基础上实现预测。

---

① 相比于其他两门学科，中国政治学在科学化程度方面显然落在后面。近年来，随着海外博士归国人数的增加，国内培养博士质量的提升，各种研究方法专题班的推动、大数据的兴起，以及职称评定对SCI发文的要求等，为政治学的科学化（尤其是量化研究）提供了非常有利的条件。然而悖论在于，这门学科在经历快速科学化的过程中，却遭遇了学科根本性的危机。

② 仿照自然科学的方式来思考社会现象，早在十七世纪就已经颇为流行了。在随后的历史中，自然科学对社会科学的影响体现在两个重要的维度：一是自然科学中的不同学科——数学、物理学、生物学等，对社会科学产生的不同影响。二是自然科学本身的演化（从牛顿物理学到量子物理学），以及科学观的变化（从实证主义到后实证主义）对社会科学的深刻影响。十九世纪发生的关于自然科学与精神科学的大争论，以及延绵不断的后续争论，便是在这一历史脉络下产生的。参见伯纳德·科恩《自然科学与社会科学的互动》，北京：商务印书馆2016年中文版；彼得·温奇《社会科学的观念及其与哲学的关系》，杭州：浙江大学出版社2016年中文版。

中国政治学自主知识体系的建构：清华政治学系的探索

尽管实证主义的科学观正遭受越来越多的批评，但其主流地位似乎仍未从根基上动摇。①

当人们试图用自然科学的方法来研究社会现象时，意味着接受了这样一个"类比"前提：社会现象与自然现象可以用同样的方式来处置。这是一个富有创见又颇为大胆的假设，然而也产生了相应的问题。自然科学的研究方法体现了一种分解式的思维——致力于寻找最基本的构成单位。作为一种类比，人是构成社会的"原子"。②问题是能否将人类社会中的个人与自然界中的原子等值齐观？如果说社会现象之间确实存在因果关系，那么它与自然现象中的因果关系是一样的吗？

作为一种质疑，人们概括出社会现象不同于自然现象的诸多特点，例如：（1）人的行为需要被理解，是有意义的；（2）社会变量非常复杂；（3）社会科学的实验操作很困难；（4）作为研究对象的人是会学习的；（5）研究者和研究对象会产生互动，研究者本身就是个很重要的干预变量；（6）如果社会科学研究结论可能对社会造成危害，那么其结论的发布可能受到限制；等等。有人据此认为，对社会现象的研究不能采取科学（解释/explanation）的方法，而应当秉持一种理解（阐释/interpretation）的立场。德国社会学家马克斯·韦伯便持这一主张。社会建构主义者更进一步，认为社会事实不是客观存在的，而是在人们的互动中建构出来的，是生成的。

面对这些质疑，坚持科学立场的研究者自有捍卫之理：（1）尽管人有意志、会学习、会选择，但是我们依然可以在人类行为中发现一致性；（2）这些一致性可以通过经验测定来证实；（3）用科学方法来研究经验现象，然后基于客观观察的系统探索，可以实现一定程度的预测。他们强调，为了保证研究的科学性，必须区分并坚持事实与价值二分法，相应地在研究过程中区分客观陈述和评价性术语，前者是经验研究，后者属于规范（价值）研究。曾有经济学

---

① 在中国语境下更是如此。新文化运动倡导"德先生"和"赛先生"。没想到的是，"科学精神"被转化为"科学主义"（成为一种意识形态）。

② 经济学家费雪（Irving Fisher）在《价值和价格理论中的数学研究》（*Mathematical Investigations into the Theory of Value and Price*, 1926）一书中，制作了一张物理力学与经济学的同源表，将自然界的粒子与社会中的人进行类比。参见伯纳德·科恩的《自然科学与社会科学的互动》，北京：商务印书馆2016年中文版，第77页。

家以对照方式来呈现经验/实证研究与规范/价值研究之间的区别:

是		应该
手段	漏	结果
科学	掉	艺术
事实	的	价值
现实	中	理想
描述	间	规范
经济学	地	伦理学
真假	带	好坏
理智		心灵
解释		评价
理论		政策

图1 实证与规范的二分法[①]

二十世纪五十年代政治学中出现的行为主义革命便基于这一区分之上。在行为主义研究者看来,通过二者的区分,以及秉持"价值中立"的立场,我们依然可以在社会现象存在价值的情况下从事实证的科学研究,并由此区分政治哲学和政治科学。

二、价值维度的方法论之争

行为主义革命主张区分事实与价值,强调价值中立对于科学研究的重要性。问题在于社会科学研究者的价值中立真的可能吗?有三种观点对此持怀疑

---

① 马克·图尔,《自由抉择的经济:政治经济学的规范理论》,北京:华夏出版社2012年中文版,第269页。

中国政治学自主知识体系的建构：清华政治学系的探索

的态度。

一种观点认为，社会事实是由人的行为构成的，而人的所有活动都受价值观的支配或影响，因此社会事实不是纯粹客观的。① 同时，作为研究对象的社会事实不但包括经由人们互动而构成的社会现象，也包括思维产品，如政治学说、意识形态、宗教理论等。

第二种观点认为，除了研究对象的价值因素之外，人们还面临研究主体的价值性。无论是研究课题的设置和选择，还是研究成果的发表和使用，都以这种或那种方式，程度不同地与特定的意识形态和社会的利益格局相关联。在这两个问题上，价值中立的主张都面临着相应的困难。为了说明这一点，可以建构一个简单的矩阵：

	为谁研究	
	中立	不中立
如何研究 客观	A	B
如何研究 不客观	C	D

说明：
A：研究立场中立及研究过程客观；
B：研究立场不中立，研究过程客观；
C：研究立场中立，研究过程不客观；
D：研究立场上不中立，研究过程不客观。

对于社会科学研究来说，A 是最理想的状态，它达成了"为学术而学术"的境地，但这在社会科学领域几乎是天方夜谭。D 是最糟糕的境地，挂着羊头卖狗肉，而且不走正式的销售渠道。对于大多数研究者来说，能够做到 B 已经很不错了。②

前两种观点分别聚焦于研究对象和研究主题的性质，相比之下，第三种观

---

① 事实的客观性是科学研究的一个基本假定。然而，即使在自然科学中，所谓的"波粒两相性"（测不准定理）意味着科学家观察到的现象并不是独立于研究工具/研究者而存在的。在社会科学中，"事实"是被收集和记载的，这意味着研究者所掌握的"事实"与真实发生的事件不能简单等同。

② 事实上，这里所说的各种非学术因素，自然科学家也同样面临。科学研究虽然可出于纯粹的兴趣，但很多情况下，并不排除有目的的选择（在一个后发现代化国家，人们可以见证诸多政府设定的"研究工程"）。此外，自然科学家也同样拥有特定的价值立场。所谓科学没有国界，但科学家是有国家（祖国）的。一个好的科学家并不是不食人间烟火的人，而是在这些因素存在的情况下，做好自己研究的人。

点关注的是社会科学研究者所使用的分析工具（概念）。概念不是客观的，社会科学中的基本术语和常见词汇，诸如民主、法治、自由、平等、公正、公平，每一个都充满价值色彩，它们对社会科学研究有重要的影响。事实上，社会科学研究的一个重要方面就是围绕这些基本概念展开的，在不同的意识形态引导下，人们对于这些基本概念做出不同的界定。在许多情况下，价值冲突并非通过不同的词汇来表达，而是在同一词汇的外壳下，争夺对于术语／概念的界定权。

在某种意义上，价值维度的方法论之争是现象维度所发生的争论的一种延续和深化。

三、文化维度的方法论之争

上面两节勾勒了社会科学方法论的一般性争论，为本文的主旨讨论提供了一个必要的"引子"。现在我们要切入主题，将"中国语境"带进来。由此首先遭遇的问题是：如何看待源自西方的社会科学？这个问题的重要性似乎不言自明，所谓"马克思主义中国化"的命题便是在这一语境下生成的。

1. 社会现象的多样性（差异性）

通常我们不会说"如何看待西方自然科学"。自然科学就是自然科学，无所谓中西，甚至不用添加"自然"两字，自然科学在英文中的表达就是Science。如果你提出"具有中国特色的自然科学"，无人会理睬你，甚至怀疑你精神有问题。然而在社会科学领域提出类似的问题似乎很正常。[①] 为什么？如何理解这种差别？一个即刻的回答是，因为自然界具有齐一性，国界的人为划分并不能改变自然之物的性状。但是，对于社会科学来说，国界不只是一条物理边界，它具有重要的人文意义。这里的核心问题是：如何看待社会现象之间的差异性？如果说社会现象与自然现象之间存在着重要的区别，那么社会现象本身是否可以做同一性处置？

[①] 在这方面，华人世界讨论得比较充分的是社会学者。《国外社会学》1993年第3—4期曾以专辑形式刊发了部分精选论文。

中国政治学自主知识体系的建构：清华政治学系的探索

一种观点认为，虽然人与原子不同，但人应该是一样的，比如具有相同的心智、思维和各种潜能；更为重要的是，在价值上他/她们应得到同等的对待（人不能作为工具来看待，人本身就是目的，这是康德的基本命题），这一点并不因肤色或生活在不同的国家而有所区别。这在规范意义上是成立的。然而，在经验层面一个无法忽视的事实是，人们生活在不同的文化、语言、宗教、历史传统和社会结构之中。这些差别对于社会科学研究是否重要呢？不妨举一个例子：在中国亲属称谓是一个非常复杂的符号体系，在人际交往中搞混称谓通常会导致尴尬的局面，且被认为是一种不应该犯的错误。但在西方情形有所不同，并不存在像中国那样的精准区分，比如叔叔和舅舅可以用同一个词来表达。中国的亲属称谓为什么如此发达？因为传统中国是基于血缘关系的农业社会。在人类文明早期，我们的祖先将血缘关系提升为国家政治关系，故"称谓"对理解中国政治亦非常重要。由此可见，社会现象的多样性对社会科学研究带来了深远的影响。

2. 知识的可转移性[①]

社会现象的多样性为社会科学提出了一个基本问题：在 A 地发现的有关人的行为模式的知识，能够运用到 B 地吗？这个问题对于中国学者来说尤其重要，因为中国的社会科学（学科门类与知识体系）是近代以来从西方引入的。在《观念史研究：中国现代重要政治术语的形成》一书中，金观涛与刘青峰指出，所有中国当代政治观念的形成几乎都经历了三个阶段：洋务运动时期的选择性吸收；甲午战争至新文化运动时期的学习；新文化运动时期的消化、整合与重构。[②] 在这一过程中，日本对中国学术词汇的形成产生了相当深刻的影响。[③] 在某种意义上，新观念和新词汇的大量进入，与炮舰、现代企业、科学、学校、电报、铁路、警察和军队一样，基于非常功利的目标——救亡图存。在

---

① 二十世纪八十年代，美国政治学家伊斯顿（David Easton）教授先后两度来华访问。在进行学术交流的过程中，他提出了一个很有趣的命题：如何看待不同民族文化之间知识（概念、理论和应用）的普遍性（universality）或可转移性（transferability）。参见 David Easton & Corinne S. Schelling eds., Divided Knowledge: Across Disciplines, Across Cultures; Sage Publications, 1991。

② 金观涛、刘青峰，《观念史研究：中国现代重要政治术语的形成》，北京：法律出版社 2009 年，第 8 页。

③ 实藤惠秀在《中国留学日本史》（北京：生活·读书·新知三联书店 1983 年）一书中的叙述，尤其第七章的归纳。

当时的背景下，急切的功利性在所难免。不过这也造成了一个历史性的缺憾：许多概念没有经过认真地消化和反思就拿来用了。

从学术角度看，知识的可传递性是一个文化传播或概念旅行过程中产生的问题。比较政治学里有一个专门术语叫"概念拉抻"（conceptual stretching/conceptual straining）。[①] 它包含这样几个要素：（1）概念作为对经验现象的提炼具有地方性；（2）概念的跨文化之旅是不可避免的；（3）这种旅行不是无止境的，要时刻注意它的恰当边界；（4）无限度地扩张会导致概念拉抻。简要地说，"概念拉抻"指概念的运用超出了它可以适用的范围，将其用到了本不应该使用的地方。

3. 价值知识与经验知识的关系

在此，需要进一步讨论的问题是：在跨文化旅行的过程中，居于价值连续谱不同位置的概念会遭受怎样的不同命运？发生"概念拉抻"的概率有什么差异吗？概念的价值含量与其旅行半径之间存在什么关系？

假设我们手头有一种非常精确的测量工具，可以按价值含量的大小对社会科学的核心词汇进行排序并建构一个连续谱。显然，在这个谱系中，民主、平等、自由、法治等术语居于价值含量高的一端，而国家、政府、权力、政策等词汇偏向于价值含量较低的一极。

为了便于论述，不妨做一个极化处理，将全部概念分为价值概念与经验概念两大部分，然后对其进行个别考察。在相当程度上，价值概念的旅行遭遇取决于被旅行地居民的态度：你接受它，就是普遍的，排斥它，就是特殊的（这涉及意识形态的话语争夺）。总之，你不能用经验事实去反驳它。如果你接受了某一观念，那么与之相反的经验事实将成为改造的目标。换言之，当价值与经验发生差距时，人们通常认为需要改变的是经验事实。

与之形成对照，经验概念在旅行过程中是否为人们所接受，并不取决于人们的主观立场，而需要接受本土经验/事实的检验。如果与本土现实不相吻合的话，概念旅行的终点就到了。换句话说，在外域概念与本土经验发生冲突

[①] 这是萨托利（Giovanni. Sartori）在《美国政治学评论》发表的"比较政治学中的概念误构"一文中提出的概念。原文参见 Concept Misformation in Comparative Politics. American Political Science Review 64, 1970。

时，经验事实成为判定是否的标准（所谓"实践是检验真理的唯一标准"）。可见，经验概念和价值概念二者的命运和逻辑是不同的。

概念层面所呈现的差异在理论层面同样存在。我们可以设想两种不同的理论与事实之间的关系：第一种是价值理论与经验事实的关系；第二种是科学理论与经验事实的关系。在前者，矛盾的解决方式是改造世界；在后者，矛盾的解决方式是修改理论。

这种类型划分似乎提供了一个解决问题的标准。然而问题的复杂性在于，我们所使用的概念和理论，通常是价值和经验的复合体：它们既包含了价值要素，又包含了经验事实，而且两者处于一种合金状态，而不是楚河汉界，泾渭分明。这样一来问题的处置就非常麻烦了，因为无论你选择哪一种方式，都会遭遇相应的困难。在中国崛起的背景下，中国政治学研究反而面临了严峻的挑战和巨大的分化，除了其他因素之外，这是一个相当重要的知识论原因。

四、中国政治学研究的张力

我们分别从现象、价值和文化三个维度考察了社会科学的特点。它像一把达摩克利斯之剑，高悬在社会科学研究者的头上。相比于自然科学，社会科学研究必须处置更为复杂的变量及变量关系，它被内在的三重张力所牵制，如果不是撕裂的话：（1）因果解释与意义阐释；（2）科学性与价值性；（3）普遍性与特殊性。因此，社会科学虽然也有数据、模型和公式，有它硬的方面，但社会科学在本质上是门"软科学"，而不是"硬科学"。[①]

---

① 社会科学是一个类概念，其中包含着不同的门类。位居社会科学之巅，拥有皇冠之尊，经济学家的抱负肯定不会满足于上述表达。台湾经济学家熊秉元认为："在更抽象的层次上，经济学（者）对人类行为和社会现象的探讨，就好像是科学家对大自然的探索一样。经过长期的研究，自然科学家归纳出一些（几乎是）放诸四海而皆准的原理。因此，不只是苹果会受地心引力的影响，香蕉橘子连栏果也会。同样道理，经济学（家）也希望归纳出人类行为和社会现象中的一些通则。一旦掌握了这些通则，就可以一以贯之地以简御繁。当然，也就像自然科学家一样，经济学者希望能透过掌握人类行为和社会现象的基本性质，进而谋求改善和改进之道。而人类行为中成本效益的考量，正是经济学（者）所锤炼的智慧结晶！"（参见熊秉元，"何必曰利"，载《经济学消息报》2000 年 8 月 18 日，第 398 期）。相比之下，社会学家和政治学家或许不那么自信。严格地说，即使限定在一个国家内部，社会现象之间的区别也是很大的。为了便于说明问题，不妨建构一个由"近—远"两极构成的连续谱。所谓"近"是指某些社会现象的特征与自然现象比较接近，例如人口现象、经济活动等，这方面的研究可以得到比较充分的量化，甚至可以做出比较准确的预测。所谓"远"是指社会现象的性质与自然现象相差甚大，"偶然性"发挥着很大的作用，不易预测；大部分的人类政治活动可以归入此列。就此而言，社会科学中的不同学科具有程度不同的"科学性"，甚至在同一学科的不同分支也存在类似的情况。

这一判断意味着什么？在笔者看来，这意味着必须用一种复杂眼光来看待社会科学（尤其是政治学）。社会科学的重要性不能完全从科学性的角度去理解。从经验来看，社会科学家做出的各种解释在很多情况下是事后诸葛亮，放马后炮居多，而非严谨的科学预测。这些解释常常是有理的，但未必如想象中的那么科学。既然如此，社会科学重要性的依据何在？笔者的看法是，它以这种或那种方式提供了人们行动/行为选择的理据，在通常情况下，价值因素是这些理据的重要构成。因此可以理解，社会科学中的从业者有时以科学的名义，有时以普遍价值的名义来争夺和确立话语权。

置身于中国的知识语境，可以更加充分地认识这一点。当代中国政治研究无法回避的两个基本问题是:（1）是否存在普遍价值？（2）西方的政治制度是普遍的吗？它们是两个紧密相关的问题，前者涉及价值维度，后者涉及制度维度（经验领域）。当下的所有争论都直接或间接地围绕这两个问题展开。

在这一争论中，我们大致可梳理出三种观点：第一，西方的就是世界的。一如二十世纪五十年代，国人皆曰苏联的今天就是我们的明天。这反映了一种"普遍－进化主义"的观点，也是各种版本的现代化理论的一个共同命题。第二，西方的就是西方的，不是中国的。这反映了一种与前一观点相抗衡的特殊主义立场，强调中国的"唯一性"（uniqueness）。① 第三，西方的既是特殊的，亦是普遍的。来自西方的社会科学知识乃基于西方社会现代化的历史经验，在这个意义上它具有特殊性；但是这种经验和知识也承载着人类社会现代化的一般要素，因此在特殊性中体现着普遍性。

与上述观点相适应，对于中国政治发展的前瞻，也存在着三种相互竞争的观点。第一种是崩溃论。在相当一段时间内，预测中国崩溃的时间表成为一些人乐此不疲的游戏。随着中国的崛起，崩溃论虽然没有退出市场，但逐渐为"威权弹性"论所替代。威权弹性是想说明为什么中国会发展，为什么这个政体还能延续下去。不过，它认为这种弹性是有限度的，不可长期维持。在这个意义上，威权弹性是一种延时的崩溃论。从逻辑上说，崩溃论不是最终答案，因为崩溃是一种短时状态，是一种变化的方式，它不涉及制度问题。第二种是

---

① 关于中国文化特殊性与唯一性的讨论，可参见黎安友（Andrew Nathan）教授的论文: Is Chinese Culture Distinctive? A Review Article, in Journal of Asia Studies，52:4 (1993, Nov)。

中国政治学自主知识体系的建构：清华政治学系的探索

转型论。转型论有着非常明确的制度目标，就是西方学者讲的自由民主制。这里还可以区分两种亚类：一是简单的转轨和接轨，比如直接引进西方某国的制度体系；二是创制出具有中国风格的制度安排，成为自由民主制中的一个新的亚种；第三个是建构论，所谓不走邪路，走具有中国特色的政治发展道路。这方面有不同的表达术语，如中国模式、中国道路、中国经验等。

这些观点本身未必构成严肃的学术研究，但是严肃的学术研究离不开对上述观点做出选择，因为它们是学术研究的基本出发点，是学术大厦的价值地基。显然，不同的选择会导向不同风格的研究，包括分析框架、基本概念、议题设置、数据收集，以及得出的基本结论。在此，无论是科学原则还是科学方法都无法提供有效的选择标准，因为说到底这种选择是一种与价值立场紧密相关的选择，一种以学术方式呈现的价值选择，一种高于学术又驾驭学术的选择。这里不存在社会科学研究"价值中立"的"世外桃源"。

面对上述不同的假设，作为一名政治学研究者应该做出何种选择？套用亨廷顿著作的书名，这是一个"难以抉择"（No Easy Choice）的问题。之所以说中国政治学研究面临着严峻的挑战，原因就在这里：这种无可回避的选择涉及根本性的或原则性的分歧。由于价值因素的存在，不同的选择很容易引发情绪性的反应。

直接介入上述争论不是这篇短文所能处置的。笔者的一个建议是转换一下思考方式。关于第一个问题，我们需要斟酌的是，在一个构建"人类命运共同体"的全球化时代，在中国崛起的时代，否定普遍价值究竟是不是一种好的话语策略？基于综合考量，笔者的回答是不宜做此一选择。自法国大革命以来，普遍价值的建构是一个持续的历史过程。恰当的提问应当是：普遍价值的建构过程已经终结了吗？如果回答是否定的（笔者希望如此），那么在普遍价值的沸腾火锅里，我们可能增添哪些中国食材？或提供中国式的组合套菜？更进一步，在原汤里注入何种调味品？

在第二个问题上，亦可以做出类似的转换：人类对良好政治制度形式的探索过程已经终结了吗？如果回答是肯定的，那么我们要做的便是在西方政体超市所提供的现成品中挑挑拣拣；如果回答是否定的，那么我们可能在既有的政体分类中创制出什么样的新品种？

之所以这样提出问题，是因为在普遍性与特殊性关系的问题上，笔者认为不应机械地将两者割裂开，更不宜通过否定普遍性来强调特殊性。① 正确的处置方式是在普遍性的脉络中把握中国政治发展的特殊性。具体而言，这种探索至少包括以下四个方面：（1）普遍价值的建构过程尚未终结；（2）普遍价值的阐释可以各有风格；（3）普遍价值（复数）的组合排序各有特点；②（4）普遍价值的制度表达各有样式。换言之，普遍性不是唯一性，一如特殊性不是唯一性，普遍性与多样性是可以结合的。在庆祝中国共产党成立95周年大会上，习近平总书记讲了一句话：中国共产党人和中国人民完全有信心为人类对更好社会制度的探索提供中国方案。笔者的理解是，这里的"中国方案"是对普遍性问题的中国回答；亦即问题是普遍的，但解决问题的方式是中国的。在这个意义上，"中国方案"是特殊性和普遍性相结合的产物。

当然，思考方式的转变虽能提供更多的选择考量，但不能降低或减缓选择本身的挑战程度。这种"挑战与回应"意味着中国政治学研究或将进入一个新的阶段。在这一刻，我们必须做好相应的心理准备，因为可能遭遇从未有过的难题，可能面临全新的学术格局。③ 当然，从学科发展的角度看，这种大分化未尝不是一件好事。面对未来的不确定性或开放性，我们所做的知识准备多元

---

① 为了便于说明问题，在普遍性与特殊性关系问题上区分政治策略与学术策略或许是有帮助的。所谓政治策略是从"政权保卫战"的角度来思考问题，拒斥以普遍价值形式呈现的"西化"。政治之争的对抗性，以及简化性（脸谱化）有助于解释为什么普世价值论遭受批判的命运。所谓的学术策略则有所不同，它具有自身的思考逻辑。将某种特定形式的价值阐释/价值组合与制度安排作为普遍性的东西加以全球推广在学术上是值得怀疑的，声称普遍性的东西必须接受各国实践的复合检验。在一篇书评中，笔者曾指出："向西方学习，借鉴国外先进成果，不是一个简单的复制和搬运的过程。在这个过程中，没有东西能够保证我们不犯错误，但是经常提醒自己关注以下两点，显然有助于我们避免掉入教条主义的泥坑：第一，对于欲追求的、且被认为是普遍性的东西，始终保持一种开放的心态。也许它们只是到目前为止尚未被'证伪'的东西，但依然有可能被证明是特殊性的。第二，当经验事实与所谓的理想标准不相符合的时候，在一些情况下，需要改变的不是经验事实，而是我们头脑中的观念和标准。"[参见拙文"在西方范式与本土经验之间——郁建兴等的对温州商会研究经历的方法论启示"，载《中国社会科学辑刊》2009年9月（秋季卷）总第28期，复旦大学出版社2009年] 在学术研究中不能因为有人扛着普遍价值的旗号输出西方产品，就一股脑地全部拒之门外，否定普遍价值（普遍性）。这种策略的失误之处是将洗澡的脏水和孩子一起泼了出去。在当下语境中，如果将政治策略与学术策略混淆起来会导致不良的后果；以错误方式去批判错误既不能得到真理，也不能纠正错误。

② 事实上，中共十八大提出的24字社会主义核心价值观——富强、民主、文明、和谐、自由、平等、公正、法治、爱国、敬业、诚信、友善，便是一个很好的例子。

③ 就笔者而言，不同研究取向的多元发展是一件值得肯定之事。在无法排除价值因素的情况下，如何建构规范的知识表达体系，以及不同研究取向之间的良性互动机制是中国学者必须解决的一个关键问题。

中国政治学自主知识体系的建构：清华政治学系的探索

胜于单一，我们的相关思考复杂优于简单。在这个意义上，这门学科的当下遭遇可以视为这个时代为我们提供的一个系统的反思机会。

笔者想用稍微乐观一点的文字来结束本文。"当代中国正经历着我国历史上最为广泛而深刻的社会变革，也正在进行着人类历史上最为宏大而独特的实践创新。这种前无古人的伟大实践，必将给理论创造、学术繁荣提供强大动力和广阔空间。这是一个需要理论而且一定能够产生理论的时代，这是一个需要思想而且一定能够产生思想的时代。"① 理论和思想的创新最考验一个民族的精神创造力。如何在反思中把握这一千载难逢的时代机遇，推进中国社会科学的多元发展，是我们的历史使命和共同的学术责任。

---

① 习近平，"在哲学社会科学工作座谈会上的讲话"（2016年5月17日），新华社5月18日电。

当代中国政治研究：生活逻辑、理论逻辑与实践逻辑

杨雪冬

每一个研究当代中国政治的中国学者都生活在当下，都深深地卷入当代中国的政治实践之中，以不同的角色，在不同的岗位和领域亲身参与着当代中国政治的运行、变动乃至变革。这也正是当代中国学者相比于国外中国问题研究者或者其他理论工作者所具有的先天优势，当然这也可能是我们的天然劣势，因为苏东坡曾经说"不识庐山真面目，只缘身在此山中"。有的时候，面对现实问题、体制的规训，我们也会进行严格的自我审查，将许多问题转化为应当，把复杂的原因简单地归结为国情民意。

我们都知道，当代中国研究已经成为国际社会的热点领域。曾经担任过澳大利亚总理的"中国通"陆克文专门撰文谈到西方汉学要向中国研究，尤其是当代中国研究转向。据笔者所知，在过去20多年中，欧美主要的汉学研究重镇都在面对着中国崛起带来的知识挑战，进行了组织重构，研究资源的重新配置。以哈佛大学为例，过去10多年来，托尼·塞奇领导的中国研究中心虽然位于肯尼迪政府学院框架里，但由于密切关注和深入参与当代中国的发展，并建立了高级官员培养项目，无论是资金还是人员活动都在快速增长，其影响力在某种程度上正在超越大家熟知的费正清研究中心。之所以如此，除了因为中国快速发展带来的国际影响力的提升，以及研究资金的大量投入外，更重要的

中国政治学自主知识体系的建构：清华政治学系的探索

是当代中国的发展带来的知识体系和理论框架的挑战。当代中国，以及当代中国关照下的传统中国，都是值得探险的学术富矿。

当然，对于我们这一代研究者来说，当代中国政治研究除了有知识挑战的乐趣外，还有信仰的意义。我们生于斯长于斯，故国故土吾民，亲历着这个国家发生的深刻变化，享受着改革发展带来的巨大的物质成果，并且承受着与前辈人迥异的压力，前辈积累的经验无法回答我们内心的疑问。这个国家为什么会发展，发展的方向是什么，当下的状况为何，无时无刻不出现在我们的生活和研究中。尤其当我们与国外学者交流的时候，他们用威权主义、集权主义、民主转型等带有明确价值指向的概念来描绘、分析我们自己生活的制度的时候，笔者总有一种特殊的异样的感觉，一种被俯视的感觉。因此，我们对当代中国的研究，也是在回答我们内心的疑问，应对外部的质疑，寻找未来的方向。

对于中国学者来说，对当代中国政治的研究是通过田野调查、理论生产和实践参与三种基本方式实现的。我们通过这三种方式体验到政治运行中的生活逻辑、理论逻辑和实践逻辑，并从不同层次方向趋近中国这个复杂变化巨型的政治体，得出不同的图景，这些图景重叠交织在一起，使得研究的发现不断趋近现实，理论的命题更能揭示规律。

田野调查是一种获得常识，激发思维活力的过程。尽管它来自人类学、社会学，但已经被包括政治学在内的社会科学诸学科所认可并采用。社会学家郑也夫曾经说，汉语"田野"的概念精妙。"野"对峙于"文""文献"；"田"以其象形，道出边界性、局限性，拒绝泛滥无边、大而无当。但是政治学研究采取的田野调查受到研究对象的层次性、规模差异，以及体制性限制，所以作为方法主要用于低层次的政治现象，比如村、乡镇、县，至于更高层级的政治，应用起来就有很大的困难。但是"田野精神"是非常重要的，那就是好奇、探险、想象力，以及对研究对象的主体性尊重。

田野调查至少有三种功能，首先，通过田野调查我们能接触到政治中鲜活的人。政治中的人不能简单地用"经济人"假设来框定，政治人的动机和激励因素更为复杂。在政治过程中，人的政治角色也是多样的，有决策者、政策执行者，以及政策对象，而由于层次的变化，低层级的决策者也是政策执行者，高层级的政策执行者对于下级而言，也是决策者。这种多重角色的转化，往往会使本来清晰的行为逻辑更为复杂。在中国的制度背景下，还可以将政治行为者区分为改革者、保守者、"骑墙派"（搭便车者）、极端者，党员领导干部、党员、政治积极分子、普通群众等。浙江人、福建人、上海人、东北人、四川人等这样的地域身份也会给政治行为打上鲜明的烙印。而对于田野调查者来说，如果听不懂地方普通话（"川普""马普"之类的），更难以进入调查对象的生活和话语语境之中。

其次，田野调查丰富了我们关于政治的常识。常识是我们生活的基本遵循，常识中蕴含着人生智慧。尤其对于中国这样有着悠久政治传统，近代以来政治变动频繁的国家来说，政治常识不仅丰富，而且富有启发。这些常识有不同的载体，有的是俗语顺口溜，有的是形象的比喻，还有的是酒桌上的段子。比如"中央是恩人，省里是亲人，县里是好人，乡里是恶人，村里是仇人"，讲的就是中国的政治信任差序格局，"党委说了算，政府算了说，人大说算了，政协算说了"，揭示的是中国政治权力格局，"人多的会议不重要，重要的会议人不多；研究小事开大会，研究大事开小会；开会的人基本不干事，干事的人基本不开会"，说的是我们决策方式的缺陷。还比如政策制定中的"翻烧饼"现象，政策执行中的"打排球"，信访中的"大闹大解决、小闹小解决、不闹不解决"，政策执行中的"一把手"现象（老大难、老大难、老大重视就不难），以及干部选拔中的无知少女和白骨精（无党派、知识分子、少数民族、女性、白领、骨干、精英）等。最近都在谈的中国概念、中国判断不是学者头脑中生出来的，不是用文字拼造出来的，应该来自生活和实践。从某种意义上说，这些政治常识是生活提供给我们的半成品的概念，如果再做学术精加工，很有可能变成解读中国现象非常好的概念，并具有很强的解释力和描述力。

第三，田野调查能激发我们的问题意识。列宁曾说，理论是灰色的，生命之树常青。田野调查能让我们走出书斋和象牙塔，感受到生动的生活，以现实的问题激发我们的思考。就笔者而言，曾经有连续10年的时间，每年都会有近两个月的田野调查。尽管自己出生在农村，成长在县城，但是不同区域的调查，大大开阔了眼界，解放了思维。比如"压力型体制"这个概念，就是二十世纪九十年代末期，笔者在河南等地调研后形成的，现在已经得到了国内同行的肯定。变化的中国充满问题，中国的大尺度、内部多样性、政治权力与社会

中国政治学自主知识体系的建构：清华政治学系的探索

力量、市场力量的互动关系，文本制度与实际制度运行的差异，后发现代化国家的赶超逻辑，执政党与国家的关系，政府层级关系，社会阶层关系、城市化的政治，等等，都是值得跟踪和研究，富有潜力的研究问题。

在笔者看来，研究当代中国政治有三种田野路径。第一种是家乡化研究，就是将自己的家乡作为研究的对象。笔者的博士论文就是采取的这种方法。这种方法虽然进入门槛低，获得资料容易，也会因为卷入个人的情感而限制客观的判断。第二种是参与式观察，比如利用蹲点、挂职等方式深入到某个地方，参与到某个政策活动之中，既有"内部人"的参与便利，也能作为第三者去观察分析。但是参与式观察会遇到学术伦理问题。第三种是跟踪观察。可以选择一个或者几个地方采取定期回访的方式，进行长期跟踪观察。笔者曾经与德国学者就新农村建设政策的执行采取过这种方式。但这种方式所需时间和资金较多。这三种路径并不是相互排斥的，而是可以相互组合和补充使用的。田野调查也需要资料收集，地方志、组织史资料、地方党政公开的文件等都应该是我们收集分析的重要资料。在收集和使用过程中也要有保密意识。

接下来笔者想谈谈理论生产。研究是一个理论定位和理论对话的过程。尽管我们作为研究者也许在许多问题上的认识并不如普通人乃至干部那么深刻，但是我们能对这些问题给予理性的思考分析，在面对与自身有着利益和情感冲突的问题时保持思考的冷静，避免极端的行为，也能对这些问题的原因进行一般性归纳，乃至得出规律性发现。这是研究者的天职，也是我们赖以谋生的基础。尽管当代中国变化快速，许多发现都受时空限制，带有很强的暂时性，但这不能成为我们放弃理性思考的理由。

理论的重要性毋庸多言，有汗牛充栋的论述。社会学家赖特·米尔斯曾经说过，"没有资料的理论是空洞的，没有理论的资料是盲目的"。这句话也道出了田野调查与理论研究之间的内在关系。笔者以为理论起码有三个重要的功能。

首先，理论提供了研究的起点。就社会科学各领域而言，都不是在一片空白之上开始的，哪怕是所谓的开创者、拓荒者都受到过某种理论的启发或刺激，任何一个研究者都应该清楚自己所依据的理论资源。我们的研究或者是对既有理论观点的进一步发展，或者是对其的质疑、否定乃至替代，或者是对其的补充和对话。对于刚刚开始研究工作的年轻人来说，一定要多读书，多涉猎，将理论建构的雄心建立在扎实的文献梳理上，不要一发现自己以前没有看到的现象就归纳出所谓的"模式"，也不要将理论创新等同于概念的"生造"。

其次，理论提供了研究的工具。这里的工具不是现在流行的量化/质化意义上的，而是强调理论是研究者认识和分析问题的基本依据。用亨廷顿很形象的比喻就是，理论是我们旅行所需的"地图"。面对同样的问题，研究者之所以比普通人认识得更深刻些，就是因为使用了前人已经建立的，并且被实践印证的理论判断。不同的研究者面对同样的问题之所以有不同的解释和判断，也是因为使用的理论依据不同。当然，任何一种理论都有解释的边界，如果一味地强调其绝对性，那么必然导致研究过程中的"教条主义"，甚至"价值先行"或者"意识形态化"。

第三，理论提升了研究的层次。这样讲似乎有功利主义的色彩，但是哪个研究者不希望能提出新的理论发现，建构出更有解释力的理论框架呢？彼得·伊文思（Peter Evans）曾经在《世界政治》杂志组织的一次关于比较政治研究的笔谈中说，理论的价值是界定 big ideas，帮助研究者确认所选择的问题是否具有研究的价值。因此，研究者应该关注理论热点，理论变化，并且应该积极地参与到理论讨论、理论建构过程之中。

必须承认，社会科学各学科的理论主要来自西方，即便是基于非西方社会发展的历史和经验产生的理论也主要是由西方学者提出来的。这是客观事实，并不可怕，可怕的是我们面对这些丰富多样、鱼龙混杂的理论失去了判断力、辨析力和理论自觉，只是它们的追随者、消费者和论证者。这些理论除了追求概括化、抽象化而普遍具有的"简单化"倾向外，还存在着价值优越的"西方中心"、非此即彼的"二元论"色彩。将西方社会视为常态，把非西方社会视为非常态，进而认为后者的未来就是西方社会的现在。这样的假设或判断总是时隐时现，对于中国政治研究尤其如此。由此导致这些理论与非西方社会实践的脱节，并产生诸多的研究盲区。前苏东国家的"突然"变革，中国没有马上"崩溃"，以及阿拉伯世界"茉莉花革命"的蔓延，都对现有的理论范式产生了深刻的冲击，显示出其傲慢、教条和脱离实际。近年来对于西方理论和制度多有反思的福山就曾经谈到，比较政治学还没有发展出一个完备的概念框架来对不同的威权政府进行分析，这与对民主政体的研究概念丰富形成了鲜明对比。

中国政治学自主知识体系的建构：清华政治学系的探索

黄宗智先生曾经总结自己的研究经历，认为在运用理论方面遇到过四个主要陷阱：不加批判地运用、意识形态的运用、西方中心主义和文化中心主义（包括中国中心主义）。

对于中国政治研究来说，认清西方理论存在的缺陷，以及西方学者研究的局限性，并不意味着要创造出一套截然不同的理论体系和理论话语，在本土化研究中将中国独特国情"绝对化"，毕竟理论的力量在于对话交流和说服，中国当代政治实践也是在开放环境下，通过开放的方式进行的。正是在这个意义上，中国政治研究才具有理论创造乃至创新的价值。

另外，笔者也注意到中国政治研究越来越重视历史，一些学者力图将历史制度主义的方法运用到研究中。孔德曾经说："除非通过它的历史，否则任何概念都无法理解。"当代中国的许多政治现象都是历史产物，并且能在历史中找到类似。这也许由于中国有着悠久的没有中断过的历史的原因吧。当代中国政治研究应该学习历史学的史料收集方法和运用方法，并且利用自己的理论优势，更深刻地挖掘史料背后的逻辑，进而弥补本学科重判断轻资料的不足。但是不能用理论去选择和裁剪史料，那样会进一步强化政治研究中的"意识形态化"或教条主义。福山在写作《政治秩序的起源》一书时提醒自己说："将理论放在历史之后，我认为是正确的分析方法。应从事实推论出理论，而不是相反。当然，没有预先的理论构思，完全坦白面对事实，这也是没有的事。有人认为这样做事客观实证，那是在自欺欺人。社会科学往往以高雅理论出发，再搜寻可确认该理论的实例，我希望这不是我的态度。"

最后，笔者想谈谈实践参与对于当代中国政治研究的意义。由于身处体制之中，我们比国外学者更能深刻地感受到这个体制的优点长处、弊端不足，更能理解政治实际运行中那些"不言自明"的隐性逻辑。当然，更重要的是，我们许多人还通过多种方式参与这个制度的实际运作。在某种意义上，我们应该发挥自己的良知能力和智慧，尽可能地使这个制度运行得更平稳、更有绩效、更能为大多数人带来福祉。这是中国学者应有的责任。

社会角色决定了实践参与的形式。作为普通人，日常生活就是实践。笔者的感受是，自从有了孩子之后，笔者对于这个体制的认识更为深刻全面了。从孩子出生前办理的一系列证明，到选择医院，再到出生后的登记户口、培养教育，笔者真切地看到了与普通人生活密切相关的政治是怎样运行的。对于普通人来说，政治并不是动人的口号、高大的形象、崛起的国力，而是如何更轻松地生活，如何保留对未来生活的期望。结合自己的生活经验，笔者曾经在一篇评论中这样写道："对于普通人来说，最大的尊严来自制度的尊重，最可靠的幸福是有制度保障的幸福。如果不断完善的制度给每个普通人带来的是找不到北的'迷宫'，却把'便门'出口的钥匙给了个别人，这样的制度化建设注定是失败的。"

作为研究者，参与政策过程也是一种实践。可以利用自己的专业知识撰写研究报告，参与政策设计或评估，有的学者还会参与到政策文件起草这种富有中国特色的政治决策活动之中。这种实践的基础是研究者的专业性训练。这些年国家大力推动智库建设，为研究者参与改策过程提供了更多的机会和条件，但也出现了许多人担忧的"折子研究"，为获得更多批示猜测领导意图偏好，甚至不惜违背客观现实。专业化是研究者的基本素质要求，也是获得尊重的前提。更重要的是，如果没有扎实的基础研究，对策研究就会成为"无源之水无本之木"。

我们中的一些人，也会成为某个组织、某个部门的管理者，成为制度的运用者。这种实践是极有考验性的。我们经常听到这样的议论，搞民主研究的一点都不民主，搞自由研究的一点都不包容。可见真正实现"知行合一"是多么的难。尽管如此，作为一个研究中国政治的学者，如果担负了某种管理责任，还是应该尽所能地运用所学来改善这个体制的运行。如果研究中国政治的人还对现实政治采取犬儒主义态度，那么我们真的应该好好反思一下我们的研究动机了。

总之，当代中国政治研究是值得我们去投入和奉献的，田野、理论和实践对于我们认识这个复杂的现象都不可或缺，生活的逻辑、理论的逻辑和实践的逻辑虽然有所差异，甚至相互冲突，但根本指向应该是一致的，那就是政治是改善我们生活，提升我们精神道德的活动。这也许就是"人是政治动物"这个判断所蕴含的价值目标吧。当代中国人应该通过自己的努力，获得自己合意的政治生活、政治制度、政治实践。

过去 30 年多年来的国际社会科学理论方法的系统引入、国内学者长期的

中国政治学自主知识体系的建构：清华政治学系的探索

田野调查和丰富的案例积累、社会科学资助资金的大规模投入，以及中国学者的理论自信心、自觉性的提升都为中国问题研究的深入提供了有利的条件。我们现在有条件和理由跳出社会科学的"西方中心"与"本土化"，理论概念的"普世性"与"中国特色"的二元思维，从中国的转型实践中总结概念、抽象出理论，然后对现有的理论模型、方法论工具进行验证反思，从而使中国的经验成为世界知识体系的重要组成部分，使根基于中国经验的理论总结得到世界知识体系的验证。

对于中国学者来说，要有清晰的中国问题意识，这首先意味着对中国社会发展前途的关怀。只有在这种关怀的引导下，才能把研究路径、方法和工具有效地统一起来，形成具有解释力的理论范式。而中国研究理论范式的构建，应该以三个目标为指引。首先，理论的总结必须能够准确地反映社会现实，起码要符合人们判断的"常识"。其次，理论的总结应该超越"常识"，能使人们了解到社会现象背后潜藏的关系、问题乃至规律。最后，理论的总结应该超越知识，能给人们提供改造现实可操作的路径与方法。所以，就中国现实社会政治问题研究来说，重新思考马克思关于哲学使命的判断依然富有深刻的意义。他说："哲学家们只是用不同的方式解释世界，而问题在于改造世界。"

历史政治学：老传统与新议程

谈火生

看到这个题目，大家可能首先想到的一个问题：历史政治学不是刚刚提出来吗，怎么能说是"老传统"呢？笔者的一个基本观点是：历史政治学作为一个研究进路，其实是政治学学科最古老的传统之一。近年来我们对历史政治学的重提，并不是一个新的发明，而是一种回归或者说复兴。但是，这一回归和复兴有其非常特殊的意义，因为它开启了新的研究议程。

第一，历史政治学是政治学最古老的传统之一。这是由政治学学科的特殊性质决定的，而且我们也可以从中外政治学的学科史中得到印证。

为什么说将历史作为政治学研究的基本进路是由政治学学科的特殊性质决定的呢？因为历史类似于一种自然实验，这使得历史政治学成为政治学研究的基本研究进路之一。政治学作为一门实践性很强的社会科学，它有一个特殊的性质，那就是它不可能像自然科学那样通过控制性实验来获取规律性认识。自然科学是通过变量控制来寻找变量之间的关系，但是政治学作为一门社会科学，没有办法像自然科学那样，通过控制变量来展开研究。尽管我们可以说这是所有社会科学的一个共同特点，但是政治学在这方面所受到的约束比社会学、经济学等学科更强，其研究条件更加严苛。

但是，好在历史类似于一种自然实验，政治学可以通过比较历史分析来总结规律，寻找不同政治变量之间的关系，并进行政治理论的建构。因此，如果

中国政治学自主知识体系的建构：清华政治学系的探索

我们不是局限于"历史政治学"之名，而是着眼于"历史政治学"之实，那么，可以说历史政治学是政治学的基本研究进路之一，在很多时候，政治学不得不"历史地"开展研究，通过对特定时空条件下的历史事实进行分析，从中抽象出特定的变量，并通过寻找变量之间的关系，以因果机制来描述历史，提炼概念，建构或验证政治学理论。

杨光斌老师曾强调，几乎所有的政治理论都是历史政治学的理论，都是在特定的历史条件，对于特定的历史经验的抽象和总结。这个讲法笔者基本赞成，但还有一点保留，因为有些规范政治理论，可能不是从历史里面抽象出来的，政治理论还有其他的生产方式。但是，历史政治学肯定是政治学研究的一个非常重要的进路。但是反过来讲，历史地研究政治也意味着我们不仅仅在政治学研究中引入历史的维度就够了，历史政治学必须以历史为方法。从这个意义上讲，它与政治史、政治制度史和政治思想史是不一样的。如果说政治史、政治制度史、政治思想史的主要目标是寻找历史事实本身的话，那么，历史政治学要追求的则是政治学理论。需要补充的一点是，历史政治学所构建的政治理论，既可能是经验政治理论，也可能是规范政治理论。在理论建构的基础之上，历史政治学还有更重要的目标——资政，就是以史为鉴，希望从历史中提炼出治乱循环的治理经验和教训，并且希望它们能够对于现实政治有所助益。

从中西方政治学的学科发展历史来看，这一点也可以得到印证，可以说，历史政治学的思维从一开始就内嵌于政治学的经典之中。

从西方来讲，亚里士多德的《政治学》作为政治学的开山之作，就是一部典型的历史政治学著作。众所周知，它是以当时希腊的158个城邦的历史经验作为基础来写作的，在比较分析这些城邦的历史和现实之后，亚里士多德提出了系统的政体分类理论，并从规范意义上提出了自己对于理想政体的构想。所以我们在阅读这本书的时候，几乎随处可见亚里士多德援引历史来论证自己的观点。不仅亚里士多德，后来很多赫赫有名的政治思想家都遵循了亚里士多德开创的这一研究路径，采用历史政治学的方法来构建自己的理论。比如波里比阿，他的《历史》就运用罗马的历史经验，构建出混合政体理论；马基雅维利的《论李维》也是通过对罗马历史的重新解读，来构建其共和主义思想，并且成为现代政治学的开创者;孟德斯鸠的《论法的精神》从英国的历史中抽象出对于现代政治产生深远影响的三权分立思想;托克维尔的《论美国民主》从美国的历史中看到了多数暴政的危险,以及公民社会对于民主政治的重要性;卢梭的《社会契约论》从罗马、日内瓦的历史经验中提炼出独特的民主构想。

  从中国来讲,历史政治学的思维同样源远流长,就像杨光斌教授所言:"'历史地看问题'是浸透于中国人血液中的思维方式"。中国不仅是世界上唯一一个保留了连续两千年历史记录的国家,而且从一开始就将政治思考奠基于历史之上。中国的知识分类体系和西方不太一样,中国传统的知识是按照"经史子集"来划分的,与政治学对应的知识门类主要是"经"部,"子"部的一部分也与政治学高度相关。在五经里,《尚书》和《春秋》就是典型的历史政治学著作。《尚书》记言、《春秋》记事。《尚书》是商周时期记言史料的汇编;《春秋》则以鲁国史书为基础,记载了从鲁隐公元年到鲁哀公14年共242年的历史事件,是中国传统的第一部编年史。如果要按照现代的知识分类,这两部著作都应该被归入"史"部。但是,在传统的知识分类中,它们都被归入"经"部。为什么呢?因为它们不仅仅是记载历史事实,而是希望从历史中提炼出经验和教训,可以供后人在执政过程中参考。《尚书》其实是中国古代政治智慧的早期理论总结;《春秋》在记事之时就加入了"春秋笔法",以史为例来确立价值规范,就像当年孟子所说的:"孔子成《春秋》而乱臣贼子惧"。从这个意义上来讲,《尚书》和《春秋》其实就是借助历史材料来构建规范的政治理论,这是非常典型的历史政治学进路。在传统的"史"部里面,也有相当一部分属于历史政治学著作,而不完全是现代意义上的历史著作。比如司马光的《资治通鉴》。

  从以上的简单梳理中可以看到,无论在中国还是在西方,历史政治学都是政治学最古老、最悠久的研究传统,这个传统是非常深厚的。

  那么,我们今天重提历史政治学意义何在呢?笔者的理解是,我们今天重提历史政治学是希望通过历史政治学的复兴开启新的研究议程。无论从世界范围来看,还是从中国来看,政治学界都出现了重新重视历史的趋势,而且,这个趋势开启了新的研究议程。当然,这个趋势在西方和中国的表现形式不太一样。

中国政治学自主知识体系的建构：清华政治学系的探索

首先，从世界范围来看，政治学学科的健康发展呼唤历史政治学。笔者用"复兴"来形容这样一个趋势，其实也就意味着在过去一段时间里，它失落了。尽管我们刚才讲，无论在西方还是在中国，历史政治学都是非常悠久的研究传统，但是，随着现代政治学的兴起，尤其是美国政治学的兴起，历史政治学的研究传统被打断了。从世界范围来看，在最近的20年，西方政治学学科内部出现了一个新的趋势，呼唤历史和规范研究传统的回归。笔者在2018年写过一篇文章，专门讨论政治学学科传统的演变过程。现代政治学的学科传统主要有两个，一个是欧洲传统，一个是美国传统。其中，欧洲传统代表的是人文主义传统，强调哲学、法学、历史学在政治研究中的重要性，强调研究方法上的多元化，其中就有历史政治学的成分；而美国传统代表的是科学传统，具体言之，就是行为主义传统，以及与之配套的量化研究方法，力图将历史政治学的进路从研究议程中排除出去。在过去的一百多年时间里面，这两个传统相互竞争，各自都希望保持自身的研究传统，努力不为对方所俘获。一个最典型的例子是，1950年，英国政治学会成立的时候，英国人坚决不用political science来命名英国政治学会，而是使用了一个更宽泛意义上的political studies。当时牛津大学第一任社会与政治理论教授科尔（G. D. H. Cole）给出的理由是，政治研究依赖历史学为其提供事实，依赖哲学为其提供理论，而不能将自己局限于狭隘的实证主义和量化政治科学。他的这个理由被当时英国政治学界的大佬们接受了，所以英国的政治学会直到今天为止仍然还是用political studies来命名。

美国一开始并没有拒斥历史政治学的研究传统，在十九世纪中晚期的时候，还有一个专门的词汇historico-politics，显示了历史维度在政治学研究中的重要性。但是二十世纪二十年代到五十年代，差不多30年的时间里，美国政治学是行为主义独占鳌头，其他研究传统的空间受到极大的挤压。也正是在这段时间，历史政治学作为一种研究传统在美国政治学中被排挤出去了。由于战后美国一枝独秀，其强大的国力导致政治学学科中的美国传统大获全胜，欧洲传统受到排挤。尽管欧洲人试图抵制这一趋势，但最终还是没有成功。

历史政治学作为一个研究进路被政治学学科遗忘，对于政治学本身造成了消极的影响。进入二十一世纪以后，一些美国学者也意识到历史政治学研究进路的缺失对于政治学学科的健康发展是有害的，并因此形成了"改革先生"运动。"改革先生"运动的核心主张是方法论的多元主义（Methodological Pluralism），认为过分地强调量化研究，将历史研究、田野调查、质性的个案研究等方法排除在外，对于政治学健康发展是不利的，因此主张把它们找回来。应该说，"改革先生"运动还是产生了一些效果，一个象征性的事件是，2002年，历史社会学的代表性人物西达·斯考切波（Theda Skocpol）就任美国政治学会主席。但总体而言，时至今日，情况并没有根本地好转。从这个意义上来讲，历史政治学的复兴对于整个政治学学科的健康发展来讲是一个好消息，中国政治学界重启历史政治学有助于推进这一新的研究议程。

其次，从中国来讲，历史政治学的复兴开启了中国政治学转型的新议程。历史政治学在中国的复兴背景更复杂一些，历史政治学近年来在中国被旗帜鲜明地提出来，这不是偶然的，笔者认为它是中国政治学转型的内在需求所激发出来的。

众所周知，中国政治学的发展走过了一段艰难曲折的道路，自改革开放恢复以来，受美国政治学的影响很深。因此，中国的政治学一方面面临着与美国政治学同样的焦虑，即如何促进学科的平衡和健康发展；另一方面还面临着美国政治学所没有的焦虑，即学科自主性的严重弱化。中国的政治学者们痛苦地发现，在既有的各种政治理论中很少看到中国元素，它们都是基于欧美的历史经验，甚至拉美、东南亚的历史经验提炼而成，唯独缺少中国经验。用杨光斌老师的一句话来说，中国政治学在很大程度上成为西方理论的复读机。长期以来，我们是作为政治学理论的消费者而不是生产者而存在的。更关键的是，我们引进的各种理论并不能有效地解释中国的历史和当代的政治实践。也正是在这样的背景之下，学科转型成为中国政治学学科发展的内在要求，历史政治学就是在这一背景下提出来的。

与理论生产匮乏形成鲜明对照的是，中国有着2000年不间断的历史记载，这在全世界是独一无二的，其中蕴含丰富的政治智慧；中国也是近代以来唯一一个没有被西方殖民运动打断的文明，并在最近的40年中重新走向世界舞台的中心，近200年中国文明所表现出来的韧性是一份独特的历史遗产，是政治理论的富矿。但可惜的是，这些历史经验并没有被系统地理论化。从这个意

中国政治学自主知识体系的建构：清华政治学系的探索

义上来讲，中国的政治学就像佛教所相容的乞丐一样，"抛弃自家无尽藏，沿门托钵效贫儿"，本来拥有无尽的宝藏，可是不知道怎么去开发，一天到晚托着钵儿到处讨饭吃。只有回到中国的经验本身，回到中国的历史，从中国独特而丰富的历史经验中发现和提炼政治学的概念和理论，才不辜负历史和时代对于中国政治学的厚爱。

如果说历史政治学在西方政治学中的复兴，其意义在于推动方法论的多元主义，促进学科的平衡发展的话，那么在中国，笔者认为历史政治学的复兴所具有的意义要深远得多。

第一，历史政治学应该致力于推动中国政治学学科自主性的重建。笔者觉得这是非常重要的一个问题，历史政治学的复兴是中国政治学在转型时期的一次自觉选择，其目标之一就是重建学科的自主性，摆脱知识生产的依附状态，立足于中国自身的历史和现实，重新审视既有政治理论的局限性，从中国文明3000年的历史经验中汲取养分，重构政治学的基本概念和知识体系。

第二，历史政治学应该致力于恢复政治学的实践品格。经世致用是中国政治学的一个优良传统，但是一段时间以来，我们的政治学研究在一定程度上背离了这一传统，将学术研究变成了学术游戏。重提历史政治学，有助于中国政治学走出历史虚无主义，直面现实问题。这一点对于中国政治学未来的发展来讲尤为重要。中国过去40年的快速发展带来了大量的问题和挑战，为了回应这些挑战，需要包括政治学在内的社会科学对之进行诊断，并且提出解决方案。如果中国的政治学仅仅满足于充当各种西方理论的试验场，而不能从中国丰富的历史经验中提炼出具有解释力的政治理论，并对当代中国的政治实践提供借鉴的话，笔者认为它就失去了存在的意义。从这个意义上来讲，历史政治学的复兴是中国政治学实现突围的一个突破口。

第三，历史政治学应该致力于推动中国政治学从理论的消费者到生产者的身份转换。中国长达2000年连续的历史记载为中国政治学的发展提供了丰厚的土壤，成为中国政治学知识生产最有可能实现突破的方向之一。在历史政治学的路径下，中国政治学有可能基于中国的历史经验提炼出既有本土解释力又具有普遍意义的政治学理论，并在此基础上参与国际学术对话和知识生产，从而实现从理论的消费者到生产者的身份转换。

历史政治学所提出的这三项新的研究议程意味着，对于中国政治学来说，必须以中国为方法，重新定位中国独特的历史经验在政治学知识生产中的位置，重新规划中国政治学的未来愿景。

信息政治学：理解数字时代国家治理的新视角

孟天广

进入二十一世纪，人类社会迈入第四次科技革命，大数据、人工智能、量子计算等新兴科技驱动着人类社会的快速数字化转型。第四次科技革命给我们创造了百年未有之大变局，新兴科技的快速迭代和快速渗透，引起全社会快速的信息化和数字化。全球范围内第四次工业革命浪潮扑面而来之际，恰逢我国处于推进治理现代化的全面深化改革期。国家治理体系和治理能力现代化，是中国共产党领导的继农业、工业、国防和科技现代化之后的"第五个现代化"，是非物质层面的国家治理制度、体制和机制的现代化。

人类政治文明的重大转型进程中，科技革命始终是举足轻重的动力源。科技革命驱动着生产力质的飞跃，由此驱动着上层建筑——即社会经济制度的变革和国家治理体系的转型。第一次工业革命以英国为社会试验场，形成了以工具理性为基础的准科层制组织，相应的政府组织形式亦成为世界性的早期治理现代化模板。第二次工业革命产生了新的动力系统，驱动专业化分工和流水线式生产模式的形成，促使巨型科层制成为政府和企业共同的组织形式，韦伯意义上的科层制成为全球政府组织的主流形式。以计算机技术为标志的第三次工业革命促进了服务型经济和电子政务的产生，以无间隙政府、新公共管理等政府改革为标志对传统科层制组织形式进行了自我调适。

前三次工业革命塑造了工业社会的政府形态，我国在此期间始终居于"追赶"和"学习"地位。而以大数据和人工智能为代表的第四次工业革命，则离不开强烈的"中国印记"。我国积极参与第四次工业革命的技术变迁浪潮，在国际社会率先探索适应于数字与智能技术的治理模式，这促使我国在数字政府领域走在世界前列。一方面，整个人类社会都在经历快速的数字化转型，未来还将经历智能化转型，这源于第四次科技革命带来了新兴技术的快速迭代和转化，由此全社会正在经历一个"快速、大尺度、深层次"数字化转型浪潮。"大尺度"意味着这种数字化转型是全球范围的数字化，而不是个别区或如大都市、经济发达地区的数字化，我们可以看到乡村、发展中世界的快速数字化。"深层次"反映了新技术对人类社会组织方式、运行机理和价值体系有革命性影响，而非仅仅影响表层现象，譬如数字与智能技术已经在深刻地变革着人们的社交、交易方式，甚至重构着人们与政府互动的方式。

第四次科技革命在全球范围内带来国家形态的演变，以及国家社会关系的巨变，大数据、人工智能等新兴技术深刻地影响着国家治理的结构和运行，以数据驱动和数字化治理为核心特征的政府数字化转型，成为近年来全球政府治理改革的核心议题，这产生了大量新生政治现象，迫切需要新概念、新理论以理解、解释这一革命性变革。尽管人们对新技术重塑国家治理体系有共识，但现阶段尚未形成系统化理论以理清数字与智能技术影响国家治理的理论框架和作用机制。从政治学视角来看，信息问题自古以来始终是国家治理的一个关键问题，也是一个治理难题。庞大的国家如何解决上下级之间的信息问题，国家与社会如何有效实现信息交换问题，等等，都是经典的国家治理难题。

作为一种新兴理论视角，信息政治学为理解国家治理的信息基础，以及国家治理过程中信息生产、信息汲取、信息扩散、信息处理乃至信息使用的原则与逻辑提供理论视角。近年来，信息政治学成为政治学的前沿议题，概言之，信息政治学关心两个核心问题：一是国家内部的信息问题。这源于现代政府普遍依据韦伯式官僚制来组织，委托代理关系成为国家内部组织构成的基本模型，由此委托人和代理官员之间会产生大量信息问题，譬如上下级政府间存在信息不对称，下级比上级政府更具信息优势，譬如信息碎片化，各部门之间存在信息壁垒。此外国家内部信息问题还涉及信息处理问题，譬如当政府拿不到信息或拿到有限的信息时，如何从有限信息中发现经济社会运行的规律等。二是国家与社会进行信息交换的问题。国家与社会的信息交换涉及包容性制度和公共空间建设两个维度。一方面是构建包容性制度推进国家理解社会的能力，即如何在国家与社会之间畅通信息，提升国家信息汲取能力。现代国家建立在人民主权基础上，因此国家有效地感知、吸纳和回应社会偏好、社会诉求的能力至关重要，这就要求构建"国家—社会信息传输和交换体系"。此外，国家与社会之间的信息机制还涉及如何加总、筛选社会偏好的问题，譬如谁的偏好或者哪些偏好应该排在优先位置，如果最有效地识别、加总和筛选公共需求，使其进入政治议程。

国家治理的信息机制包括国家内部、"国家—社会"之间的信息汲取、信息共享、信息交换和信息处理等关键议题。进入数字时代，国家治理的信息机制在数字与智能技术的"赋能"作用下变得尤为重要，成为国家治理"新范式"的新生机制。现代国家治理体系中，一方面治理主体日益复杂多元，譬如党委、政府、科技社群、媒介、专业机构、社会大众和社会组织等，然而如何实现多元治理主体的合作与协同？事实上只有信息要素可以把多元主体联系起来形成一个动态系统，依靠信息机制来实现国家与社会、社会内部的合作与协同。因此，信息就成为国家决策、政府感知社会、政府与社会沟通、政策评估、政治问责和政治传播的核心机制。国家治理需要具备国家信息能力。

数字时代，国家信息能力源于新兴数字和智能技术"赋权社会"和"赋能政府"两种路径。一方面，以数据、信息、知识为代表的新兴社会资源一定程度上重塑着不同社会主体的行动模式，并对既有治理格局产生颠覆性影响。作为社会治理的关键，数字技术对个人和组织发挥着显著的"赋权"功能。依靠数字技术，人们通过获得信息、参与表达和采取行动等行为方式实现自我增权。另一方面，"技术赋能"促使国家主动运用新兴技术构建全新治理模式，以及新型"治理技术工具箱"，由此驱动着政府在组织体系、治理规则、治理能力和治理技术层面的革命性变革，数字政府呼之欲出。在两种路径的双向作用下，作为数字时代国家治理的新形态，政府数字化转型旨在运用数字与智能技术，协同社会主体，通过重塑治理结构、优化政府职能、革新治理理念，以同时提升政府治理能力和社会协同能力。

国家信息能力由信息汲取能力和信息处理能力构成。信息汲取能力致力于解决信息稀缺难题。众所周知，信息始终是稀缺要素，譬如信息不对称的本质是高阶政府的信息稀缺，政府回应性低本质上是国家缺乏理解社会的"稀缺信息"。信息稀缺难题的破解在于构建信息汲取能力，譬如我国在制度设计上形成了"自上而下"督察、巡视和"自下而上"群众路线、网络问政相结合的信息汲取机制，政府内部形成了垂直部署的政府信息化工程和横向整合的政府数据治理体系。解决了信息稀缺难题，第二个难题就是信息过载问题。信息过载是数字时代的普遍现象，由于信息来源丰富、信息体量巨大、信息维度多元，且信息标准不统一，信息处理能力就变得极为重要。信息处理能力是国家与社会对海量数据进行标准化管理、聚合化处理和数据挖掘分析的能力。信息处理能力依赖于两种信息处理机制，一种是相对比较成熟的"行政机制"，譬如很多地方政府建立政府大数据中心、城市大脑等组织，依靠专业化人员，以及专业化知识处理数据，更多采取中心化的数据治理体系，偏好利用标准化工具来"理解"数据所反映的社会经济运行状态和规律，但会产生个性化信息的"去噪化"处理。因此信息处理的行政机制在信息加总、信息吸纳、信息规制、信息监管等标准化治理场景中具有优势。第二种机制是正在蓬勃发展的"社群机制"，主要依靠社会协商、辩论、讨论和公共理性来处理多元复杂数据以增进国家理解社会，以及社会协同能力。社群机制尽管效率较低，但也具有重视"个性化"信息、激发社会活力、多中心协同、增进公共理性等特定优势，因此在信息筛选、偏好排序和信息反馈上具有优势。进入数字时代，当国家面临信息过载难题时，通过构建行政机制与社群机制"互补地"提升国家信息能力成为必然趋势。

概言之，数字时代国家治理的变革可以被理解为一个"科技革命"和'制度革命"相碰撞而产生的一种演化。信息政治学成为我们理解数字时代国家能力和国家社会关系演变的独特理论视角。理论构建的一个关键问题是数字时代的国家治理有哪些"变"与"常"，譬如国家体系没有变、政治生活的行动者没有变、善治的价值体系也没有变，治理规则和技术体系有所变化，而最重要的一个变化产生于形成了一个组织和勾连国家和社会的新机制——信息机制，信息机制在国家治理体系中"泛在"与"赋能"功能日趋明显。新兴数字与智能技术驱动着国家能力的新演进，破解国家内部信息问题和"国家—社会"间

中国政治学自主知识体系的建构：清华政治学系的探索

信息问题的"数字化国家能力"正在兴起，信息汲取能力、数据治理能力、循证决策能力、数字规制能力、吸纳回应能力和数字化能力正在重构国家能力的传统体系。"技术赋权"和"技术赋能"共同驱动着"国家—社会"关系在数字时代的演变，数字统合主义正在超越传统"统合主义"成为国家整合社会、社会协同国家的"新范式"。

大数据政治学：新信息时代的政治现象及其探析路径

孟天广　郭凤林

一、大数据时代的政治现象及其方法论革命

面对全球数据量的指数级增长，《科学》2008年提出"大数据"来讨论新信息时代（PB时代）的科学研究。2012年，《纽约时报》刊文宣告"大数据时代已经到来"。著名信息技术研究机构高德纳（Gartner）认为，大数据是指需要新处理模式才能确保更强的决策力、洞察力和流程优化力的海量、高速增长和多样化的信息资富[①]。也有研究认为界定大数据不能简单以数据规模为准，而要考虑数据管理和分析的复杂程度。除了数据规模，大数据区别于传统数据库的特点还包括：数据形式混合着结构化、非结构化数据；数据存储于不同数据生产者；对数据挖掘、机器学习和统计分析等数据分析技术的高要求等。

伴随着信息技术和互联网的飞速发展，尤其是web 2.0时代网络数据和社交数据的空前膨胀，传统的数据存储、管理和分析能力已经难以顺应新信息时代的客观要求。大数据应运而生，成为信息科学和计算科学的发展前沿。综

---

① 维基百科Gartner词条，http://en.wikipedia.org/wiki/Gartner.

中国政治学自主知识体系的建构：清华政治学系的探索

合起来，大数据具有如下五大特征：一、超大规模数据。大数据力图分析全数据，通常指 TB 级别以上数据量；二、数据类型多样化。大数据蕴含文本、图片、视频、音频、邮件、交易信息、社交网络信息等，结构化、非结构化数据；三、数据流动速度快。大数据善于管理和分析动态变化的数据流；四、大数据蕴含丰富的时空信息；五、大数据是贫矿，价值密度低。

大数据时代的来临首先塑造着新信息时代的政治现象。大数据不仅将政治活动场域扩展到虚拟空间，还改造着政府、公民、政党等政治行为主体的行为模式及其关系。保罗 T. 德克尔（Paul T. Decker）将大数据视为"颠覆性创新"，它带来了"数据的民主化"（Democratization of Data），为研究者提供了新机会，有助于推动更高效、更具创新性且更透明的政府建设。[①] 为了顺应大数据时代国家治理的客观要求，我国成立了国家安全和信息化领导小组，我国政府积极致力于将大数据方法应用于国家治理体系完善和治理能力建设中，以确保网络繁荣、信息安全和有效治理等战略目标的实现。

国际社会积极将大数据应用于国际发展、政治稳定和公共治理领域。联合国于 2009 年发起全球脉动计划，通过对网络空间海量数据的数据挖掘和统计分析预测各国失业率、疾病暴发、政治动乱等现象，以此作为国际组织行为的依据。[②] 美国政府于 2012 年启动"大数据研究和发展倡议"，通过整合联邦政府各部门的海量数据和大数据分析技术来维护、分析和共享相关成果以服务美国政府的政治利益。[③]

新信息时代大数据还成为影响现实政治的关键因素。以脸谱网、推特等为代表的新媒体正成为影响现实政治的重要力量，2011 年"阿拉伯之春"政治变革正源于网络社交平台。脸谱网（Facebook）和推特（Twitter）等新媒体在"阿拉伯之春"从酝酿、组织、爆发、升级等各个环节均发挥着关键性作用，在新社会运动中扮演着信息传播、动员组织、全球呼应等重要功能。以我国为例，大数据时代给舆情治理带来严重挑战。互联网时刻进行着信息更新，尤其

[①] Paul T. Decker, "Presidential Address: False Choices, policy Framing, and the Promise of 'Big Data'", Journal of Policy Analysis and Management, Vol. 33, No. 2, 2014, pp. 252–262.

[②] 联合国全球脉动（global pulse）计划，see http://www.unglobalpulse.org/research。

[③] Tom Kalil, "Big Data is a Big Deal", 2012. See http://www.whitehouse.gov/blog/2012/03/29/big-data-big-deal.

是自媒体信息，信息量得到了质的增长。互联网的交互性极强，突破了地域、空间、身份限制，社会各阶层的观点、情绪和诉求在网络空间中迅速集聚、碰撞、流传，信息呈网状传播，速度快且传播范围广，容易引发重大舆情危机，使得网络舆情治理更为困难。

大数据一出现即挑战着传统科学研究方法论。图灵奖得主詹姆斯·格雷（James Gray）认为大数据时代将形成数据密集型科学研究"第四范式（the Fourth Paradigm）"①。大数据时代的科学研究将不再需要模型和假设，而是利用超级计算能力直接分析海量数据发现相关关系即可获得新知识。《自然》《科学》杂志分别组织专刊讨论了大数据对自然科学和社会科学研究模式的挑战和创新价值。

大数据正在引发政治学、经济学等社会科学的一场方法论革命。2009年，戴维·雷泽尔（David Lazer）等在《科学》发文提出"计算社会科学"（Computational Social Science）构想。他们认为，计算社会科学正在兴起，人们将在前所未有的深度和广度上采集和利用数据为社会科学研究服务。②瑞·M.张（Ray M. Chang）探讨了大数据带来的社会科学范式的转换，认为大数据带来了更便捷的数据收集技术，社会科学与计算科学、网络科学相结合，正在向"计算社会科学"和"网络社会科学"（E-social Science）的方向转变。③

菲利普·J.郎克尔等（Philip J. Runkel）提出了社会科学研究的困境，即"普遍性"（generality）、"可控性"（control）和"现实性"（reality）三大目标难以同时实现。而大数据的数据可获得性、低廉的成本和设计上的便利，使得一些过去不能做的研究成为可能，研究者过去所注重的控制变量选择变得更为多元，实验设计可以设定更多条件，能够在很大程度上解决上述困境。在大数据推动社会科学范式转换的过程中，技术进步、学科间融合、新数据分析技术的应用、新的商业和组织环境都会加速这种范式转换。这个转换涉及诸多方

---

① J Gray, Tony Hey, "The Fourth Paradigm-Data-Intensive Scientific Discovery", E-Science and Information Management, 2012, pp.1.

② David Lazer, et al. "Life in the network: the Coming Age of Computational Social Science", Science (New York, NY), Vol. 323, No. 5915, 2009, pp.721.

③ Ray M. Chang, Robert J. Kauffman, Young Ok Kwon, "Understanding the Paradigm Shift to Computational Social Science in the Presence of Big Data", Decision Support Systems, 63, 2013, pp. 67-88.

中国政治学自主知识体系的建构：清华政治学系的探索

面：在研究视角上要实现不同学科间研究方法、理论及测量上的整合；在研究方法上，研究者不再需要构建精巧的研究设计来模拟现实，而是可以直接获取人类行为和互动的基本信息，田野研究和实验研究间的界限会逐渐模糊；在样本选择上，大数据可以突破传统抽样调查的样本限制，观察性研究也能够大幅度提高数据的采集频率。需要注意的是，尽管大数据会对研究方法产生重大影响，但理论的作用并不会因为大数据的到来而减弱，仍然在科学研究中占据核心位置。①

二、大数据政治学的研究主题

尽管大数据政治学方兴未艾，然而，国内外学术界将大数据方法应用于政治学已经初见端倪，并在涉及公共政策、政治传播学、选举与投票行为和社会运动的广泛主题上取得了一系列丰硕的研究成果。这部分将系统梳理政治学领域应用大数据方法开展的研究主题及其成果。

公共政策

大数据在公共政策领域的应用充满希望，托马斯·D.库克（Thomas D. Cook）热情展望了大数据在公共政策领域的应用前景。大数据在提高政策描述和强化政策预测能力方面具有强大潜力：借助大数据技术，个体、城市、国家层面，以及群体数据，尤其是大规模时间序列数据的实时获取成为可能，会使研究者对公共政策的描述和评估在时间和空间上变得更为丰富。此外，在数量更多、质量更好的数据基础上，公共政策分析的基础工具——成本收益分析将更为适用。利用警察局犯罪数据对稀缺警力进行更有效配置就是一个可以直接运用大数据的公共政策问题。② 贾斯丁·科恩（Justin Keen）着重探讨了卫生服务信息公开在英国卫生服务领域的前景。卫生服务领域已经具备了大量、完整的信息，这些信息向第三方开放将会带来巨大收益。③

---

① Runkel, philip. Joseph Edward MacGrath. Research on Human Behavior. Holt. Rinehart & Winston, 1972.
② Thomas D. Cook, "'Big Data' in Research on Social Policy", Journal of Policy Analysis and Management, Vol. 33, No. 2, 2014, pp. 544–547.
③ Keen, Justin, et al, "Big Data+ Politics= Open Data: The Case of Health Care Data in England", Policy & Internet, Vol. 5, No. 2, 2013, pp. 228–243.

在许多政策领域，单一数据来源已经不足以应付复杂的公共政策问题，有效的公共治理需要平行使用多个大型数据库。以美国联邦政府为例，"9·11"之后，美国各大部门开始建立数据库，并逐步实现数据库之间的共享和实时连接。比如美国海关总署要求航空公司提供乘客所有信息（包括地址、电话、犯罪记录、身份证号，以及驾照号码等），交通部则建立了将航空预定系统与私人、政府数据库相连接的智能网络来对乘客进行定位，而地方警局可以与这些数据库进行实时信息交流。在医疗领域，卫生服务效用数据库新近被开发出来用于推进公共支付过程改革，其存储的实时支付数据在评估服务绩效和描述支付波动时非常有用。在法律实施和公共安全方面，纽约市将其警务责任系统提升到预警层次，对紧急援助、自行车道管理、林木规划等进行数字化管理，通过在市长办公室视频上滚动显示不同指标的实时结果，使官员和民众能够实时掌握各个区域的情况。[1]

政治传播

很多学者利用大数据技术对互联网空间的政治传播进行研究。作为一种虚拟公共空间，互联网空间存在门户网站、网络论坛、社交平台等公共空间，充斥着文本、视频、关系等结构化和非结构化信息，为大数据政治学的发展提供了前所未有的试验场。现有研究利用大数据方法探讨了网络政治传播的方式、影响及与传统政治传播的联系。米歇尔·J.詹森（Michael J. Jensen）利用推特数据预测了2011年美国共和党总统提名。他搜集了盖洛普民意调查数据和2011年实际投票结果，并利用微博应用程序接口搜集了艾奥瓦州党内提名会议前的有关竞选人姓名的推特留言，得到了由697065条微博195737个微博账户构成的数据库。随后将每位竞选人的推特提到率、民意调查支持率与实际提名结果进行比较，发现尽管推特提到率与最终投票结果不完全一致，但推特传播中存在着一些里程碑式的转折点，对于竞选者有较大影响。[2]

卡琳娜·娜恩（Karine Nahon）考察了政治竞选活动中视频博客传播的模

---

[1] Michael E. Milakovich, "Anticipatory Government: Integrating Big Data for Smaller Government", Internet, politics, policy, 2012.

[2] Michael J. Jensen, Nick Anstead, "Psychological Investigations: Tweets, Votes, and Unknown Unknowns in the Republican Nomination Process", Policy & Internet, Vol. 5, No. 2, 2013, pp. 161–182.

式。作者从网络视频中选择了"政治""选举""大众"三大主题中排名前100的视频，再由一名教授和三名博士生对300个视频的内容进行分类，最终获得了120个选举相关视频样本。随后利用谷歌博客搜索技术找与120个视频链接的博客，在清除了重复信息后共获得9765个博主发布这些视频的13173篇博客。作者根据每个博客日浏览量的不同，将博主区分为精英、政治领袖、一般领袖和普通博主四种类型。最后，作者通过多元时间序列模型发现，网络信息传播并不是单向度的（monolithic），精英和政治领袖是信息传播的发起者，决定着信息传播的内容和时间；一般领袖和普通博主是信息接收者和跟随者，维持着信息传播的链条。①

社会运动

大数据使得获取个体层面数据变得更为可行，不少学者利用大数据方法来预测社会运动。海伦·玛格斯（Helen Margetts）指出，由于大数据能够提供个体行为和意愿数据，使得研究者能够探讨一些过去无法研究的问题，比如由网络社交平台引发的"阿拉伯之春"。② 托马斯·柴德菲尔斯（Thomas Chadefaux）利用文本分析方法来预测大规模冲突事件，他分析了1990—2013年间166个国家的报纸文章，来验证同期超过200次战争冲突。运用这些信息，他能够在85%的置信水平下推断下年是否会发生战争，成功预测超过70%的大规模战争。③

现有研究非常关心网络社交平台对社会运动的影响。奥丽莎·科利佐娃（Olessia Koltsova）研究了俄罗斯网络社交平台——交友网（Live Journal）中大户（Top Bloggers）在引领舆论上的角色。他利用计算机模拟了微博大户的话题结构，发现他们的关注度平均分布在"社会—政治"，以及"私人—娱乐"话题上，而俄罗斯2011年的街头抗议能够从博客有关政治的内容上得到明显体现。这种消息最初在某个社会话题小组内部显现，很大程度上充当了公共舆

---

① Nahon Karine, et al, "Fifteen Minutes of Fame: the Power of Blogs in the Lifecycle of Viral Political Information", *Policy & Internet*, Vol.3, No. 1, 2011, pp. 1–28.

② Margetts Helen, David Sutcliffe. "Addressing the Policy Challenges and Opportunities of 'Big data'". Policy & Internet. 5, No. 2, 2013, pp. 139–146.

③ Thomas Chadefaux, "Early Warning Signals for War in the News", Journal of Peace Research. 51, No.1, 2014, pp. 5–18.

情的指示计。① 与此类似，托马斯·兰德（Thomas Lansdall-Welfare）收集了4亿多条微博信息，检验了经济衰退对英国集体情绪的影响，发现了支出削减声明与2011年8月骚乱间的强相关关系。②

选举与投票

大数据在选举研究中得到了广泛应用。基于谷歌搜索记录数据，莎娜·莱莉（Shauna Reilly）探究了2008年总统选举前一周谷歌上投票法案名称（或主题）的搜索次数与实际投票率的关系。他选用投票流失率（roll-off）作为因变量，以谷歌上153个投票法案的名称搜索率和主题搜索率作为自变量。相关分析发现名称搜索率和主题搜索率对投票流失率有负向影响，即谷歌上对投票法案的搜索率越高，选民放弃投票的可能性就越低。③ 布鲁斯·宾伯（Bruce Bimber）介绍了大数据在奥巴马2008—2012年竞选美国总统时发挥的重要作用。奥巴马团队在竞选宣传时，注重获得选民个体化的信息，并基于模型化分析进行更精准和更有技巧性的宣传。他们对人群的分类不再是简单的人口统计学变量如中产阶级妇女或工薪阶层，而是包含了选民的投票记录、慈善捐赠乃至音乐偏好、汽车品牌、杂志订阅、社交网络等信息，对选民进行更为个体化的分析和宣传。④

史提芬·安索雷布哈尔（Stephen Ansolabehere）利用大数据探讨了民调中自报投票率超过实际投票率的原因。他通过凯利（Catalist）公司搜集了五十个州的投票登记数据，包括投票人姓名、住址等信息，以姓名和住址为参照物，与2008年国会选举调查数据库的受访者信息相匹配，从而得到涵盖选民姓名、地址、性别、年龄、自报投票记录，以及实际投票情况等信息的数据库，去除无回答的人数后，形成一个由26181个选民组成的样本。同时，作者也采用

---

① Olessia Koltsova, Sergei Koltcov, "Mapping the Public Agenda with Topic Modeling: The Case of the Russian Livejournal", Policy & Internet, Vol.5, No. 2, 2013, pp. 207–227.

② Lansdall-Welfare Thomas, Vasileios Lampos, et al, "Effects of the Recession on Public Mood in the UK." Proceedings of the 21st international conference Companion on World Wide Web. ACM, 2012, pp. 1221–1226.

③ Shauna Reilly, Sean Richey, J. Benjamin Taylor, "Using Google Search Data for State Politics Research An Empirical Validity Test Using Roll-Off Data", State Politics & Policy Quarterly, Vol. 12, No. 2, 2012, pp. 146–159.

④ Bruce Bimber, "Digital Media in the Obama Campaigns of 2008 and 2012: Adaptation to the Personalized Political Communication Environment", Journal of Information Technology & Politics, 2014. (just-accepted).

美国国家选举研究 1988 年、1984 年和 1980 年的调查数据。在这两大数据库的基础上,作者比较了报告投票率(report vote rate)和有效投票率(validated vote rate)的时间变化及其差异,并利用性别、年龄、教育、宗教信仰、种族、婚姻状况、流动情况,以及党派等因素分别对报告投票率和实际投票率进行回归分析。结果表明,缺失的自报投票者集中在高教育程度、高收入、较活跃的党派成员、经常参加教堂活动和流动性较强的人口中,即流失的自报投票者偏向相对优势群体,这种系统性偏差使得利用民调数据预测投票情况会出现推论偏差[①]。

议会政治

有研究利用大数据方法考察西方国家的议会政治,对议员的政治话语及行为展开实证研究。贾斯丁·格里默(Justin Grimmer)提出了议程表达模型来解释美国参议员的行为逻辑,他利用自动文本分析研究了美国参议员与选民的政治沟通。他利用互联网搜集了美国参议院 2007 年发布的 24000 余份新闻通告,利用无人监督机器学习法,由计算机自动识别单词并进行归类然后应用贝叶斯分层分析模型来预测特定参议员的议题关注。基于对文本资料的分析,他发现每个参议员的议题关注与其他参议员的议题关注之间存在着显著关联,重点关注议题的地域分布具有一定的集聚性,议员对参议院拨款法案的关注程度与他们对德敏特-麦凯恩(Demint-McCain)修正案的反对票呈现正相关关系[②]。

乔纳森·布莱特(Jonathan Bright)利用议会文本记录分析了英国议会中议会争论的演变特点。他利用英国议会解析网站提供的议会资料,构建了 1936—2011 年间英国下议院发布的由 7.4 亿单词所构成的数据库,利用自动编码技术,对法律、国防、环境、卫生、就业、权利、教育、农业、经济等关键词进行了编码,对这些词汇在这 75 年间的出现频率进行了描绘,发现这些关键词的出现频率具有一定的稳定性,但也存在很大变化,争论变得更加激烈,环境议题变得更为突出,而农业等问题则逐渐衰落。同时,作者还对不同的文

---

① Stephen Ansolabehere, Eitan Hersh, "Validation: What Big Data Reveal about Survey Misreporting and the Real Electorate", Political Analysis, Vol.20, No. 4, 2012, pp. 437–459.

② Justin Grimmer, "A Bayesian Hierarchical Topic Model for Political Texts: Measuring Expressed Agendas in Senate Press Releases", Political Analysis, Vol. 18, No.1, 2010, pp. 1–35.

本进行了自动的性别和身份识别,分析了女生,以及贵族身份议员在议会争论中的地位和特点,发现前者倾向于较长的发言时间,而后者被打断的频率更高一些。①

三、大数据政治学的研究方法

自动文本分析

政治文本分析是探析政治现象的重要途径,它是获取政治态度、政治立场,以及观测其随时间变化的重要方法。大数据技术出现以前,人工编码数量浩瀚的政治文本非常困难,而自动文本分析技术的出现,可以将这项烦琐的工作交由计算机进行,使得这种大规模的文本分析成为可能。

格里默(2013)专门探讨了自动文本分析方法的前景和"陷阱"。他认为,文本分析的核心工作是分类(Classification)。分类有三种方法:字典法(Dictionary Methods),根据关键词的出现次数来确定;有监督学习法(Supervised Learning Methods),先由人工构建编码练习库,然后让机器根据人工编码模式来进行自动编码,最后将机器编码与人工编码相比较检验其效度;无人监督学习法(Unsupervised Learning Methods)不需要人工事先编码,而是基于模型假设和文本性质来分类并自动将文本分配到各类别。第三种方法比较便捷但容易混淆重点,但可以从两个技术对它进行改进:一种是混合成员模型(Mixed Membership Models),将具体问题结构纳入分析以辅助分类,另一种是计算机辅助分类(Computer Assisted Clustering,CAC)来探索众多潜在分类方法。自动文本分析确保研究者便捷地实现文本分类和定位,但仍需进一步完善。格里默还总结了自动文本分析的四大基本规律:机器自动识别有很多不准确的地方,但仍然在很多方面给学者提供了研究便利;自动文本分析不能取代学者的阅读和思考;没有一个最完美的自动识别方法;对自动文本分析结果的效度分析非常重要。②

---

① Jonathan. Bright, "The Dynamics of Parliamentary Discourse in the UK: 1936–2011", Draft paper for presentation at "IPP 2012: Big Data, Big Challenges", 2012.

② Justin Grimmer, and Brandon M. Stewart, "Text as data: The Promise and Pitfalls of Automatic Content Analysis Methods for Political Texts", Political Analysis, Vol.21, No.3, 2013, pp. 267–297.

中国政治学自主知识体系的建构：清华政治学系的探索

斯拉瓦·米哈伊洛夫（Slava Mikhaylov）分析了自动文本分析中编码和分类的效度问题。在文本编码过程中，无论是人工还是机器编码都容易产生效度问题：不同的人对同一文本可能有不同理解，而不管是有监督、半监督式甚至无监督自动编码都依赖于参考样本，从而导致编码和分类中误差的存在。作者通过一个编码实验来评估人工输入过程的信度。他利用欧洲比较声明项目（Comparative Manifestos Project，CMP）[1]数据，利用卡帕（Kappa）分析进行统计检验，发现无论是在单项类别还是在整体位置的测度上，实验编码结果和CMP原始编码结果的一致性都比较低。简言之，编码误差几乎超过了文本形成过程和编码不一致所带来的误差。因此，在利用自动文本分析对文本进行分类时，必须注意到分类过程的信度和效度问题。[2]

社会网络分析

社会网络分析是社会学中常见的对关系型数据的分析方法。在大数据时代，数据抓取能力的增强和处理复杂网络分析软件的出现，社会网络分析在研究领域、研究方法上得到了长足的发展。不少学者尝试着利用该方法对政治选举、集体行动、政治传播等问题进行研究。结合大数据强大的结构性和非结构性数据的获取能力，社会网络构建将变得更为丰富细致，许多过去难以研究的问题会在数据可获得性的基础上得到新的生命力，政治传播、集体行动等研究将会取得新的进展。

罗伯特·M. 邦德（Robert M. Bond）在《自然》上发文比较了网络社会网络和面对面社会网络影响政治行为的路径。他们在2010年美国国会大选时对6100万脸谱网用户实施了一项发送政治动员消息的随机控制实验，研究发现政治动员消息直接影响着网民的政治自我表达、信息搜寻和现实投票行为。值得注意的是，政治动员消息不仅影响了接受者，还影响了接受者的网友、网友的网友，而这种社会传递效应对投票行为的影响要强于直接效应，而传递效应主要发生在更可能直接接触过的"亲密网友"间，从而凸显政治行为中强联系

---

[1] 一个由柏林社会科学研究中心支持的项目，主要是搜集OECD国家选举的资料，该项目利用文本分析方法对各国的政党位置进行分析。

[2] Slava Mikhaylov, Michael Laver, Kenneth R. Benoit, "Coder Reliability and Misclassification in the Human Coding of Party Manifestos", Political Analysis, Vol.20, No. 1, 2012, pp. 78–91.

的价值。①

桑德拉·冈萨霍斯贝隆（Sandra González-Bailón）讨论了线上网络对抗议招募演变的影响。他们以西班牙动员浪潮中推特网络中的抗议招募模式为例试图探讨新媒体如何影响抗议活动的扩散，在识别招募领导人的网络位置和信息散布者的网络位置后，研究发现消息散布者比招募领导人更位于网络中心，对抗议招募过程发挥着更重要的影响②。康伟将数据抓取技术与社会网络分析方法相结合，探究了"7·23动车事故"中网络舆情传播的网络结构、节点位置和关键时点等问题。他对与此次事故相关的个人微博和机构微博信息进行了抓取，获得了主要节点账户间的关注信息，构建了一个社会关系网络，并对其密度、规模、结构等进行了测量，探讨了网络传播在节点，以及传播上的一些特点③。

可视化和空间分析

可视化是大数据时代社会科学研究的新趋势。可视化是大数据应用最显著的效果之一。更为优化的数据处理技术使得过去的描述性信息可以变得更加直观，增强对数据信息的发现、跟踪、分析和理解，还能够显著提高表达主题的吸引力和说服力。此外，大数据可视化分析与传统统计分析的区别在于它的动态性，其数据容量、内容及更先进的处理方法都使得动态可视化分析成为可能。

目前不少软件可用于可视化分析，海杜普（Hadoop）是一个比较成熟的可视化软件，能够对大量数据进行即时处理，淘宝、百度等大型商业网站就利用海杜普来完成每天数以亿计的访问量数据存储、查询统计，以及用户行为分析等。美国环境系统研究所（Environmental Systems Research Institute，ESRI）在开源网站基哈伯（GitHub）共享了"海杜普地理信息系统工具"（GIS Tools for Hadoop），用户可以利用其对上亿条空间数据记录进行过滤和聚合操作，在报告中嵌入大数据地图进行发布。然而，可视化分析在政治学研究中的应用

---

① Robert M. Bond, et al, "A 61-million-person Experiment in Social Influence and Political Mobilization", Nature, Vol.489, No.7415, 2012, pp. 295-298.
② Sandra González-Bailón, et al, "The Dynamics of Protest Recruitment through an Online Network", Scientific Reports, Vol.1, 2011, pp. 1-7.
③ 康伟，"基于SNA的突发事件网络舆情关键节点识别——以'7·23动车事故'为例"，公共管理学报，Vol.9, No. 3, 2012, pp. 101-111.

非常缺乏，因而相关技术和方法普及是至关重要的。

空间分析与可视化密切相关，但具有超出可视化的诸多功能。大数据卓越的数据获取能力及网络化获取方法使得数据获取在很大程度上突破了地理范围的限制，能够同时获取区域乃至全球层面的数据。例如百度迁徙可实时记录并分析中国人口流动的方向、数量等信息，构建清晰美观的全国人口流动图。俄罗斯工程师鲁斯兰·艾尼基维（Ruslan Enikeev）利用 2011 年全球 196 个国家 200 多万个网站链接将不同国家的网站流量信息构建了一个网络星球——The Internet Map，每个星球的大小根据其网站流量来决定，而星球间的距离则根据链接出现的频率、强度和用户跳转时创建的链接来确定。空间数据的丰富与共享为政治学提供了将空间概念引入政治学分析框架的新机遇，然而，受到数据获取能力和分析能力的限制，政治学研究中空间分析的应用非常缺乏。

四、大数据政治学视角下的中国政治

大数据方法的出现和运用，能够在一定程度上穿透政治现象的复杂性和特殊性，为中国政治的研究者带来深刻而丰富的洞见，并为其理论提供更强大的说服力。国内外学者已经利用大数据方法在政治传播、互联网政治、网络舆情治理和分析方法创新等方面进行了有益尝试。

政治传播会通过影响人们对于特定事件的认识和态度、塑造人们的价值观而进一步影响人们的政治参与行为，而报刊、广播电视，以及电子邮件、手机、网站、博客等新媒体都是政治传播的重要载体。在一项针对报刊审查机制的研究中，作者通过追踪《广州日报》和《南方周末》从 2002 年 12 月至 2003 年 6 月间的全部报道来分析政府干预对于"非典事件"曝光的影响。他们发现，通过宣传部门委任报刊主编、在各个层级发布指令和通告、传播领导人在特定场合的直接指示是影响"非典"曝光率的三种主要机制。[1] 另外一项

---

[1] Ernest Zhang, Kenneth Fleming, "Examination of Characteristics of News Media under Censorship: A Content Analysis of Selected Chinese Newspapers' SARS Coverage", Asian Journal of Communication, Vol.15, No.3, 2005, pp. 319–339.

研究通过收集几十万条新浪博客和校内网的帖子，比较了两种网上社交网络的传播特点。① 此外，有研究者对 2008 年"汶川地震"发生后天涯论坛一周内的 2266 个讨论进行了分类，并分析了论坛在信息、观点、行动、情感和社区建设等方面的作用。②

网络政治关注的一个核心问题是网络参与对实际政治行为的影响，它既可能成为消除潜在社会不安的"解压阀"，也有可能成为酝酿激进行为的"高压锅"。而造成二者区别的关键在于网络讨论的时间点、议题选择和参与者本身的意图。乔纳森·哈西德（Jonathan Hassid）对 2198 个博客从 2010 年 8 月 30 日至 11 月 7 日的发帖内容进行文本分析后指出，在涉及腐败、环保、领土争端等由主流媒体发起的议题时，政府对于参与者的评论、批评和正式行动会表现得较为宽容，网络参与起到一种"安全阀"效应；而当议程超前或涉及敏感领域，如城乡差异、宗教问题时，过多讨论则会加剧社会紧张和不安，发帖者也更可能遭到严格的审查。③ 另一项研究在分析了 2003 年、2005 年和 2007 年收集的调查数据后发现，互联网使用与线上观点表达存在正向关系，而即使存在政府审查，互联网的网络效应也会给中国社会带来增量上的变化。④

在大数据时代，网络舆情成为影响国家治理的重要因素，因而网络空间的政府干预变得不可或缺。加里·金（Gary King）首创性地使用自动文本分析技术，对 2011 年上半年 1400 多网站的上百万发帖进行了内容分析，并将其归入不同的议题领域。研究发现，相比其他议题，审查机构对政府、领导人和政策提出批评的发帖的删帖率较低；而无论内容为何，有可能导致集体行动或强化社会动员的发帖成为政府审查的主要对象，即防止潜在的集体行动是政府审查的主要动机。⑤

---

① Feng Fu, Lianghuan Liu, Long Wang, "Empirical Analysis of Online Social Networks in the Age of Web 2.0", Physica A: Statistical Mechanics and its Applications, Vol. 387, No. 2, 2008, pp. 675–684.

② Yan Qu, philip Fei Wu, Xiaoqing Wang, "Online Community Response to Major Disaster: A Study of Tianya Forum in the 2008 Sichuan Earthquake", Proceedings of the 42nd Hawaii International Conference on System Sciences, 2009.

③ Jonathan Hassid, "Safety Valve or Pressure Cooker? Blogs in Chinese Political Life", Journal of Communication, Vol. 62, No.2, 2012, pp. 212–230.

④ Fei Shen, et al, "Online Network Size, Efficacy, and Opinion Expression: Assessing the Impacts of Internet Use in China", International Journal of Public Opinion Research, Vol. 21, No. 4, 2009, pp. 451–476.

⑤ Gary King, Jennifer Pan, Margaret E. Roberts, "How Censorship in China Allows Government Criticism but Silences Collective Expression", American Political Science Review, Vol.107, No.2, 2013, pp. 326–343.

五、大数据时代的政治学研究：机遇与挑战

综上所述，大数据方法不仅为深入探析选举政治、社会运动等传统政治现象提供了创新性工具箱，更为挖掘信息时代的信息政治、互联网政治等新生政治现象创造了方法和理论视角。大数据方法对政治学研究的核心贡献体现在研究方法创新和学科发展两个领域。

大数据方法空前催化了政治学研究方法的开拓创新，这反映在以下三个方面：

一、大数据方法革新了政治学研究中数据获取与管理的既有模式。大数据方法使得廉价便捷地获取全数据而不是抽样数据成为可能，更进一步拓宽了传统政治学对数据的界定，历史文本、社交媒体、多媒体等结构化、非结构化、关系型数据都成为研究对象。

二、机器学习、数据挖掘等数据分析学（Data Analytics）的发展空前催化了政治学研究方法的创新，诸如自动文本分析、主题模型、情感分析等前沿方法被及时应用于政治学研究。

三、大数据方法强化了定量方法与定性方法的对话。传统政治学研究中长期存在的定量和定性方法分野有望在大数据时代合流，大数据方法可以有效利用定量技术分析大规模定性资料，同时运用定性方法来呈现和阐释定量分析结果。

此外，大数据方法应用于政治学研究还极大拓宽了政治学的学科界限和社会价值。首先，大数据方法大规模拓宽了政治学的学科界限，将互联网、社交网络、信息流和语义等纳入政治学研究范畴，促使政治学与计算科学、信息科学、传播学、语言学等相关学科的跨学科研究落到实处。其次，借助大数据方法与互联网和可视化的无缝对接，大数据政治学研究成果得以实时、直观、平民化地传播和普及，这不仅保证了政治知识的大众启蒙和社会积累，更强化了政治学研究对现实政治的直接影响。

总之，大数据方法在政治学等社会科学中具有广阔的应用前景和开发潜

力。清华大学、北京大学等科研机构已经启动了利用大数据方法开展政府质量、政治传播和互联网政治研究的项目,并取得了初步成果。然而,现有大数据方法应用于政治学等社会科学研究也存在若干重要挑战,明了这些挑战有助于我们深刻理解大数据政治学的本质及其发展趋势。

首先,大数据方法的数据测量面临严重的信度和效度问题。雷泽尔在《科学》中指出,以谷歌流感趋势为代表的大数据预测技术尽管有其价值,但仍然存在不可忽视的预测误差,作者将其称为"大数据分析的陷阱"。大数据分析的陷阱主要源于所谓的"大数据傲慢",即研究者假定大数据是传统数据采集和分析方法的替代而不是补充。然而,大数据并不意味着人们可以忽视信度、效度和数据相依等基本测量问题,大数据的核心挑战在于广受关注的数据信息缺乏科学研究的效度和信度。[1]

第二,大数据强调相关性而不是因果性的研究取向限制了其探究因果关系的能力。在著名的《大数据时代》一书中,维克托·迈尔-舍恩伯格(Viktor Mayer-Schönberger)认为大数据时代相关关系优于因果关系,相关性可以让我们在分析某些现象的时候不用了解其内部运作机制即可预测未来。然而,因果推论是科学研究的最终目标,即利用我们已知的知识来了解我们未知的世界,而抽离因果关系是这一过程的核心环节。[2] 大数据缺乏发现因果关系时的优势,应该将其与实验设计和观察研究相结合来获取有价值的知识。

第三,缺乏数据透明和开放极大地限制着大数据方法的应用。商业机构和公共机构掌握的大数据不仅涉及个人和商业机构隐私,还涉及利益分配等问题,数据开放的前景尚不明朗。此外,出于经济和政治利益的考虑,大数据提供者或使用者经常性地调整数据算法(Algorithm Dynamics),导致研究者不仅无法获得具有稳定且可比测量的数据,更缺乏对数据生成过程(data-generating process)的基本知识(雷泽尔等)。因而,很多学者倡导大数据提供者应该确保基本的数据透明性。

---

[1] David M. Lazer, et al, "The Parable of Google Flu: Traps in Big Data Analysis." Science. 343. 6176, 2014, pp. 1203–1205.

[2] 维克托·迈尔-舍恩伯格、肯尼思·库克耶著,盛杨燕、周涛译:《大数据时代:生活、工作与思维的大变革》,杭州:浙江人民出版社,2013年。

第四，技术壁垒也限制着大数据在社会科学中的广泛应用。应用大数据方法不仅需要强大的数据采集和存储技术，还需要开发数据分析学、预测分析学（Predictive Analytics）等数据分析和计算技术。毫无疑问，数量掌握和应用以上技术对于社会科学研究者而言是不小的挑战，因而，强化社会科学与计算科学、信息科学的跨学科合作，培育社会科学领域的大数据分析人才将不可或缺。

大数据时代计算法学兴起及其深层问题阐释

于晓虹 三 翔

计算法学是大数据时代信息技术与分析算法高度发展，并与丰厚的法学知识相互结合的产物；计算法学的概念用意和深刻旨向，既遵循了法律实证研究中以数据为中心的基本立场与核心理念，又有效检视了法教义学对法律制度的预设判断和价值基础[①]，并在研究发展中最大限度地实现了法学与其他社会科学、工程科学，以及自然科学知识门类之间的交叉与融合。本文力图根据计算法学的当代进展，对计算法学的相关问题展开讨论，聚焦于计算法学的由来、构成、发展动力、理论基础和方法支撑。所论未必充分和允当，但仍期待引起学界关注和专家指正。

一、从计量法学到计算法学

大数据技术的不断发展与进步，不仅为传统的数据管理和分析模式带来了重大挑战，而且极大地推动了机器学习和云计算等大数据分析方法的发展。党的十九大报告中，习近平总书记八次提及互联网，为大数据在中国的发展与应用绘制了蓝图，也为大数据与社会各个领域的深度融合注入了强大的动力与信心。也正是在这个意义上，计算法学的兴起实则是顺应社会发展时势、回应时

---

① 左卫民.一场新的范式革命？——解读中国法律实证研究［J］.清华法学，2017，11（03）：45–61.

中国政治学自主知识体系的建构：清华政治学系的探索

代变革需求的因应产物。就此而论，计算法学将法学研究深刻融汇于大数据时代的发展情境下，在实现法学研究对象数学化、网络化、计算化的同时，拓展了法学研究的视域，巩固了法学研究的系统性与科学性。计算法学典型地表征了法学研究在大数据时代所呈现的新发展、新路径与新范式。[①]

在某种意义上说，计算法学又是计量法学进入大数据时代的产物，故而计量法学可以视之为计算法学的"前身"。二十世纪五十年代，美国兴起了量化法学（Jurimetrics）运动，"计量法学"最早由罗伊温格（LeeLoevinger）在《计量法学——前进的下一步》（1949年）一文中提出，他主张要将量化思维融入法学分析之中，并且强调运用电子计算机和符号逻辑来解决法律问题[②]。二十世纪八十年代，随着信息技术和互联网在社会科学和人文学科多个领域中的延伸运用，以实证化、可视化、计算化为特征的计算法学也逐步发展起来。

我国对计算法学的关注相对较晚，同样是从计量法学开始。何勤华教授是我国最早提出"计量法律学"概念的学者，并认为计量法律学是介于计量学和法学之间的边缘学科，强调计算机信息手段与数量计算方法融汇于法律的制定、执行、遵守、以及法律教育和教学之中。当时正值互联网发展初期，囿于当时学科建设条件与学界认知水平的局限，"计量法律学"的概念并没有在学界引起太多关注，计量法律学也未能形成一门发达的学科门类。近些年来，随着我国法律工作者逐渐将数量分析、计算技术引入法学研究和法学应用之中，基于数据分析与计量统计的法学研究开始逐步推进。此后，以屈茂辉教授为代表的法学学者开始推动计量法学的发展，倡导通过收集大样本数据，对具有数量变化关系的法律现象进行定量研究[③]。简言之，就计量法学发展的客观情形来讲，计量法学旨在将计量方法论引入法学研究中，并且在一定程度上肩负了"作为科学的法学"的重要使命，也为计算法学的形成与发展奠定了坚实的学科基础。

---

① 张小劲，孟天广. 论计算社会科学的缘起、发展与创新范式 [J]. 理论探索，2017（06）：33-38.
② Hampstead, Dennis Lloyd Lloyd Of and Michael Freeman. Lloyd's Introduction to Jurisprudence [M]. London: Stevens & Sons, 1985.
③ 屈茂辉. 计量法学基本问题四论 [J]. 太平洋学报，2012（01）：26-33.

由此，计算法学的提出便是合乎逻辑的。计算法学这一概念第一次明确提出源自张妮与蒲亦非所著的《计算法学导论》，相较于之前的计量法学，他们重点强调了"计算智能"之于法学研究的重要意义。[①] 当然，计算法学在涵摄和吸纳计量法学学科理念的基础上，也有所鉴别和突破，比如计算法学突出了"数据密集型科学"的重要意义[②]。正是在这样的意义上，计算法学之于法学研究，意味着未来中国的法律实证研究，应走出一条量化程度和规范化程度更高的实证研究路径，从而开拓中国法律实证研究。

在计算法学尚处于初步探索和萌发的同时，"数据法学"的概念也伴随产生。数据法学是以数据为基础来验证某一教义或法学，或提出、论证或辩驳某种学术主张的一门学科，它强调"拿数据说话"，在一定程度上改变了传统的学术生产方式[③]。可见，数据法学相较于计量法学和计算法学，三者界分的依据主要是学科的驱动方式，数据法学关注以数据为主要的驱动方式，而计量法学强调以算法或模型为主要的驱动方式，而计算法学在认同这两种驱动的基础上，又更加强调问题导向和议题驱动的平衡关系（见图1）。

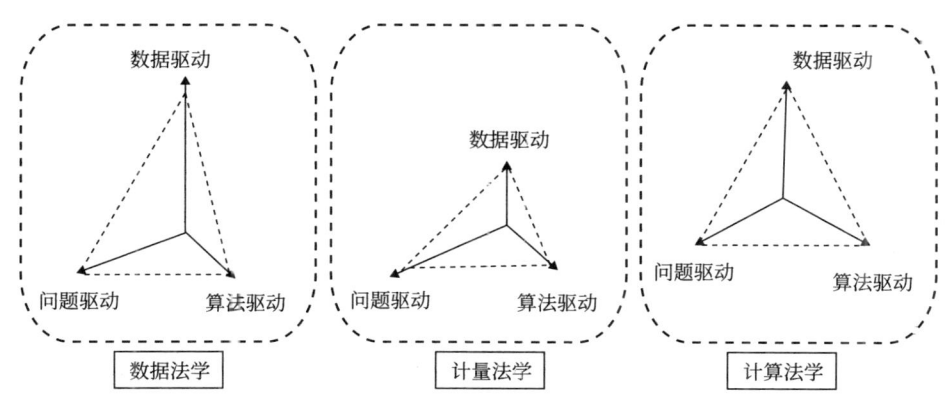

图1 三种驱动方式比较

---

① 张妮，蒲亦非. 计算法学导论[M]. 成都：四川大学出版社，2015.
② 钱宁峰. 走向"计算法学"：大数据时代法学研究的选择[J]. 东南大学学报（哲学社会科学版），2017（02）：43-50+146.
③ 何海波《清华法学》："迈向数据法学"专题絮语[J]. 清华法学，2018（04）：5-6.

但无论是承继、生成，抑或并行发展，计算法学还处于初步发展阶段，其学科概念尚有待丰富和完善，相应的知识积累和理论阐发还显不足，既有的研究成果尚未对计算法学的学科概念体系、理论框架、内在结构、发展空间、范式选择做出清晰的界分与阐释，因此对法律现实问题的回应力度也显得尤为不足，在完全意义上运用"计算"方法或思维解决法律问题的研究实属罕见。何海波教授指出，"对局部裁判文书的手工统计是目前最为流行的方式"[①]。就此而论，理论认知的局限性和实证研究的滞后性是当前计算法学学科建构必须直面的问题。如何立足于中国现实发展情境，并且基于研究系统化、规范化、科学化的基本目标出发，批判性地摄取、吸纳计算科学的研究方法，并在规范与事实的比照中探寻法律制度发展的社会基础，这需要加以审慎考量。计算法学所力主的"法学科学化"基本立场，之于实证法学的推动力尚处在潜藏状态，之于其未来发展方向的提示仍处在朦胧之中。

二、计算法学的概念与构成维度

大数据时代的到来及其研究技术的迭代发展，使得法学研究的议题和领域不断延伸，并开始指向特定的法律事实与法律现象。这里的"法律现象"和"法律事实"，在大数据时代以海量数据的形式呈现出来并具有复合结构，个中蕴含着捕捉、管理、处理、判断、优化、集成等一系列数据处理的要素与议题。[②] 而完成这项作业，则需要赋予法学研究"计算"的色彩：充分调动数据分析学、统计学、计量学等知识资源与分析方法，依赖于数据库和联机分析技术、数据挖掘与处理技术、计算模型和算法、计算机模拟与预测等技术策略，需立基于迅速发展中的自然语言处理（NLP）技术而将法律文本、自治规则、裁判文书等载体信息进行代码化、精确化、可视化，亦将通过概念建构和测量进行因果效应的识别和因果机制的检验，尽可能将法律现象纳入计算科学的视野之内，以此解明法律数量关系背后的基本逻辑和关联结构。也正是在这样的意义上，计算法学的出现是立足于客观现实的抉择与探索，也是在对时代课题

---

① 何海波. 行政诉讼法研究 3.0 [J]. 北京航空航天大学学报（社会科学版），2018（05）：1-8.
② 新发展推出新模式法律大数据概念即将普及 [EB/OL]. http://www.zhongxuntv.com/news/25108.html.

的回应中构建了独特的知识体系和研究格局。

因此,计算法学,实则是以问题为导向、以法律数据为轴心展开的"数据密集型科学",其要义是借助智能化分析技术和网络化技术实现对法律数据的采集与分析、交互与整合、结构化与类型化,进而试图通过计算复杂的数量关系变化以表征潜藏在法律现象背后的社会性构成要素和生成路向,透过数据科学因果关系的推论以探知法律事实的内在结构和外部联系,通过数据分析结果以用于裁判预测、立法评估、法律事实质效评估等领域,并借此实现法律研究与法律应用的转型升级。也正是在这样的意义上,计算法学实则是法律思维、法律体系、法律实践在大数据时代的延伸与更新[①],并在数据、模型、算法等"计算"的延长线上,实现了法律数据与规范理论的深度融合(见图2)。

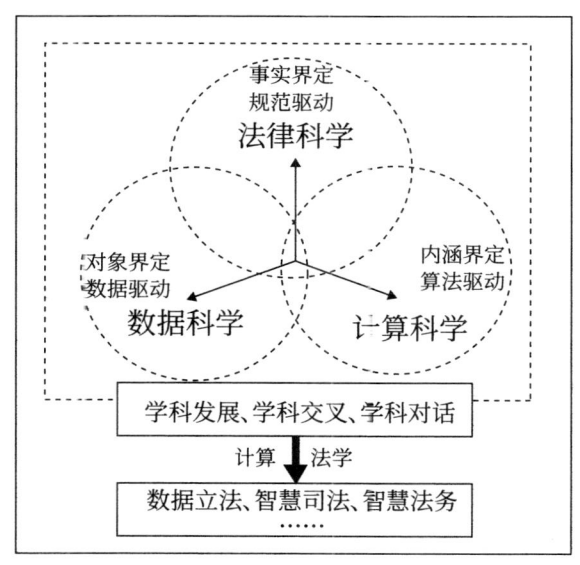

图2　计算法学的生成路向

尽管在认知层面可以将计算法学视为一门相对独立的学科,但仍需追究计算法学何以成为一门相对独立的学科。倘若要证成计算法学存在的必要性、合

---

① 许珍,梁芷铭.大数据法律:国家治理能力现代化的"关键一招"[J].宁夏社会科学,2016(03):54-59.

理性和正当性，则必须从计算法学的研究对象入手，探究计算法学自身的课题与独特优势，在明辨与其他相邻学科之间关系与边界的同时，进一步探寻计算法学的"自我规定性"或基本属性。就此而论，计算法学兼具多重属性与内涵特征，与法学门类下的其他学科既有相似又有差异，其要点大略包括下列诸项：

首先，计算法学以法律事实为研究对象，并以认定和解明法律事实为其学科发展的基本任务。在三段论的逻辑框架下，法律事实是小前提，是案件事实与法律规则构成要件建立关联后所形成的事实，无论是法学研究，还是法律适用，辩明法律事实关系、确定法律事实归属都是尤为关键的环节。[①] 计算法学可以将纳入法律调整和控制范围的事实作为研究的基本对象，以系统化、最优化、模型化的方式标度和辨识其中的法律关系。计算法学在不断汲取法学主流、计算科学及其他相关学科相关知识和方法的同时，在观照程序法律的运作和实体法律的适用的基础上，通过完整的理论建构和科学的方法论设定，试图开辟法学学科的一个全新场域，并为法学研究的整体发展提供助力。计算法学以认定和解释法律事实为己任，在量化和模型化的基础上，衡量检验法律事实与结果，并在此基础上根据法律规定对法律事实意义进行重新审视与解释。因此，从过程意义上看，计算法学是一个发现事实、认定事实与解释事实的探索努力。

其次，计算法学属于实证性学科，可归属于实证法学的基本范畴，但又有特定的突破。法律实证研究尝试超越法教义学中条文规范的严苛"羁束"而开辟新的研究旨趣，以"小N数"个案为研究旨趣的"社科法学研究"亦有丰硕的成果积累，但计算法学锚定更大范围的研究数据，以更加客观切实的立场力图反映法律运作的实然状态，揭示静态法治与动态司法之间的贯通关系，追问法律制度、规范条文背后的事实基础和社会动因。就此而论，计算法学可以视之为实证法学的新延展，是在以大数据为核心的研究范式的导向下，在实然与应然之间的比照中，探究法律制度的内在理性与意义空间。

再次，计算法学同时存在"发现的逻辑"和"证成的逻辑"，二者的分野

---

① 黄泽敏.案件事实的归属论证［J］.法学研究，2017（05）：74-92.

与并存也佐证计算法学存在的合理性。"发现的逻辑"是计算思维的应用与延伸，主要是通过计算科学技术将拟认知法律对象抽象化、数字化、虚拟化、网络化，在数据挖掘、清洗提纯、分类调取的基础上，去发现法律事实与法治发展的规律。[①] 就此而论，计算法学可以视之为一项独立的司法探究技术。"证成的逻辑"是法律思维的运用和衡量，主要是通过法律发现、法律解释、法律论证和法律推理等活动，实现法律判断的证立，以及评价标准的确定。概括而言，"发现的逻辑"是对法律事实的确认和澄清，解决的是"发现真实"的问题；而"证成的逻辑"则是在命题学的基础上，在法律体系的框架内对经验事实进行判断与衡量，解决的是"法律适用"的问题。两者之间并非上下位关系而是平行关系，相辅相成，不可分割。

复次，因果性的识别是计算法学的关键性要素。法律因果关系分析肇源于对客观事实的准确把握，并在逻辑归纳演绎的过程中实现对法律责任的归因与归责，并以此确定逻辑认定的基本标准。[②] 因此，法律因果关系的确认是一项事实性命题。相应地，计算法学关注于数据与事实的基本趋向、致力于追求科学性与客观性的理念，形塑了其自身确证法律因果关系的自足结构。同时，计算法学还通过社会科学方法论的推进，经由反事实分析框架与相关逻辑推论，透过科学的研究设计和精巧的随机分配技术，在比较干预组和控制组在结果变量上的平均差异的基础上，在变量间因果效应与因果机制的认知与识别过程中，最终实现对法律事实性命题的真实把握。由此，作为研究方法的因果性与作为法律归责的因果性相契互赖，并成为推动相关法学知识进步的重要契机。

最后，计算法学具有明晰的现实意义与功能旨向。计算法学拓宽了法学研究的视野，并且使得法学研究更加直面和回应现实问题，对立法的科学性、法律实施效果及其法律对经济社会发展的影响进行整体性的反思与评价；[③] 同时，还可以进行法律知识图谱分析，验证法学理论和法规的合理性；[④] 还可以为司

[①] 王国成. 计算社会科学：人类自我认识的新平台［N］. 中国社会科学报，2014-05-26（A07）.
[②] 孙晓东，李炜. 法律因果关系分析［J］. 法学杂志，2009（10）：28-31.
[③] 屈茂辉，张杰. 计量法学本体问题研究［J］. 法学杂志，2010（01）：56-59.
[④] 张妮，杨遂. 量化法学及人工智能在民商法学中的应用［J］. 民商法争鸣，2015（00）：13-20.

法改革和机构决策提供更多的经验概括与理论支持。根据计算法学与大数据的强连带关系，可以肯定的是，计算法学具有广阔的应用前景：对法律数据进行相关性分析能够为法律因果关系的推定和法律类推提供更多的经验线索①，计算分析结果还可以客观地展示复杂法律数据中所蕴含的规律和逻辑，在一定程度上推动法律活动的公开性；同时，计算法学对法律大数据的收集、分类、利用，还具有重要的产业经济价值和积极的社会效应，可以极大地推动法律服务行业的发展。②

总之，无论是内在的发展逻辑还是外显的功能作用，计算法学作为相对独立学科的发展无疑具有重要的意义。如果说法学领域中的其他学科主要是以其调整法律关系的不同而界分、以研究领域和研究对象的特殊性规定了自身特殊性，那么计算法学则是以其独特的方法论区别于其他学科，以研究方法的特殊性规定了自身的特殊性，计算法学以法律事实为基本的研究对象，并在一定程度上涵盖了法学其他学科的内容，表现出特定的兼容性。

三、"计算"何以撑持"法学"

如果说实证法学的出现与发展，肇始于人类对法律基本现象的观察与思考；那么可以讲，计算法学不仅延续了实证法学的价值关怀和现实依归，并且又依托于计算科学与社会科学的创新范式，努力穿透法律现象的复杂性和不确定性，进而为最终的事实认知和价值判断提供深厚而丰富的洞见，也以此反哺了法学理论的说服力和适用性。计算法学的最终目标是对事实问题形成基本的法律判断，这种法律判断实则是因果关系的确定性。那么，在计算法学的研究范式之下，形成法律判断可资辨识的证明路径为何？更确切地讲，"计算"何以撑持"法学"的发展？其内在的逻辑究竟为何？在知识论的意义上讲，回答这一问题需要通过逻辑推演的方式还原建构计算法学所经历的认知过程。计算法学的求证路径可以从本体论、行为论、过程论、价值论的维度展开（见图3）。

---

① 张浩. 大数据与法律思维的转变——基于相关性分析的视角 [J]. 北方法学，2015（05）：12-21.
② 李鑫. 中国法律大数据产业发展研究 [J]. 经济与社会发展，2017（02）：1-8.

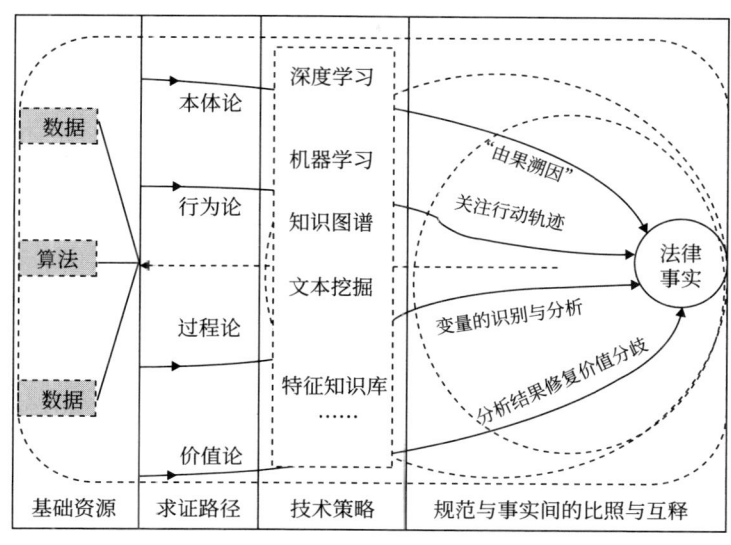

图3 "计算"与"法学"互动方式示意

首先,由本体论考证"由果溯因"的客观性与真实性。本体论的证明方法以事实判断为核心,以确定的法律事实结果为基础,通过找寻和发现构成某法律事实的原因,并以此建立法律事实之间的逻辑关联。如果说传统的法学研究常以个别或少数事例作为研究对象,以此证成"应然性"的法律基本价值所在。但在一定意义上讲,这种传统手工作坊式的实证研究的证明力是有一定局限性的①,并且时常面临"选择性偏差"的问题,更有可能遭遇异常个案或反例的逻辑困惑。鉴于本体论对"因"的高度关注,所以建构相应的基本逻辑框架、运用科学的技术手段"由果溯因"也显得尤为关键②。就此而论,计算法学在"由果溯因"过程中具有独特的潜力和优长:借助丰富的"工具箱",通过计算模拟、蒙特卡洛方法、人工智能与多智能体系统、复杂统计技术方法、虚拟仿真实验,以及社会网络分析等分析技术,计算法学可以研究法律事实之间相互关联、相互作用的复杂因素,使得要素事实之间的"灰色"关系清晰化、具体化,使得法律事实,以及发生学逻辑得到量化的描述和呈现。作为大

---

① 左卫民.迈向大数据法律研究[J].法学研究,2018(04):139-150.
② 莫纪宏.现代宪法的逻辑基础[M].北京:法律出版社 2001.

中国政治学自主知识体系的建构：清华政治学系的探索

数据时代的产物，计算法学蕴含了对规模性、可重复性和抽样程序性的客观追求①，根据不同的数据特征和算法特征，构建与形式化了多种高层抽象或模型；通过非结构化和半结构化数据的处理，提升了数据信息的利用价值；借由交互式视觉和融合分析，实现了数据信息间整合与归纳②。在科学发现的意义上讲，由计算法学生发出的法律判断更加可靠，更加容易与客观真实的范畴联系起来，也有助于将规范性思维引向一个更为适切的价值空间。

其次，从行为论视角关注行为主体的实践轨迹。法律的运作过程就是社会行为的过程，既有动态也有静态，既有冲突博弈也有协同均衡，既有社会效果也有价值诉求，这也就意味着法律行为天然具有复杂性和多样性。一般而言，对法律行为和行动逻辑的探究和研究，必须建立在充足的经验事实基础之上，剔除其间复杂的干预要素，厘清影响法律行为生效要件的意义脉络，从而真实、可靠地揭示出法律行为背后的法学意蕴。而传统的法学研究时常难以透过法律主体间的互动与博弈，理解和认知法律关系的实质和全貌，也难以摆脱纷繁复杂的价值纠葛，辨识和确认法律关系的本体变量和基本归属。相较于传统法学而言，计算法学最为适合于建构或诠释法律行为的核心原理，通过相关的数据集成和整合分析，依据动态、静态、情态等多维信息，以此建立科学系统的量化方法，最终试图对法律基本理论问题形成共识型认识。因为大数据的基本来源就是行为数据，法律行为的大数据为可复制、可重复、可量化地开展计算法学研究提供了丰厚的数据基础和算法条件。尤其是在当下司法公开的高潮中，基于互联网可提取的法律数据多为记录法律行为的文本（最典型的是裁判文书数据），可以通过自然语言处理算法提取非结构化文本数据，并采用情感分析、主题模型、潜在狄利克雷分布、数据匹配算法等数据分析方法加以分析。③ 计算法学将社会现象学的分析视角与计算社会科学的分析策略合成一体化的社会研究范式，将行为规范体系视为一种社会事实并且纳入实证的语境中进行研究。总之，计算法学关注法律行为主体的实践轨迹，尤为关切实践中未

---

① 白建军.大数据对法学研究的些许影响[J].中外法学，2015（01）：29-35.
② 徐宗本，冯芷艳，郭迅华，曾大军，陈国青.大数据驱动的管理与决策前沿课题[J].管理世界，2014（11）：158-163.
③ 李华杰，史丹，马丽梅.基于大数据方法的经济研究：前沿进展与研究综述[J].经济学家，2018（06）：96-104.

经表达和阐明的逻辑线索；关注法律行为与社会外部条件的关联互动，可以通过模型与算法辅助判断与推理，借由建构潜变量和潜变量以识别法律行为的内在特征，从而诠释和理解不同法律主体的行为图示和行动逻辑。

再次，过程论视域下的自变量与因变量的定义与识别。法律规范所涵摄的价值与意义，需要对具体的法律事实进行合理寻找，而这个过程实则是法律事实对法学理论的现实建构过程。传统法学通常需要在案件事实与构成要件之间的比照中建构逻辑关联，凭借法律推理模式实现事实与法律之间的沟通。①而计算法学为完成这项作业，需要借助于规范要件对法律事实进行筛选，并且标签化、类型化行为类型和行为效果，依靠变量设定和计量模型计算，在关注多源数据融合和强调相关性分析的同时②，实现从规范空间到现实空间的场域转换。这种话语空间场域的转化，需要依据计算社会科学的技术规则，表现为自变量、因变量识别和确认。

自变量是过程意义中引起法律关系变化或引致法律效果的因素或要件。自变量有类别变量、连续变量、定距变量之分。在法学的分析框架下，就类别变量而言，表现为互斥性的类别或属性，比如本体类、行为类、权利类、义务类、责任类等；而连续变量在一定的区间内部可以任意取值，主要表现为变量间的联结方式和联系规则，比如任期、审理期限、职权范围等可以归属此列。对于定距自变量而言，主要指称取值具有距离特征的变量，法治过程中行为的关系距离是可以测度的，它在一定程度上影响着法律制度运行的现实状况，比如陪审员参审范围、频率、实际效果等。③ 概括而言，类别变量主要用于识别静态意义上的制度模式和行为方式，而连续变量和定距变量主要识别过程意义上的运行机制和发生学逻辑。与自变量相对应，过程意义上的因变量可以表现为案件事实确认与法律规范适用方面的适切程度、法律制度的运行实效、个体行为的法律后果，等等。总之，因变量和自变量的设定实则是法律要素从法律空间到计量空间的场域转化，所以对法律事实的解读不再拘泥于规范层面的解释与论说，而是在变量转换和因果关系的识别的过程中形成了稳定的分析模

---

① 黄泽敏.案件事实的归属论证[J].法学研究，2017（05）：74-92.
② 李广建，化柏林.大数据分析与情报分析关系辨析[J].中国图书馆学报，2014（05）：14-22.
③ 张淑芳.宪法运作的实证分析[M].济南：山东人民出版社，2005.

式。当然，不同的自变量和因变量在一定程度上也决定了法律规范的过程选择和运行效果，也在因果机制的识别中支持着法律归纳与演绎。

最后，价值论所提示的借助充分的经验事实可以修复价值分歧。一般而言，价值判断通常表现为由规范场域设定的法律感觉，所以人们一般难以跳出先验性的思维窠臼，往往依托于不同个案的经验积累，并且杂糅了每个人的主观性立场，最终造成了不同价值体系之间的分裂与对峙。传统法学为解决这一问题，在逻辑上存以两种可行的求证路径：一是提取最大公约数，寻找底线意义上的相似性和共识性；二是排除法，否定并排斥与应然设定相斥的逻辑对应项。通常意义上讲，价值判断的科学性一般取决于经验事实的充分程度。由此，计算法学在处理这一问题上，依旧延续了上述两种求证路径，其应对策略的升级主要体现在——利用技术优势拉伸了经验实践对上述两种逻辑结果的影响。计算法学对法律行为或法律制度的反思与评介，一般需要将价值判断寓于数据事实中实现，从而既在认识论上做到逻辑贯通，又使建立在价值论基础上的法律推理具备科学客观的品格。

毋庸置疑，价值判断和价值偏好往往深嵌于经验实践和现实场景，实践经验可以使客观主义和主观主义达至最大程度地适配与整合。计算法学凭借大数据与计算方法优势，扩张了基于数据事实的客观结构对主观结构的影响。计算法学利用大数据研究方法的优势，在总体范围上建立模型，将人工智能、机器学习算法，如决策树、支持向量机、神经网络、深度学习等算法引入计算法学中处理数据。研究样本的扩大、研究方法的革新使得计算法学能够在个体与结构、主观与客观、微观与宏观、要素与机制之间找到最优平衡，凭借法律数据生态系统内部数据信息的关联化特征，超越了传统法学基于个案或少数样本研究的内在局限。计算法学立基于充分的事实基础，在规范与事实往返商谈的过程中，最大限度地消弭了主观价值上的分歧。"与其说是条分缕析各种歧见之缘由和走向，毋宁以新的超越方式探寻摆脱困境的出路"[①]，确切地说，在关涉价值基础及价值目标等问题上，计算法学一直秉持科学切实的实践立场，实现了法哲学意义上的本体归纳。

---

① 张小劲. 加强实证研究，建构概念体系：试论中国政治学术话语的发展策略[J]. 济南大学学报（社会科学版），2017（01）：9-11.

总之，较之于传统法学研究，计算法学在发现法律事实、探究行为逻辑、识别因果关系、辨明价值立场诸方面呈现出独特的价值（见表1），其开拓性贡献在于它经由海量的数据、科学的研究方法和操作步骤实现了对法律事实和法律现象的系统性把握，由此构成了一种强有力的学理推动，使得传统法学研究在方法论意义上得到了极大的提升。

表1 传统法学与计算法学比较

	传统法学	计算法学
本体论	基于个案、小样本	基于海量数据、全样本
行为论	静态性、局部性分析	动态性、系统性分析
过程论	规范建构、逻辑推理	变量识别、因果关系
价值论	规范场域设定	经验场景设定

四、基于混合研究方法的全新尝试

大数据时代，何以定义与建构研究所需的方法论是计算法学发展的关键性命题，也是区别于传统研究的重要表征和反思性前提。一般而言，法学兼具"规范"和"实证"的双重特质，传统的法学研究依赖于法教义学所设定的规范解释学方法，并且尤为关注对注重规范做出体系化解释与建构；而法律实证主义则更为关切法律存在和发展的社会性命题，并认为社会事实而非法律的价值最终定义的法律存在的方式。如前所述，计算法学在法学方法论谱系上归属于实证法学的范畴，它将对法律制度的认知放置于社会事实规则之中，并突出于对法律实践和经验事实的深度描述与科学把握，以数据分析和因果推断对法律制度产生经验式认知。所以，计算法学与法律实证主义之间的"血脉关系"在一定程度上决定了计算法学的坐标定位和基本旨向。

但是，这并不意味着计算法学将与传统法学彻底划清边界，事实上，它也难以在底线意义上硬性割裂两者之间的关联。从传统法学的逻辑视野观之，法教义学并非全然封闭，它依旧需要与经验知识和社会事实保持一定的互赖关

中国政治学自主知识体系的建构：清华政治学系的探索

系，并在此基础上对经验事实"教义化"与"类型化"。① 也正是在这样的意义上，法教义学虽然立基于规范条文并且致力于对实定法的体系化建构，但是法教义学的体系化建构依旧具有实践导向，并最终服务于司法裁判和法治运行。从法律实证主义的维度来看，实证法学虽然一以贯之地认为法律规范的合法性来自社会事实，但是对法律规范的外部反思依旧最终回馈、落定于法律规范体系之中，并且以切实的立场和基于事实的判断支持或修正法律体系本身。也正是在这样的意义上，"规范"与"实证"的逻辑关联为计算法学的发展和方法论突破提供了必要的铺垫和准备，也为计算法学实现规范与事实的深度融合提供了一定的知识基础与理论确证。

在将计算法学确立为穿梭于规范与现实之间的理想形态之后，如果进一步将其放置于社会科学的延长线上审视，那么，计算法学兼具有"质"和"量"的双重属性。定性研究主要侧重于通过可观察的现象或事实探究法律的内在结构和机制，而定量研究强调将复杂的法律事实化约为数量关系并借此探究内在规律。但是在一定意义上讲，单纯定性或定量的研究方法难以使得计算法学形成相对完整的自足结构，它只能反映法律现象的某一方面，只有整合定性和定量研究方法要素（如使用定性和定量的研究视角，数据收集、分析和推断技巧）的研究类型，保持方法论供给体系的开放性，才有可能拓展理解和证实的广度和深度②，以此供给计算法学内在的知性体系。

混合研究方法是第三次方法论运动的产物，同时也是实用主义范式的产物，是在研究过程中的不同阶段将定量路径和定性路径结合在一起的学术努力③（见图4），并且在学术发展中引领着社会科学界的思维革命与方法创新。混合研究方法是传统"三角互证法"多理路研究的延伸与发展④，是一种包容性的研究方法，它致力于同时吸收定性研究方法与定量研究方法的双重智慧，尊重两种研究方式的思维方式与内在逻辑，试图突破和超越传统单一化的研

---

① 雷磊.法教义学的基本立场[J].中外法学，2015（01）：198-223.
② Johnson R B, Onwuegbuzie A J, Turner LA. Toward a Definition of Mixed Methods Research [J]. Journal of Mixed Methods Research, 2007(02): 112-133.
③ 阿巴斯·塔沙克里，查尔斯·特德莱.混合方法论：定性方法和定量方法的结合[M].唐海华，译.张小劲，校.重庆：重庆大学出版社，2012.
④ Campbell D T, Fiske D W. Convergent and Discrimnant Validation by the Multitrait-Multimethod Matrix [J]. Psy-chologicalBulletin, 1959(02): 81-105.

究策略和研究路径，结合了定量研究中"实证主义"与定性研究中"解释主义"的认识论趋向，同时糅合了定量研究中"客观主义"与定性研究中"建构主义"的本体论认知[①]，并在"质"与"量"协作关联的意义上实现研究问题的广度和深度。混合研究方法强调研究方式的多维把握，从宏观到微观、从结构到过程、从横向到纵深、从现象到推论，进而形成对待证问题系统全面的认知，也同时助益于学科之间的交叉、渗透与融合。

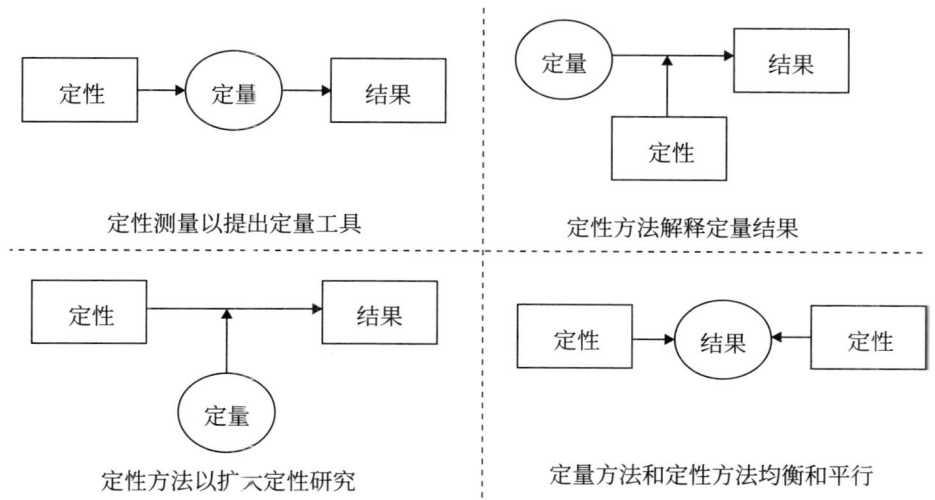

图4　定性方法和定量方法相结合的不同场景

资料来源：Ulin等人（1996）

　　定性方法和定量方法相结合的不同场景[②]。那么混合研究方法何以供给计算法学实体理论与学科建构呢？如前文所述，计算法学建立在学科之间的统合与互动的基础之上，这也就决定了计算法学在方法论上设定的非排他性和非竞争性。也正是在这样的意义上，计算法学与混合研究方法的核心理念、本质意涵是相容相契的。具体来说可以分为两种方法论模式：一是以计算为基础、规范为辅助的混合研究策略。即以法律数据分析为核心，对能够体现法律事实、

---

① Ramos H.Social Research Methods (review)［J］.CanadianJournalofSociology, 2007(01): 129-131.
② 阿巴斯·塔沙克里, 查尔斯·特德莱. 混合方法论：定性方法和定量方法的结合［M］. 唐海华, 译. 重庆：重庆大学出版社, 2012.

中国政治学自主知识体系的建构：清华政治学系的探索

反映法律关系的数据进行收集、处理、解读和展示，利用统计学、数据科学和计算机科学等相关学科的知识和技术进行分析，并在此基础上对法律事实得出初步的认知，最后以规范、定性的方法对其进行进一步的解读和阐释。二是以规范为基础、计算为辅助的混合研究策略。与上述研究策略相对称，此种研究策略强调定性阐释的主导地位，在一定情况下，需要先通过定性研究确认问题、变量和理论，然后进行定量研究推广、检验前期探索的结果。当然，在这个过程中需要往复潜入法律规范内部进行对照反思，以此达到真正认识这种特定法律现象的目的。最后需要在定性结论的基础上，综合运用量化工具辅助印证、补充和完善定性分析得出的结论。总之，计算法学在方法论设定上应兼采"计算"（强调研究的科学性）和"法学"（强调研究的理论性）各自的优长，并在多重研究视角和多元策略选择中拓展法学研究的可能空间。

括而言之，计算法学作为法学的独特分支学科，在方法论设定上整体呈现出复合式、开放型构造。计算法学立足于客观法律事实，经由计算科学中量化分析与统计分析的方法论揭示法律关系的因果关系，并在定性分析与规范解释的维度上对法律现象的逻辑意义、规范价值进行整合与诠释。也正是在这样的意义上讲，计算法学是在兼容并蓄地吸纳了定性与定量、规范与实证方法的基础之上，开拓了自身的复合式研究策略（见图5）。

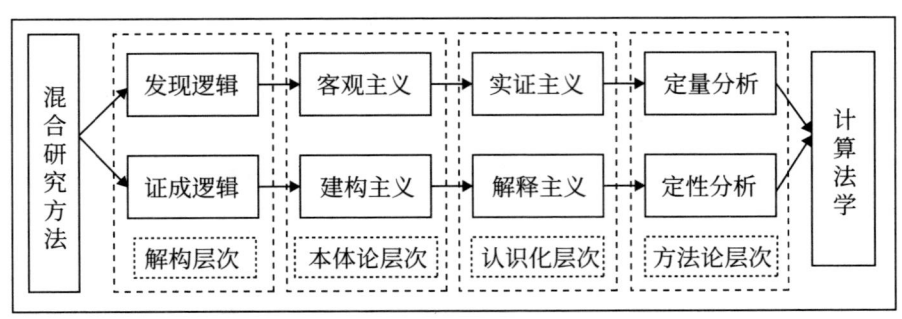

图5　计算法学方法论构成逻辑

五、基本结论与延伸讨论

作为数据爆炸、技术升级、方法论创新的时代产物,计算法学开阔了传统法学研究的思维空间和逻辑方法。计算法学以数据、模型和算法作为发现知识的分析手段,在尊重和保留传统研究范式的基础上,在现实法律问题的驱动下,将法学研究推向了更为纵深、广阔的知识谱系当中。在科学算法与规范解释的适配与比照中,在法律规范与经验事实的对撞与建构中,在应然设定与实然抉择的衡量与博弈中,计算法学在事实发现和科学证成的意义上建构了足以涵摄学科发展与发展建设的知性体系,在容纳多重研究范式的同时,也尽可能兼顾规范意义上的抽象比较,借此实现了法学研究在思辨逻辑与实证维度上的对话与互释。当然,计算法学在国内尚属于起步阶段,"计算"与"法学"互动建构与深度融合的有效思路依旧未臻成熟,学界对既有研究范式的路径依赖依旧是法学发展的主线,计算法学相关知识的建构层次与拓展方向尚未形成基本的共识,知识推进所需的科学算法和硬件资源也难以在短时间内配置完善,相应的交叉学科建设和多学科背景的综合性人才培养也处于起步阶段……凡此种种障碍与困惑,必然需要诸多学者进行深沉的思考、理性的探索。本文对计算法学的概念提炼与体系论说仅仅是一种宽泛意义上的"前言",所营构的是一种开放性的学术话语空间,亦是一种包容性的科学研究策略,关于计算法学的明辨、省思与争议也会一直持续。

计算法学：展开维度、发展趋向与视域前瞻[①]

于晓虹

导言

在大数据时代的开放结构中，计算法学在尊重和保留传统法学研究范式的基础上，主张使法学研究深度融汇于数据、算法和模型的普适性叙述中，通过计算复杂的数量关系变化以表征潜藏在法律现象背后的社会性构成要素和生成路向，透过数据科学因果关系的推论以探知法律事实的内在结构和外部联系。[②] 在一定意义上，计算法学延伸了法学实证研究的知性体系和学科范畴，带动了相关研究方法的革新与发展。同时，也为我们认知、分析和理解法律问题提供了全新的思路和视角，更提供了一种颇具解释力的研究路径。2015年，党的十八届五中全会首次提出"国家大数据战略"，同年国务院印发《促进大数据发展行动纲要》，系统部署大数据发展工作。2017年，工信部出台《大数据产业发展规划（2016—2020年）》，"国家大数据战略"写入了"十三五"规划。党的十九大报告进一步指出："推动互联网、大数据、人工智能和实体经济深度融合。"计算法学作为大数据时代发展的因应产物，所包含的理论认知

[①] 基金项目：本文得到国家社会科学基金重大项目（16ZDA059）；北京社会科学基金项目（19ZGB006）；清华大学自主科研计划项目（2019THZWJC48）的资助。

[②] 于晓虹、王翔：《大数据时代计算法学兴起及其深层问题阐释》，载《理论探索》2019年第3期。

和现实探索概括了大数据时代所呈现的机遇挑战、崭新思维与关键命题，潜藏着法学发展与变迁的时代课题与内在动力，也在一定程度上契合了国家大数据战略的发展趋向与前景特征。

在认识论和方法论意义上，计算法学可归属为实证法学的基本范畴。计算法学从法律现实问题出发，其思辨与论述逻辑处于科学的方法论谱系中。计算法学通过兼收并蓄的统合吸纳了定性研究和定量研究各自的优长，以混合研究方法作为探索问题、解释问题，以及验证已有知识的重要工具，并在一定程度上对实在法的内容和适用提供客观依据和评介原理。同社会科学一样，计算法学建立在量化分析的本体论和多元化技术积累的基础上[①]，并且具有丰富的"工具箱"，计量研究方法、聚类分析技术、机器学习、人工智能、自然语言处理等"计算"维度的分析工具可以在不同的研究场景下派生和调用。Alarie（2017）认为，法学研究将会逐渐进入到计算法学的研究阶段（Computational Legal Research），计算机计算能力将会逐渐增强，计算成本也会逐渐降低，计算法学研究将会基于前沿的算法做出法律判断和法律预测，并且逐渐覆盖到法律各个领域中。[②]质言之，计算法学作为一种具有"科学"性格的研究体系，强调以社会科学的解释模型识别法律关系间的因果性与时序性，以科学主义的立场辨明法律事实间的差异性和类同性，并在数据、模型和算法的延长线上，使法学研究迈向更为纵深、更为宽广的畛域（见图1）。

有鉴于此，计算科学在当代法学研究中的渗透，不仅开阔了法学研究的研究视野和考察视角，也在一定程度上使法学研究经历了一次科学性与系统性的"洗礼"，并且对我国法治建设也有着积极的启示作用。既然计算法学已然成为可能，那么随之便生发出一系列未尽问题：计算法学何以区别于传统法学研究？计算法学与法学实证研究的区别与联系何在？计算法学可能拥有怎样的研究前景？要回答这些问题，需要超越遥相隔绝的国界，放宽学术研究的视界，对标跟踪国际计算法学研究的前沿与趋势，对国内外学术界的应用状况进行框架性梳理与总结，不求面面俱到，但求连贯性的剖析澄清计算法学基本立场的相位和要义，并从中找寻与提炼计算法学发展的学理框架与建构思路。本文随

---

① 张小劲、孟天广：《论计算社会科学的缘起、发展与创新范式》，载《理论探索》2017年第6期。
② Alarie B, Niblett A& Yoon A, Computational Legal Research and the Advocates of the Future, 2017.

后切入我国理论研究与实践应用场景,探寻计算法学在中国发展的结构性动因和发展前景。

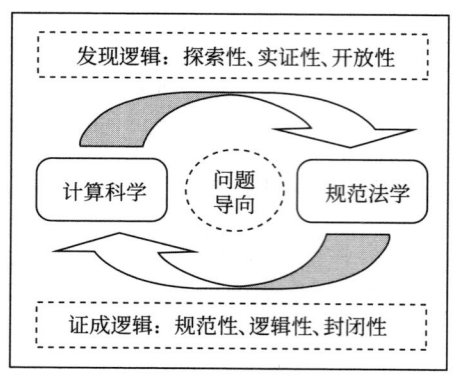

图1　计算法学的逻辑原理

资料来源：作者自拟

一、计算法学研究的基本发展格局

当前,"计算"与"法学"的融合已经成为学术发展的重要趋势,对这一研究领域的格局特征与演变态势进行梳理与总结便显得尤有意义。在切入计算法学研究状况之前,首先需要交代的问题是：什么样的研究称得上是计算法学研究？提出这一问题并非冗余,目前各国计算法学的研究仍处于起步阶段,相应的知识积累和技术运用也未臻成熟。如果采取严格意义上的计算法学范畴界定,即限定为基于大数据分析技术和计算机模拟算法展开的研究,则会丢失相当数量的分析"样本"。倘若将分析考察的"半径"拓宽,采取内涵最大化的界定,将立基于有限样本的科学计量分析的研究纳入分析范畴,那么相关研究的性格和风貌也会借此清晰可辨。实际上,从学科变迁的意义上讲,计算法学实是法学实证研究进入大数据时代的产物,计算法学也难免会秉承法学实证研究的深厚传统。本文主张适度返回法学实证研究情境,一方面是为了使研究对象更加丰富可及,另一方面在一定程度上也可为尚处于探索阶段的计算法学提供不断走向成熟的线索思路,其中的方法论立场和研究策略也值得计算法学在自身学科建构过程中参酌与反思。

二十世纪早期,法学作为社会科学的一个分支的理念逐渐树立,政治学、社会学、经济学等社会科学从固有的学科视角出发,系统地运用实证研究方法研究法律,以及法律实施(司法制度与司法行为),从而生发出一系列交叉学科:司法政治学、法社会学、法经济学等。司法政治学的学者从决策角度看待法律与司法制度,探讨法律文本之外影响法官决策的因素。法社会学,乃至后来逐渐派生为独立学科的犯罪学(Criminology)则主要审视法律及其实施的社会情境。而立基于社会资源有效配置这一假设的法经济学,其研究范畴更为宽广。各分支学科虽然各有"看家"杂志,但其关注的问题时常交叉,采用的方法论基本同一,因此又日益化归于"法律实证分析"(Empirical Legal Study)这一研究范畴。本文首要考量司法政治学与法社会学(包括犯罪学)的学科发展与传统及其对计算法学发展的意义所在。在一定程度上,法经济学的发展兼具规范法学与法学实证研究的特点,与计算法学的关系更为纠缠复杂,囿于篇幅,本文不过多探讨。①

从研究扩散的角度看,二十世纪早期,受行为主义革命的影响,美国学者首先在法学研究中采用量化研究方法。芝加哥政治学系教授 Herman Pritchett 通过建构计算模型分析 1937—1947 年间美国最高法院未达成全体一致意见的判决,认为法官政策偏好和法官角色认知会影响司法的裁判行为②。Pritchett 的量化研究可以说是革命性的,他开启了法学研究在理论进路、研究取向、建构模式和研究方法等方面的巨大变革。此后,以 Glendon Schubert(1958,1965)和 Martin Shapiro(1964)为代表的大批政治学者纷纷涌入法学领域,他们认为作为社会科学构成部分的法律科学,同样具有充分的可以"渗入"实证要素的空间,借助行为主义的研究范式可以探究法院与政治之间的纠葛关系。在他们的共同努力下,基于实证主义的司法政治学确立为美国政治学的独立分支学科。③

---

① 张永健:《法实证研究:原理、方法与应用》,新学林出版股份有限公司,2019年。魏建、宁静波:《法经济学在中国:引入与本土化》,《中国经济问题》,2019年第4期。

② Pritchett C H, The Roosevelt Court: A Study in Judicial Politics and Values, 1937-1947, Quid Pro Books, 2014.

③ Dyevre A, Unifying The Field of Comparative Judicial Politics: Towards a General Theory of Judicial Behaviour, European Political Science Review, Vol.2:2, p.297-327 (2010).

中国政治学自主知识体系的建构:清华政治学系的探索

这样的研究思潮逐渐扩张到欧洲法院研究。Kommers（1992）在《法国司法政治的诞生》（*The Birth of Judicial Politics in France*）一书中首次运用政治科学方法研究欧洲法院。此后诸多美国政治学者开始将欧洲法院作为研究对象，并且致力于研究方法的科学性发展。受到美国学界的长期影响，欧洲学者Meunier（1994）、Landfried（1984，1988，1992）、von Beyme（2001，1997）、Troper 与 Desplats（2005）开始思考如何妥当的处理法院决策的多重面向，也意识到司法行为难以回避政治与法律之间的微妙关系，而基于实证分析的因果关系研究也逐渐成为主流。①

几乎与此同时，二十世纪上半期，立基于法律现实主义（Legal Realism）的"法与社会运动"（Law and Society Movement）在美国和欧洲同时兴起，并经历了差距研究（Gap Studies）和文化转向（Cultural Turn）等不同时期，虽然法社会学大量运用了社会科学研究方法，强调理论模型，统计方法，假设检验等定量研究方法，但法社会学的理论核心也受到了诸多学者的质疑，在一定程度上，法社会学研究多聚焦于具体而琐碎的经验问题上，"几乎没有纯粹的理论"。②

反观中国，新一代法学家们提出了与"法教义学"相对的"社科法学"概念，试图将法社会学、法经济学、法律心理学、法律认知等各种理论问题与研究都纳入新的学科领域中，也取得了可观的成绩。但仔细检视既有的成果，其中运用定量分析的研究寥寥可数。③二十一世纪初期，以白建军、左卫民等为代表的刑事法学研究领域的学者最早开始运用实证研究方法开展实证研究④，白建军（1999）抽取了100个金融诈骗案例进行分析，指出定量研究可以发现诸多肉眼观察不到的关系，也有助于犯罪原因的深入探索⑤。随着裁判文书网上公开的深度和广度日益加深，学界在研究方法革新方面呈现出一些可喜的脉动。马超等（2016）对裁判文书公开的全面性、及时性及其内容的妥当性进行

---

① Dyevre A, Unifying The Field of Comparative Judicial Politics: Towards a General Theory of Judicial Behaviour, European Political Science Review, Vol.2:2, p.297–327 (2010).
② 刘思达:《美国"法律与社会运动"的兴起与批判》，载《交大法学》，2016年第1期。
③ 左卫民:《一场新的范式革命？——解读中国法律实证研究》，载《清华法学》2017年第3期。
④ 同③。
⑤ 白建军:《刑事学体系的一个侧面:定量分析》，载《中外法学》1999年第5期。

了大数据层面的综合考察①；唐应茂（2018）运用定量分析研究外部因素是否，以及如何影响司法公开程度②；乔仕彤、毛文峥（2018）整理了2014—2015年568份征收和拆迁行政判决书，通过回归分析比较了公共利益、合理补偿和正当程序在约束地方政府征收权上的不同效果③；习超等（2018）检验了证券监管机构人员离任后进入上市公司担任董事、监事、高管职务对证券监管执法行为和结果的影响④。此外，陈卫东及其学术团队（2012）首次将实验方法运用于刑法研究领域，通过综合比对与配对测试隔离式量刑程序的实施效果，从而探究隔离式量刑程序的可行性。⑤王禄生（2018）对超过303万份一审刑事裁判文书进行了自然语义挖掘，探讨了2012年修正的《刑事诉讼法》实施后刑事程序方面的变化。⑥总之，我国基于数据与定量分析的法学研究尚处于初步阶段，如何立足于中国法治现实，采用科学的研究程序和分析方法迈入法学研究的基本题域，还有相当的发展空间。

质言之，法学实证分析作为计算法学的"前身"，基本的研究范式发端于美国，尔后逐渐蔓延于欧洲（见图2），个中包含的理论期待、理论资源、研究进路、研究方法等在一定程度上拓展了法学研究的可能空间，并且在揭示客观现象、探索因果关系方面彰显出独特的优势。相形之下，囿于学术研究传统和学科发展阶段的限制，中国在计算法学研究方面还处于相对滞后的状况，基于大数据的法律研究也还处于探索阶段，一些研究的方法和过程是建立在某些误认识上的。⑦如何与国际法学界进行有效的"接轨"，积极借鉴和吸收国外前沿发展成果并在方法论层面形成自觉，是今后我国法学研究中面临的一个重要课题。

---

① 马超、于晓虹、何海波：《大数据分析：中国司法裁判文书上网公开报告》，载《中国法律评论》2016年第4期。
② 唐应茂：《司法公开及其决定因素：基于中国裁判文书网的数据分析》，载《清华法学》2018年第4期。
③ 乔仕彤、毛文峥：《行政征收的司法控制之道：基于各高级法院裁判文书的分析》，载《清华法学》2018年第4期。
④ 习超、曹宁、龚浩川：《"旋转门"影响证券监管执法吗？》，载《清华法学》2018年第4期。
⑤ 陈卫东、程雷：《隔离式量刑程序实验研究报告——以芜湖模式为样本》，载《中国社会科学》2012年第9期。
⑥ 王禄生：《论刑事诉讼的象征性立法及其后果——基于303万判决书大数据的自然语义挖掘》，载《清华法学》2018年第6期。
⑦ 左卫民：《迈向大数据法律研究》，载《法学研究》2018年第4期。

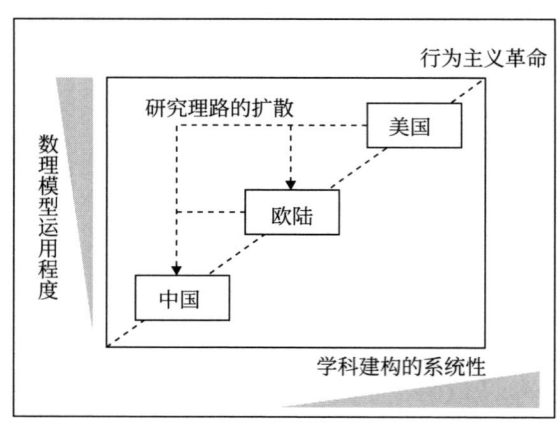

图2 计算法学的学科发展格局

资料来源：作者自拟

二、计算法学研究的展开维度

如上文所述，广义来讲，计算法学主要是从法律实证分析的知识谱系发展而来的。法律实证分析的学理渊源在一定程度上又来自二十世纪上半期政治学、社会学、经济学、心理学等传统社会科学"不约而同"的跨学科探索，以及由此生发的司法政治学、法社会学、法经济学等新的学科领域。本节主要探讨司法政治学和法社会学（以及相对独立的犯罪学）（见图3）。

司法政治学的研究迄今积累的成果颇丰，多重理论界说与争鸣主要是围绕司法决策过程展开[①]，逐渐形成了挑战传统法律模型（Legal Model）的态度模型（Attitudinal Model）、分权模型（又译作策略模型 Strategic Model）和更关注宏观制度的制度主义模型（Institutional Model）。

[①] 杰弗瑞·A. 西格尔等：《美国司法体系中的最高法院》，刘哲玮译，北京大学出版社2011年版，第20-39页。

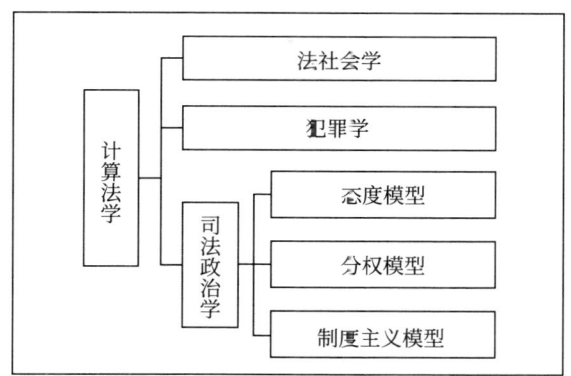

图3 计算法学的展开维度

资料来源：作者自拟

（一）态度模型（Attitudinal Model）

二十世纪二十年代，在法律现实主义运动和政治学行为主义革命的双重驱动下，集合了法律现实主义、政治学、心理学和经济学核心概念的态度模型得以发展。在一定程度上，态度模型是法律模型的延伸。所谓法律模型是指司法决策主要取决于案件事实和法律文本，更细节地考究法律文本，又可以细分为宪法和法律、立法者原意、先例等。① 但主张态度模型的学者认为法律模型普遍存在缺乏解释力、不可证伪等问题。态度模型强调个人偏好在司法决策中的意义，认为美国最高法院大法官主要是根据自身态度取向和价值判断来审理案件的。② 如前文所提及的，Pritchett（1948）是态度模型的先驱，率先提出法官的个人价值偏好对司法决策的重要影响③。Schubert（1965）进一步将法官的政策偏好简化为自由与保守（秩序）的意识形态谱系，从而从态度偏好的维度度量法官具体的裁判行为。④ 舒伯特曾将古特曼量表、因子分析运用于法学研

---

① 杰弗瑞·A.西格尔等：《美国司法体系中的最高法院》，刘哲玮译，北京大学出版社2011年版。
② 王彬：《法律现实主义视野下的司法决策——以美国法学为中心的考察》，载《法学论坛》2018年第5期。
③ Pritchett C H, The Roosevelt Court: a study in judicial politics and values, 1937-1947, New York: Macmillan Co., 1948.
④ Whittington K. E., Kelemen R.D., Caldeira G. A. The Oxford Handbook of Law and Politics, New York: Oxford University press, 2008, p.25.

中国政治学自主知识体系的建构：清华政治学系的探索

究领域，通过统计分析将法官的判决进行类型化分析，以此探究大法官态度的变化。[①]

态度模型自二十世纪六十年代以来一直主导着司法政治学研究，其核心关切是如何衡量法官态度。早期研究主要以法官的社会背景或个人特征等变量表征法官的态度立场，比如 Ulmer（1970）以法官的宗教信仰、出生家庭、政治出身等作为表征法官社会背景的自变量，以法官的投票结果作为因变量，认为法官的投票行为很大程度上是由法官的社会背景所决定的。[②]Danelski（1966）对大法官任职前的公开讲话进行了文本分析，以此测量法官的态度立场[③]。Nagel（1964）通过问卷调查的方式，收集了 119 份法官的问卷资料，分析法官对于不同政策的价值趋向，以及过往任职经历与司法判决之间的关系。[④] 也有学者通过法官的投票记录来辨识其基本的态度立场，Segal 和 Cover（1989）以 1953—1988 年涉及公民自由案件的法官投票记录作为研究对象，通过回归分析证实了法官偏好与其投票行为的相关性。[⑤]

但这些早期研究、特别是用法官前期判决来测量法官态度的方法，难免陷入"用表决决定态度，再用态度解释表决"的循环论证。[⑥]Segal 和 Speath 改用外部标准，如提名大法官的总统所属的党派、被题名时四份主要报纸的相关评论、大法官在下级法院任职时的早期表决等来测量法官的意识形态。两位学者在《正义背后的意识形态：最高法院与态度模型》一书中用法官态度系统检测，阐释了美国最高法院大法官任命程序、意见撰写分配、实质判决等制度，

---

① Schubert G A, The Judicial Mind: The Attitudes and Ideologies of Supreme Court Justices, 1946–1963, Northwestern University Press, 1965, p.143–144.

② Ulmer S S, Dissent Behavior and The Social Background of Supreme Court Justices, The Journal of Politics, Vol.32:3 , p. 580–598 (1970).

③ Danelski D J, Values as Variables in Judicial Decision–Making: Notes Toward a Theory, Vanderbilt Law Review, Vol.19, p. 721 (1965).

④ Nagel S S, The Relationship Between The Political and Ethnic Affiliation Of Judges and Their Decision–Making, Judicial Behavior, p. 234–264 (1964).

⑤ Segal J A, Cover A D, Ideological Values and The Votes Of US Supreme Court Justices, American Political Science Review, Vol.83:2, p. 557–565 (1989).

⑥ 杰弗瑞·A. 西格尔、哈罗德·J. 斯皮斯：《正义背后的意识形态：最高法院与态度模型》，刘哲伟译，北京大学出版社 2012 年版。陈林林、杨桦：《基于"态度"的司法决策》，载《浙江大学学报》，2014 年 5 月。

并且围绕态度模型理论进行了系统的论说和阐释。①

法官的政策偏好是固定不变的吗？著名的沃伦法院出乎意料的司法能动主义似乎说明事实并非如此。以 Martin 为代表的学者提出了新的测量法官态度的方法。Martin（2002）运用马尔可夫链蒙特卡罗方法（Markov chain Monte Carlo methods）拟合了1953年至1999年美国最高法院所有任职大法官态度的贝叶斯测度模型，研究结果表明，多数法官并没有恒定的态度理想点（ideal point），法官的态度会随着时间的推移而改变。②此后，Martin（2007）运用数理模型再次印证了这一观点，认为法官的态度取向决定着法官的任职和此后的司法行为，但是这样的意识偏好并非稳定，它会随着时势的变迁而改变。③Martin（2012）进一步建构了司法决策模型，通过实证分析表明，法官在审理案件时，对支持哪方当事人也有自身的偏好，而且当法官不满意其他法官的观点时，也往往可以自由地写出自己的偏好倾向，不受外部压力的影响。④

随着社会科学的发展，态度模型的相关研究在方法意识、方法内容和方法价值方面正在经历着深刻的变革，态度模型的研究议题也不断迈向纵深。Glynn 与 Sen（2014）讨论了法官的个人经历和心理因素在多大程度上会影响到他的裁判决定。该研究对美国上诉法院224名法官审理的1000起与性别有关的案件进行了分析，发现与家中有儿子的法官相比，有女儿的法官在性别问题的投票上更加有女权主义倾向，这也在一定程度上验证了同理心在法官裁判中的重要影响⑤。

（二）分权模型（Strategic Model）

态度模型挑战了法律模型的主导地位，将法官的价值偏好而非单纯的法律

---

① 杰弗瑞·A. 西格尔、哈罗德·J. 斯皮斯：《正义背后的意识形态：最高法院与态度模型》，刘哲伟译，北京大学出版社2012年版。

② Martin A D, Quinn K M, Dynamic Ideal Point Estimation Via Markov Chain Monte Carlo for the US Supreme Court, 1953 - 1999, political Analysis, Vol.10:2, p. 134–153 (2002).

③ Epstein L, Martin A D, Quinn K M, et al, Ideological Drift Among Supreme Court Justices: Who, When, and How Important, Northwestern University Law Review, 101, p. 1483 (2007).

④ Carrubba C, Friedman B, Martin A D, et al, Who Controls the Content of Supreme Court Opinions?, American Journal of Political Science, Vol.56:2, p. 400–412 (2012).

⑤ Glynn A N, Sen M, Identifying Judicial Empathy: Does Having Daughters Cause Judges to Rule for Women's Issues?, American Journal of Political Science, Vol.59:1, p. 37–54 (2015).

中国政治学自主知识体系的建构：清华政治学系的探索

文本（案件事实）看作是理解司法决策的重要线索，然而，法官投票一定是真诚的吗？分权模型挑战了态度模型这一潜在的假设。广义上的分权/策略模型将法官看作是政治行为者之一，其行为受到政治场域中其他行为者的影响与制约。本节主要探讨在权力分立与制衡的场域下对法官决策的研究，下一小节（制度模型）探讨更广意义上的策略模型，亦即影响法官决策的内外部制度因素。

Marks（1988）是分权模型的先驱者，他指出在权力分立与制衡的制度安排下，司法行为受到其他行为者、如总统和国会的制约，一般情况下，美国最高法院会通过策略的（不真诚的）行为顺从立法者意见，以防止自己的判决被国会推翻。[1]Spiller 和 Gely（1992）第一次实证检验了美国最高法院在劳动关系领域中决策的策略性考虑，该研究先后收集了 1949 年以来美国最高法院的所有决定、最高法院民主党人的比例，以及美国劳工协会（ADA）的分数等数据，验证了国会与法院互动的方式在一定程度上决定着司法策略。[2]Ferejohn 和 Weingast（1992），以及 McNollgast（1992，1994）等又进一步在理论上证成了立法机关对司法决策的影响[3]。

此后分权模型的拓展主要来自对分权与制衡的制度安排的理解，由此，司法政治学与议会政治产生了紧密的勾连。在美国式参众两院分享决策权，同时总统拥有否决权的制衡体系中，究竟谁拥有在某些政策议题中的最终话事权——是参众两院的中位投票者（floor median voter）、专业委员会的中位投票人（committee median）还是拥有否决权的总统？Segal 等（2011）推导了诸多博弈模型，并采用 1954 年到 2004 年美国最高法院的司法审查案件，在控制法官态度的前提下，验证了虽然法院并不总是理性估计议会推翻其判决的可能，但在法院与其他行为者政策偏好差距较大时，法院倾向于约束自己的行为。[4]

---

[1] Marks B A, A Model of Judicial Influence on Congressional Policy Making: Grove City College V. Bell, The Journal of Law, Economics, and Organization, Vol.31:4 , p. 843–875 (2012).

[2] Spiller P T, Gely R, Congressional Control or Judicial Independence: The Determinants of US Supreme Court Labor–Relations Decisions, 1949–1988, The RAND Journal of Economics, p. 463–492 (1992).

[3] Ferejohn J A, Weingast B R, A Positive Theory of Statutory Interpretation, International Review of Law and Economics, Vol.12:2, p. 263–279（1992）; McNollgast, Legislative Intent: The Use of Positive Political Theory in Statutory Interpretation, Law & Contemp. Probs. Vol.57, p. 3 (1994).

[4] Segal J A, Westerland C, Lindquist S A. Congress, the Supreme Court, and the Judicial Review: Testing a Constitutional Separation of Power Model. American Journal of Political Science, Sept. (2010)

态度模型与分权模型孰优孰劣？虽然两派学者之间不乏分歧甚至直接争锋，但多数学者都承认两个模型之间存在相当的互补性。在司法权保障较好的司法环境中态度模型极具解释力，而在缺乏法治传统的转型社会，分权模型则具有更强的解释力。Iaryczower 等（2002）对阿根廷 1935—1997 年间 1646 件涉及政府司法审查的案件进行了分析，验证了法院的策略性选择，在总统可以控制议会的情况下法官判决政府败诉的可能性降低，反之则增强。[1]Helmke（2002）以分权模型为基础，并以阿根廷最高法院 1976—1995 年间 7562 项法官裁决意见为分析数据，发现即便是在缺乏司法保障的国家，法官也会判决政府败诉。法官的判决与政府的选举情态相关，在政府相对软弱的时期，判决政府败诉的比例会显著增加，从而产生逆向的"法律—政治循环"。[2] 类似的，Epstein 等人（2001）通过模型假设对俄罗斯宪法法院进行了分析，指出随着俄罗斯政治环境趋向统一和稳定，宪法法院对政治机构趋向于顺从。[3]

（三）制度主义模型（Institutional Model）

严格说来，制度主义模型也属于更广泛意义上的策略模型，制度主义同样强调制度环境对法官行为的规范与限制。外部制度环境为法官追求政策目标提供了基础的秩序，内部制度结构要素也在相当程度上影响着法官决策的动力。[4] 早期以 Robert Dahl 和 Martin Shapiro 的研究为代表，Dahl（1957）侧重于分析制度本身而非法官个体，认为美国法院多数情形是与其他政治联盟站在一起的，美国的政治体系是多种利益团体相互合作的结果。[5]Shapiro 是司法政治学的重要先驱，主张法学研究不应该仅仅局限于案件本身，还应该注意到法院的政治功能，以及在政治体系中结构性位置（Shapiro，1963）[6]，司法机关和行

---

[1] Iaryczower M, Spiller P T, Tommasi M, Judicial Independence in Unstable Environments, Argentina 1935-1998, American Journal of Political Science, p. 699-716 (2002).

[2] Helmke G, The Logic of Strategic Defection Court-executive Relations in Argentina under Dictatorship and Democracy, American Political Science Review, Vol.96:2, p. 291-303 (2002).

[3] Epstein L, Knight J, Shvetsova O, The Role of Constitutional Courts in the Establishment and Maintenance of Democratic Systems of Government, Law and Society review, p. 117-164 (2001).

[4] Gillman H, Clayton C W, Beyond Judicial Attitudes: Institutional Approaches to Supreme Court Decision-Making, Supreme Court Decision-making: New Institutionalist Approaches, p. 1-12 (1999).

[5] Dahl R A, Decision-Making in a Democracy: The Supreme Court as a National Policy-Maker, J. Pub. L., Vol.6, p. 279 (1957).

[6] Shapiro M, Political Jurisprudence, Kentucky Law Journal, Vol. 52, p. 294 (1963).

中国政治学自主知识体系的建构：清华政治学系的探索

政机关之间既是竞争关系，又是互补关系（Shapiro, 1968）[①]。司法权力同样受到政治体系的限制，法院可以通过议会多数派和上诉机制了解民意，从而实现更为精细的社会控制（Shapiro, 1980）。[②] 总之，制度主义强调制度塑造了司法行为的目的和意义，透过制度考察司法行为，可以进一步理解司法行为的行动逻辑。在一定程度上，关于制度主义模型的研究可以从内部制度和外部制度两个维度展开：

内部制度研究侧重于强调法院系统内部的决策，以及审级间关系。早期内部制度研究主要集中于美国最高法院九位大法官之间的互动与合作。在大法官共同裁决的制度设置下，从案件选择、投票到判决写作都充满了法官之间的相互牵制与策略选择。[③]Owens 与 Wedeking（2011）对美国最高法院的判决意见进行了文本识别和量化分析，研究发现法官书面意见陈述的详略程度往往受到其他法官意见的影响。[④] 研究者在下级法院决策过程中也同样发现了策略性行为。Miller 与 Curry（2017）通过对 1995—2012 年间美国上诉法院多个法律领域案件进行了回归分析，发现专门研究特定法律领域的法官更加倾向于做出符合其态度偏好的决定，此外，当合议庭中有专家型法官时，其他法官的投票结果往往与他们保持一致。这一结论也在一定程度上表明了专业化法官在许多法律政策领域具有潜在的影响力。[⑤] 类似的策略性互动也同样发生在美国陪审团决策过程中。Lynch 和 Haney（2011, 2015）先后两次进行模拟陪审实验，发现经过陪审期间的协商和讨论，大部分的陪审员都改变了自己的最初选择，陪审团的人员构成、内部情绪氛围、协商讨论的模式等均是影响陪审员决策的可能因素。[⑥]

在不同层级的法院之间也存在策略性行为。具体来说，上级法院和下级

---

① Shapiro M, The Supreme Court and Administrative Agencies, New York: Free Press, 1968.
② Shapiro M, Islam and Appeal, California Law Review, 68, p. 350 (1980).
③ Epstein L, Knight J, The Choices Justices Make, Washington DC: CQ Press, 1998.
④ Owens R J, Wedeking J P, Justices and Legal Clarity: Analyzing the Complexity of US Supreme Court Opinions, Law & Society Review, Vol.45:4, p. 1027–1061 (2011).
⑤ Miller B, Curry B, Small-Group Dynamics, Ideology, and Decision Making on the US Courts of Appeals, Law & Policy, Vol.39:1, p. 48–72 (2017).
⑥ Lynch M, Haney C, Mapping The Racial Bias of The White Male Capital Juror: Jury Composition and the "Empathic Divide", Law & Society Review, Vol.45:1, p. 69–102 (2011); Lynch M, Haney C, Emotion, Authority, and Death: (Raced) Negotiations in Mock Capital Jury Deliberations, Law & Social Inquiry, Vol.40: 2, p. 377–405 (2015).

法院之间存在一定的委托代理（Principal-agent）关系，上级法院判决确立的法律原则是否一定得到下级法院的遵从，在下级法院漠视上级法院的判例时，上级法院是否可以通过改判或改判的威胁予以规范？Songer（1994）等人以1961—1990年查封和扣押案件（Search and Seizure）为分析对象，他们发现整体而言上诉法院倾向于做出与最高法院一致的判决，但是上诉法院并非对最高法院绝对服从，由于案件事实的复杂性，上诉法院也会对最高法院的判决进行模糊性解释，从而扩展了表达本院自身意愿的空间[1]。Lax则从最高法院调卷令的角度（certiorari）探讨为何最高法院采取四人裁决（rule of four）而非多数裁决的规则决定是否调卷，通过模型建构，他认为四人裁决方式增强了最高法院的策略空间。这种不确定性也强化了下级法院受到的审查，以及改判的威胁。[2]

与内部制度主义对应，相当一批研究者探讨更广泛意义上的外部制度，如选举制度、公民认同等。研究全球司法治理现象（judicialization）的学者们认为执政的政治精英在面临不容乐观的选举前景时，倾向于向法院赋权从而寻求政策议程的长期化。Ginburg（2003）探讨了东亚国家与地区的宪法法院发展，提出了"保险理论"的解释框架，认为政党的分立，以及政治不确定性会影响宪法法院权力的行使。[3] 类似的，Finkel（2005）[4] 和Rios-Figueroa（2007）[5] 都用墨西哥的政党轮换案例探讨司法改革进程与司法权行使之间的关系，认为政治机关之间的分权程度在一定程度上影响司法系统运行的有效性。

还有研究者进一步将公众舆论引入司法决策研究。Vanberg（2011）在考察德国立法与司法关系的博弈模型中加入了议题透明度的考量，发现议题透明

---

[1] Songer D R, Segal J A, Cameron C M, The Hierarchy of Justice: Testing a Principal-agent Model of Supreme Court-Circuit Court Interactions, American Journal of Political Science, p. 673-696 (1994).

[2] Lax J. R. Certiorari and Compliance in the Judicial Hierarchy: Discretion, Reputation, and the Rule of Four, Journal of Theoretical Politics, Vol. 15:1, (2003).

[3] Ginsburg T, Judicial Review in New Democracies: Constitutional Courts in Asian Cases, Cambridge University Press, 2003.

[4] Finkel J. Judicial Reform as Insurance Policy: Mexico in the 1990s. Latin America Politics and Society, Vol. 47, No. 1, (2005).

[5] Ríos-Figueroa J, Fragmentation of Power and the Emergence of an Effective Judiciary in Mexico, 1994 - 2002, Latin American Politics and Society, Vol.49:1 p. 31-57(2007).

中国政治学自主知识体系的建构：清华政治学系的探索

度可以显著增强司法权。①Gibson（2008）通过嵌入式实验调查对美国最高法院的合法性进行了讨论，发现政治赞助和攻击性的广告会削弱最高法院的合法性，而政策声明或者以某种方式做出决定的声明，并不会对法院的合法性造成影响。②Canes-Wrone 等（2014）研究了法官选任制度对司法判决的影响，通过对 1980—2006 年间州最高法院判决的 2000 多起死刑案件和 12000 多项司法决定的分析，验证了在不分党派选举和再选制度中，法官面临着维护死刑判决的巨大压力，法官需要对公民意见做出反应。此外，公民投票对司法行为的影响只在利益集团开始锚定法官作为其战略目标时才会显现出来。③Madonna 等（2016）对 1967—2010 年的总统政策议程项目（presidential policy agenda items）和参议院每天通过的议案进行编码，探讨美国最高院大法官提名背后的政治博弈。经由描述性统计分析、离散形式的风险模型（Discrete Hazard Model）等检验方式，证明总统对最高法院提名人的公开支持发言往往会使重要政策通过的可能性降低。④

由是观之，上述三种彼此竞争的理论模型分别在各自的理论框架内挖掘出特定的分析维度和技术路线，对计算法学研究的展开具有相当的启示意义（见图 4）。在方法论层面，三种模型都接受了行为主义所提示的研究范式和理论预设，数理模型、科学量化分析成为主要的研究技术。总之，态度模型、分权模型和制度模型之间的对立和分歧不仅规定了特定的研究取向，更为重要的是，它们构成了司法政治学的知识脉络和思考传统。

---

① Vanberg G, Legislative-Judicial Relations: A Game-Theoretic Approach to Constitutional Review, American Journal of Political Science, 45(2) (2001).

② Gibson J L, Challenges to the Impartiality of State Supreme Courts: Legitimacy Theory and "New-Style" Judicial Campaigns, American Political Science Review, Vol. 102: 1, p. 59-75（2008）.

③ Canes-Wrone B, Clark T S, Kelly J P, Judicial Selection and Death Penalty Decisions, American Political Science Review, Vol. 108: 1, p. 23-39（2014）.

④ Madonna A J, Monogan III J E, Vining Jr R L, Confirmation Wars, Legislative Time, and Collateral Damage: The Impact of Supreme Court Nominations on Presidential Success in the US Senate, political Research Quarterly, Vol. 69: 4, p. 746-759（2016）.

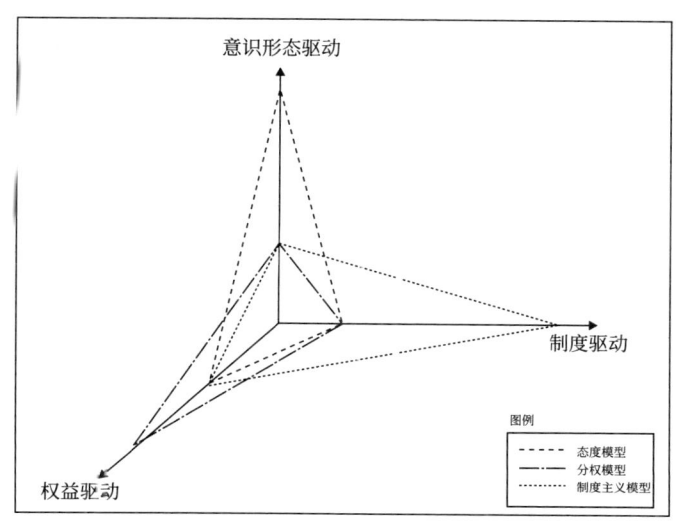

图4 司法政治学中三种类模型的驱动方式

资料来源：作者自拟

（四）深嵌于犯罪学与法社会学中的计算法学

犯罪学和法社会学的研究是另一个认知计算法学研究场景的重要面向（见图3）。就学科特征而言，犯罪学以减少、控制和消灭社会犯罪行为作为理论建构的逻辑起点和价值追求，它脱开了法律条文编织的概念框架，试图从社会基础视角观察、研究整体的犯罪现象[①]；而法社会学试图将法律现象视为社会现象，并置于社会学的研究框架内进行考察，其主体思维方式可以概括为整体性思维、民间立场、经验研究和法益分析[②]。从某种意义上讲，两个学科的基本面向也是联系在一起的，经验性和实证性的学科基因使犯罪学和法社会学在研究过程中需要整合调动多重方法论资源，从而对法律事实和法律制度形成整体性、综合性和科学性的认识。从既有的研究成果来看，数理模型和计量研究方法已经不同程度地运用于这两个学科领域的研究中，然而囿于篇幅所限，本文难以对犯罪学和法社会学进行全面系统的梳理，故作者仅就部分代表性的研究进行分析，重在推介这些研究在方法技术上所展开的尝试。

---

① 王牧：《犯罪学与刑法学的科际界限》，载《中国法学》2004年第1期。
② 胡平仁：《法社会学的思维方式》，载《法制与社会发展》2006年第6期。

中国政治学自主知识体系的建构：清华政治学系的探索

1. 围绕犯罪学展开的实证研究

西方犯罪学兴起于十九世纪，是在社会调查统计活动中发展起来的，此后逐渐转向犯罪社会学。① 盖里（1833）对 1825—1830 年的数字材料进行统计分析，发现犯罪率高发的人群主要集中在 25—30 岁，认为贫困仅是犯罪成因的次要方面②。统计学家凯特勒（1829）对犯罪行为的统计分析成功预测了 1830 年法国发生犯罪行为的总数和种类。他的研究还发现年龄、性别、气候、人种与犯罪有一定的相关性，南方更易发人身方面的犯罪，而北方易发财产方面的犯罪。③ 迈尔（1867）发现谷物价格的变动和犯罪率之间具有显著的相关性④。罗伯特（1863）在《爱尔兰的事实和维克菲尔的数字》一文中发现"现存犯罪阶层"导致了习惯性犯罪，"犯罪是自行繁殖的"。⑤ 经由上述分析可以看出，犯罪学自产生以来就蕴含着"计算"的基因，并且为此后犯罪社会学的形成与发展奠定了基础。

十九世纪中叶以后，实证犯罪学派开始兴起。与古典犯罪学派相比，实证犯罪学倡导以客观因素和主观因素相结合的理念解释犯罪，并且肯定了某些客观因素对于生成犯罪所起的决定性作用。实证犯罪学派强调对经验事实的观察与分析，并倾向于运用量化分析和统计方法论证犯罪学的基本命题。龙勃罗梭（1876）对 1279 名意大利罪犯的人体测量和相貌分析，发现罪犯与正常人在生理构成上有很大不同，并由此提出了"天生犯罪人"的观点。⑥ 菲利（1881）根据大量的犯罪人类学和犯罪统计资料，指出不能仅从生理因素的角度解释犯罪，自然因素和社会因素也是影响犯罪生成的重要因素。⑦ 加罗法洛（1885）在龙勃罗梭研究的基础上，对犯罪人做了进一步类型划分，亦即"自然犯"和"法定犯"，并指出这两种犯罪产生的原因是不同的，应以不同的对策来应

---

① 吴鹏森：《犯罪社会学》，社会科学文献出版社 2008 年版，第 50 页。
② 汉斯·约阿希姆·施耐德：《犯罪学》，吴鑫涛、马俊玉译，中国人民公安大学出版社 1990 年版，第 103 页。
③ 吴鹏森：《犯罪社会学》，社会科学文献出版社 2008 年版，第 51 页。
④ 张旭、单勇：《犯罪学基本理论研究》，高等教育出版社 2010 年版，第 81 页。
⑤ 理查德·昆尼等，陈兴良等译：《新犯罪学》，中国国际广播出版社 1988 年版，第 38-39 页。
⑥ 切萨雷·龙勃罗梭：《犯罪人论》，北京大学出版社 2011 年版。
⑦ 恩里科·菲利，郭建安译，《犯罪社会学》，商务印书馆 2017 年版。

对。①总之，实证犯罪学派先驱们开创的实证研究方法逐渐成为犯罪学的基本研究方法，即使是最新的研究成果，也依旧延承着这样的研究风格，以下试举几例缕述之：

犯罪趋势变化及其因果性解释是犯罪学研究的重要方面。美国进入二十世纪九十年代后，犯罪率骤然降低。诸多学者对这一现象给出了不同的解释，Donohue III 和 Levitt（2011）通过汇集多方面数据证明了联邦最高法院 1973 年判决堕胎合法化是美国整体犯罪率降低的重要原因，因为法律一旦禁止堕胎，孕妇则会不得已将孩子生下来，孩子可能无法接受更好的教育，那么潜在的犯罪率会提升。②对于这一现象，也有学者识别了其他的原因，Wright 等（2017）收集了美国某地从 1990 年到 2011 年每月的犯罪数据，综合考察了美国实施电子福利支付系统（Electronic Benefit Transfer Program）后金融犯罪率的变化，研究发现非现金化的支付方式是犯罪率降低的重要因素。③

如何有效的预防和治理犯罪，也是犯罪学研究的重要课题。Cohen（2018）运用量化分析方法对性侵案件进行研究，旨在分析联邦定罪后风险评估工具（PCRA）在多大程度上可以准确预测性侵罪再犯的可能，这项研究的数据来自 94 个联邦司法辖区，其中包括了 5437 名被判性侵犯罪的男性罪犯，这些罪犯均被监管释放或者判决缓刑，并且都接受了 PCRA 的风险评估。通过比例风险回归模型（Cox Regression）、敏感性和特异性分析等量化分析方法，证明 PCRA 能够准确地预测罪犯的再犯行为，包括重罪或轻罪、暴力罪和缓刑，同时，研究也指出了 PCRA 的局限性。④Fagan 与 Piquero（2007）的研究收集了大量青少年犯罪样本，并且对他们进行了持续两年的定期访谈。研究发现法律社会化和理性选择往往会影响到青少年的犯罪模式，当犯罪的风险和惩罚的力度提升后，相应的犯罪率也会随着时间的推移而降低。研究者认为程序正义而

---

① 加罗法洛、耿伟：《犯罪学》，王新译，中国大百科全书出版社 1996 年版。
② Donohue III J J, Levitt S D, The Impact of Legalized Abortion on Crime, The Quarterly Journal of Economics, Vol.116:2, p. 379–420 (2001).
③ Wright R, Tekin E, Topalli V, et al, Less Cash, Less Crime: Evidence from the Electronic Benefit Transfer Program, The Journal of Law and Economics, Vol.60:2, p. 361–383 (2017).
④ Cohen T H, Predicting Sex Offender Recidivism: Using The Federal Post Conviction Risk Assessment Instrument to Assess the Likelihood of Recidivism Among Federal Sex Offenders, Journal of Empirical Legal Studies, Vol.15:3, p. 456–431 (2018).

中国政治学自主知识体系的建构：清华政治学系的探索

非理性选择是法律社会化的基本前提，心理健康和发育程度也会在一定程度上消解犯罪成本和风险对犯罪行为的影响。①

青少年犯罪是世界各国普遍关注的社会问题，由此也产生了大量的理论成果。Longshore（1996）运用实验研究法对 623 名犯罪人员进行了研究，研究发现冒险性和冲动性是预测暴力犯罪最为重要的维度。②Peter 和 Lagrange（2003）以加拿大 2000 名学生为研究对象，经过问卷调研和实证分析，验证了青少年犯罪的紧张理论与自我控制理论的基本假设，认为低度的自我控制是青少年犯罪的重要原因。③在方法论推进的意义上，Osgood（2000）主要介绍了如何将统计学上的泊松回归模型运用于分析总体犯罪率。为了说明这种研究方法的优劣，Osgood 用泊松回归模型分析了四个州中 264 个非大都市县的青少年抢劫案逮捕率，泊松回归的负二项变量有效地解决了一般最小二乘分析中常出现的问题。④

2. 围绕法社会学展开的实证研究

如前所述，法社会学是一个议题广泛，方法论多样，与各社会科学领域普遍挂钩的学科，这也导致了法社会学议题的分散与理论在一定程度上的"琐碎"。⑤本节沿用了季卫东老师"经验主义"与"功能主义"的论说方式，试图从法律与司法在法社会学研究中的位置——自变量还是因变量对纷繁的法社会学研究做一个挂一漏万式的简述，侧重法社会学文献对计算法学发展的助推作用。⑥

---

① Fagan J, piquero A R, Rational Choice and Developmental Influences on Recidivism Among Adolescent Felony Offenders, Journal of Empirical Legal Studies, Vol.4:4, p. 715–748 (2007).

② Longshore D, Rand S T, Stein J A, Self-Control in a Criminal Sample: an Examination of Construct Validity, Criminology, Vol.34:2, p. 209–228 (1996).

③ Peter T, Lagrange T, Silverman R, Investigating the Interdependence of Strain and Self-Control, Canadian Journal of Criminology and Criminal Justice, Vol.45:4, p. 431–464 (2003).

④ Osgood D W, Poisson-Based Regression Analysis of Aggregate Crime Rates, Journal of Quantitative Criminology, Vol.16:1, p. 21–43 (2000).

⑤ 刘思达：《美国"法律与社会运动"的兴起与批判——兼议中国社科法学的未来走向》，载《交大法学》2016 年第 1 期。

⑥ 季卫东：《从边缘到中心：20 世纪美国的"法与社会"研究运动》，载《北大法律评论》1999 年第 2 辑。

从学科发展史来讲，法社会学"主要的奠基人和宏观理论都来自西欧，但是饶有趣味的是这一学科在美国比在其他国家更加繁荣"①。机械论时代法社会学创始人之一贡普洛维奇（Gumplowicz）继承了实证主义社会学传统，首次提出把法学作为社会科学的一个分支，并且力主法学是一门社会科学。② 二十世纪二十年代以来是法社会学的重要建设时期。法律现实主义是这一时期最为重要的思想流派之一，这一时期的法社会学研究更加务实，更加向实证主义靠拢，倡导运用实用科学技术研究法律现实问题，被视为法学界的"激进之翼"。③ 布兰代斯（1908）以大量数据事实为研究对象，确证了工人长时间劳动与健康具有显著的相关性。④ 庞德主张重视法律的实际运行效果，提出了"书本上的法律（Law in Books）"和"行动中的法律（Law in Action）"的区分，从而促生了早期法社会学研究中"差距研究"（Gap Studies）。⑤ 弗兰克（1974）强调法律的不确定性，并认为法官的个性、脾性、偏见和习惯等常常决定了判决结果⑥。罗伊温格（1949）最早提出了"量化法学"的概念，主张要将量化思维融入法学分析中。⑦ 总之，法律现实主义，以及后期的法与社会运动秉持以事实为中心的研究方法，倾向于运用数理统计、模型建构的方法开展研究，强调法学研究的精细化和实证化。⑧ 法律现实主义所尝试的方法论创新，无疑为计算法学的建构与发展提供了丰厚的知识基础与方法论资源。

新晋的法社会学发展并没有脱出"经验主义"和"功能主义"二分的框架。所谓功能主义，是指主要把法律作为进行社会控制的工具，从而在分析中把法律及其实施看作是研究的自变量。而所谓经验主义，是指法学领域中基于

---

① 季卫东：《从边缘到中心：20世纪美国的"法与社会"研究运动》，载《北大法律评论》1999年第2辑。
② 汤唯：《法社会学在中国：西方文化与本土资源》，科学出版社2007年版，第7页。
③ 博登海默：《法理学 法律哲学与法律方法》，邓正来译，中国政法大学出版社1999年版，第152页。
④ 上海社会科学院法学研究所编译：《法学流派与法学家》，知识出版社1981年版，第146-148页；彼得·G. 伦斯特洛姆编：《美国法律辞典》，贺卫方等译，法律出版社1998年版，第36页。
⑤ 刘思达：《美国"法律与社会运动"的兴起与批判——兼议中国社科法学的未来走向》，载《交大法学》2016年第1期。
⑥ Ackerman B A, "Law and the Modern Mind" by Jerome Frank, Daedalus, p. 119–130（1974）.
⑦ Cf. Lloyd of Hampstead and Michael Freeman, Lloyd's Introduction to Jurisprudence, London: Stevens & Sons, 1985, p.701–705.
⑧ 王彬：《法律现实主义视野下的司法决策——以美国法学为中心的考察》，载《法学论坛》2018年第5期。

中国政治学自主知识体系的建构：清华政治学系的探索

可以验证的客观事实的研究，在本节的讨论中，我们特别关注将法律及其实施看作是因变量的研究。

一方面，从经验主义视角，将法律及其实施作为因变量的研究。这一脉络的文献共同关注影响法律及其实施的因素。Cane-Wrone 等（2014）探讨了影响立法效果的因素。这项研究搜集了 1973—2000 年间美国平等就业委员会提交的所有关于就业歧视指控的数据，研究发现法官的选任方式在很大程度上影响了反歧视立法的司法实施，以任命方式选任法官的州对种族、年龄、性别的歧视相对较少。[1] Rorie（2018）重点讨论了在何种情形下企业会遵守法规。作者运用了阶乘的调查方法（Factorial Survey Methods）检验企业合规与否和专业人士对程序正义和合法性认知的关系。研究发现，只有在企业管理者与监管当局有直接接触时，程序公正和合法性对企业合规才有促进。这也在一定程度上证明了程序正义理论需要微观层面的互动。[2]

资源与权力在诉讼中的表现如何？ Galanter 在 1974 年发表的经典论文区分了经常打官司的"重复诉讼人"（repeat player）与很少打官司的"一次性诉讼人"（one-shotter），他认为前者与后者相比在诉讼中具有明显优势，因为前者更容易获得律师等法律专业人士的服务，而且在不同案件中选择性地投入不同的精力和资源，一次性诉讼人却没有这样的选择。[3] 这一理论在过去几十年中引发了大量的实证研究，在不同类型的法院乃至不同国家都得到了验证。贺欣等（2013）对上海法院 2724 件判决做了梳理，发现资源贫乏型当事人不仅赢得更少，而且输赢之间的差距很大。贺欣等进一步假设这种差距不仅来自当事人之间的资源不平等，更来自法律的偏差，以及法院的行为。[4] 在一定程度上，Ang 与 Jia（2014）的研究部分验证了贺欣的假设。两位作者利用中国

---

[1] Canes-Wrone B, Clark T S, Kelly J P, Judicial Selection and Death Penalty Decisions, American Political Science Review, Vol.108:1, p. 23-39 (2014).

[2] Rorie M L, Simpson S S, Cohen M A, et al, Examining Procedural Justice and Legitimacy in Corporate Offending and Beyond-Compliance Behavior: The Efficacy of Direct and Indirect Regulatory Interactions, Law & Policy, Vol.40:2, p. 172-195 (2018).

[3] Galanter, M. Why the 'Haves' Come Out Ahead: Speculations on the Limits of Legal Change. Law & Society Review 9, (1974).

[4] He X. and Su Y. Do the "Haves" Come Out Ahead in Shanghai Courts? Journal of Empirical Legal Studies, 10.（2013）.

3980 家私营企业数据分析民营企业会采用何种方式解决商业纠纷，经由非线性回归模型（Nonlinear Model），研究发现有政治关联的企业更倾向于通过法院诉讼而不是通过非正式的渠道解决纠纷，其内在动力在于政治优势（Know Who）而非知识优势（Know How）。①

种族、民族等社会因素影响社会公正吗？King（2010）探讨了法律职业多样化构成对刑事正义的影响。研究运用分层线性模型（Hierarchical Linear Modeling）对 1990—2002 年州法院处理统计调查（SCPS）的 5 万多件案件进行了分析，发现随着区域内黑人律师数量的增加，白人和黑人在量刑上的差距会逐渐缩小，法律职业的多样化在一定程度上会缓解因种族和民族差异造成的量刑差异。②多数民族会歧视少数民族吗？Corren（2017）等分析了以色列国家法草案，研究并没有发现多数民族对少数民族的偏见，相反，国家法律反而对不同少数民族产生了溢出效应。③

另一方面，从功能主义的角度，将法律及其实施作为自变量的研究。这一脉的文献主要探讨法律与司法的社会效应。Gallager（2006）研究了上海的劳工法律动员，指出了中国法律意识的"知情去魅"现象，一方面普通民众热衷于运用法律知识维护自身利益，另一方面又对法律动员的效果感到失望，但这种失望并没有使他们放弃行使法律武器。④Whiting（2017）借由准实验研究方法进一步探讨了中国的法律意识问题。作者在被选为实验组的县进行了为期一年的普法宣传活动，对照完全不施加任何干预的控制组，发现普法宣传在一定程度上增加了当地居民对地方政府的信任，当然，这种正面效应会随着政府层级的降低而递减。⑤

法治环境如何影响经济发展？Forta（1994）以 49 个国家为样本进行了定

---

① Ang Y Y, Jia N, Perverse Complementarity: Political Connections and the Use of Courts among Private Firms In China, The Journal of Politics, Vol.76:2, p. 318–332（2014）.

② King R D, Johnson K R, McGeever K, Demography of the Legal Profession and Racial Disparities in Sentencing, Law & Society Review, Vol.44:1, p. 1–32（2010）.

③ Barak - Corren, Netta, Yuval Feldman, and Noam Gidron, The Provocative Effect of Law: Majority Nationalism and Minority Discrimination. Journal of Empirical Legal Studies, Vol.15,No.4, p951–986（2018）.

④ Gallagher M. E. Mobilizing the Law in China: "Informed Disenchantment" and the Development of Legal Consciousness. Law and Society Review. 40(4) (2006)

⑤ Whiting S H, Authoritarian "Rule of Law" and Regime Legitimacy, Comparative Political Studies, Vol. 50: 14, p. 1907–1940 (2017).

量研究，发现对投资者法律保护力度较弱的国家（凭借法律规则的性质和执法的质量来测量），那么市场的规模也会相对较小，这个结论同样适用于股票和债券市场。法国就是这样的典型代表，与其他国家相比，法国的法律对投资者采取最弱的保护力度，同时相应地也拥有最不发达的资本市场。①

综上所述，无论是司法政治学，还是法社会学与犯罪学，它们在方法论层面的努力与尝试，在根本上确立了计算法学作为社会科学领域内一门分支学科存在与发展的基础，使得法学与社会科学其他学科形成了紧密的互动。计算法学力主的法学"科学化"的基本立场，也在相当程度上预示着实证法学研究的未来发展方向。同时，在之前"挂一漏万"式的综述中，我们不难看出，前述各交叉学科分享了同一的社会科学研究方法，从不同的学科议题切入法律实证分析，但在核心变量的衡量方面有着相当的差异，仍有进一步融合的可能，而这正是大数据时代计算法学发展可资期待的前景之一。

三、计算法学研究的研究层次和发展脉络

如前所述，社会科学和计算科学研究方法已经不同程度地贯穿于法学研究中，使法学研究穿越了规范研究的藩篱，在基础规范和制度事实之间的关联互动中，法学研究的议题领域和分析层次也得以延伸和扩张，并且在学科发展中逐渐形成了科学、客观的风格、品味和特色。那么，在大数据与计算科学蔚然发展之际，相较于传统法学研究，计算法学学科体系的建构和整合的实践中呈现出怎样的格局特征和发展脉象？基于计算社会科学的分析方法在推动法学研究方面发挥了怎样的作用？计算法学发展的动力基础有哪些方面？从现有的研究状况来看（见图5），可以表现为以下几个方面：

---

① La Porta R, Lopez-de-Silanes F, Shleifer A, et al, Legal Determinants of External Finance, The Journal of Finance, Vol. 52: 3, p. 1131–1150 (1997).

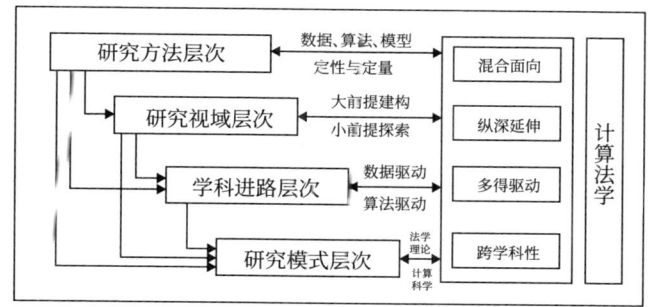

图5 计算法学推进的动力学模型

资料来源：作者自拟

（一）研究方法层次：方法运用趋向科学成熟

在斑驳丰富的学术状况中，计算法学逐渐形成科学稳健的方法论框架。这些方法论框架有助于面向司法运行实态进行结构性与整体性的分析，评估现况、分析走向、预测趋势，并为深度认知法治发展提供了有益的参考依据。从目前学术发展状况来看，随着方法论技术的不断提升，计算法学正在逐渐实现从封闭式思维到开放式思维、从单案例到海量数据、从片段式探索到系统性分析、从描述性研究到因果性解释、从单一研究方法到混合研究方法等方面的递转与发展，其分析工具和技术手段亦日趋专业成熟。从既有的文献来看，在庞大数据来源的支持下，各种前沿的统计模型、计算机模型、形式模型已经在认知、解释和预测法律行为和司法实践方面发挥了重要的作用。

在法官决策方面，Ethayarajh 等（2018）利用文本挖掘技术对 1950—2010 年印度最高法院做出的 48079 件判决进行识别与分析，试图探讨超过半数的最高法院判决不援引先例的原因，研究发现即使是不援引先例的案件也依然受到先例影响，普通法仍然在发挥作用。多数判决不直接引用先例的原因是时间与资源方面的限制①。在司法政策评估方面，Wang（2017）采用准实验研究的方法，收集了 1998—2013 年间 4275 件上市公司商业诉讼数据，巧妙地利用

---

① Ethayarajh K, Green A, Yoon A H, A Rose By any other Name: Understanding Judicial Decisions that Do Not Cite Precedent, Journal of Empirical Legal Studies, Vol. 15: 3, p. 563-596 (2018).

了 2008 年最高法的司法政策调整，并以此为分割线将研究样本区分了实验组和控制组，经由双重差分法（Difference-in-Difference）检验了利益集团俘获的层级性，研究发现国有企业在上级法院更容易胜诉，而非国有企业在基层法院更容易胜诉。① 在犯罪防控预测相结合方面，Berk 等（2016）结合大数据分析技术探讨家庭暴力案件审讯前被告人是否可以保释问题。他们的方法成功预测了 90% 的再犯案例。② 此外，实验方法也更多地运用到相关研究中，Lynch 和 Haney（2011）运用了模拟陪审团实验的研究方法，他们将 539 名参与者随机分配到 100 个小陪审团中，研究发现相较于女性和非白人陪审员，白人男性陪审员更可能判处黑人被告死刑，研究者认为这样的倾向性是多个要素共同作用的结果，其中包括陪审员的个人特质、陪审团构成的差异，以及审议程序。③ 2015 年，两位研究者又推进了自己的模拟陪审实验研究，发现陪审员的情感状态实则形塑着最终的裁判结果，也进一步证实了种族歧视在死刑审判中依旧发挥着影响。④

（二）研究视域层次：三段论推理模式的升级

司法实践运作，其外在特征主要体现为三段论式的推理模式。得益于社会科学研究方法的指引，计算法学的研究题域将不局限于概念、判断、推理等逻辑意义上的规范架构，法律制度与司法实践将纳入政治与社会的场域中进行分析，那些制约法律解释和事实认定的构成要素将以不同的研究方式加以辨识，那些影响司法过程和司法政策的外部前提和内部要素也将以不同的研究策略加以廓清，这也在一定程度上延伸了我们考察法律推理模式的视角和空间。

在法律逻辑推理大前提生成的维度上，前述司法政治学的学者从态度与策

---

① Wang, Yuhua. "Relative Capture: Quasi-Experimental Evidence from the Chinese Judiciary." Comparative Political Studies Vol. 51: 8, p.1012–1041 (2018).
② Berk R A, Sorenson S B, Barnes G, Forecasting Domestic Violence: a Machine Learning Approach to Help Inform Arraignment Decisions, Journal of Empirical Legal Studies, Vol. 13: 1, p. 94–115 (2016).
③ Lynch M, Haney C, Mapping the Racial Bias of the White Male Capital Juror: Jury Composition and The "Empathic Divide", Law & Society Review, Vol. 45: 1, p. 69–102 (2011).
④ Lynch M, Haney C, Emotion, Authority, and Death: (Raced) Negotiations in Mock Capital Jury Deliberations, Law & Social Inquiry, Vol. 40: 2, p. 377–405 (2015).

略两个角度挑战单纯的法律模式;法社会学,特别是法经济学的学者则或者从更广的社会题域,或者从法律的目的(公正还是效率)重新审视乃至挑战既有法学规范。① Owens 与 Wedeking(2011)首次系统地测量了判决意见的清晰度。两位作者认为法律规范的明晰性与法治建设紧密联系,因此他们对美国最高法院 1983—2007 年间的全部判决意见进行了系统检视。研究发现法官的法律意见的清晰程度是有差异的;清晰度与法官的态度取向无关;所有法官异议都更加清楚,以微小优势胜出的多数人意见也更清楚;在刑事诉讼案件中,大法官们的意见表述更清晰。②

在法律逻辑推理小前提的建构维度上,聚焦于法官决策的司法政治学挑战了案件事实与判决结果之间的当然联系,态度、分权程度,乃至司法系统内外部制度等都会系统性影响法官决策。前述法社会学研究也揭示了其他案外因素的影响,如陪审团的情绪氛围、诉讼参与人的能力(party capability)、种族、民族因素等。对于司法场域内的司法技术规则和三段论推理模式的研究,伴随着社会科学研究方法向精致化、多元化和科学化的发展,也将会迈向全新的研究发展阶段。

(三)学科进路层次:数据驱动与算法驱动多维推进

计算法学在与其他相邻学科"竞合"发展中,逐渐形成了多维的逻辑进路和驱动方式。计算法学作为计算社会科学的支流,其学科发展同样依赖于数据驱动和算法驱动的双重影响③,两种驱动方式均在不同维度和脉络上探寻着法学研究的问题意识和处境判断,并且在因果关系的把握中重塑着法律规范的事实基础。在数据驱动方面,前述诸多研究经历了从案例研究,小数据研究到大数据研究的历程,新的量级数据的出现使得我们可以系统地检视既有理论,推进法律实证分析中进一步的学科融合。在算法驱动方面,前述研究大量运用了社会科学的方法论,包括统计分析,因果关系识别,随机试验,博弈分析等。

---

① Miceli T., Economic Models of Law, in The Oxford Handbook of Law and Economics, Oxford University Press, 2017.

② Owens R J, Wedeking J P, Justices and Legal Clarity: Analyzing the Complexity of US Supreme Court Opinions, Law & Society Review, Vol. 45: 4, p. 1027–1061 (2011).

③ 张小劲、孟天广:《论计算社会科学的缘起、发展与创新范式》,载《理论探索》2017 年第 6 期。

Ayal 和 Kenan（2010）采用随机自然试验（Randomized Natural Experiment）的方法巧妙地识别了种族差异与司法偏差的关系，两位作者巧妙地借助以色列法院在周末随机分配案件的设置，避免了过去研究中选择性偏差，特别是因为遗漏变量导致的偏差。他们发现法官假释决定中存在系统性种族偏见。但这种偏见并不影响监禁时间。① 随着新兴研究议题的不断拓展，数据驱动与算法驱动时常在法学研究的不同题域和层次上达成基本默契，并且在计算法学的理论建构和问题阐释上彼此也形成了互赖关系。

（四）研究方式层次：法学研究的跨学科合作趋向

计算法学是建立在量化分析和多元技术积累之上的学科，计算法学的方法论特征与学科意涵，决定了其研究本身包容了复杂且多样化的立体性课题，这在一定程度上刺激了进一步整合不同学科资源的现实需求。Liebman（2018）认为中国的司法公开为法学或社会科学研究提供了重要的契机，运用计算机挖掘和识别海量裁判文书中的重要信息，无疑需要跨学科知识和人才的集聚。② Levitt（2011）等运用文献计量学的研究方法分别识别了 1980 年、1990 年、2000 年社会科学引文索引（SSCI）的跨学科演变，研究发现法学领域跨学科研究也呈现出波动上升的趋向③。将其他学科的研究思维和方法论特征寓于法学研究范式中，推动法学与其他学科的对话与合作，这对于计算法学的发展具有尤为重要的现实意义。

四、计算法学在我国的初步展开：从实践应用到人才培育

正如上文所探讨的，从学科发展的意义上讲，中国计算法学在当下大抵处

---

① Gazal - Ayal O, Sulitzeanu–Kenan R, Let My People Go: Ethnic In–Group Bias in Judicial Decisions–Evidence From A Randomized Natural Experiment, Journal of Empirical Legal Studies, Vol. 7: 3, p. 403–428 (2010).

② Liebman B L, Roberts M, Stern R E, et al, Mass Digitization of Chinese Court Decisions: How to Use Text as Data in The Field of Chinese Law, 2017.

③ Levitt J M, Thelwall M, Oppenheim C, Variations Between Subjects in the Extent to Which the Social Sciences Have Become More Interdisciplinary, Journal of the American Society for Information Science and Technology, Vol. 62: 2, p. 1118–1129 (2011).

于初期成长阶段,虽然目前学界初步形成了以法律现实问题为逻辑起点、以数据资源为分析基础的方法论自觉态势,但是既有的知识储备和技术条件难以满足急剧发展的时代诉求,也不断面临着来自分析方法和思维模式的双重叩问,何海波(2018)指出,"对局部裁判文书的手工统计是目前最为流行的方式"。①但是,当学界还在来势汹涌的大数据狂潮面前"踌躇犹疑"之时,法律实务界追随大数据前沿的脚步俨然称得上是"铿锵矫健",围绕法治建设的应用大数据技术已然全面展开,基于大数据、信息化的发展理念也逐步深植于法律各个领域内,业已形成了自身的发展生态(见图6)。也正是在这样的意义上,计算科学、大数据技术在法律实务界的实践与应用,也为计算法学的学科建构提供了更多的经验镜鉴和现实指引。更进一步讲,全新的时代课题也在一定意义上刺激了高校不断调整自身的人才培养模式和目标,并力图整合内外优势资源,全方位推进多专业渗透的复合型人才培养模式。

如何将大数据科学纳入国家治理现代化发展的情境下,使科学化、系统化的治理手段成为法治建设的优势话语,这是社会各界尤为关切的议题。2016年7月底,中共中央办公厅、国务院办公厅印发《国家信息化发展战略纲要》,将建设"智慧法院"列入了国家信息化发展战略。智慧司法旨在将现代科学技术、大数据思维寓于司法工作中,目前,浙江、江苏、山东、贵州等多个省份依托大数据、云计算、神经网络、机器学习、人工智能等现代科技方法,已经初步建设了业务和管理平台,并且具备了数据汇聚、业务集成、智能分析、研判处置、工作监督等核心功能,并且致力于实现智能化办案、智能化管理和智能化服务。②在智慧检务方面,2017年7月,最高人民检察院印发《检察大数据行动指南(2017—2020年)》,确立了检察机关要遵循科学化、智能化、人

---

① 何海波:《行政诉讼法研究3.0》,载《北京航空航天大学学报(社会科学版)》,2018年第5期。
② 相关信息介绍可参见:王恬、贵州:《大数据跑出智慧司法"加速度"》,载《法制生活报》2018年5月18日,第1版;沈泽宇:《"智慧法院"为公正高效权威司法插上翅膀》,载《江苏经济报》2018年5月9日,第B03版;汤维建:《智慧司法,让司法工作插上信息化翅膀》,载《团结报》2017年4月29日 第2版;刘德宝:《依托司法大数据打造智慧法院》,载《人民法院报》2017年2月13日,第2版;罗书臻:《充分运用司法大数据,加快"智慧法院"建设》,载《人民法院报》2016年11月11日,第1版;《江苏司法行政全面开启"智慧法务"新格局》,载《法制日报》2016年8月25日,第12版;张全连:《我省司法行政开启"智慧法务"新格局》,载《江苏法制报》2016年8月19日,第1版;邢婷:《大数据时代,山东如何实现"智慧司法"》,载《中国青年报》2015年12月18日,第6版。

中国政治学自主知识体系的建构：清华政治学系的探索

性化三大原则推进智慧检务建设。① 目前，覆盖全国四级监察机关涵盖司法办案、监察办公、监察决策支持等服务在内的电子检务工程"六大平台"已经初步建成，全国四级监察机关 3600 多个检察院、20 多万名监察人员也借此实现了信息互联互通，实现了计算科学与检查工作的有效融合。②

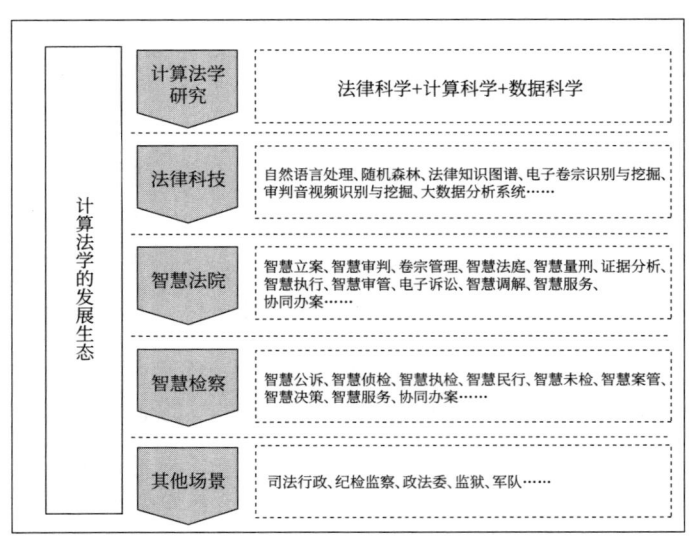

图6　计算法学的发展生态

资料来源：作者自拟

以华宇、国双、元典、把手科技、科大讯飞、幂律等为代表的数据科技公司，也不断开拓云计算、人工智能、大数据等技术在法律领域的应用，深耕于自然语言处理、数据挖掘和分布式计算等技术，开发了法律大数据分析系统、智同案智能推送系统、知识产权案例指导服务平台、智能语音庭审系统、智能文书生成系统、类案文书预警系统、司法数据可视化平台、司法舆情系统等。③ 目前诸多数据工作已经和司法机关、高校科研院所达成合作协议，试图打造法律大数据与人工智能领域的产学研用一体化体系。

鉴于计算思维在法学研究中的应用尚处于起始阶段，基于传统规范解释的

---

① 张昊、董凡超：《2020年底全面构建新时代智慧检务生态》，载《法制日报》2018 年 7 月 21 日。
② 戴佳：《3600 多家检察院一个平台办案杜绝"暗箱操作"》，载《检察日报》2017 年 2 月 17 日。
③ 王海蕴：《国双与合作伙伴共建大数据生态圈》，载《财经界》2017 年 8 月 1 日。

单线思维逻辑在一定程度上会遮蔽法律认知视野。最高人民法院院长周强强调："加强司法大数据研究，加快'智慧法院'建设，急需培养一批高素质人才"。①那么，如何突破学科界限性思维，实现多学科知性体系间的有机渗透，培养具备数据分析技术和法学理论基础的跨学科、复合型人才委实成为一项重要的现实课题。有鉴于此，肇源于计算法学学科发展所面对的沉疴，亦出于更为深远的实践应用动机，各个高校在原有学科体系的范畴架构上，以培养法律和前沿科技交叉融合的多学科背景综合性人才为主线目标，开启了一系列课程教学改革。

清华大学试图改革现有教学和科研机制，2018年设立了"计算法学全日制法律硕士"项目，在原有法学课程设置的基础上，增设网络、大数据与人工智能等跨专业课程，旨在培养熟练掌握信息技术和法学理论的复合型、国际化高端法律人才，从而更好地服务于国家大数据战略、人工智能战略和相关学科建设。②中国人民大学法学院在法律＋科技教学领域进行改革，开设了一系列跨学科课程。③中国政法大学也建设了法治信息管理专业④。2018年7月，四川大学计算机学院、数学学院、法学院联合开办的"法律大数据分析"课程，讲授机器学习、深度学习、人工智能的司法应用等内容，并展示了法律与大数据结合的理论基础与应用前景。⑤东南大学法学院依托自身"司法大数据基地"，在开展大数据研究的同时，也培养了相应的复合型人才。⑥各大高校在计算法学学科建构方面所进行的自觉努力，既承载着国家数据战略的宏伟发展蓝图，也在一定程度上预示着未来法治发展方向。

---

① 罗书臻：《充分运用司法大数据加快"智慧法院"建设》，载《人民法院报》2016年11月21日，第1版。

② 《阿里云学院诞生！清华开设计算法学硕士！如何追赶法律＋科技的浪潮？？》，载《网络大数据》，http://www.raincent.com/content-10-11276-1.html。

③ 《阿里法学院诞生！清华开设计算法学硕士！如何追赶法律＋科技的浪潮？？》，载《网络大数据》，http://www.raincent.com/content-10-11276-1.html。

④ 罗书臻：《充分运用司法大数据加快"智慧法院"建设》，载《人民法院报》2016年11月21日，第1版。

⑤ 《"法律大数据分析"课程：计算法学概论》，载四川大学法学院官方网站，http://law.scu.edu.cn/info/161/8585.m。

⑥ 《司法大数据基地》，载东南大学法学院官方网站，http://law.seu.edu.cn/9861/list.htm。

五、简单结论与延伸讨论

计算法学的兴起与发展,其底色离不开大数据与信息技术的时代背景。展望计算法学未来发展,不仅需要了解计算法学的学科性质和发展现状,还需要从科学客观的立场出发,将学科发展与方法体系寓于时代课题中。大数据与不同学科知识体系进行融合已经成为趋势,如果不自足于法学内部封闭性的知识结构,尝试适度开放法学研究的视野格局,那么,法学作为一门社会科学,完全有能力从自身的知识框架出发对这个时代进行认知和适应,并且在学科发展可以形成颇具自身特点的理论意识与时代感觉。

诚如上文所述,放眼寰宇,计算法学研究已然在世界范围内的不同议题领域得以延伸扩展,并在科学探究的基本过程中形成了自觉的方法论意识。反观当下中国,受制于研究主体的知识结构、认知形态与学术研究模式的限制,采用科学计量分析的法学研究在数量方面其实并不可观,并且有相当一部分研究存在量化数据不足和统计操作随意的技术缺陷。[①] 在实践层面上,法律实务界已经并且正在持续性地跟随大数据时代的潮流,大数据和相关技术正在被广泛地运用于法律多个机构领域中。值得欣慰的是,以清华大学为代表的高等院校已经开始培养兼具计算科学和法学知识的复合型人才,适应时代需要的人才资源开发体系也将会逐渐成形。这样看来,计算法学在中国未来的发展也是可盼可期的。

在一定意义上讲,计算法学是一门不断追问和关切方法论意义的学科,但是并不意味着法学研究将就此陷入技术主义的滥觞,计算法学及其相关研究范式不会仅仅安置在技术和方法的形式架构之中,问题意识和学理意识依旧是法学研究的灵魂与动力,规范主义的研究传统依旧在混合研究方法的思维框架内发挥或明或暗的作用。未来计算法学的研究,依旧需要围绕法治建设形成自身的问题意识,恪守科学客观的理性立场,推动实证研究方法与法教义学的理性

---

① 程金华:《迈向科学的法律实证研究》,载《清华法学》2018年第4期。

对话①；需要增加强化法律数据收集和挖掘能力，更加重视研究设计和研究程序的科学性和严谨性，研究者之间应该建立新型的合作模式，推动学术共同体建设，侧重多学科背景要素的整合协调。②总之，如何使计算法学更加适切地潜入法治发展的情境，并且以科学的研究方法认识、评价、预测和推进中国法治建设，这委实需要更多声气相求的学界同仁勠力耕耘，这也是今后法学研究与理论建构无法绕开的历史课题。

---

① 程金华：《当代中国的法律实证研究》，载《中国法学》2015 年第 6 期。
② 吴江，张小劲：《大数据国际政治研究的回顾与展望》，载《华中师范大学学报（人文社会科学版）》2016 年第 4 期。

附录

"中国政治学自主知识体系建构"笔谈

变革时代的知识生产与政治学学科使命

王丽萍

在目前学科发展的大背景下,政治学学科似乎处在一个艰难的发展阶段。因此,今天讨论学科发展相关主题非常及时和重要。过去一年多来,社会科学诸学科有关自主知识体系构建的讨论异常热烈,也产生了很多富有启发性的观点。

知识与学科是两个不同的范畴。现代学科的形成和发展基于知识的不断分化和专门化,以及知识的组织化和系统化。作为现代性的产物,学科制度是十九世纪人类文明发展的一个重要成果,而学科近代以来一直是知识生产与再生产的核心机制,并在不同时期塑造着知识的生产模式与传播模式。由于知识与学科的这种复杂联系,将学科发展与知识生产(自主知识体系构建)联系在一起加以讨论符合二者的共同逻辑,但其各自的发展逻辑则使这一问题变得高度复杂。

在这个急剧变动的时代,知识生产环境与学科环境都已经发生或正在经历未曾预见的变化。在这样的背景下讨论政治学学科与知识生产及自主知识体系构建问题,至少需要重视以下几个方面的问题。

中国政治学自主知识体系的建构：清华政治学系的探索

第一个问题，关于议题趋同，还是从自己的社会中发现研究主题。问题驱动是政治学的学科传统，自主知识体系构建首先意味着问题的选择应该具有独立性和自主性。近年来，社会科学领域，不仅仅是政治学领域，似乎出现了一个重要的现象，就是议题趋同。这种趋同变化既包括跨学科的议题趋同，也包括议题的跨国趋同。如果跨学科趋同意味着对同一议题的来自不同学科路径的思考和研究，由于政治问题的地域特性或国家特性，议题的跨国趋同则需要我们高度关注并保持谨慎。

国际复制（International Replication）被认为是社会科学研究创新的一个重要领域或途径。这种研究有助于新的研究方法的扩散，并加强对已有研究结果的校验，但忽略了对研究议题跨国差异的关注。在"双一流"建设中，发达国家特别是美国一些知名大学的政治学系常被我们当作学科发展的对标机构。为什么我们会把美国知名高校的政治学作为我们对标的方向？实际上，美国政治学发展的优势除了发展基础良好的理论和方法之外，他们的重要优势就是从自己的社会中选择研究主题，并使这些研究主题成为科学探索的目标。因此，从中国社会中发现问题，对于构建自主知识体系至关重要。当然，从本土社会中发现问题并不意味着仅研究中国政治本身，有着本土议题、本土问题内在关切的比较政治研究和政治学基础理论研究，有助于更好地理解中国现实问题。

第二个问题，学术研究的内部取向还是外部取向。这个问题有点像经济领域中有时会讲到的为国内市场生产还是为国际市场生产。在过去几十年中国政治学学科"追赶型"发展过程中，外部学术文化移入，以及不同程度的学术文化适应，在很大程度上塑造了我们的研究氛围和研究标准，这一过程在确立学术研究规范的同时，也影响着研究问题的选择，以及研究理论和方法的运用，从而导致研究取向的外部化或外部取向。这样一种外部取向使得学科研究在某种程度上难以摆脱局外人的透镜或视角，研究目的似乎也是满足外部期待优先于回应内部实际问题，从而使我们的学科研究常常与现实需求、时代需求存在隔膜和距离。

第三个问题，政治学研究应是问题驱动还是方法驱动。近年来，社会科学面临的一个重要挑战，就是从复杂的相关性转向有用的预测，追求强关联、强命题和强结论就显得非常重要。于是理论、数据与方法（论）工具之间的联系和互动，在学术研究中越来越被强调。新方法有助于知识创新，但是方法迷信或技术崇拜可能会导致将方法及其运用本身当作研究的目的，从而使研究问题的选择似乎变得不那么重要了。因此，我们在讨论学科发展问题时要关注学科发展的动力，避免学科动力源由问题驱动置换为方法驱动，致力打造问题与方法双驱动的学科动力源。

第四个问题，关于学科性（Disciplinarity）还是去学科性的问题。如果说十九世纪建立的学科制度是促进知识生产的关键组织机制，那么今天知识生产的跨学科特性则使学科制度备受质疑，也使今天还不成熟的中国政治学不可避免地处在有些残酷的学科竞争环境中。作为学科的政治学要与其他学科竞争学科发展资源，竞争社会认可，以及学科的现实影响力。

知识生产是学科生存的基础。在跨学科时代，一个学科知识体系对内的普遍性和对外的特殊性，对于学科的合法性至关重要。政治学拥有专有的人类经验领域，有专有的描述性数据和事实数据，也有用于表达和检验结论的专有的概念框架。在这种意义上，有效的知识生产意味着提出具有政治学学科特征的研究议题，发展具有学科特征的研究命题和结论，同时重视学科基础研究，以及学科知识创新的品质。由学科特征所体现的学科自主性有助于提升政治学学科可见度，以及对其他学科的辐射能力和学科社会影响力。

强调学科性并不意味着学科画地为牢。作为社会科学的基础学科，政治学必须与其他学科保持密切联系，使学科内部保持持续而合理的跨学科张力，并使这种张力转化为学科发展的动力。

第五个需要关注的问题，是关于中国特色还是中国例外的问题。不同国家的政治学有着不同的流行议题、主导范式，也经历了各不相同的学科发展历程，在学科意义上形成了不同的甚至差异巨大的政治学专门领域。因此，作为学科的政治学表现为复数的政治学，即 Political Sciences。就中国而言，国外的一些中国问题研究学者有时会使用这样一句表达，"China is China is China"，以强调中国的特殊性。尽管如此，中国政治学学科发展及知识体系构建仍然必须服膺于政治学学科与学术研究及知识体系构建的一般规范和规律，因而不可能是学科发展的例外。

第六个需要关注的问题，是关于学术学科和教学学科的问题。"双一流"

中国政治学自主知识体系的建构：清华政治学系的探索

包括一流大学、一流学科。大学的核心功能是科研与教学，围绕这两个功能，学科也表现为学术学科和教学学科。学术学科有时也称科学学科，笼统地说，是指特定的知识领域和知识范畴、知识体系；教学学科也称教育学科，是指通过一系列课程对学习者进行学科规训，使学习者在获得学科知识的同时也习得学科内在规则与规范。大学不仅是知识生产的中心，还是知识传承的中心。因此，我们关注学科建设，既要关注学术学科，也不能够忽视教学学科。

现实关注和问题驱动是政治学重要的学科特征。在全球环境、社会环境，以及学术环境都在经历急剧变化的时代，作为社会科学基础学科，政治学领域有效的知识生产变得尤为重要。可以预期，有关中国自主知识体系构建的各种问题的讨论还将持续，但我们至少有这样一个基本共识，就是摒弃学科的历史虚无主义，以及避免学术研究中的极端情绪。

作为人类共同的思想与智力资源，政治学学科在不同国家经历了不同的发展历程，已形成丰富的知识与理论积累。构建自主知识体系中对"自主"的片面强调，极易导向有关学科发展的历史虚无，而知识的交换包括知识的跨国界流通，对于学科的发展至关重要。自主知识体系构建中的历史虚无或极端情绪（如排外），可能使我们致力构建的自主知识体系最终成为某种自限（自我限制、自我约束）的知识体系。

在知识高度普及的时代，我们的社会日益获得大众知识社会的特征，政治学知识也逐渐走出学科象牙塔，而成为真正的社会公共产品，甚至成为大众常识。政治学因其认知功能、价值功能或意识形态功能，可满足人们在认识维度、存在维度，以及关系维度上的心理需要，进而使人们获得某种确定感和秩序感，也可因向人们提供理解现实政治的有用框架获得社会亲和力与现实影响力。变革时代为知识生产提供了持续的强激励，不断累积和更新的知识，将引导和助力社会的积极变革，从而有助于创造更加美好的社会。这是笔者所想象的我们政治学学科的未来愿景，笔者也希望大家能为这样一个美好的愿景共同努力。

政治学在新时代的学科巩固与自我更新

杨雪冬

当我们思考和讨论政治学在当代中国的学科发展面临的挑战与出路时,必须树立当下意识和全球眼光,这样才能更准确地把握政治学作为一门学科所处的时空坐标,更切实地找到学科实现可持续发展的路径。政治学在当代中国的发展深受四个重大变化的影响和塑造:

第一,世界百年未有之大变局持续变动,各类不确定性不断涌现。不同类型、规模的政治体都被置于"无影灯"下,经受着深刻的考验,各国制度体制、政治格局、政治理念、政治生活等都在发生变化,"政治"的重要性以不同形式凸显出来,构建适应新条件、满足民众政治需求的政治秩序成为不同政治体共同面对的时代任务。政治学作为政治知识的系统提供者,能否为政治实践、政治生活的更新提供所需的资源,既是学科彰显的机遇,也是学科更新的挑战。敏锐地把握这些议题,引领和塑造研究议程,持续供给必要的知识,是中国政治学产生更大国际影响的良好契机。

第二,当代中国的发展进入新时代,经过探索改革巩固,当代中国制度体系基本架构和主要内容已经确定,正在走向成熟定型,持续发挥和提升国家治理效能成为制度运行的主要目标。这些变化为政治学在中国的发展提供了更为稳定的制度条件、更为明确的研究对象,中国政治作为政治学研究的核心内容进一步得到确认。因此,对中国政治制度和政治实践进行系统的学理研究,既是中国政治学者必须承担的责任,也是学科发展的根本任务。

第三,随着大数据技术的广泛应用,社会科学研究方法不断更新迭代,政治学发展的方法驱动更为明显。借助大数据技术,我们可以对政治事件发生的因果机制、政治行为的内在机理、政治关系的形成和变动等问题进行更生动的刻画和深入的分析,这有助于克服长期以来政治实践"黑箱效应"对政治学研究的制约和限制,提高政治学理论分析的穿透力和对实践的指导力。加之中国作为一个超大规模的"数据国家",为研究方法的创新、研究议题的拓展提供

中国政治学自主知识体系的建构：清华政治学系的探索

了天然条件，既有利于中国政治学学科体系的发展，也为中国政治学在国际学界中实现"弯道超车"提供了有利条件。

第四，国家对于政治学学科目录的调整，划出了政治学在中国发展的边界，凸显了政治学科的核心研究内容，加速了学科的主动调整和自我更新，为学科布局的优化、学科意识的强化、学科优势的发挥提供了契机。政治学是一门高度建制化的学科，深受国家对学科的规划期待和培养要求的影响，随着政治学学科目录的"瘦身"、与政治学高度相关的新学科的设立，政治学面临着如何保持本学科完整性、提升学科整体水平，如何发挥作为基础学科对相关学科的支撑、渗透、交叉发展的双重任务。实现双重任务的良性互动、相互增强，就能确保政治学在学科体系中的基础地位和持续影响。

上述四种重大变化，构成了我们认识、思考和分析政治学在中国实现学科巩固和发展的基本时空条件。政治学必须清醒地认识时代挑战，准确地把握当下的任务，通过主动求变、自我更新、拓展融合，在国家要求期待与学科发展规律之间找到良性互动点，不断巩固作为基础学科的地位，发挥作为实践导向学科的作用。在这个过程中，应该处理好三对"大"与"小"的关系：

一是，处理好"大政治"与"小政治"学的关系。这是一个高度政治化的时代，政治权力无处不在，以各种各样的方式渗透、形塑社会经济生活，影响着政治之外的各个领域。同时，随着社会利益观念的分化、调整和相互冲突，政治问题叠加出现，政治领域边界不断拓展，形成不同层次的政治（即高政治、低政治、中层政治）。各种形式的政治冷漠、政治疏离，以及各种极端的"去政治化"行为，都是值得研究的政治现象。更为重要的是，这是一个不确定性不断增多的时代，政治的不确定成为诸多不确定性中最为关键的一种。长期形成的稳定制度形态面对激增的各类风险应对笨拙，甚至由于自身调整乏力或方向迷失，成为风险的引发源或加速器。相比于纷繁复杂、叠加更替的政治现象，政治学作为一个可以追溯到古希腊亚里士多德时代的经典学科，深受在地制度文化的局限，在研究对象、研究议题，以及研究范围上显得相对"偏狭"，或者为了强调专业化自我划定学科边界，或者为了谋求合法化自我调整研究论题，从而使自己沦为"小政治学"，在重大政治问题研究中"缺位"、前瞻性研究议题设置上"滞后"，对一些重大关切问题"失声"，缺乏敏感性和回应力。因此，在大政治时代，政治学更要积极作为，主动求变，自我突破，在不同层次政治秩序（地方、国家、区域，以及全球）重建中有效供给理论资源、知识地图，以及理念引导，在高度不确定的时代为实现良善的政治秩序提供知识，以及理念上的确定性。

二是，处理好大社会科学与小政治学的关系。早在二十世纪七十年代，美国学者德怀特·沃尔多在为《政治学手册》撰写的回顾美国政治学发展进程的文章中，就分析了政治学与社会科学其他学科之间的关系。在他看来，政治学被公认为是一门"有理有据的社会科学"，其继续独立存在没有任何威胁。但是政治不是孤立存在的，在现实世界中，它与历史、文化、法律、经济生活，以及各种社会现象错综复杂地连接在一起。因此，政治从来不是政治学独有的研究对象，其他学科不仅有研究政治现象的权利，而且会提供认识政治现象的方法、知识和路径，从而揭示出政治的复杂性和多样性。过去20多年来，经济学、社会学、历史学等学科先后大范围深入参与到中国政治研究中，发挥方法优势、设置研究议程、引领研究议题。一方面重访已经在政治学研究中成熟定型的认识判断，另一方面开发出一些长期被忽视的议题领域，丰富了政治学研究的内容，显示出"跨界"分析的学术敏感力和交叉研究的潜力。这些学科的参与，显示出政治问题的重要性与吸引力，也映照出政治学现有研究的局限性。因此，政治学应该强化大社会科学意识，利用自己对政治现象的内生敏锐力、累积的知识资源、分析的穿透力，围绕重大问题或者前瞻性问题，主动探索、引领交叉研究、跨学科研究，在与其他学科的交流对话中，展示自己的学科特色、优势，扩大学科影响力和渗透力。

三是，处理好大问题与小方法的关系。尽管这是个宏大理论被挑战和消解的时代，但是全球性剧烈变革，尤其是中国的现代化政治和治理实践，不断产生出大问题，尤其是新的大问题，需要包括政治学在内的社会科学诸学科给予及时并有力的回应。但是，各学科的细分化、专业化，尤其是在研究方法和研究手段的驱动下，研究存在着微观化、精致化乃至局部化的倾向。虽然可以对个别问题给予细致刻画和深入分析，但常常陷入"只见树木不见森林"，只知道自己"一亩三分地"的状态，对政治问题研究缺乏"政治敏感度"，对问题的分析缺乏整体性全局性。更为重要的是，许多方法停留在技术手段的层面，

中国政治学自主知识体系的建构：清华政治学系的探索

没有进入方法论的反思，研究方法驱动的政治学研究反而更为细小、碎片化，阻断了对现实政治温度、质感、脉动的真切感知。政治学成为小众的知识体系，甚至沦为专业人员自娱自乐的技艺游戏。因此，政治学在主动接受新的研究方法的同时，要始终牢记自身是一门高度实践性、充满价值追求的学科，这样才能实现亚里士多德所说的，政治学是"最高"学科的目标，为创造美好政治生活，提供有力的知识和价值支撑。

如何破解政治学学科发展中的资源拓展问题
熊易寒

我们政治学现在很多老师都有学科危机感。我们地盘缩水的问题也讲到了，像党史党建、区域国别研究、纪检监察、国家安全学等一系列学科，从政治学里分家分出去了。另外，强邻崛起，马学科、公管发展势头非常迅猛。有人开玩笑说，我们现在就业马院化，研究公管化。政治学的发展确实遇到了困难。笔者觉得最主要的困难还是学科点减少，这可能是一个真问题。政治学不一定需要很多的学科点，政治学学科一般集中在比较好的学校，否则就业就会有问题。但是学科点太少肯定也是个问题，不仅学科评估的基数少了，而且学科发展也缺乏规模效应，教学科研人才无处输送。

我们学科在横向上收缩已经是一个事实了，我们接下来应该谋求纵向上的发展。现在分出去的几个二级学科，大家说起来很伤心，但其实我们也不太做。现在剩下的七个二级学科：政治学理论、中外政治制度、中共党史、国际政治、国际关系、外交学和科学社会主义和国际共运。如果经营得好，发展空间也足够了，我们还有自设的二级学科，中国政治、公共政策、地方政府学、政治哲学，各个学校根据自身情况自设了若干二级学科。在横向收缩的背景下，我们可以在深度上做垂直分工，垂直上做加法。现在政治学、经济学、社会学的议题都趋同，关注的问题和重要命题都差不多。在这样的学科竞争当中，我们能在研究议题方面有所引领，才能提升我们学科的地位和话语权。

另外，各个学校在研究视角上要形成自己的特色，田野政治学、历史政治学、责任政治、计算社会科学、利益政治学，等等，大家都在逐步形成自己的独特视角和方法，这都是在垂直层面做加法。虽然我们在横向上是减法，但如果在垂直层面有一些视角上、理论上、议题上的贡献，这可以在很大程度上缓解我们的资源瓶颈问题。我们的战线收缩了，但我们的研究质量在提升。这里很重要的是政治学发展的内部资源问题，中国政治学知识体系的建构，就是我们内部的资源，学科知识资源的发掘和建构。总书记提出了自主知识体系的概念，这是关键与核心。其实在自主知识体系之外，还有一般知识体系，中国政治学不可能都是自主知识体系，如果都是自主知识体系就没法跟外部对话了，变成自娱自乐了。就像大飞机或高铁，只要核心部件是自主的，这就是竞争力。自主知识体系就好比是知识体系当中的核心部件。我们怎样把中国经验概念化、理论化、体系化，这是知识体系构建的关键步骤。我们首先把经验层面的现象概念化，在此基础上形成相对具有解释力的理论，然后在这些概念和理论的基础之上，我们才能够体系化。

我们现在讲知识体系讲得很多，但体系必须有砖和瓦，我们现在是在缺砖缺瓦的背景下来谈体系化。政治学接下来还是要在概念化、理论化方面做文章下功夫，可能最需要的是笨功夫，对田野经验的抽象化、概念化、理论化。这个过程中肯定是文明互鉴、博采众长、中外交融，当然要以"我"为主，最终还是管用为王，最终还是看解释力。如果外国学者讲中国问题讲得比我们好，比我们更有解释力，我们当然也要用人家的东西。作为学者，我们提出的概念要力争比别人更有解释力，这是一个竞争。这个竞争不能以闭目塞听为前提，竞争的前提恰恰是我们高度重视人家的东西，在这种情况下还能做出比人家高出一筹的东西，这才是真正的自主知识体系。

中国之问、世界之问、人民之问、时代之问，这些都是非常好的提法。我们怎样把它们转化成理论之问？现在政治学要想有生命力，要想有政策影响力、社会影响力，都得在这方面下功夫，我们能回答哪些理论问题，因为解决理论问题才是学科地位的最重要基石。现在很多人讲政治学知识体系的时候关注的是话语权的问题，实际最根本的还是解释力的问题。政治学的知识体系既有真理的成分，也有权力的成分，是真理和权力的复合。但最根本的还是一个解释力问题。如果我们自己提出来的概念和理论没有人家的解释力，这个话语权最终是不属于我们的。在这样一个发展过程当中，我们只有这样才有可能形成跨学科的影响力。此外就是政策影响力，能不能对政府的政策形成影响力，再就是社会影响力。这三者都非常重要。如果要排序，笔者认为第一是跨学科影响力，第二是政策影响力，最后才是社会影响力。

最后，拓展政治学发展的资源，需要政产学研一体化。我们要服务国家战略和地方发展，决策咨询也好，对地方政府创新的关注也好，都可以为我们争取到优质资源。通过服务地方获取学科的增长点和资源。学术共同体既是我们内部的资源，也是外部的资源。政治学要更加注重学科的学术共同体建设，学科内部的学术交流和互相支撑，才能把学科的蛋糕做大。政治学还可以在政府与产业之间发挥知识中转站的作用，我们把政治语言、管理语言、技术语言做互译。学生是一个学科服务社会的终端产品，集中体现了我们对社会的贡献，我们的输出越强，输入也就越多。只有培养治国理政的高素质人才，学科才能获得持续地发展和壮大。

互鉴与对话：中国政治学自主知识体系的构建之路
张贤明

自主知识体系的构建已经成为中国哲学社会科学各学科发展的核心议题。从深层逻辑上讲，中国政治学知识体系应该是自主的，但一定不是自闭的，换言之，中国政治学只有秉持开放包容的姿态，广泛开展文明之间、学科之间、方法之间的互鉴与对话，才能构建起具有学科自信的自主知识体系。这大致包括三个层面：

第一，文明之间的互鉴与对话。在一般意义上讲，中国政治学自主知识体系的构建首先要坚持马克思主义的指导地位，但是也要结合中华优秀传统文化，同时也要借鉴人类的优秀文明成果。显然，三者之间是有层次之分的，地位与作用并不一样，但一定是"三源合一"的。文明互鉴与对话本身有着"三源合一"的意蕴，当代中国政治学是在这样的基础上恢复和重建的，构建中国政治学自主知识体系也必然要走这条道路。我们应该认识到，构建中国政治学自主知识体系必须坚持马克思主义的指导，没有马克思主义政治学中国政治学就没有生命力；我们也可以看到中华优秀传统文化非常重要，因为我们国家和社会的治理、运行的结构和特征，我们都看到了政治观念和政治实践都能捕捉到传统文化的影子。历史的镜鉴依旧能够为解决当下的政治与社会问题提供思路；同时我们也不能忽略，虽然西方中心论、试图用西方理论和概念来嫁接中国制度和阐释中国的现代化道路行不通了，但源于西方文明的西方政治学研究也存在着合理的一面，还需要不断吸收和借鉴。在这个意义上，中国政治学自主知识体系的构建离不开文明的互鉴和对话。

构建中国政治学自主知识体系要将马克思主义与中华优秀文化传统相结合，这在某种意义上也意味着需要找回历史，在思想史和制度史的基础里来夯实政治学基础理论的厚度。政治学和历史学确实分不开，没有历史的政治学恐怕也是无源之水、无本之木。制度史和思想史的研究各有功能，制度史可能要分析政治发展和转型的历史情境和社会性质的影响和制约，来摸索政治发展的规律，为现实政治发展提供一点参照；从思想史研究来讲，可能要致力于提炼提升理念和概念的思想厚度，让理论更有解释力，某种情况下更有解释力，也会更有美感，这为政治实践提供思想参照，这两者也是互构的。值得注意的是，找回历史并不单纯地从中国史中去寻找，还是要有世界史观，亦即在坚持马克思主义指导下还要批判、借鉴和吸收，这包括中华优秀文化和人类优秀文明成果。政治学自主知识体系和理论创新找回历史感，并不是从中国历史思想之源里面去找和现代政治理论概念相对应的关系。中国政治学自主知识体系的构建代表着中国政治学对于政治现实和学科发展的一种反思，表现为政治学在研究对象上可能更加关注和重视中国现实问题的考察和分析，形成一套和中国现成的发展相关的研究领域和理论路径。毫无疑问，中国政治学在研究过程中确实要避免全盘细化的误区，而且自主知识体系的构建有助于摆脱西方中心主义，增强中国在国际学术界的影响力。从这个角度来讲，中国政治学自主知识体系需要在文明互鉴和理论对话中，对国际学术界共同关注的问题提出见识和有深度的阐释，体现出中国政治学研究的特色的中国政治学界的能力。所以中国政治学自主知识体系的构建既要国内自主性的发力，同时也要有赖于国际同行之间的沟通交流对话，在某种意义上只有能够推进世界政治学的繁荣发展的中国政治学才是更有价值的自主知识体系。

第二，学科之间要有互鉴和对话。有一种说法是，中国政治学要有危机

中国政治学自主知识体系的建构：清华政治学系的探索

感，因为受到马克思主义学科和公管学科的一些竞争甚至挤压，这确实也是中国政治学自主知识体系构建面临的问题。当下社会科学各个学科之间的边界日益模糊，学科交叉融合已经成为社会科学发展的重要趋势，源于很多重大问题必须进行多学科综合研究才能解释和解决。中国政治学自主知识体系的构建同样寓于学科边界模糊的情境当中，完全孤立的社会科学学科已经难以适应当下社会发展的需要。由此，中国政治学自主知识体系的构建转向的问题是，如何实现学科间的互鉴与对话、增强政治学学科的包容性和生命力。当然，无论学科边界如何模糊，无论学科之间的融合多么深入，不同学科仍然要保持自身的特色，既要坚守各自学科的研究对象和基本内容，又要广泛融合其他学科的理论和方法，提升学科回应现实复杂问题的能力。在此意义上，实现学科之间的互鉴和对话、增强政治学的包容性和生命力，这也是构建中国政治学自主知识体系非常重要的任务。具体来讲，一是要坚守政治学研究的基本对象和思维方法，在明确与坚持政治学的学科边界的基础上拓展以政治学为中轴的交叉学科研究。学科边界虽然模糊了，但还是要有边界，如果不能明确政治学边界，政治学也可能会被其他学科所淹没，比如关于政治学公共管理化的担忧。政治学的跨学科融合可能也要基于学科自主性的前提，我们从事学科交叉时需要首先厘清政治学在里面的角色功能到底是什么。二是政治学自主知识体系构建和理论创新要以回应现实为指向，在以政治学为中轴的基础上构建学科交叉的体系，整合多学科的思想资源与研究方法，以科学、现实与问题为导向，探索有价值、有意义的学科交叉，为解决现实世界的复杂问题、棘手问题提供分析工具与分析框架。比如生态环境治理研究恐怕都不仅是生态学知识，可能也有政治学知识在里面，政治学怎样在针对有问题的意识研究进程里，怎样发挥政治学的功能，以政治学为主体来推动学科交叉和融合。中国政治学要有开放性和包容性，不能把对新兴问题的研究排斥出去，而是要吸纳进来，当然是以政治为主地吸纳进来。

第三，研究方法的互鉴和对话。当下中国政治学自主知识体系构建所面临的现实是，研究方法的多样性已经成为哲学社会科学研究创新的重要特征，而中国政治学的发展也将会是政治学研究方法走向多元的过程。在此意义上，中国政治学需要在多元的方法中求取某种形式的平衡，以多元的方法构建各具特色的政治学知识体系，这离不开研究方法之间的互鉴和对话。政治学规范研究和政治科学研究到底哪个好，时常也会引起争论，笔者觉得恐怕是忽略了一个根本性的问题，就是研究方法的功能到底是什么。事实上，关于研究方法的争辩可能陷入了一种极简思维当中，即认为某一种方法能够适用于解决某一学科的所有问题。"工欲善其事，必先利其器"，"器"的选择要根据"事"的内容来决定。诉诸日常生活，我们在钉钉子的时候会选择锤子而不是剪子，拧螺丝的时候会用螺丝刀而不是菜刀。学术研究也是同样的道理，脱离了具体问题去讨论方法本质上没有意义。任何一门学科的研究方法是多样的，关键是要找到方法和所研究的问题之间是否适配，在此意义上可以说方法没有优劣之分，只有是否适配之别。中国政治学恢复重建以来总体而言是理论见长的，有段时间我们定量分析处于非常重要的位置，有时似乎把两者对立起来了，把科学方法局限为定量研究，用大量的公式、模型去论证和检验政治问题，把其他研究方法看成不科学，笔者觉得这个观点肯定有失偏颇。因为社会科学肯定比自然科学有更大的不确定性，用量化的方式来解释阐释不确定性本身就有一定的局限性。当然我们不否认定量研究、描述统计、分析政府行为、论证之间的关系有非常好的适用性。但政治学的内涵是极其丰富的，不仅是描述世界是什么样，更要关注世界应该是什么样，不同研究方法也应该相互欣赏、美美与共。为此，一是要坚守政治学理论研究在整个政治学研究中的基础性地位，这由政治学的原真性价值所决定，只有政治学理论研究才能回应政治学的基础问题；二是强化政治学的历史研究，在以史为鉴中夯实中国政治学的发展根基，以"世界史观"打通不同文明视域下理论体系的关系；三是要以问题为导向博采各类研究方法之众长，为解决现代化道路中不同领域、不同层次的问题提供最为适宜的工具，摒弃规范和实证的二元对立，让规范与实证在政治学的新发展中相互渗透相互融合；四是要以不同的研究特色构建中国政治学研究版图，并推进中国政治学不同"学派"之间的交流合作。

中国政治学自主知识体系的建构：清华政治学系的探索

政治学知识体系中的常识与专识
佟德志

  人的知识体系是非常丰富的，包括了人在一生中的各种认知。对于知识体系的结构性分析，也是知识分子乐此不疲的。亚里士多德因为区别了伦理学和政治学而成为政治学的鼻祖，甚至因为对各个学科都有所涉猎而被马克思称为"百科全书式的思想家"。今天，我们在知识体系的传授中已经形成了非常精细而又严格的分类体系。比如文史哲、政经法、人文社科、理科、工科，等等。

  如果从人类认识自然和社会的顺序对知识进行分类，我们可以将知识分为通识类的知识和专业类的知识。笔者这里把前一种称为常识，后一种称为专识。有一些知识，尤其是那些对人类生存至关重要的知识，常常是人类无师自通的。而另外有一些知识，即使付出很大的努力，也很难掌握。前者就是通识性知识，而后者常常是专业性知识。

  通识是直接从实践中认识到的知识。在有学校之前，人类对知识的认识基本上是直接从实践中得出来的。即使是有了学校，人类的很多知识也是要从实践当中来。人一出生，就开始了对世界的认识。这个认识不是从书本上学到，甚至不是从其他人那里听到，而是自己直接感知到。比如人出生后就会吃奶；对自己的妈妈有认知；学会了走路等，这些知识都是直接从实践中认识到的。这些知识是人类赖以生存的最重要的知识。这些知识，我们很多时候会将其乐为常识。

  专业知识则主要依赖学校的教育教学。专业知识常常不能也不会直接从实践当中获得，而是通过书籍、教学等各种方式被人类掌握。这些专业知识在普通人的日常生活当中是学不到的，基本的途径是通过学校教育才会获得。通过教育获得的专业知识也包括了一些通识性的知识。比如小学、中学学到的知识，比如识字，这是大家平时都可能用得到的。进入大学之后，知识就更强调专业化。进行研究生阶段后，学习知识就不再是主要任务了，而是要在人类知识的前沿有所发明，有所创造。研究生的学习需要帮助学生走向人类认识边界，走向最前沿的地方。

专业知识在人类生活中占有极为重要的地位。这是人类日用而不觉的一个现象。目前，中国人平均预期寿命是 77 岁，但是，小学 6 年、中学 6 年，上大学还有 4 年，这就是 16 年。如果考上研究生，还要再加上 6 年。以最少的 16 年计，一个中国的大学生一生中 20% 多的时间都用来学习了。不仅如此，人类还会花掉至少 4% 的 GDP 用于学校教育，最高的国家甚至超过 10%。

政治学是建立在常识之上的。有一些专业知识，是不需要通识知识作为基础的，甚至是要颠覆人类的常识。比如伽利略在比萨斜塔做两个铁球的实验，哥白尼发表了日心说，都是在颠覆人们的常识。但有一些专业知识，严重地依赖常识。这在社会科学的各种学说当中非常常见，政治学尤其如此。从本质上讲，政治就是将个人组织起来过集体生活。早期亚里士多德就从个人组建家庭，形成村落，最终形成城邦的过程描述出来，而词根源于城邦（polis）的政治（politics）就是研究这一过程的学问。当代西方民主政治的设计实际上就是在寻找常识。民主有两个最基础的要素，一个是人民主权，宣示了人民在国家中的最高存在；另一个是多数决定，这实际上是一种决策机制。你可以说多数决定有很多问题，但没有多数决定，肯定就不再是民主了。而多数决定这一简单粗暴的程序原则，实际上就是在寻找一种共识，一种常识。

常识和专识各有所长，复杂的政治学问题，需要综合运用两种知识。让人尴尬的是，专业知识的学习在人类工作和生活当中所起的作用常常有限的。很多人在小学、中学、大学学了 16 年的英语，但这项知识对他的生活和工作没有任何帮助。相反，比如讲国际政治、国际关系、外交，北京的出租车司机也会讲得头头是道，甚至有很多创见，是教授们都想不到的。这个并不奇怪，是通识知识的魅力。对于一些通识性的知识，专业人士并不见得比普通市民更有洞察力。事实上，人类能够运用通识知识来解决一些专业问题。我们总会听人们说，政治学需要回归常识，就是这个道理。在政治当中，越是政治的顶层设计越需要常识，而不是政治学的专业知识。这不是说政治学的专业知识没有用处，在面对复杂的政治事务处理时，专业知识的优势就会被极大地发挥出来。

从这几年来看，国家对高等教育调整的力度非常大，尤其在出台新一轮的学科目录中体现更为明显，其中就涉及传统学科和新兴学科的关系。在这个背

中国政治学自主知识体系的建构：清华政治学系的探索

景之下，大家讨论的许多内容其实就涉及学科的理论和认识。

其实就笔者的理解而言，在现实经济社会发展当中对于学科其实有不同的认知面向。首先是国家教育主管部门对学科的定义，往往是以学科专业目录方式呈现出来，具体则包括学科门类、一级学科，以及专业学位类别等，与此相配套为了实现有效管理并形成了相应的管理办法。其次，学界在做研究时又会对学科形成一定的认识，虽然其与国家教育主管部门规定有重合，但是由于研究需要以问题或者议题为导向，也会超越学科目录范围。其次，社会各界基于自我体验也会形成认知。所以我们今天讨论的政治学学科实际往往存在多个理解面向，既有教育主管部门层面上的，也有学界形成的学科认识，也有社会层面对于学科理解，这就导致我们讨论的学科往往是多面向。

如果遵循以上多重面向的学科逻辑，我们发现一定程度上政治学学科是作为传统学科而存在，因为从学科目录上来说，政治学学科最早作为一级学科进入目录。但同时随着新兴学科和交叉学科的发展，政治学学科又与它们联系在一起。所以在讨论政治学学科发展时就需要这些背景与前提结合起来。既要考虑到作为一个传统学科和基础学科的政治学学科，又要考虑与新兴学科与交叉学科政治学学科，这些都构成讨论政治学学科体系、话语体系和知识体系的重要基础。对于未来如何推动政治学学科更好地发展，笔者认为起码有四个比较重要的标准：

第一个是从理论解释力，未来政治学学科能否对于国内外重大议题提出科学而合理的理论解释；第二个是学术影响力，这种影响力无论是对于教育主管部门而言，还是对于哲学社会科学领域而言，以及社会大众层面都应该有所体现；第三个战略前瞻力，能否围绕经济社会发展中变化提出前瞻性的战略研判，以及战略判断；第四个是社会吸引力，包括能否吸引一批优秀人才从事政治学研究的相关工作，这点也非常重要。最终可以总结为学界重视，社会关注，人才辈出，民众认同，这可能是笔者所理解的政治学学科高质量发展四个非常重要的维度。

政治学学科建设发展中的三个问题

黄新华

1979年3月，邓小平同志在党的理论工作务虚会上指出："政治学、法学、社会学，以及世界政治的研究，我们过去多年忽视了，现在也需要赶快补课。"政治学补课为我国社会科学发展奠定了重要基础，并在引介与运用、创新与传承、提炼与发展中展现了中国政治学的强大后劲与潜力，从此中国政治学的学科建设、人才培养和科学研究取得了长足的进展。2017年首轮"双一流"建设中，共有六所高校［北京大学、中国人民大学、清华大学、外交学院（自定）、复旦大学、华中师范大学］的政治学一级学科入选国家"一流学科"建设名单。

2022年2月14日，教育部、财政部、国家发展改革委印发《关于深入推进世界一流大学和一流学科建设的若干意见》（以下称《若干意见》），公布了第二轮"双一流"建设高校及建设学科名单，囊括了147所建设高校，331个建设学科（不含自定学科），其中，基础学科布局59个、工程类学科180个、哲学社会科学学科92个。北京大学、清华大学自主建设的学科自行公布。《若干意见》明确了"双一流"建设的新方位、新使命、新要求："进入新发展阶段，'双一流'建设要更加突出重点、聚焦难点，注重内涵建设、特色建设和高质量建设。"

目前，第二轮"双一流"建设正在进行中期评估，这时候研讨"政治学一流学科建设"恰逢其时，有很多问题可以讨论，大家谈到的一些观点和看法，对笔者有很大的启发和有益的收获。面向政治学学科建设的未来，笔者觉得有三个问题特别需要重视：

一、跨学科交叉融合

2023年5月9日，习近平总书记在中共中央政治局第五次集体学习时强调，建设教育强国，龙头是高等教育。要把加快建设中国特色、世界一流的大

中国政治学自主知识体系的建构：清华政治学系的探索

学和优势学科作为重中之重，大力加强基础学科、新兴学科、交叉学科建设，瞄准世界科技前沿和国家重大战略需求推进科研创新，不断提升原始创新能力和人才培养质量。

进入二十一世纪后，计算机技术的发展，大数据、人工智能、量子计算等新兴科技驱动的数字化转型，相关统计方法和数量模型对政治学的影响进一步加剧，心理学、经济学、管理学、社会学等学科方法在政治学研究中的交叉融合，使政治学研究从传统的规范研究为主向实证研究转变，从传统社会科学为主的研究路径向行为、实验、预测方向转变。政治学必须进一步打破学科壁垒，通过与经济学、管理学、社会学等学科的交叉融合，在拓宽研究领域中以创新性的成果推动政治学学科建设。

在跨学科交叉融合中推动政治学学科建设，内在地要求政治学研究方法要向着科学性革新。令人欣喜的是，近年来国内政治学研究方法的科学化取得了长足的进展，研究的科学性和规范性显著提升，但是毋庸讳言，也存在着研究方法误用、简单套用等不科学问题，使研究的科学性打了折扣。方法是寻求真理的工具，研究方法的选择应服务于研究问题的需要，避免陷入工具主义的误区。

二、开放交流互鉴

服务国家战略和区域经济社会发展，是学科建设的应有之义。中国政治学理应对中国特色治国理政的实践经验进行提炼和总结，形成一套逻辑自洽的、能被国际社会所接受的话语体系和理论体系，争取国际社会对中国崛起的理解。但是扎根中国大地、讲好中国故事的政治学研究和学科建设，在本质上反映的是中国政治学的科学化和本土化之间存在的张力，如何在全球化的背景下向世界讲好中国故事。

2020年8月24日，习近平总书记在"经济社会领域专家座谈会"上指出，社会科学研究要"从国情出发，从中国实践中来，到中国实践中去，把论文写在祖国大地上，使理论和政策创新符合中国实际、具有中国特色"。习近平总书记的讲话具有针对性，当今世界正经历百年未有之大变局，政治学学科建设大有可为。中国政治学必须面向时代问题，深刻解读新中国成立以来历史性变革中所蕴藏的内在逻辑，讲清楚中国特色社会主义道路、理论、制度、文化的优势，并在这个过程中建构中国特色政治学理论或自主知识体系，用中国理论解读中国实践，理解中国经验。

但是，扎根中国大地的政治学学科建设，高水平开放和对外交流依然是重要的，需要在交流互鉴中统筹做好"引进来"和"走出去"两篇大文章，只有有效利用世界一流教育教学资源，才能更好地讲好中国故事、传播中国经验、发出中国声音，建构面向中国式现代化的政治学学科体系、学术体系和话语体系。

三、学科特色与优势

特色和优势是学科建设的一体两面。特色就是优势，没有特色，就难以呈现学科建设的比较优势。2022年9月13日，国务院学位委员会、教育部发布了《研究生教育学科专业目录》（名称不同于之前的《博士、硕士学位授予和人才培养学科专业目录》），随着新一轮学科专业目录的调整，政治学学科建设应更加重视特色与优势，对每一所高校来说，学科特色与优势都是至关重要的核心竞争力。

学科特色既根植于学校，又发展于学校，学校所拥有的历史传统、办学条件和资源禀赋对学科特色形成有着决定性作用。不同学校应依托自身的历史积淀、学术传统和禀赋条件，围绕学校的区域优势和地方特色（比较优势），结合区域发展与国家需求，精准把握学科前沿，提炼学科特点特色，凝练出符合本校政治学学科发展的优势领域或学科方向。一个没有特色和优势的政治学学科，在激烈的学科竞争中，或许要直面一个艰难的选择：生存问题。

以学科优势和特色推动政治学学科建设，还要正确认识和理解学科分化和综合的关系，注意学科特色与优势的互补性，鼓励跨学科交流，跨院系合作。只有促进本校相关学科之间的交叉融合，在资源整合与学科互补中，才能更好地实现政治学学科建设水平的整体提升。

最后，笔者想说的是，这是一个最好的时代。新中国成立以来尤其是改革开放后，我们党领导人民创造了世所罕见的经济快速发展奇迹和社会长期稳定奇迹。中国特色治国理政的实践，为根植于变革社会的中国实践，探求中国特色政治学的概念与理论，在学科建设中建构政治学的自主知识体系，不仅是可能的，也是完全可以实现的。

中国政治学的未来一定会比过去更为精彩！

政治学学科如何在激烈竞争背景下实现高质量发展

任勇

近年来，国家对高等教育调整的力度显著增大，在新一轮出台的学科目录中体现尤为明显，其中就涉及传统学科和新兴学科的关系。在这个背景之下，诸多讨论实际上涉及对学科的理论和认识方面的探讨。

在现实经济社会当中，学科其实有不同的认知面向。首先是国家教育主管部门对学科的定义，往往以学科专业目录方式呈现，具体包括学科门类、一级学科，以及专业学位类别等，为了实现有效管理与此相配套形成了相应管理办法。其次，学界在做研究时又会对学科形成一定的认识，虽然其与国家教育主管部门规定有重合，但是由于研究需要，也会以问题或者议题导向超越学科目录范围。最后，社会各界基于自我体验也会形成认知。因此，政治学学科实际往往存在多个理解面向，既有教育主管部门层面的，也有学界形成的学科认识，也有社会层面对于学科的理解。

如果遵循以上多重面向的学科逻辑，我们发现一定程度上政治学学科是作为传统学科而存在的，因为从学科目录上来说，政治学学科最早作为一级学科进入目录。但随着新兴学科和交叉学科的发展，政治学学科也与它们联系在一起，因此，在讨论政治学学科发展时就需要结合这些背景与前提，既要从政治学学科作为传统学科和基础学科的角度考虑，也要从其作为新兴学科与交叉学科的角度考虑，这些都构成讨论政治学学科体系、话语体系和知识体系重要基础。对于未来如何推动政治学学科更好地发展，笔者认为有四个比较重要的标准：

第一个是理论解释力，即未来政治学学科能否对于国内外重大议题提出科学而合理的理论解释。第二个是学术影响力，这种影响力在教育主管部门、哲学社会科学的其他领域、社会大众层面都应该有所体现。第三个是战略前瞻力，即未来政治学学科能否围绕经济社会发展中的变化提出前瞻性的战略研判。第四个是社会吸引力，即未来政治学学科能否吸引一批优秀人才从事政治学研究的相关工作。以上几个方面可以总结为学界重视、社会关注、人才辈出、民众认同，这是政治学学科高质量发展四个非常重要的维度。

以学科交叉推动政治学发展

张开平

中国的政治学如何构建自主知识体系，政治学发展的前沿和方向在哪里，是政治学正在探讨的学科焦点。笔者认为，应当在时代之问和世界格局中锚定知识体系建构和知识积累的方向。政治学理论发展增长的坐标系建立在三个维度上，即现代化、中国与世界的关系、信息技术革命。

首先，回望政治学发展的历史脉络，可以看到现代化是政治学理论探索的一个重要的坐标。无论是中国还是西方，在现代化的不同阶段，学者对于政治学的议题往往是不同的。在现代化的早期，政治学往往会关注一些宏大议题，比如国家理论、意识形态、政治制度。伴随着现代化水平的提升，政治学开始关心一些更具体的理论，比如政治发展、民主转型、现代化等。当西方社会进入了后现代化之后，由于已经积累了相对成熟的理论，以及国际学术议程设置能力，学者开始从宏大议题上转向，研究视角由宏观走向个体，研究方法也更加多元，更加重视精准的因果推断。

其次，一些与新技术革命紧密结合的领域开始成为政治学新的学科增长点：随着中国现代化水平的不断加深，信息技术革命的不断迭代，中国的政治和社会现实中产生了一系列新的议题和新的场景。政治学以经典的原生理论为起点，开始吸收其他学科的理论和方法，衍生出以信息政治、政治传播、计算政治学为代表的交叉学科。随着中国由追赶西方、借鉴西方，慢慢到影响西方，政治学也由借鉴西方理论、检验西方理论逐步走到构建中国本土的知识体系。

国际和国内学术界政治学关心的议题同样呈现这一趋势：一方面，11本政

中国政治学自主知识体系的建构：清华政治学系的探索

治学国际顶级期刊发表的政治学原创论文的文献计量结果可以提供佐证：在过去的十年间，民主与国家、美国政治、比较政治仍然是国际学术界的热点和关键词。与此同时，体现新技术革命影响的公共舆论、社交媒体，以及大众传媒如何影响美国政治等议题，包括体现方法论演进的因果推断，开始成为新的学术热点。在新技术革命影响之下，紧扣新技术革命的一些交叉学科，譬如基于社交媒体的政治传播和公共舆论研究成为政治学国际学术界一个新的增长点。另一方面，国内的《政治学研究》和《世界经济与政治》两本期刊的原创性论文同样证明国家治理、全球治理和网络安全等问题是近十年来中国政治学的学术热点，越来越多的研究关注现代化、中国与世界，以及新技术革命所带来的新的挑战，同时一些交叉方法论的研究已经起步。

接下来以快速兴起的政治传播研究为例，分析交叉学科如何反哺政治学的发展，为什么政治传播尤其是在数字时代可能成为政治学的一种全新增长点？多伊奇曾经用政府的神经描述政治传播的功能——使整个社会运转起来。进入数字时代，互联网和社交媒体的到来，彻底改变了政治生活中各个主体的互动方式：以互联网和社交媒体为代表的数字技术，成为国家与个体之间新的沟通中介，国家开始通过一系列新的方式，比如说软宣传、基于社交媒体的动员、数字治理等方式，自上而下地去沟通。公众开始通过网络民意表达、数字协商、反向议程设置、网络问责、网络集体行动等方式，向上输入意见。现在，互联网和社交媒体成为国家和公众之间沟通的一个新的中介，虚假消息、网络信息等跨平台、跨地域、跨语言全球流动，造就了与此前截然不同的社会公共舆论，譬如出现舆论极化、价值多元等现象。

一言蔽之，互联网和社交媒体的到来，意味着传播权力的民主化，在宏观上关乎国家稳定、关乎执政根基；在中观上形成了制度化传播与非制度化传播并立的传播格局，重构了政治过程；在微观上影响着人们的态度行为，改变了整个社会的知识图景。因此，以互联网和社交媒体为中介的政治传播，成为理解当今政治现象不可或缺的一个关键所在，也成为国内外政治学的一个新的理论增长点。

如何以政治传播研究推动政治学的发展？首先应该将政治传播交叉学科视为理解数字时代政治现象的一种理论视角。每一次信息革命的到来，都伴随着政治格局的变迁,信息传播技术和政治互构的视角能够帮助学者理解当下的政治现象:这要求学者去探讨数字时代的政治参与如何通过数字技术互动,信息如何在复杂的传播网络中流动,对于不同主体会产生何种影响;这要求出现新的理论范式,捕捉信息时代全新的政治现象中的全新议题。

其次,从政治传播的理论角度可以帮助构建数字时代的政治学新理论。例如政府如何利用社交媒体发动与传统硬宣传不同的"软宣传"?软宣传突出互动性、亲民性、娱乐性,体现着国家信息能力在媒体融合时代的一种适应性提升。

再次,交叉学科的视角为我们揭示数字时代一些新的政治现象的形成机制具有启示意义。比如我们可以关注到越来越多舆论极化的问题,周围人吵架吵到退群,这种舆论极化的现象在西方曾经得到广泛的研究。类似的现象在中国是否会出现?出现有没有什么特别的机制?

最后,跨学科的一些理论和方法,可以为阐释数字时代新的政治现象提供新的方法和依据。比如借由数字治理,以及全过程人民民主的实践,结合传统的案例、田野数据、政策实验、平台的大数据,可以从理论和实践上共同总结现象背后的一些机制。

总而言之,随着中国现代化进程的不断加深、中国与世界关系的变化,数字技术的不断迭代,政治学理论的建构需要立足中国、面向世界,回答时代之问。信息传播已经成为理解政治现象不可或缺的一个关键所在,以政治传播学为代表的交叉学科的繁荣,将为政治学理论构建和积累提供新的生长点。新的方法论工具能够赋能研究者,本土理论的建构应该以科学的方法构建一般理论,以比较的视角讲好中国故事,以学科交叉将经典推向前沿。

如何理解新时代政治学研究方法的开创性

胡悦

研究方法是政治学学科现代性与科学性的重要标志。对政治学科方法的探索始终贯穿于我们对学术研究和学科建设的思考中。近年来,政治学研究方法丰富多样,国内方法研究和教学的规模也在逐步扩大,已经开始有中国学者加

中国政治学自主知识体系的建构：清华政治学系的探索

入前沿方法的研发、推广和应用工作，也有越来越多的学生投入巨大的热情和精力学习这些方法，并尝试将最新的方法和技术运用到学术实践中。当前中国政治科学的发展方向正从借鉴引进国际先进技术，转向发展符合中国政治需求且推动世界政治学科建设的研究。

政治科学研究方法演进目前已大体经历了四个阶段：第一阶段，以政治哲学和政治历史传统为基础，主要采用规范和历史学的研究方法，重点解释政治理论。第二阶段引入比较视野，通过跨区域和跨国家的案例比较，展现政治制度的差异性，并以此解释不同国家和地区政治发展的差异。第三阶段，随着对数据性质认识的深入，行为主义革命引发了研究方法的"分化"，定性研究方法逐步理论化，定量研究方法逐步得到学界接受，且在与经济学的互动中得到蓬勃发展。当前的政治科学方法已进入第四阶段，主要特点包括重视因果推断、计算社会科学的兴起，以及交叉学科方法的广泛应用。

在一定程度上，我们可以将这四个研究方法发展阶段与政治学的特征相对应。第一阶段与学科独立性形成相对应；第二阶段对应政治学从历史研究向实证研究的转变；第三阶段反映政治学"科学"属性的提升；第四阶段对应政治学向着解决新社会结构产生的问题的发展。每个阶段都与学科焦点课题相关，推动了学科发展。在理解方法发展趋势和特点的基础上，我们可以深化对学科发展的理解，并更好地把握学科方向，推动学科发展。这将有助于中国政治学者站立科学研究方法发展的潮头、实现学科创新性发展、争取政治发展的国际话语权。基于此以下讨论将聚焦三个问题：当前政治科学方法发展的推动力是什么？最新的发展态势是什么？新方法与新理论和新学科的关系有何特征？

首先，方法发展的推动力。当前是政治科学方法创新和突破的时期，大量关于方法创新和整合的文章成为各大政治学期刊阅读量最高的部分。以发布科学方法研究成果为主的 Political Analysis 在 SSCI 政治学期刊国际排名中已上升到首位，成为学科研究最受关注的研究领域。政治科学研究方法的进步与学科发展速度密切相关，也是三种时代推动力共同作用的结果：

第一，数据储量的日益丰富。数据的极大丰富已经成为时代特征。而对于政治学研究来说，数据丰富有着更广泛的内涵。日益丰富的不仅包括了日益增长的社交媒体数据和数字政府数据，还包括网络调查、统计、实验这种样本性数据,以及音频、视频、灯光、交通流量等多模态数据。值得一提的是,政策讲话、访谈、历史文稿等定性研究常用数据,也在数字化的推动下迅速积累起来。简言之,既有的数据呈现指数级增长,过去"不是数据"的现在也变成了数据。

第二,运算能力的快速提升。算力的极大提升拓展了研究者的能动性。在常规分析层面,计算机软硬件技术的不断迭代,使过去复杂的操作更加容易完成。研究者可以在自己的笔记本电脑中轻松完成过去需要计算机工作站才能实现的计算任务。对于数据密集型任务,分布式计算等新技术使得在社会科学研究中实现大数据量运算成为可能。

第三,赋能问题的需求日益增长。向数据要答案已成为现代国家治理的重要发力点。现代社会的复杂性和敏感性前所未有,这需要更精细的工具来解决问题。同时,随着数据知识的普及,从政府部门到社会组织,都逐步培养出了两种"信心":一是对数据的信心,坚信可以从数据中获利,无论是经济上还是社会上的;另一是对自己的数据的信心,认为自己的数据一定有价值和意义。然而,如何挖掘价值、获取利益,这都需要先进、系统且使用成本低廉的方法加以实现。

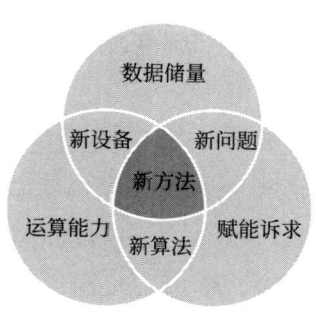

政治科学方法三大衍生动力

在数据储量极大丰富、运算能力极大增强,以及赋能需求极大增长三重动力的推动下,世界催生了一系列针对新问题的新设备和新算法,这些都在新方法的交汇点得以展现。如前所述,当前政治学研究方法现在已经呈现出三个鲜明的拓展维度,分别是因果推断、计算社会科学和学科交叉。单就这三个维度来说，都不是新概念，但在三重动力的推动下，它们共同孕育了这一时代的新发展特征：

首先，由线到面。研究方法已从沿单一维度上的线性发展转变为跨维度式的共同突破。例如用学科交叉手段来处理因果推断问题，或者通过机制推断逻辑补充计算科学过于描述性的先天缺陷。其次，由粗到细。当代政治科学研究方法不再单纯强调概括性、代表性，而是能够深入触及并解析社会政治问题的复杂面向，注重解释条件性。第三，由经验到科学。定性和定量研究逐步呈现操作的系统性和规范性，且以问题为导向，定性和定量研究呈现了明显的融合趋势。

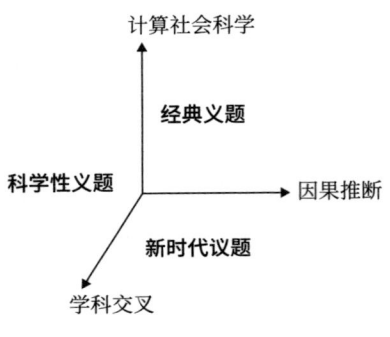

政治科学方法新时代特征

具有这三个特征的新时代政治科学方法在回应经典政治学议题、具有时代特征的新议题和具有普适性的科学议题时，都为实质研究领域带来了突破性进展。接下来，我们结合具体案例对以上特征进行说明，也是对方法发展与学科研究相辅相成认知的进一步阐释：

首先，对于经典议题的前沿推进。新时代的研究方法推动了两种趋势的形成：一是在计算社会科学的帮助下对复杂政治概念进行解析，二是在因果逻辑引导下，实现大数据研究从描述性层次向规律探索发展。我们对中国政治话语中民主意涵的研究（Hu 2020b）就是这方面的一个典型例子。我们通过无监督文本分析方法，对《人民日报》进行全语料数据库分析，将其中的民主话语分解为四十个概念组成的意群。这在过去的内容分析研究很难实现的。然后，我们结合网络分析方法,对民主内部概念关系和外部意群关系进行辨析,从中识别出重要概念关联。并通过引入时间维度理解中国政治话语中的民主概念建构的一般性规略,实现了计算科学方法与因果推断在政治话语议题上的综合运用。

其次,复杂问题的系统解释。新方法的发展帮助当代研究者实现了一些之前不可能完成的任务,比如跨时空、跨数据的民意"大比较",这已是新方法"从粗糙到细致"趋势的典型体现。以民主与民众支持关系为例,这个话题一直以来是理解现代国家政治发展的关键问题。各个国家和地区都已积累了大量基于本地特征的民意调查数据和区域性研究成果。但要想揭示民主与民意的科学规律,就需要了解二者关系的普遍性,这只能通过比较来实现。很多其他重要议题,如全过程人民民主理论的优越性等,也面临同样的挑战。然而,由于数据收集方式的差异,跨地区的民主支持一直是比较政治学研究的难题。现在,通过一些专门针对这一问题的细分方法,我们已经在一定程度上解决了这一难题。例如笔者与国际联合课题组研发的"动态民意比较"方法就是这一领域最新的进展(Tai, Hu, and Solt 2022)。通过将数据自动处理技术、潜变量分析、贝叶斯统计等方法相结合,动态民意比较法实现了统计基础上对民意的跨时间、跨空间、跨调查的比较分析可能。通过这一方法,我们实现了对跨越137个国家、跨越35年的民主支持与民主制度关系的纵贯分析,也得到了一些之前地区研究难以获得的结论。目前我们还将类似的研究应用到了对于性别意识、政治信任,以及分配认知等重要社会政治议题中。

第三,新时代问题的多重阐释。新方法不仅推动了对经典议题、复杂问题的突破,作为时代原生方法也能更好地适应新时代复杂社会政治环境和媒体环境,并在新环境中推进时代政治议题研究。比较典型的是在网络政治参与中的研究。无论在国内还是国外,网络表达已经成为最为重要的政治参与方式。但是在网络上,人们交流的连接方式更加显化、更加复合,这时传统以个体为单位的研究就很难适用了,需要新的建模和分析方法。比如在一篇关于"饭圈"(粉丝圈)公共参与行为研究中,我们将定量和定性研究有机结合,综合运用网络分析、访谈和内容分析方法,揭示了网络世界中,"偶像—饭圈—粉丝"的影响路径,为理解网络时代信息传递机制和群体组织规则提供了依据(Jiang

中国政治学自主知识体系的建构：清华政治学系的探索

et al. 2022）。另一个例子来自政治语言研究。即使在新时代，语言仍是人类最重要的信息传递和情感链接手段，而对语言政治影响的研究却并不多见。这主要是由于语言经常和内容、身份、场景等多种因素相互交织，在自然条件下难以剥离，造成效果识别困难。然而，实验和学科交叉方法的综合运用，为解决这个问题提供了途径。比如我们将语言学的变语配对检测与政治学的实验室实验方式相结合，成功将语言作用从众多复合条件中剥离，为语言塑造政治态度作用提供了直接证据（Hu 2020a）。

最后，学科的科学性水平提升。科学性是一个极具普适价值的概念，它引导着全球的学术界共同努力，推动着人类社会的不断进步。学科的科学性也是国际政治学，甚至整个社会科学领域的学者们关心的问题。自2011年前后，以心理学为首的社会科学领域开始出现所谓的"复刻危机"。研究者发现，很多本应揭示普遍性、稳定性规律的社会科学研究，却无法通过复现这一科学研究的基本要求。之后，解决"复刻危机"直接与开放科学运动相关联，形成覆盖整个社会科学领域，追求"稳健可信数据分析"（data analytics that are roubst and trusted）运动。

在政治学领域，权威刊物 PS: Political Science & Politics 在2021年为响应这一运动，专门发布了"开放科学"（Open Science）专题，讨论政治科学的科学性发展问题。专题指出，提升学科科学性的两个重要方面是，一是对学科可能出现伪科学问题的层面和环节有足够的认识，另一个是通过前沿方法降低科学过程的成本，将科学规范广泛普及和应用。中国学者也已经积极参与到这个过程中，为推进学科科学性水平的提升做出了贡献。在2017年，我们就在国际政治学权威期刊 Journal of Politics 等刊物上对不平等认知研究的科学性提出了质疑（Solt et al. 2017）。到了2022年，我们在政治学顶级期刊 American Political Science Review 刊发文章，以系统证据指出在西方学术界具有影响力的一些民主研究观点忽略了定量估计中的不确定性，导致了与实证证据相悖的结论。在科学性普及方面，我们向国际学术界推出了一系列从数据自动下载、自动处理到数据可视化的工具，受到了广泛的欢迎。其中，interplot、dotwshiker 等软件已经全球下载量超过十万次，被广泛应用于社会科学、法学、生物学、医学等领域的科学研究中。

自行为主义革命以来，新方法的发展有效促进政治学知识、理论、话语的构建。在二十一世纪，新方法已经开始催生人机融合、复杂因果等新知识领域。那么，当前"从线到面、从粗到细、从经验到科学"的新特性还将孕育何种新的知识、理论和话语体系，这是值得期待的。而这些知识创新也将成为我们理解新学科、构建自主知识体系的基石。尤其在创建以文理交叉为特征的新文科建设过程中，方法交叉往往是重要的先驱。换言之，新学科发展的重要标志就是新方法的出现。

另一方面，政治学研究也一直存在"方法驱动"还是"问题驱动"的争议。我们在理解研究方法对学科发展重要意义的同时，也要清晰认知问题的引领作用尤其作为中国政治科学工作者，我们除了有责任推动学科发展，更肩负着回答"中国之问、世界之问、人民之问"的重任。因此，如何正确理解方法与问题的辩证关系也至关重要。

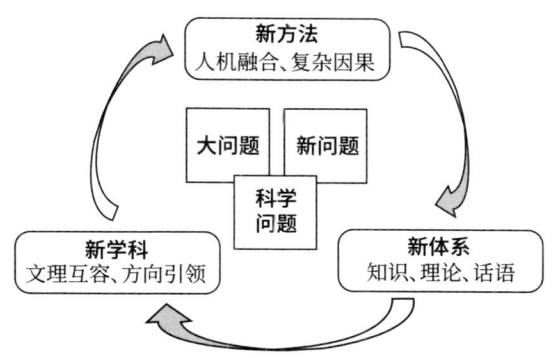

政治科学研究方法与问题关系

在这里，根据以上思考，对中国政治科学研究方法发展方向，提出一些展望，供大家批评：首先，从培养政治方法贡献者的角度出发，政治方法研究者首先应该是政治学家，而不是统计学家。学习和优化方法的目标应当是寻求适应本土研究实践问题的思路和途径，坚持问题导向。其次，我们需要对全球性的治理问题做出贡献。政治科学研究的核心是对科学性普遍规律的探索。普遍性并不代表否定多样性，而是通过不懈地钻研去探寻多样性的形成原因，以期贡献于人类社会发展方向的规律性认识，这也是我们回答世界之问，建立自主

中国政治学自主知识体系的建构：清华政治学系的探索

知识体系的重要支点。最后，我们应在方法的推陈出新中孕育出具有中国特色的新方法体系。有特色并不意味着孤立，也并不意味着不能使用他人的方法，而是在既有研究基础上针对普遍性问题的进步。目前，华人名字在具有国际影响力的政治科学研究方法文章中出现的频率越来越高，但中国学者仍然相对较少，这既与研究传统和教学体系有关，也与发展阶段有关。然而，正如技术发展一样，新技术的到来，如果我们"不上车"，那么之后就容易落入"一步赶不上，步步赶不上"的困境。方法研究和发展也是如此，为了构建中国自主的方法论体系，我们必须走在前列。期望在前辈学者的支持下、当代学者的努力下，以及未来学者的奋进中，具有中国特色和世界意义的中国式方法论体系随着中国自主知识体系建设的发展早日取得成功。

中国式现代化的学理阐释与自主知识体系建构的路径探索
——第四届政治学一流学科建设论坛综述

许 超　赵家坤　梁渊栎

党的二十大报告全面阐述了中国式现代化理论，为中国政治学自主知识体系构建指明了方向，对政治学学科建设提出更高要求。为深入研讨中国政治学自主知识体系建构的路径和选择，交流新时代以来政治学学科建设的成果和经验，加强政治学共同体的协同合作，清华大学社会科学学院于2023年6月16日在北京召开了"中国式现代化与政治学自主知识体系构建"研讨会暨第四届"政治学一流学科建设论坛"。清华大学副校长彭刚教授出席会议并致辞，来自全国主要高校政治学科的院系负责人、资深学者，以及青年学者等五十余人参加了会议。根据与会者的发言，形成了如下主要观点综述。

一、努力推动中国自主的政治学知识体系构建

与会者一致认为，中国共产党领导全国人民围绕经济社会与国家治理现代化不断探索创新，为中国式现代化理论的形成提供了坚实而丰富的实践基础，极大推进了政治学理论发展及知识体系构建。在中国式现代化实现进程中，中

中国政治学自主知识体系的建构：清华政治学系的探索

国政治学自主知识体系的构建比以往任何时候都更加迫切和重要。建构中国自主的政治学知识体系，以学术研究服务中国式现代化发展是中国政治学人的历史使命和学术责任，需要政治学人、政治学科更加努力地顺应时代潮流，勇担学术责任，服务国家建设。

要立足中国实践建构中国政治学自主知识体系。彭刚认为，建构中国自主的知识体系要求我们政治学人把握时代脉动，积极回应时代要求，深入观察和研究伟大实践，以严谨态度、科学方法、自主话语，为中国式现代化道路提供学理支撑。佟德志认为，建构中国自主的知识体系要以中国为参照，从中国的实践当中找到知识，实现理论与中国实践的统一、开放与中国自主的统一。徐勇指出，习近平总书记先后在清华大学、中国人民大学视察讲话中明确提出中国特色、世界一流的要求。这为一流学科建设指明了前进方向。一流是学科建设的标杆，引领着学科建设的步伐，在中国式现代化进程中如何推动政治学学科建设，包括人才培养、科学研究、社会服务、国际交流等各个领域，如何建构中国自主的知识体系和中国特色政治学等问题，需要学术共同体交流经验、不断探索。张明军认为，只有不断总结提炼优秀实践成果才能够有力促进政治经验的科学总结，并在此基础上推动本土概念的生成，进而形成一系列政治学知识原理。孔繁斌提出，可以基于中国宪法这样的重要政治文本，来探索研究和建构自主知识体系的路径，将政治文本知识化，坚持长期主义和阐释的合理性，追求合规律性和合目的性的统一。

建构中国政治学自主知识体系需要充分认识并积极回应历史机遇和时代挑战。赵可金认为，中国政治学人要有紧迫感，在学科分化和重组中，发挥政治学作为基础学科的支撑和渗透作用，体现出政治学在社会科学知识体系和社会政治实践中不可或缺的地位。杨雪冬指出，当前政治学学科发展不能忽视百年未有之大变局、中国制度体系成熟定型、大数据技术驱动和学科目录调整等时代要素，要处理好大政治学与小政治学、大社会科学与小政治学科、大问题与小方法等关系，推动政治学学科巩固与自我更新。李振认为，建构中国自主的知识体系要重视中国政治学的议题生产和知识传播，生成具有影响力和解释力的新概念、问题和理论。

互动借鉴、交流对话是推动中国政治学自主知识体系建构的动力源泉。张贤明认为，只有秉持开放包容的姿态，广泛开展文明之间、学科之间、方法之间的互鉴与对话，才能构建起有学科自信的自主知识体系。王丽萍主张，政治学发展需要打造问题与方法双驱动的学科动力源，同时与其他学科保持密切联系，使学科内部保持持续而合理的跨学科张力，并将这种张力转化为学科发展的动力。吕杰提出，政治思想史、政治制度史和方法论构成了中国政治学自主知识体系建构的组合马车和发展基石，思想史和制度史的挖掘提供了导向性问题，方法论创新提供了有力的分析工具，在中国政治实践的时空背景中共同推动中国自主知识体系建构。张开平通过分析近十年来国际和国内学术界政治学核心议题，提出要在现代化、中国与世界关系，以及信息技术革命三维坐标中思考中国政治学的理论增长点，并以政治传播学为例探讨了学科交叉对中国政治学发展的意义。

二、持续优化中国特色政治学的学科建设

与会者认为，国家规划推动的双一流学科建设，为政治学学科发展的布局和重点提供了指南，也对相关高校如何整合资源、找准自身定位，进一步发挥自身优势和特点提供了新的机遇和条件。近年来相关高校积极围绕国家战略需求和学科发展规律加快政治学科建设，不断探索创新，形成许多宝贵经验和具有成效的举措。

要清醒认识当前中国政治学的发展格局与区位特色，充分利用好学科发展遭遇的各种机遇和条件，形成各具特色、各有优长的中国政治学学科建设新局面。从区位分布，肖滨归纳了中国政治学学科建设的基本格局。他指出，国内政治学学科建设形成北京、东北、东南、华中、西南和华南等六大板块，各有特色和竞争优势。中国政治学研究仍有诸多空间，各个学校应该寻找特色优势，集中力量提高竞争力，建设多样化的中国政治学学科版图。黄新华认为，中国高校学科的建设发展与国家政策导向有紧密关系。国家政策导向决定了学校在不同学科建设中的重视程度和资源配置。各校应引领学科特色方向，发挥学科比较优势，结合本校的学科历史积淀、区域优势和地方特色，结合区域发展和国家需求，凝练出符合本校政治学科发展需要的学科方向，形成核心竞争

中国政治学自主知识体系的建构：清华政治学系的探索

力。熊易寒指出，各高校政治学学科发展需要垂直拓展，在不同的研究视角、研究议题和研究理论上形成特色，提升质量，做出贡献，缓解学科发展资源瓶颈问题。在内部资源方面，挖掘和建构学科知识资源，提高理论解释力，扩大跨学科影响力；加强学科内部整合，更加注重学术共同体的建设。在外部资源方面，要走向政产学研一体化，通过服务地方获取学科的增长点和资源，扩大社会影响力。

在学科建设中，要树立起全面的发展目标，将人才培养作为重中之重。任勇认为，学科建设应该重视问题导向，通过提高学科的解释力、影响力、前瞻性和吸引力，实现学科高质量发展。要重视学科共同体的建设，合理布局学位点、加强学科内部的协同。人才培养是政治学知识扩散的重要方式，更是学科发展的核心和基础。姜晓萍指出，政治学科的人才培养要坚持社会主义办学方向，以立德树人为根本目标。政治学人才培养的标准是信念执着、品德优良、知识丰富、本领过硬。政治学的人才角色定位是中国政治文明的传承者、中国政治学自主知识体系的发现者、国家治理体系和治理能力现代化的推动者、全球政治文明互建互动的参与者。政治学要探索多元化的教学方式，做好政治学的课程思政，形成政治学人才培养的新模式。

学科建设要从本院系所处的环境出发，找准方向，明确目标，并重视对自身优势的传承和发扬。王春英以外交学院的政治学一流学科建设为例，介绍了学科建设经验。外交学院的政治学学科建设立足于自身外交特色明显、外语优势突出的既有优势，重视马克思主义政治学和国际关系、国际政治理论研究。外交学院目前的发展方向是重视基础理论创新研究，推动学科交叉发展，加强政治学和外交学的深度融合。刘伟以武汉大学的政治学科建设为例，讨论了学科建设中如何处理多源流传统与整体性发展的关系。在传承与拓新上，武汉大学目前坚持开放包容，尊重多元的学术谱系，尊重研究自主性，做好多元的方向储备。吴晓林介绍了南开大学政治学学科的专业建设和人才培养情况。南开大学政治学学科的特点在于政治学与行政管理的相互支撑，重视人才培养的"道""术"结合，致力于塑造学生解决现实问题、参与政治实践的能力。张会龙分享了云南大学政治学学科的发展现状和前景。云南大学在职称、薪酬待遇、学科建设经费投入等方面给予政治学学科大力支持，目前正在积极建设民族与边疆学部,突出民族政治学和边疆治理等学科特色,并努力融入中国政治学发展主流。余艳红介绍了对外经贸大学政治学与金融外语等优势学科相结合的双学士学位复合型人才培养项目,讨论了项目的主导合作方、招生选拔、学生退出机制、师资结构、课程设置、毕业论文和就业前景等。他提出复合型人才的定义和复合方式应该与学生未来规划相匹配,为进一步优化中国特色政治学的学科建设提供参考。孟天广介绍了清华政治学学科建设经验。清华大学一直重视政治学科的发展,将其视为建设一流大学不可或缺的基础学科,是理解社会政治变革的重要知识体系。清华政治学基于本校的学术风格,更加重视科学性和国际化的学科建设方向,努力通过新方法的应用、新问题域的拓展,推进政治学知识体系的发展,鼓励支持探索政治学前沿领域、交叉领域,为国家治理、全球治理实践供给新知识、新范式。

三、积极思考中国式现代化的理论阐释

与会者认为,党的二十大确立了中国式现代化道路,为政治学的学科发展指明了方向,提供了新的条件,提出了更明确的任务、更高的期待。时代赋予了当代中国政治学人重大的历史责任。政治学研究应该更自觉地围绕中国式现代化道路展开研究,用把论文写在祖国大地上的精神,深入观察和研究伟大的实践,以严谨态度、科学方法、自主话语,为中国式现代化道路提供学理支撑,推进学科体系、学术体系、话语体系的发展和构建。

要发挥政治学的学科特点和优势,从学理逻辑理解阐释中国式现代化。谢韬认为,中国式现代化是中国共产党领导中国人民进行的新型现代化探索,具有世界特征,也符合中国国情需要。要深入研究中国式现代化,不仅要加强阐释的学理性,还有重视分析这条道路展示的规律性,进一步思考这些规律对于发展中国家或者现代化进程中国家的普遍意义。陈军亚认为,中国式现代化是一种与西方不同的新模式。当前我们对现代化的实践已经不同于近代向西方学习的现代化模式,应该致力于构建具有中国式现代化实践内涵的学术成果,逐渐建立起理论与实践的连接,运用理论思维认识解释,向世界表达中国式现代化的实践创新。

研究中国式现代化，要重视研究方法和研究路径的创新。刘丰提出，在理论发展中，要重视类型学和概念生产，以学术概念为基础来进行分类和理论构建。他主张用更精准的分类，通过使用合适的形容词，来描述和界定中国式现代化的特征，丰富政治学基本概念，更好地解释中国式现代化。胡悦提出要重视新研究方法的使用，讨论了人机互动、复杂因果讨论等新方法对推动知识理论及话语体系构建的可能性，强调这些方法创新会助力政治学学科发展，提升我们对中国特色的理解。

四、总结与展望

与会者一致认为，当前，全国上下正在深入开展党的二十大精神的学习贯彻落实，大家齐聚一堂，研讨中国式现代化、政治学自主知识体系构建、政治学学科建设和发展，充分体现了政治学共同体的政治意识和责任意识。在发言中，大家分享了经验、交流了做法、回答了疑惑，对于如何在中国式现代化进程中推进政治学学科建设厘清了思路，形成了更大的共识。今后，中国政治学要继续坚持政治站位，坚持问题导向，坚持开放协同，为中国式现代化不断提供知识供给，从伟大而丰富的实践中汲取动力和营养，锐意进取，不断释放出活力和影响力，在学科体系、学术体系和话语体系建设上不断取得扎实的成绩，为促进中国式现代化贡献学科力量。